EL LIBRO NEGRO DEL TSJ DE VENEZUELA

Del secuestro de la democracia y la usurpación de la soberanía popular a la ruptura del orden constitucional

(2015-2017)

EL LIBRO NEGRO DEL TSJ DE VENEZUELA:

Del secuestro de la democracia y la usurpación de la soberanía popular a la ruptura del orden constitucional

(2015-2017)

Autores:

Carlos M. Ayala Corao

Rafael J. Chavero Gazdik

COLECCIÓN ESTUDIOS JURÍDICOS

N° 120

Editorial Jurídica Venezolana

Caracas, 2017

©   Carlos Ayala Corao
     Rafael Chavero Gazdik

     Hecho el Depósito de Ley
     ISBN: 978-980-365-411-5
     Depósito Legal: DC20170022498

     Editado por:
     Editorial Jurídica Venezolana
     Avda. Francisco Solano López, Torre Oasis, P.B., Local 4,
     Sabana Grande, Apartado 17.598 – Caracas, 1015, Venezuela
     Teléfono 762.25.53, 762.38.42. Fax. 763.5239
     http://www.editorialjuridicavenezolana.com.ve
     Email fejvgo@gmail.com

     Impreso por: Lightning Source, an INGRAM Content company
     para Editorial Jurídica Venezolana International Inc.
     Panamá, República de Panamá.
     Email: ejvinternational@gmail.com

     Diagramación, composición y montaje
     por: Francis Gil, en letra Book Antique, 12
     Interlineado sencillo, Mancha 12,5 x 18,5 cm

ABREVIATURAS

AN	Asamblea Nacional
ANC	Asamblea Nacional Constituyente
BCV	Banco Central de Venezuela
CIDH	Comisión Interamericana de Derechos Humanos
CIJ	Comisión Internacional de Juristas
CNE	Consejo Nacional Electoral
CorteIDH	Corte Interamericana de Derechos Humanos
CRBV	Constitución de la República Bolivariana de Venezuela
LOEE	Ley Orgánica de Estados de Excepción
LOTSJ	Ley Orgánica del Tribunal Supremo de Justicia
MUD	Mesa de la Unidad Democrática
OEA	Organización de Estados Americanos
ONU	Organización de Naciones Unidas
PSUV	Partido Socialista Unido de Venezuela
SC/TSJ	Sala Constitucional del Tribunal Supremo de Justicia
SE/TSJ	Sala Electoral del Tribunal Supremo de Justicia
SEBIN	Servicio Bolivariano de Inteligencia
SPA/TSJ	Sala Político-Administrativa del Tribunal Supremo de Justicia
TSJ	Tribunal Supremo de Justicia

CONTENIDO

ABREVIATURAS 7

CONTENIDO 9

PRESENTACIÓN 21

INTRODUCCIÓN 25

La falta de autonomía e independencia del Poder Judicial venezolano 28

El alcance de la presente investigación 35

Metodología de la investigación 37

I. FACULTAD DE ORGANIZACIÓN INTERNA 41

   1. SE/TSJ: Sentencia N° 260 de fecha 30 de diciembre del 2015, caso *Nicia Maldonado vs elecciones parlamentarias en el estado Amazonas y Región Indígena Sur (Suspensión de efectos de Elecciones Parlamentarias 2015).* Expediente N° AA70-E-2015-000146. Magistrada Ponente: Indira M. Alfonzo Izaguirre. 42

   2. SE/TSJ. Sentencia N° 1 de fecha 11 de enero del 2016, caso *Nicia Maldonado (Declaratoria de Desacato por juramentación de diputados de Amazonas y Región Indígena Sur).* Expediente N°AA70-X-2016-000001. Ponencia Conjunta. 48

3. SC/TSJ: Sentencia N° 269 de fecha 21 de abril del 2016, caso *Juan Carlos Caldera y otros vs Reglamento AN*. Expediente N° 2011-000373. Magistrado Ponente: Juan José Mendoza Jover. 54

4. SC/TSJ: Sentencia N° 612 de fecha 15 de julio del 2016, caso *Gaby Arellano y Sergio Vergara vs detención arbitraria de los diputados Renzo Prieto, Rosmit Mantilla y Gilberto Sojo*. Expediente N° 16-0465. Magistrada Ponente: Gladys María Gutiérrez Alvarado... 67

5. SE/TSJ: Sentencia N° 108 de fecha 1 de agosto del 2016, caso *Nicia Maldonado (Continuidad del desacato por incorporación de diputados de Amazonas y Región Indígena Sur)*. Expediente N° AA70-X-2016-000007. Ponencia Conjunta. 72

6. SE/TSJ. Sentencia N° 126 de fecha 11 de agosto del 2016, caso *Julio Ygarza, Romel Guzamana, Nirma Guarulla y otros vs medida cautelar de suspensión de los diputados de Amazonas*. Expediente N° AA70-X-2016-000003. Magistrado Ponente: Indira M. Alfonzo Izaguirre.. 80

7. SC/TSJ: Sentencia N° 2 de fecha 11 de enero del 2017, caso *Héctor Rodríguez Castro (Nulidad de nombramiento de Junta Directiva AN)*. Expediente N° 17-0001. Magistrado Ponente: Magistrado Juan José Mendoza Jover. 85

8. SC/TSJ: Sentencia N° 5 de fecha 19 de enero del 2017, caso *Juan Humberto Roa, Dikson Orlando Escalante, Michael Martínez y otros vs la retención del presupuesto y el impago de salarios a los empleados de la AN*. Expediente N° 17-0086. Magistrado Ponente: Luis Fernando Damiani Bustillos. 90

9. SC/TSJ: Sentencia N° 87 de fecha 24 de febrero del 2017, caso *Juan Humberto Roa, Dikson Orlando Escalante, Michael Martínez y otros vs la retención del Ejecutivo del presupuesto y el impago de salarios a los empleados de la AN*. Expediente N° 17-0086. Magistrado Ponente: Luis Fernando Damiani Bustillos.. 92

10. SC/TSJ: Sentencia N° 155 de fecha 28 de marzo del 2017, caso *diputado Héctor Rodríguez Castro vs Acuerdo AN sobre reactivación de la Carta Democrática Interamericana*. Expediente N° 17-0323. Ponencia Conjunta 94

11. SC/TSJ: Sentencia N° 156 de fecha 29 de marzo del 2017, caso *Corporación Venezolana del Petróleo, S.A. (CVP) (Interpretación de la Ley Orgánica de Hidrocarburos vs AN)*. Expediente N° 17-0325. Ponencia Conjunta 97

Conclusiones relacionadas con la facultad de organización interna de la AN 101

II. FACULTAD LEGISLATIVA 105

1. SC/TSJ. Sentencia N° 264 de fecha 11 de abril del 2016, caso *Presidente de la República vs la Ley de Amnistía y Reconciliación Nacional*. Expediente N° 16-0343. Ponencia Conjunta. 107

2. SC/TSJ: Sentencia N° 269 de fecha 21 de abril del 2016, caso *Juan Carlos Caldera y otros vs Reglamento de la AN*. Expediente N° 2011-000373. Magistrado Ponente: Juan José Mendoza Jover. 119

3. SC/TSJ: Sentencia N° 327 de fecha 28 de abril del 2016, caso *Presidente de la República vs Ley de Bono para Alimentos y Medicinas*. Expediente N° 16-363. Ponencia conjunta. 127

11

4. SC/TSJ: Sentencia N° 473 de fecha 14 de junio del 2016, caso *Juan Carlos Caldera, Eduardo Gómez Sigala, María Corina Machado y otros vs proceso y medidas cautelares del caso Reglamento de la AN*. Expediente N° 11-0373. Magistrado Ponente: Juan José Mendoza Jover. 134

5. SC/TSJ: Sentencia N° 341 de fecha 5 de mayo del 2016, caso *Presidente de la República vs Ley de Reforma Parcial de la LOTSJ*. Expediente N° 2016-000396. Ponencia conjunta. 143

    a. *De la atribución exclusiva y excluyente del TSJ para la iniciativa legislativa en materia de organización y procedimientos judiciales* 145

    b. *De la votación calificada para modificar una Ley Orgánica* 146

    c. *De la "razonabilidad" requerida y de la ausencia de justificación lógica para el incremento de magistrados del TSJ* 146

    d. *De la inconstitucionalidad del trámite procedimental para sustanciar la solicitud contenida en el tercer aparte del artículo 214 de la Constitución* 147

    e. *De la desviación de poder* 149

6. SC/TSJ: Sentencia N° 343 de fecha 6 de mayo del 2016, caso *Presidente de la República vs Ley de Otorgamiento de Títulos de Propiedad a Beneficiarios de la Gran Misión Vivienda Venezuela y otros Programas Habitacionales del Sector Público*. Expediente N° 2016-000397. Magistrada Ponente: Lourdes Benicia Suárez Anderson. 153

7. SC/TSJ. Sentencia Nº 460 de fecha 9 de junio del 2016, caso *Presidente de la República vs Ley Especial para Atender la Crisis Nacional en Salud*. Expediente Nº 16-0500. Magistrado Ponente: Calixto Ortega Ríos... 161

    a. *Estado de Excepción y Emergencia Económica* 164

    b. *Proceso de formación y sanción de la ley* 165

    c. *Mecanismos de control de la Asamblea Nacional sobre el Ejecutivo* 165

    d. *Competencias sobre las relaciones exteriores de la República* 167

8. SC/TSJ: Sentencia Nº 808 de fecha 4 de septiembre del 2016, caso *Presidente de la República vs Ley de Reforma Parcial del Decreto N° 2165 con Rango y Fuerza de Ley Orgánica que Reserva al Estado las Actividades de Exploración y Explotación de Oro, así como las Conexas y Auxiliares a Éstas*. Expediente Nº 16-0831. Ponencia Conjunta.. 175

9. SC/TSJ: Sentencia Nº 938 de fecha 4 de noviembre del 2016, caso *Presidente de la República vs Ley de Reforma Parcial de la Ley Orgánica de Telecomunicaciones*. Expediente Nº 16-1027. Magistrado Ponente: Luis Fernando Damiani Bustillos................. 180

    e. *La sustitución del "carácter de interés público" por el de "interés general" de los servicios de telecomunicaciones*... 183

    f. *La ampliación de la duración de las concesiones y la previsión sobre su renovación automática*.................. 184

    g. *La regulación de las percepciones económicas*............ 186

10. SC/TSJ: Sentencia N° 939 de fecha 4 de noviembre del 2016, caso *Presidente de la República vs Ley de Reforma Parcial de la Ley Orgánica de la Contraloría General de la República y del Sistema Nacional de Control Fiscal.* Expediente N° 16-1026. Magistrada Ponente: Lourdes Benicia Suárez Anderson. 191

11. SC/TSJ: Sentencia N° 1012 de fecha 25 de noviembre del 2016, caso *Presidente de la República vs Ley para la Protección de la Remuneración y Defensa del Salario del Docente al Servicio de las Instituciones Oficiales Dependientes del Ejecutivo Nacional, Estadal y Municipal.* Expediente N° 16-1113. Magistrado Ponente: Juan José Mendoza Jover. 199

12. SC/TSJ. Sentencia N° 1013 de fecha 25 de noviembre del 2016, caso *Presidente de la República vs Ley de Educación Intercultural Bilingüe Indígena.* Expediente N° 16-1114. Magistrado Ponente: Carmen Zuleta de Merchán. 203

13. SC/TSJ: Sentencia N° 1014 de fecha 25 de noviembre del 2016, caso *Presidente de la República vs Ley de Reforma Parcial de la Ley Orgánica de Servicio de Policía y del Cuerpo de Policía Nacional Bolivariana.* Expediente N° 16-1112. Magistrado Ponente: Calixto Ortega Ríos. 206

14. SC/TSJ: Sentencia N° 1 de fecha 6 de enero del 2017, caso *Presidente de la República vs Reforma de la Ley Orgánica del Ambiente.* Expediente N° 16-1261. Magistrado Ponente: Magistrado Arcadio de Jesús Delgado Rosales. 209

15. SC/TSJ: Sentencia N° 156 de fecha 29 de marzo del 2017, caso *Corporación Venezolana del Petróleo, S.A. (CVP) (Interpretación de la Ley Orgánica de Hidrocarburos vs AN).* Expediente N° 17-0325. Ponencia Conjunta 211

Conclusiones relacionadas con la facultad legislativa de la AN 215

III. FACULTAD DE CONTROL PARLAMENTARIO...... 219

1 *Decisiones que declaran la constitucionalidad de los Decretos de Emergencia Económica* 221

   a. *Sala Constitucional. Sentencia Nº 4 de fecha 20 de enero del 2016, caso Constitucionalidad del Primer Decreto Emergencia Económica. Expediente Nº 16-0038. Ponencia Conjunta* 223

   b. *Sala Constitucional. Sentencia Nº 7 de fecha 11 de febrero del 2016, caso Hernán Toro, Norcy Álvarez y otros (Interpretación de la Ley Orgánica sobre Estados de Excepción). Expediente Nº 16-0117. Ponencia Conjunta* 229

   c. *Las prórrogas y sucesivos decretos de estados de excepción y las decisiones de la SC/TSJ* 237

2. *SC/TSJ: Sentencia Nº 9 de fecha 1 de marzo del 2016, caso Gabriela Flores Ynserny, Daniel Augusto Flores Ynserny y Andrea Carolina Flores Ynserny (Recurso de Interpretación sobre funciones de revisión de la AN). Expediente Nº 2016-000153. Magistrado Ponente: Arcadio Delgado Rosales.* 246

   a. *División Política y Poder Público* 249

   b. *Control Parlamentario* 250

   c. *De la designación de una Comisión Especial de la AN para revisar el nombramiento de los magistrados principales y suplentes del TSJ* 253

   d. *De la Ley sobre el Régimen para la comparecencia de funcionarios públicos y particulares ante la Asamblea Nacional o sus Comisiones y del Reglamento de la AN.* 255

3. SC/TSJ: Sentencia N° 225 de fecha 29 de marzo del 2016, caso Robert *Noriega vs Acuerdo AN de Designación de Magistrados TSJ.* Expediente N° 16-0042. Magistrada Ponente: Gladys María Gutiérrez Alvarado.. 258

4. SC/TSJ: Sentencia N° 259 de fecha 31 de marzo del 2016, caso *Presidente de la República vs Ley de Reforma Parcial del Decreto N° 2.179 con Rango, Valor y Fuerza de la Ley de Reforma Parcial de la Ley del BCV.* Expediente 2016-000279. Magistrado Ponente: Calixto Ortega Ríos.. 264

5. SC/TSJ: Sentencia N° 478 de fecha 14 de junio del 2016, caso *PGR (Reinaldo Muñoz y otros) vs actuaciones varias de la AN.* Expediente N° 16-0524. Ponencia Conjunta.. 270

6. SC/TSJ. Sentencia N° 614 de fecha 19 de julio del 2016, caso *diputados Gabriela Flores Ynserny, Daniel Augusto Flores Ynserny, Andrea Carolina Flores Ynserny vs Informe revisión de designación magistrados del TSJ.* Expediente N° 16-0153. Magistrado Ponente: Gladys Gutiérrez Alvarado........................... 276

7. SC/TSJ: Sentencia N° 618 de fecha 20 de julio del 2016, caso *Brigitte Acosta Isasis (Recurso de Interpretación de la CRBV).* Expediente N° 16-0683. Ponencia Conjunta.. 283

    a. *Que sean celebrados por la República, a través de los órganos que componen al Ejecutivo Nacional competentes en esta materia* 286

8. SC/TSJ. Sentencia N° 797 de fecha 19 de agosto del 2016, *caso diputados Pedro Carreño, Víctor Clark y otros vs sesiones de la AN.* Expediente N° N° 16-0449. Magistrado Ponente: Juan José Mendoza Jover. 290

9. SC/TSJ: Sentencia N° 814 de fecha 11 de octubre del 2016, caso *Presidente de la República (Ampliación de sentencia)*. Expediente N° 2016-0897. Ponencia Conjunta 294

10. SC/TSJ: Sentencia N° 893 de fecha 25 de octubre del 2016, caso *Rafael Ramírez*. Expediente N° 16-0940. Magistrada Ponente: Gladys María Gutiérrez Alvarado.. 297

11. SC/TSJ: Sentencia N° 907 de fecha 28 de octubre del 2016, caso *Nacionalidad del Presidente de la República: Nicolás Maduro Moros*. Expediente N° 16-1017. Magistrada Ponente: Gladys María Gutiérrez Alvarado. 303

10. SC/TSJ: Sentencia N° 948 de fecha 15 de noviembre del 2016, *caso PGR (Reinaldo Muñoz y otros) vs Acto Parlamentario sobre la responsabilidad política del Presidente de la República. Expediente N° 16-1085.* Ponencia Conjunta. 313

    a. *Del "desacato" de la AN* 314

    b. *Presuntas amenazas y hechos lesivos denunciados* 315

13. SC/TSJ: Sentencia N° 1086 de fecha 13 de diciembre del 2016, caso *diputado Héctor Rodríguez Castro vs Omisión legislativa de la Designación de Rectores CNE.* Expediente N° 16-1191. Magistrado Ponente: Ponencia Conjunta. 318

14. SC/TSJ: Sentencia N° 1190 de fecha 15 de diciembre del 2016, caso *Presidente de la República: aprobación judicial del Presupuesto 2017.* Expediente N° 16-0897. Magistrado Ponente: Ponencia Conjunta. 325

    a. *Sobre la ampliación de la sentencia N° 810* 327

    b. *Del control jurídico de la Ley de Presupuesto, Ley de Endeudamiento y Plan Operativo Anual* 329

15. SC/TSJ: Sentencia N° 03 de fecha 11 de enero del 2017, caso Presidente *de la República: Presentación de Memoria y Cuenta ante el TSJ.* Expediente N° 17-0002. Magistrado Ponente: Magistrado Gladys María Gutiérrez Alvarado... 330

16. SC/TSJ: Sentencia N° 05 de fecha 19 de enero del 2017, *caso* Empleados *de la AN (Juan Humberto Roa y otros) vs impago de sus salarios.* Expediente N° 17-0086. Magistrado Ponente: Luis Fernando Damiani Bustillos. 333

17. SC/TSJ: Sentencia N° 06 de fecha 20 de enero del 2017, caso Presidente *de la República: Interpretación de las facultades de la AN sobre los honores en el Panteón Nacional,* Expediente N° 17-0080. Magistrado Ponente: Lourdes Benicia Suárez Anderson.. 336

18. SC/TSJ: Sentencia N° 07 de fecha 26 de enero del 2017, caso *diputado Héctor Rodríguez Castro vs Acuerdo Parlamentario sobre el Abandono del cargo del Presidente de la República.* Expediente N° 17-0010. Magistrado Ponente: Juan José Mendoza Jover. 339

19. SC/TSJ: Sentencia N° 88 de fecha 24 de febrero del 2017, caso *Rafael Ramírez vs notificación Comisión de Investigación* Parlamentaria. Expediente N° 16-0940. Magistrado Ponente: Gladys María Gutiérrez Alvarado... 343

20. SC/TSJ: Sentencia N° 90 de fecha 24 de febrero del 2017, caso Vicepresidente *Ejecutivo: no Presentación de Memoria y Cuenta ante la AN.* Expediente N° 17-0239. Magistrado Ponente: Gladys María Gutiérrez Alvarado... 347

21. SC/TSJ: Sentencia N° 156 de fecha 29 de marzo del 2017, caso *Corporación Venezolana del Petróleo, S.A. (CVP) (Interpretación de la Ley Orgánica de Hidrocarburos vs AN)*. Expediente N° 17-0325. Ponencia Conjunta 349

Conclusiones relacionadas con la facultad de control parlamentario 354

IV. **FACULTAD DE REFORMA Y ENMIENDA CONSTITUCIONAL** 357

    1. SC/TSJ. Sentencia N° 274 de fecha 21 de abril del 2016, caso *Johnny Leonidas Jiménez y otra vs Proyecto de Enmienda Constitucional N° 2 (Interpretación de la CRBV sobre los períodos de los cargos electos)*. Expediente N° 2016-0271. Magistrado Ponente: Arcadio Delgado Rosales. 358

Comentarios y conclusiones sobre la facultad de modificación constitucional de la AN 363

V. **LA TESIS DEL SUPUESTO "DESACATO" DEL PARLAMENTO** 367

VI. **LA MANIPULACIÓN Y SUBVERSIÓN DEL DERECHO PROCESAL CONSTITUCIONAL** 373

    1. *El desconocimiento de los procesos judiciales establecidos en la LOTSJ* 373

    2. *El artificio de la declaratoria de "mero derecho" para impedir la presentación de alegatos de parte* 376

    3. *La llamada procedencia "in limine litis" y otras manipulaciones en las acciones de amparo constitucional* 377

    4. *Otras manipulaciones procesales* 379

VII. **EPÍLOGO** 381

ÍNDICE DE SENTENCIAS 385

PRESENTACIÓN

La presente obra tiene por objeto documentar y analizar una de las más oscuras etapas de la historia judicial: el sometimiento e instrumentalización de los jueces (magistrados) del Tribunal Supremo de Justica y especialmente de su jurisdicción constitucional (Sala Constitucional) para destruir la Constitución, la democracia y el propio Estado de Derecho en Venezuela.

La historia nos ha demostrado, en varias oportunidades, la importancia de consolidar un Poder Judicial auténtico, con jueces verdaderamente independientes e imparciales como elemento esencial del Estado Constitucional y Democrático de Derecho. Lo contrario, es decir, la ausencia de la garantía de la independencia judicial es la puerta franca a la huida del Derecho y el reino de la arbitrariedad, mediante la manipulación de la justicia por los poderes políticos, para convertirlos en herramienta servil de sus fines más perversos.

¿Y en Venezuela? ¿Tuvo alguna vez un verdadero Poder Judicial? ¿Qué tan independientes eran los jueces en el siglo XIX y en el siglo XX? Ciertamente la situación no llegaba cerca de ser perfecta, pero terminando el siglo XX los índices de tutela judicial eran bastante eficaces frente a los actos de los poderes públicos, especialmente Ejecutivo y Legislativo, tanto a nivel nacional, como estadal y municipal. Precisamente por ello la Asamblea Nacional Constituyente del año 1999 prometió una reforma judicial integral. Sin embargo, 18 años después de la creación del actual Tribunal Supremo de Justicia, no se consigue en Latinoamérica un ejemplo más grave de destrucción de Estado de Derecho a través del mismo sistema de justicia. Como evidencia de ello, puede revisarse los informes anuales de Provea desde el año 2000* y las reveladoras estadísticas de las decisiones del Alto Tribunal, durante el período 2004-2013, que demuestran su evidente sujeción al Poder Ejecutivo**.

Este trabajo ofrece una recopilación y análisis exhaustivo de las sentencias del Tribunal Supremo de Justicia que ejecutaron el desmontaje final del Estado de Derecho en Venezuela. El período bajo estudio comprende desde el mes de diciembre del 2015 con las decisiones que secuestraron las elecciones parlamentarias del 6 de diciembre de ese año, hasta el mes de julio del 2017. En el estudio se evidencia cómo desde el máximo órgano judicial y especialmente a través de su jurisdicción constitucional, se fue progresivamente despojando a la Asamblea Nacional de sus poderes constitucionales en materia de organización interna, legislación, control de los actos del Poder Ejecutivo y de enmienda y reforma constitucional. Estos poderes constitucionales despojados a la Asamblea Nacional fueron asignados directamente o a través de simple apariencias al Ejecutivo. Con ello, el Tribunal Supremo de Justicia a su vez usurpó la soberanía popular, violó el principio de separación de poderes, destruyó el derecho procesal constitucional y el Estado de Derecho en Venezuela.

Este libro es por ello una historia triste ("negra"), que no debe repetirse. Pero el mejor antídoto para que ello no ocurra es que no se olvide, y que el día que comience el rescate de la democracia y la construcción del Estado de Derecho, se haga so-

---

*   PROVEA. Informe Anual de Derechos Humanos, disponible en: www.derechos.org.ve

** CANOVA, Antonio, HERRERA, Luis, RODRÍGUEZ, Rosa y GRATEROL, Giuseppe, *El TSJ al Servicio de la Revolución. La toma, los números y los criterios del TSJ venezolano (2004-2013)*, Caracas, Editorial Galipán, 2014.

bre el pilar fundamental de la independencia e imparcialidad de los jueces y tribunales, sin las cuales, no tendremos ni Constitución, ni derechos, ni democracia, ni Estado de Derecho, porque el Leviatán la devorará.

Queremos agradecer la valiosa colaboración del equipo integrado por las jóvenes abogadas Laura Dib, Alessandra Soler y Mariana Scolaro; así como del estudiante de Derecho, Ignacio Ayala B.

Carlos Ayala C.

Rafael Chavero G.

Caracas, octubre de 2017

INTRODUCCIÓN

No es fácil ubicar un único momento preciso en el cual se destruyeron los pilares fundamentales de la democracia, el Estado de Derecho y la *Constitución* venezolana (*Constitución* o *CRBV*). Han sido muchos y variados los acontecimientos recientes que han ido socavando la *Constitución* y las garantías esenciales del Estado de Derecho. Algunos juristas atribuyen el origen de la debacle a la instauración de una Asamblea Nacional Constituyente (ANC) en el año 1999, la cual se utilizó para cooptar todos los poderes del Estado de funcionarios serviles del partido de gobierno y así desdibujar la separación de poderes[1]. Pero ciertamente fueron dos decisiones de la Sala Constitucional del Tribunal Supremo de Justicia (SC/TSJ), de marzo de 2017 (Nos. 155 y 156), las que se convirtieron en un hito visible de la ruptura del orden constitucional o el golpe de estado institucional al sistema democrático venezolano[2].

Como veremos en el presente trabajo, dichas sentencias de la SC/TSJ de marzo de 2017 no fueron el inicio de la ruptura del régimen democrático establecido en la *Constitución*, pues antes

---

1   Véase, entre otros trabajos: BREWER-CARÍAS, Allan, *"El proceso constituyente y la fallida reforma del Estado en Venezuela"*, en *Reflexiones sobre el constitucionalismo en América*, Caracas, Editorial Jurídica Venezolana, 2001, pp. 165 y ss.

2   *El Universal* (7 de abril de 2017) *Sentencias 155 y 156*. Disponible en: http://www.eluniversal.com/noticias/opinion/sentencias-155-156_647080.

de estas decisiones ya se habían dictado decenas de fallos contrarios al texto constitucional y a los elementos esenciales de la democracia. Pero, sin duda, estas sentencias sirvieron para evidenciar y simbolizar claramente la ruptura del Estado de Derecho y, en consecuencia, para que la comunidad internacional y los órganos encargados de la defensa de los derechos humanos, expresaran, ahora en forma categórica, su condena al abandono del cauce constitucional.

Así, por ejemplo, el 3 de abril de 2017, en sesión extraordinaria, el Consejo Permanente de la Organización de los Estados Americanos (OEA) declaró que las decisiones del Tribunal Supremo de Justicia (TSJ) eran "incompatibles con la práctica democrática y [...] una violación del orden constitucional de la República Bolivariana de Venezuela"[3]. La Comisión Interamericana de Derechos Humanos (CIDH) consideró que las decisiones del TSJ "constituyen una usurpación de las funciones del Poder Legislativo por parte de los Poderes Judicial y Ejecutivo, así como una anulación de facto del voto popular mediante el cual fueron elegidos los diputados de la Asamblea Nacional [...] [, una] grave injerencia del Poder Judicial en la Asamblea Nacional.[... y] un riesgo para la vigencia de los derechos humanos y de principios democráticos básicos, por la concentración de poder en el Ejecutivo y el Judicial y la vulneración del principio de separación de poderes en un sistema democrático"[4].

También el Alto Comisionado de las Naciones Unidas para los Derechos Humanos, Zeid Raad Al Hussein, expresó su profunda preocupación por las decisiones del TSJ y señaló que "[l]a

---

3   Consejo Permanente de la OEA, *Resolución sobre los sucesos recientes de Venezuela*, CP/RES. 1078 (2108/17), de fecha 3 de abril de 2017, párr. 1.

4   CIDH. Comunicado de Prensa N° 041/17, *CIDH condena decisiones del Tribunal Supremo de Justicia y la alteración del orden constitucional y democrático en Venezuela*, de fecha 31 de marzo de 2017.

separación de poderes es fundamental para que funcione la democracia, así como el mantener los espacios democráticos abiertos es esencial para asegurar que los derechos humanos estén protegidos. […]Los ciudadanos venezolanos tienen derecho a participar en los asuntos públicos a través de representantes libremente elegidos, tal y como establece el Pacto Internacional de Derechos Civiles y Políticos ratificado por Venezuela. Los diputados debidamente electos también deberían poder ejercer las facultades que les confiere la *Constitución* venezolana"[5].

Por su parte, la Comisión Internacional de Juristas (CIJ) desde hace varios años ha venido siguiendo la situación en Venezuela pudiendo constatar la pérdida de independencia del Poder Judicial, el vertiginoso y sistemático deterioro de los derechos humanos y de las libertades fundamentales, y, en general, el ocaso del Estado de Derecho[6]. Así, la CIJ ha podido verificar que desde hace 18 años, pese a las garantías constitucionales y

---

5.   Oficina del Alto Comisionado de Derechos Humanos (OHCHR). Comunicado de Prensa, *Zeid insta a Venezuela a mantener la separación de poderes*, de fecha 31 de marzo de 2017.

6   Ver, *inter alia*, los informes de la Comisión Internacional de Juristas (CIJ), *Venezuela: el ocaso del Estado de Derecho*, 2015 Disponible en: Venezuela-OcasoEstadoDerecho-Publications-Reports-2015-SPA; y *Fortaleciendo el Estado de Derecho en Venezuela*, 2014. Disponible en: https://www.icj.org/strengthening-the-rule-of-law-in-venezuela/;
Asimismo ver: *Informe alternativo conjunto del Instituto de Derechos Humanos de la International Bar Association, la Unión Internacional de Magistrados Grupo Ibero-Americano y la Comisión Internacional de Juristas. Examen del cuarto informe periódico de la República Bolivariana de Venezuela presentado al Comité de Derechos Humanos* (114 Sesión de la Comité de Derechos Humanos de las Naciones Unidas, 29 de junio a 24 de julio de 2015); y *Venezuela (República Bolivariana de). Examen Periódico Universal de las Naciones Unidas, Segundo ciclo, Consejo de Derechos Humanos: Informe alternativo conjunto presentado por el Instituto de Derechos Humanos de la International Bar Association, la Unión Internaciónal de Magistrados / Grupo Ibero-Americano y la Comisión Internacional de Juristas*, 2016.

legales, el Poder Judicial ha dejado de ser una rama del Poder Público independiente e imparcial. Diferentes mecanismos han contribuido a ello, como por ejemplo: la interinidad y provisionalidad de la inmensa mayoría de los jueces; la inaplicación de las garantías constitucionales y legales en los procedimientos de nombramiento; y las retaliaciones y procedimientos de sanción, sin el debido proceso, contra jueces que fallan contrariamente a los intereses del Poder Ejecutivo. Entre muchos casos, el relativo a la detención, encarcelamiento y enjuiciamiento arbitrario de la jueza Afiuni, representó igualmente un hito en la conciencia de la comunidad internacional sobre las retaliaciones en contra de los jueces que, cumpliendo con decisiones de órganos internacionales de derechos humanos, sentencian de manera independiente afectando los intereses políticos del Poder Ejecutivo[7].

La falta de autonomía e independencia del Poder Judicial venezolano

Como lo reconoce la gran mayoría de informes y reportes de órganos y organismos internacionales, la situación más crítica del sistema venezolano ha estado basada en la pérdida de independencia del Poder Judicial, y principalmente en su máximo órgano: el TSJ. Luego del "copamiento institucional" de todos los poderes públicos ejecutado por la ANC en el año 1999 y luego por la Asamblea Nacional (AN) controlada por el partido de gobierno en el año 2000, los primeros síntomas más preocupantes se registraron en el año 2004. Ese año, a través de la muy cuestionada *Ley Orgánica del Tribunal Supremo de Justicia* (LOTSJ) se amplió el número de los jueces ("magistrados") in-

---

7   Ver informe del International Bar Association´s Human Rights Institute (IBAHRI), *La Ejecución de la Justicia: El Juicio Penal de la Jueza María Lourdes Afiuni*, abril 2014. Disponible en: https://www.ibanet.org/Document/Default.aspx?DocumentUid=177DC243-8A94-4E3D-9F1E-B0C7A4D97539

tegrantes del TSJ de 20 a 32, quienes debían ser elegidos por las dos terceras (2/3) partes de la AN[8] dominada por el partido de gobierno. Mediante este "empaquetamiento" político del TSJ, el Gobierno se reaseguró su control del TSJ y así del resto del Poder Judicial. Como lo denunció el Relator Especial sobre Independencia de Magistrados y Abogados de las Naciones Unidas en esa oportunidad, ello "permitió a la coalición al poder en la Asamblea Nacional nombrar 12 magistrados, obteniendo así una gran mayoría de magistrados en el Tribunal Supremo [...] [y creando] un poder judicial fuertemente politizado"[9].

En diciembre de 2010, tuvieron lugar nuevas designaciones de magistrados del TSJ, justo después de la elección de los diputados de la AN en septiembre de ese año, pero antes de que el nuevo período legislativo comenzara en enero de 2011. Los nombramientos fueron realizados en ese tiempo, de manera que se asegurase que la elección de los jueces alineados con el partido de gobierno tuviera lugar en el período en que se contaba con los votos parlamentarios necesarios (ya que en la siguiente legislatura no contarían con los votos de las 2/3 partes de los diputados). De esta forma, de los nueve magistrados principales designados en 2010, al menos cinco eran diputados en la AN y miembros del *Partido Socialista Unido de Venezuela* (partido oficial de gobierno, PSUV); uno era diputado en el Parlamento Andino, miembro del partido oficial y fue previamente embajador en Canadá por designación del Presidente de la República; y otro había sido previamente la Procuradora General de la República en el Poder Ejecutivo, por designación directa del Presidente de la República.

---

8   Artículo 8 de la LOTSJ de 2004; artículo 38 de la LOTSJ de 2010.

9   *Report of the Special Rapporteur on the independence of judges and lawyers, Leandro Despouy, submitted in accordance with Commission on Human Rights resolution 2004/33 - Addendum: Situations in specific countries or territories*, E/CN.4/2004/60/Add.1, de fecha 18 de marzo del 2004, párr. 167.

En el 2015, el Gobierno, previendo que iba a perder la mayoría de la AN en las elecciones del 6 de diciembre de ese año, presionó las jubilaciones anticipadas de 13 magistrados principales para designarlos antes del término de esa legislatura. Luego de que la oposición ganara las 2/3 partes de la AN en las elecciones parlamentarias de diciembre de ese año, el Gobierno apresuró a través de la feneciente AN para designar en ese mismo mes a los magistrados jubilados y retirados. A pesar de no contar con el voto favorable de las 2/3 partes de los diputados para la elección de los 13 magistrados[10], el partido de gobierno en la AN procedió de manera apresurada, el 23 de diciembre de 2015, a elegir por la *mayoría simple* de los diputados, a 13 magistrados principales y 21 magistrados suplentes del TSJ, entre funcionarios, militantes y fieles seguidores del partido de gobierno[11], consolidando una vez más el control político de esa alta instancia judicial.

Al respecto cabe señalar que, como anotamos, previo a esa nueva elección de magistrados, el 14 de octubre de 2015 la Sala

---

10 La LOTSJ de 2004 permite que luego de cuatro sesiones plenarias convocadas por la AN para la elección de magistrados al TSJ, cuando no se alcance la mayoría de dos terceras partes de votos favorables, se puede proceder a la elección por mayoría simple. Como lo señaló la CIDH, la LOTSJ de 2004 "eliminó el requisito de amplio consenso político para la elección de magistrados" *(Democracia y Derechos Humanos en Venezuela,* OEA/Ser.L/V/II. Doc. 54 de fecha 30 diciembre de 2009, párr. 198).

11 Así, por ejemplo, el Presidente del TSJ, Maikel José Moreno Pérez; el Segundo Vicepresidente del TSJ y Presidente de la Sala Constitucional, Juan José Mendoza Jover; la Presidenta de la Sala Político-administrativa, María Carolina Ameliach Villarroel; Presidente de la Sala de Casación Civil Yván Darío Bastardo Flores; el Magistrado, Calixto Ortega Ríos diputado suplente del Parlamento Latinoamericano por el Partido Socialista Unido de Venezuela (PSUV) y diputado de la Asamblea Nacional en los periodos 2000-2005 y 2006-2010; la Magistrada de la Sala Electoral, Jhannett María Madriz Sotillo, miembro del Consejo Superior del Movimiento Bolivariano PSUV; los Magistrados Arcadio Delgado Rosales, Malaquías Gil Rodríguez y Christian Zerpa.

Plena del TSJ había aprobado las peticiones de jubilación que hicieron 13 magistrados[12]. Pero esas jubilaciones anticipadas no fueron "voluntarias" sino bajo presión gubernamental. Así, el 17 de febrero de 2016, dos de estos magistrados jubilados – Carmen Elvigia Porras y Luis Ortíz Hernández- declararon ante la Comisión de Evaluación sobre la Designación de Magistrados del TSJ de la AN que todos los 13 magistrados habían sido presionados para pedir sus jubilaciones un año antes del período previsto constitucionalmente, con el fin de crear vacantes anticipadas de los puestos para los magistrados oficialistas que debían ser designados en diciembre de 2015[13], antes de que asumiera en enero de 2016 la nueva AN de mayoría opositora electa el 6-12-2015[14]. Además de ello, dicha designación de magistrados se llevó a cabo de manera atropellada, sin cumplir con los lapsos y procedimientos reglamentarios, sin la debida evaluación y sin que todos los candidatos cumplieran los requisitos constitucionales y legales. Por ello, a estos nuevos jueces la opinión pública los conoció como los "magistrados *express*".

---

12   El Universal (14 de octubre de 2015) *TSJ aprobó jubilación anticipada de 13 de sus miembros*. Disponible en: http://www.eluniversal.com/nacional-y-politica/151014/tsj-aprobo-la-jubilacion-anticipada-de-13-de-sus-miembros.

13   AN, *Acuerdo mediante el cual se designa a los Magistrados y Magistradas Principales y Suplentes del Tribunal Supremo de Justicia*. Publicado en la *Gaceta Oficial* N° 40.816 de fecha 23 de diciembre de 2015. Disponible en: http://www.mp.gob.ve/c/document_library/get_file?p_l_id=6939463&folderId=10513904&name=DLFE-10701.pdf

14   RunRun.es (17 de febrero de 2016) *Ex magistrados del TSJ denunciaron que fueron extorsionados y amenazados para dejar sus cargos*. Disponible en: http://runrun.es/nacional/venezuela-2/248932/ex-magistrados-del-tsj-denunciaron-que-fueron-extorsionados-y-amenazados-para-dejar-sus-cargos.html; RunRun.es (1 de marzo de 2016) *Ex magistrada: Maikel Moreno y presidenta del TSJ me presionaron para adelantar mi jubilación*. Disponible en: http://runrun.es/rr-es-plus/251041/audio-exmagistrada-maikel-moreno-y-presidenta-del-tsj-me-presionaron-para-adelantar-mi-jubilacion.html

De esta forma, como ya anotamos (ver referencia N°11), a partir del 23 de diciembre de 2015, la casi totalidad de los magistrados del TSJ son miembros formal o informalmente –aunque hayan renunciado o formalmente no conste su inscripción– del PSUV y/o ex funcionarios del Gobierno. Muchos de ellos ocupan posiciones relevantes en el TSJ. Así, de forma progresiva y reiterada pero eficazmente, el TSJ fue cooptado por el partido de gobierno y se fue consolidando en un apéndice obediente e incondicional a las órdenes del Poder Ejecutivo.

De allí, que la evidente falta de independencia del Poder Judicial venezolano o más bien su evidente dependencia política es un hecho incuestionable para cualquier observador objetivo, al punto que ha sido documentada y denunciada por diversas organizaciones e instituciones nacionales e internacionales, las cuales han puesto de manifiesto la enorme crisis que vive el sistema de administración de justicia en Venezuela, producto de claras interferencias gubernamentales. La cantidad, calidad y contundencia de estos informes, muchos de los cuales son emanados de órganos de protección internacional creados por tratados sobre derechos humanos ya sea de la Organización de Naciones Unidas (ONU) o de la OEA, contribuyen a evidenciar que la falta de independencia del Poder Judicial venezolano no es cuestión de "opiniones" o de "enemigos del gobierno o la revolución bolivariana de Venezuela", sino de hechos claros, objetivos y concretos.

Estos informes y comunicados de estos organismos internacionales de la ONU (Comité de Derechos Humanos de las Naciones Unidas y el Relator de la ONU para la independencia de jueces y abogados) y la OEA (Comisión Interamericana de Derechos Humanos y Corte Interamericana de Derechos Humanos), así como de las organizaciones no gubernamentales internacionales (Human Rights Watch) y nacionales (PROVEA y Transparencia Venezuela), organizaciones jurídicas (Academia de Ciencias Políticas y Sociales [ACIENPOL] y The International Bar Association) y universidades (Universidad de Harvard), han venido haciendo un estudio detallado y un seguimiento de la situación del Poder Judicial y los jueces en Venezuela, y son coincidentes en afirmar la gravedad de la situación de la falta de independencia de los jueces y el Poder Judicial en Venezuela, en violación de las obligaciones tanto constitucionales como las internacionales derivadas de tratados ratificados por el Estado venezolano[15].

La falta de independencia del Poder Judicial en Venezuela ha servido, en primer lugar, como mecanismo de impunidad frente al delito en general (90%) y en particular los delitos contra los derechos humanos (99%); en segundo lugar, como mecanismo de persecución a la disidencia política; y en tercer lugar, como instrumento del Gobierno para secuestrar la *Constitución* y la voluntad popular y ponerla a su servicio. Es esta última disfunción del Poder Judicial a través del TSJ la que se evidencia en este trabajo.

Esta falta de independencia del Poder Judicial venezolano es así evidente dentro de la jurisdicción que juzga los actos del Gobierno. La consecuencia necesaria de la falta de independencia judicial es la imposibilidad de controlar los abusos de poder que puedan afectar los intereses gubernamentales. Por eso, además de estos informes que denuncian la grave situación del sistema judicial venezolano, existen estudios estadísticos concretos de la jurisdicción contencioso-administrativa, donde se analizan todas las sentencias relacionadas con cuestionamientos de los actos, hechos u omisiones de los órganos del Estado,

---

15 Las partes trascendentes de estos Informes puede verse en: AYALA CORAO, Carlos, *"El secuestro de la independencia judicial"* en *Libro Homenaje a la Academia de Ciencias Políticas y Sociales en el centenario de su fundación (1015-2015)*, Tomo I, Caracas, Academia de Ciencias Políticas, 2015; y en CHAVERO GAZDIK, Rafael J., *La Justicia Revolucionaria. Una década de Reestructuración (o involución) Judicial en Venezuela*, Caracas, Editorial Aequitas, pp. 123 y ss.

llegándose a conclusiones increíbles, donde en prácticamente todos los casos se le da la razón al gobierno[16].

Así, en los estudios realizados se han sistematizado las sentencias y las estadísticas de la Sala Político Administrativa del Tribunal Supremo (SPA/TSJ), desde el año 2005 hasta el 2013[17]. Estos resultados confirman la siguiente premisa: la falta de independencia del Poder Judicial en Venezuela tiene como consecuencia, prácticamente, la inexistencia de la tutela judicial efectiva frente a cualquier acto, hecho u omisión de los organismos del Estado. En pocas palabras, al menos desde hace 15 años, los

---

16 Así, en los estudios realizados por los profesores CANOVA, Antonio, HERRERA, Luis, RODRÍGUEZ, Rosa y GRATEROL, Giuseppe, *El TSJ al Servicio de la Revolución. La toma, los números y los criterios del TSJ venezolano (2004-2013)*, Caracas, Editorial Galipán, 2014, se sistematizan las sentencias y las estadísticas de la Sala Político Administrativa del Tribunal Supremo, desde el año 2005 hasta el 2013. Los resultados de estos estudios son sencillamente impactantes. Por ejemplo, durante esos 8 años de un total de 1197 sentencias dictadas por ese Tribunal en materia de recursos de nulidad contra actos de la Administración Pública, los particulares obtuvieron el restablecimiento pleno de su situación jurídica infringida en solo 9 casos (0,75%). Pero lo más dramático de estos estudios estadísticos que revisaron 8 años de jurisprudencia es que en esos años:

- Nunca una decisión de la Sala Político-Administrativa ha cuestionado decisiones del gobierno, en sectores estratégicos o de interés nacional.

- Nunca una decisión de la Sala Político-Administrativa ha cuestionado alguna política pública del gobierno, como las expropiaciones de industrias o empresas, la intervención del gobierno en la economía, los controles de divisas o de costos y precios.

- Nunca una decisión de la Sala Político-Administrativa anuló algún acto estatal, cuando algún alto funcionario se hubiese pronunciado a favor de esa decisión administrativa

17 CANOVA, Antonio, HERRERA, Luis, RODRÍGUEZ, Rosa y GRATEROL, Giuseppe, *El TSJ al Servicio de la Revolución. La toma, los números y los criterios del TSJ venezolano (2004-2013)*, *op. cit.*

tribunales venezolanos no han protegido a los particulares frente a las actuaciones ilegales del Estado[18].

Pero no sólo el TSJ no ha controlado los abusos de poder, sino que además se ha convertido en un grosero instrumento del Poder Ejecutivo y del partido de gobierno. Sus fallos no se dictan "con imparcialidad, basándose en los hechos y en consonancia con el derecho, sin restricción alguna y sin influencias, alicientes, presiones, amenazas o intromisiones indebidas, sean directas o indirectas, de cualesquiera sectores o por cualquier motivo", como lo prescriben los *Principios básicos relativos a la independencia de la judicatura*[19], sino conforme a las lealtades partidistas e ideológicas de los magistrados.

El alcance de la presente investigación

En el presente trabajo nos limitamos a documentar lo que puede considerarse la etapa final del desmantelamiento del sistema democrático venezolano, la cual comienza luego de las elecciones parlamentarias de 2015, donde la coalición de partidos políticos de oposición denominada *"Mesa de la Unidad Democrática"* (MUD) obtuvo un resultado electoral favorable del 67% de los diputados de la Asamblea Nacional, para un total de

---

18 Una de las conclusiones de la Comisión Interamericana de Derechos Humanos, luego de su profundo análisis sobre la situación del Poder Judicial en Venezuela, es que: "La falta de independencia y autonomía del poder judicial frente al poder político constituye, a juicio de la CIDH, uno de los puntos más débiles de la democracia Venezolana". Véase: OEA, *Informe sobre Democracia y Derechos Humanos en Venezuela (2009)*, OEA/Ser.L/V/II., de fecha 30 de diciembre de 2009, Resumen Ejecutivo, párr. 15.

19 Principio 2 de los *Principios básicos relativos a la independencia de la judicatura*, adoptados por el Séptimo Congreso de las Naciones Unidas sobre Prevención del Delito y Tratamiento del Delincuente, celebrado en Milán del 26 de agosto al 6 de septiembre de 1985, y confirmados por la Asamblea General en sus resoluciones 40/32 de 29 de noviembre de 1985 y 40/146 de 13 de diciembre de 1985.

112 diputados de los 167 escaños que conforman el parlamento venezolano[20]. Con este resultado electoral, los candidatos de los partidos políticos de oposición obtuvieron las 2/3 partes de la AN, lo que permitía constitucionalmente desmontar gran parte de los amarres institucionales impuestos por Poder Ejecutivo desde la Asamblea Nacional Constituyente de 1999, incluido el del Poder Judicial.

Este resultado implicaba que el gobierno del Presidente de la República, Nicolás Maduro, sucesor del fallecido Hugo Chávez Frías, iba a confrontar por primera vez desde que entró en vigor la *Constitución* de 1999, un parlamento dominado por las fuerzas políticas de oposición y que los controles, pesos y contrapesos comenzarían a funcionar por primera vez. Esto constituía un cambio profundo, toda vez que, desde entonces, los Presidentes Chávez y Maduro mantuvieron un férreo control sobre todas las principales instituciones nacionales del Estado, esto es, AN, TSJ, Poder Ciudadano (Defensoría del Pueblo, Ministerio Público y Contraloría General) y Consejo Nacional Electoral.

De allí, que, por primera vez, al menos desde el año 1999, el Ejecutivo Nacional iba a tener un contrapeso institucional, a través de la legislación, los controles, la autorizaciones, las aprobaciones y las investigaciones parlamentarias. Este acontecimiento iba a poner a prueba las convicciones democráticas y republicanas del Presidente de la República y del Proyecto Revolucionario Socialista, pues la *Constitución* venezolana le atribuye a la AN facultades importantes para legislar; ejercer funciones de control sobre el resto de los órganos del Estado; organizar internamente su funcionamiento; y modificar la *Constitución*.

---

20 *El Universal* (9 de diciembre de 2015) *Resultados definitivos de las elecciones parlamentarias 2015.* Disponible en:
http://www.eluniversal.com/infografias/politica/resultados-definitivos-las-elecciones-parlamentarias-2015_91254.

Pues bien, la respuesta gubernamental a ese resultado electoral adverso no se hizo esperar. Días antes de la toma de posesión de los nuevos diputados a finales del mismo mes de diciembre de 2015, el TSJ dictó una importante decisión, claramente contraria al ordenamiento jurídico vigente y a sus propios precedentes, la cual marcó el destino de lo que finalmente terminaría con el Estado de Derecho en Venezuela.

En efecto, el 30 de diciembre de 2015, en pleno receso judicial, la Sala Electoral del TSJ (SE/TSJ) dictó una medida cautelar mediante la cual se ordenó la suspensión de los efectos de los actos de totalización, adjudicación y proclamación de los tres diputados electos por el estado Amazonas y el diputado de la representación indígena de la Región Indígena Sur (Amazonas y Apure) en las elecciones parlamentarias del 6 de diciembre del 2015. Con esta decisión "cautelar" (aún vigente año y medio después) se logró que la coalición parlamentaria de oposición (MUD) perdiera la mayoría calificada de 2/3 partes de sus integrantes, pretendiendo con ello impedir la designación de una serie de funcionarios de órganos importantes del Estado con períodos vencidos, entre ellos, los rectores del Consejo Nacional Electoral y el Contralor General de la República.

Pero como veremos en este trabajo, esta decisión no sólo implicó la ruptura de la mayoría calificada de la oposición en la AN, sino además fue la que dio origen al invento de la insólita tesis del "*desacato*", con la cual se ha justificado la eliminación de todas las competencias constitucionales de la AN desconociendo así la propia soberanía del pueblo.

Metodología de la investigación

Limitamos esta investigación, al análisis de las decisiones emitidas por el TSJ desde diciembre de 2015 hasta julio de 2017, que ilustran cómo desde el máximo órgano judicial y especialmente a través de su jurisdicción constitucional, se fue progresivamente despojando a la AN de sus poderes constitucionales, usurpando la soberanía popular, violando el principio de separación de poderes, destruyendo el derecho procesal constitucional y aniquilando el Estado de Derecho en Venezuela, mediante la instrumentalización de la justicia en favor de los intereses políticos (inconstitucionales) del Poder Ejecutivo.

Para demostrar este proceso de aniquilación de la AN revisaremos las distintas decisiones del TSJ que fueron cercenando y eliminando las principales competencias de la AN. Así, analizaremos cada una de las sentencias que desconocieron las facultades parlamentarias de i) organizarse internamente; ii) dictar leyes; iii) controlar e investigar al resto de los órganos del poder público; y vi) modificar la *Constitución*.

En cada uno de los distintos capítulos se revisarán las sentencias pertinentes en cuatro apartados, a saber: (i) en primer lugar, la identificación del caso, en donde constará de qué versa la demanda y ante qué Sala del TSJ se interpuso, quiénes son las partes y en qué consistió la decisión; (ii) en segundo lugar, los derechos violados por la sentencia; (iii) en tercer lugar, la decisión en sí, en donde se plasmarán los aspectos más relevantes de la misma en los términos usados por el propio TSJ; y (iv) por último, los comentarios o consideraciones legales breves del caso. Al final de cada capítulo expondremos unas breves conclusiones sobre la potestad parlamentaria estudiada y la forma como fue desmantelada por la jurisprudencia de la SC/TSJ.

Luego del estudio jurisprudencial referido, haremos unas breves consideraciones a la tesis del "*desacato*", utilizada por el TSJ como instrumento para aniquilar las competencias de la AN; así como a la manipulación del derecho procesal constitucional para imponer decisiones judiciales, en clara violación del derecho al debido proceso de la AN y el resto de los sujetos procesales interesados en cada una de las controversias manejadas por el TSJ.

Finalmente, incluimos un Epílogo relativo a la estocada final del TSJ ya no solo a la AN sino a La *Constitución*, al Estado de Derecho, a la democracia y a los derechos humanos, mediante su convalidación de los decretos presidenciales inconstitucionales que convocaron a una ANC sobre bases electorales contrarias a los principios universales del voto universal, directo, igual y libre. De esta forma una vez electa e instalada la ANC se declaró supraconstitucional, derogó la *Constitución* aun antes de adoptar una nueva, concentró todos los poderes y subordinó a todos los órganos del poder público.

I. FACULTAD DE ORGANIZACIÓN INTERNA

Una de las facultades inherentes de un órgano parlamentario es la de organizarse internamente en forma autónoma, conforme a las pautas constitucionalmente previstas. Sobre esta potestad legislativa se ha destacado que:

> Para que el Parlamento pueda hacer un contrapeso efectivo al poder ejecutivo y se garantice así el equilibrio de poderes, es necesario que esté dotado de una organización interna mediante la cual se asegure la independencia de sus miembros en el ejercicio de sus funciones constitucionales y que estas sean suficientemente importantes[1].

Conforme a las disposiciones contenidas en la *Constitución*, la organización interna del órgano parlamentario incluye: la capacidad de elegir de su seno sus propias autoridades; regular los requisitos y procedimientos para la instalación de las sesiones del parlamento; dictar su propio Reglamento Interno; calificar a sus integrantes y conocer de su renuncia; establecer comisiones parlamentarias tanto permanentes como temporales; llevar a cabo sesiones parlamentarias ordinarias o extraordinarias; determinar el orden del día para dichas sesiones; llevar a cabo sus votaciones conforme a su normativa interna; organizar su servicio de seguridad interna; acordar y ejecutar su presupuesto de gastos; el manejo de su personal; entre otras potestades que le son propias.

---

1   NARANJO MESA, Vladimiro, *Teoría Constitucional e Instituciones Políticas* (Ed. 11), Bogotá, Colombia, Editorial Temis, S.A., p. 268.

Como veremos a continuación, muchas de estas facultades de organización interna de la AN han sido socavadas y desconocidas directamente por la jurisprudencia del TSJ, a los fines de obstaculizar el funcionamiento normal y permanente del órgano parlamentario.

1. **SE/TSJ: Sentencia N° 260 de fecha 30 de diciembre del 2015, caso *Nicia Maldonado vs elecciones parlamentarias en el estado Amazonas y Región Indígena Sur (Suspensión de efectos de Elecciones Parlamentarias 2015)*. Expediente N° AA70-E-2015-000146. Magistrada Ponente: Indira M. Alfonzo Izaguirre.**

Esta es la primera sentencia que arranca con el proceso de desmontaje o desconocimiento de la AN. El fallo declara con lugar una solicitud de amparo cautelar, como medida preventiva dentro de un recurso contencioso electoral, mediante la cual se ordenó la suspensión de los efectos de los actos de totalización, adjudicación y proclamación de cuatro candidatos electos como diputados (tres por el estado Amazonas y 1 por la representación indígena de la Región Indígena Sur, compuesta por Amazonas y Apure) en las elecciones legislativas del 6 de diciembre del 2015. La medida deja sin representación política ante el máximo órgano legislativo a los habitantes del estado Amazonas y los pueblos indígenas de la Región Indígena Sur, que incluye a los que viven en el estado Apure, a pesar de que no son parte de la impugnación. Al impedirse la toma de posesión y juramentación de 3 diputados pertenecientes a la MUD se buscaba evitar la mayoría calificada de 2/3 partes de los integrantes de la AN que había obtenido esta coalición de partidos políticos de oposición. Nótese que el *quorum* especial de las 2/3 partes de los integrantes de la AN resulta necesario para, entre otras cosas, elegir a las más altas autoridades del poder público.

DERECHOS QUE VIOLA:

Derecho a la participación política y al sufragio (arts. 62 y 63 CRBV, y especialmente el derecho a la participación política de los pueblos indígenas consagrado en el art. 125 CRBV; art. 25 PIDCP, art. 21 DUDH, art. XX DADDH), derecho a la privacidad de las comunicaciones como elemento de la libertad de expresión (arts. 48 y 57 CRBV, art. 19 PIDCP, arts. 12 y 19 DUDH, arts. IV y X DADDH), y derecho al debido proceso (art. 49 CRBV, art. 14 PIDCP, art. 10 DUDH, art. XXVI DADDH).

DECISIÓN:

El 30 de diciembre del 2015, al día siguiente de presentada la demanda, la SE/TSJ dictó la sentencia N°260, mediante la cual ordenó la "suspensión de los efectos de los actos de totalización, adjudicación y proclamación emanados de los órganos subordinados del Consejo Nacional Electoral respecto de los candidatos electos por voto uninominal, voto lista y representación indígena en el proceso electoral realizado el 6 de diciembre de 2015 en el estado Amazonas para elección de diputados y diputadas a la Asamblea Nacional", mientras decidía sobre los méritos de un recurso contencioso electoral presentado por representantes del oficialismo contra dichas elecciones.

El recurso fue interpuesto por la diputada suplente del PSUV, Nicia Marina Maldonado, el día 29 de diciembre del 2015, bajo el alegato de que el proceso habría estado *viciado de NULIDAD ABSOLUTA, al ser producto de la manipulación de la votación libre y secreta de los electores del Estado Amazonas y que en su conjunto constituyen un fraude estructural y masivo que afecta al sistema electoral venezolano.*" En el mismo, la diputada solicitó igualmente un amparo cautelar y una medida de suspensión de efectos del acto electoral. Los diputados afectados por el amparo cautelar fueron Julio Ygarza (miembro de la MUD), Nirma Guarulla (miembro de la MUD), Romel Guzamana (representante de los pueblos indígenas de la Región Sur y miembro de la MUD) y Miguel Tadeo (miembro del PSUV)

La demanda (y la decisión) se basó en una única prueba: el audio difundido el 16 de diciembre del 2015 por varios medios de comunicación[2] de una supuesta conversación de la secretaria de la Gobernación de Amazonas, Victoria Franchi, con un interlocutor anónimo sobre dinero entregado a ciertos individuos para apoyar su movilización, a fin de que votaran por los candidatos de la oposición y supuestamente para que desviaran el voto de las personas que debían ser asistidas durante el proceso. La demanda refiere también la existencia de un supuesto "reclutamiento forzoso de electores" con dinero de la Gobernación de Amazonas.

Sin control ni certeza de la única prueba presentada por la parte demandante, la SE/TSJ consideró como presunción de buen derecho que la difusión del audio constituía un hecho notorio comunicacional que evidenciaba la posible violación del derecho al sufragio y la participación política, contenidos en los artículos 62 y 63 de la *Constitución*. Sobre los elementos probatorios para sustentar la demanda, la SE/TSJ afirmó que los hechos presentados eran notorios y comunicacionales, por lo cual no habría necesidad de presentar pruebas.

---

2   El audio fue difundido inicialmente por el jefe de campaña del Gran Polo Patriótico (GPP) –del cual forma parte el PSUV- y Alcalde del municipio Libertador de Caracas, Jorge Rodríguez, durante un programa en el canal del Estado Venezolana de Televisión (VTV). Rodríguez aseguró que el audio había sido grabado por un empleado de la Gobernación del Estado Amazonas (El Estímulo [16 de diciembre de 2015] *Rodríguez pide a Fiscalía investigar compra de votos en Amazonas*. Disponible en: http://elestimulo.com/blog/rodriguez-pide-a-fiscalia-investigar-compra-de-votos-en-amazonas/). Ese mismo día, el entonces Presidente de la AN y miembro del PSUV, Diosdado Cabello, también hizo difusión del audio a través de su programa "Con el Mazo Dando", transmitido igualmente por Venezolana de Televisión.

COMENTARIOS[3]:

Es importante comenzar señalando brevemente, que la presente decisión se dictó luego del proceso electoral del 6 de diciembre de 2015, en el cual los partidos de oposición al Gobierno agrupados en la MUD lograron una amplia mayoría en la AN. A pocos días de ese proceso electoral y antes de que tomaran posesión los diputados electos, la SE/TSJ decidió anular parcialmente ese proceso electoral, para de esta forma desincorporar a tres diputados de oposición y así evitar la conformación de la mayoría calificada de las dos terceras partes de la AN.

La medida cautelar solicitada se acordó en menos de 24 horas, sin haberse considerado los requisitos de procedencia de toda medida preventiva, en especial la presunción de buen derecho y el *periculum in mora*. La SE/TSJ únicamente consideró, bajo la figura de hecho notorio y comunicacional, la existencia de un audio obtenido y difundido de forma ilegal e inconstitucional, en contravención al artículo 48 de la *Constitución* que protege el secreto y la inviolabilidad de las comunicaciones en todas sus formas. Cabe resaltar que la Sala señaló que el hecho notorio y comunicacional es netamente el de la difusión del audio, sin realizar ningún tipo de consideración sobre su contenido ni sobre su valor probatorio. Al audio no se le realizó ninguna experticia para verificar la certeza de las personas allí identificadas o mencionadas.

---

3   Sobre esta sentencia, véase además los comentarios de: BREWER-CARÍAS, Allan R., *"El desconocimiento judicial de la elección popular de diputados"*, en *Revista de Derecho Público*, N° 145-146, Enero-Julio 2016, Caracas 2016, pp. 285-318. Publicado también en Allan R. Brewer-Carías, *La dictadura judicial y la perversión del Estado de derecho. El juez constitucional y la destrucción de la democracia en Venezuela* (Prólogo de Santiago Muñoz Machado), Ediciones El Cronista, Fundación Alfonso Martín Escudero, Editorial IUSTEL, Madrid 2017, pp. 111-178.

Ni en la solicitud de amparo ni en la sentencia cautelar de la SE/TSJ se hace referencia a si, en efecto, en el proceso electoral celebrado, hubo algún pago para manipular votos, ni mucho menos si esos supuestos pagos, en caso de haberse demostrado, habrían incidido de manera determinante en el resultado electoral. Es decir, no hubo ningún elemento o indicio serio de prueba que pudiese al menos generar sospechas sobre la manipulación del voto o el resultado electoral para configurar una presunción de fraude masivo. Una simple conjetura, obtenida en un audio ilegal, realizado antes de las elecciones, fue la única prueba que justificó tan desproporcionada e injustificada medida cautelar.

La SE/TSJ tampoco explicó la necesidad de la medida para asegurar el resultado del juicio principal y para evitar perjuicios irreparables en los derechos que dice proteger. Por el contrario, el haber emitido un amparo cautelar con las irregularidades descritas, sin haber realizado una ponderación en los derechos de los afectados, violó el derecho a la participación política de los electores y del resto de los habitantes del estado Amazonas, a quienes se despojó de su representación política ante el órgano legislativo y el derecho a elegir y ser elegido mediante sufragio universal, directo y secreto, como está establecido en los artículo 62 y 63 de la *Constitución*. De igual forma, violó los derechos de los pueblos indígenas de la Región Sur, a quienes privó de su derecho a la representación y la participación política establecido en el artículo 125 de la *Constitución*. En este aspecto, preocupa especialmente la afectación a los pueblos indígenas del estado Apure, representados también por el diputado indígena de la Región Sur, a quienes vulneró el derecho a la participación política, aun cuando el recurso se refiere únicamente las elecciones realizadas en el estado Amazonas.

En efecto, las consecuencias prácticas de la medida cautelar es que se dejó al estado Amazonas y a los pueblos indígenas de la Región Sur (incluyendo el estado Apure) sin diputados ante la AN, en virtud de un supuesto fraude electoral sin prueba alguna. Al momento de la elaboración de este trabajo ha pasado ya más de año y medio sin que exista decisión sobre el fondo del asunto y, mientras tanto, los diputados electos no han podido desempeñar sus funciones. Aún más, para esta fecha resulta evidente que no habrá una nueva elección antes de que termine el período de 4 años para el que fueron electos estos diputados. Una medida cautelar de esta naturaleza desconoce la esencia misma de la voluntad popular y los principios de proporcionalidad y adecuación de las medidas cautelares.

Es importante destacar los *tiempos* en los cuales fue introducido y decidido el amparo cautelar, no sólo porque la sentencia cautelar fue dictada a pocas horas de presentado el recurso, sino también por el hecho de que el TSJ se encontraba en receso por las vacaciones decembrinas. Pareciera que la SE/TSJ dio despacho esos días únicamente para la introducción de recursos en contra de las elecciones del 6 de diciembre de 2015 y así evitar que tomaran posesión todos los diputados electos en ese proceso comicial: lo que implica la imposibilidad de alcanzar el *quorum* calificado de las dos terceras partes de la AN, el cual es requerido para una serie de competencias importantes del parlamento, entre las cuales se encuentra, la designación de altos funcionarios del poder público nacional, entre ellos, a los miembros del Consejo Nacional Electoral.

El 5 de enero del 2016 se llevó a cabo la instalación de la AN (electa el 6 de diciembre de 2015). Los diputados del estado Amazonas y de la Región Indígena Sur afectados por el amparo cautelar no pudieron incorporarse ese día, ya que la Comisión Especial encargada de revisar las credenciales de los diputados electos[4], con mayoría del oficialismo saliente, anunció a través de Pedro Carreño, diputado del PSUV, que se habían verificado

---

4   En cumplimiento con el artículo 5 del *Reglamento de Interior y Debates de la Asamblea Nacional*.

las credenciales de 163 diputados[5] y no de los 167, ya que se había acatado la sentencia de la SE/TSJ. Al día siguiente, la nueva Junta Directiva de la Asamblea, conformada por los diputados de la MUD Henry Ramos Allup, Enrique Márquez y José Simón Calzadilla, nombró una nueva Comisión en la AN para la verificación de las credenciales de los diputados de Amazonas y de la Región Indígena Sur y se procedió a la juramentación de 3 de ellos: Julio Ygarza, Nirma Guarulla y el representante indígena de la Región Sur, Romel Guzamana, los tres miembros de la MUD[6].

2.   **SE/TSJ. Sentencia N° 1 de fecha 11 de enero del 2016, caso _Nicia Maldonado (Declaratoria de Desacato por juramentación de diputados de Amazonas y Región Indígena Sur)_. Expediente N°AA70-X-2016-000001. Ponencia Conjunta.**

A través de esta sentencia, la SE/TSJ declaró en _desacato_ a la Junta Directiva de la recién constituida AN por haber juramentado a los diputados del estado Amazonas y de la Región Indígena Sur, en "incumplimiento" de la sentencia 260 del 30 de diciembre de 2015. La Sala ratificó esa decisión cautelar y ordenó la "inmediata desincorporación" de los diputados, a riesgo de que todo acto proveniente de este órgano fuese considerado viciado de nulidad absoluta mientras los diputados participasen en el debate. La sentencia desconoció una de las funciones constitucionales propias y exclusivas de la AN, violando

---

5   Prodavinci (5 de enero de 2016) "_¿Y qué va a pasar con los 4 diputados de Amazonas?; por José Ignacio Hernández G._". Disponible en: http://prodavinci.com/blogs/y-que-va-a-pasar-con-los-4-diputados-de-amazonas-por-jose-ignacio-hernandez-g/.

6   BBC Mundo (6 de enero de 2016) _Venezuela: oposición juramenta a diputados de Amazonas pese a suspensión dictada por el TSJ._ Disponible en:
    http://www.bbc.com/mundo/noticias/2016/01/160106_venezuela_as amblea_nacional_amazonas_dp.

el derecho al sufragio y participación política. Con este fallo, la SE/TSJ declaró la nulidad de actos legislativos "futuros", lo que no tiene precedente en nuestra historia republicana.

DERECHOS QUE VIOLA:

Derecho a la participación política y al sufragio (arts. 62 y 63 CRBV, y especialmente el derecho a la participación política de los pueblos indígenas consagrado en el art. 125 CRBV; art. 25 PIDCP, art. 21 DUDH, art. XX DADDH), derecho a la privacidad de las comunicaciones como elemento de la libertad de expresión (arts. 48 y 57 CRBV, art. 19 PIDCP, arts. 12 y 19 DUDH, arts. IV y X DADDH), y derecho al debido proceso (art. 49 CRBV, art. 14 PIDCP, art. 10 DUDH, art. XXVI DADDH).

DECISIÓN:

El jueves 7 de enero del 2016, la diputada suplente electa por el estado Amazonas, Nicia Marina Maldonado, miembro del PSUV, solicitó ante la SE/TSJ que se iniciara el "procedimiento de *desacato*", y se pronunciara sobre la "juramentación írrita de los tres diputados del 6 de enero del 2016", y "ordenara su desincorporación". Ese mismo día, los diputados Pedro Carreño, Francisco Torrealba, Víctor Clark y Ramón Lobo, todos miembros del PSUV, solicitaron ante la misma Sala ser incluidos como terceros interesados en el proceso, para que se declarara la nulidad por inconstitucionalidad y legalidad de la juramentación y que ordenara a la Junta Directiva de la AN abstenerse de considerar como válida la participación de los diputados en ese órgano. Los terceros solicitaron que se declarara la nulidad de toda decisión tomada por la AN, que se ordenara a los órganos administrativos de la Asamblea no incluir a los diputados en la nómina, que se considerara como *desacato* la presentación de los diputados ante el órgano legislativo, y que ordenara al Ejecutivo Nacional la prohibición de publicar en Gaceta Oficial cualquier acto legislativo aprobado por la AN, mientras los diputados estuviesen incorporados.

Por las razones anteriormente expresadas, el lunes 11 de enero la SE/TSJ emitió la sentencia Nº 1 del 2016, en la cual decide que tanto la Junta Directiva de la AN, conformada por los diputados Henry Ramos Allup, Enrique Márquez y Simón Calzadilla, como los diputados Julio Ygarza, Nirma Guarulla y Romel Guzamana habían incurrido en *desacato* a la sentencia Nº260, ratificando la sentencia y ordenando su inmediato cumplimiento. Con base en ello, la Sala argumentó que los diputados juramentados habrían incurrido en el supuesto de *usurpación de la autoridad* establecido en el artículo 138 de la *Constitución*, por lo que todos los actos de la AN dictados a partir de la incorporación de estos diputados estarían viciados de nulidad absoluta y, por tanto, serían inexistentes. Por último, la Sala ordenó a la Junta Directiva desincorporar de manera inmediata a los diputados que habían sido juramentados.

COMENTARIOS[7]:

Esta decisión implica el desconocimiento por parte de la SE/TSJ de una función propia y exclusiva de la AN, que es la de *calificar a sus propios integrantes*, como está establecido en el artículo 187, numeral 20 de la *Constitución*[8]. De los argumentos ofrecidos por la Sala, se puede evidencia que no considera a la AN como un poder autónomo e independiente, al afirmar que el Poder Legislativo Nacional no está supeditado únicamente al cumplimiento de la *Constitución*, sino también a un supuesto

---

7   Sobre esta sentencia, véase además los comentarios de TORREALBA SÁNCHEZ, Miguel Ángel, *"La justicia electoral erigida en obstáculo para la paz en Venezuela: El caso de la suspensión cautelar de la proclamación de los diputados del Estado Amazonas como instrumento para obstaculizar la constitución del parlamento e impedir la representación política"*, en *Revista de Derecho Público*, Nº 145-146, Enero-Julio 2016, Caracas 2016, pp. 319-346.

8   Artículo 187 de la *CRBV*: Corresponde a la Asamblea Nacional:

20. Calificar a sus integrantes y conocer de su renuncia. La separación temporal de un diputado o diputada sólo podrá acordarse por el voto de las dos terceras partes de los diputados y las diputadas presentes.

deber de "acatar las disposiciones y decisiones del resto de los poderes públicos del Estado", bajo la falsa premisa que, de lo contrario, estaría incumpliendo con el deber de colaboración entre los poderes. De esta forma, las acciones de la AN perderían su autonomía y pasarían a ser dependientes de las decisiones absurdas e inconstitucionales tomadas por un TSJ politizado completamente, afectando gravemente y manipulando al sistema de control constitucional.

Además del desconocimiento a una de las funciones institucionales y a la autonomía de la AN, la SE/TSJ avanzó en el desconocimiento a los derechos a la participación política y el sufragio cuando amenazó con que ninguno de los actos legislativos emitidos por la AN sería tenido por válido mientras los tres diputados se mantuviesen incorporados. De manera inconstitucional y en clara extralimitación de sus competencias, sin haber atravesado ni siquiera por un proceso en el cual se escuchase a las partes de manera imparcial, con base en una medida cautelar marcada por irregularidades, la SE/TSJ desconoció no sólo a los diputados del Estado Amazonas y de la Región Indígena Sur, sino a todos los diputados y a la AN como los representantes de los ciudadanos venezolanos para la toma de decisiones dentro de un sistema democrático, vaciando al Poder Legislativo de todo contenido constitucional. Además, con su decisión, la Sala declaró la nulidad absoluta sobre actos que aún no habían ocurrido ni existían, emitiendo juicios *a priori* sobre la validez de esos actos, independientemente de que los tres diputados de Amazonas y de la Región Indígena Sur participen o no en esas deliberaciones, e independientemente de si sus votos fuesen o no determinantes para la aprobación de sus actos.

Es de hacer notar que la SE/TSJ no tiene competencia jurisdiccional para conocer de los actos dictados por la AN, al estar sometido la mayoría de estos actos a la competencia de la SC/TSJ. Es decir, la SE/TSJ anuló los actos futuros de la AN, sin ni siquiera ser competente para ello.

El día 13 de enero de 2016, los tres diputados del Estado Amazonas y de la Región Indígena Sur que habían sido juramentados solicitaron su propia desincorporación de la AN, con el objetivo de evitar mayores perjuicios a este órgano legislativo y de dedicar todo su tiempo a su defensa por el recurso introducido en SE/TSJ.[9]

Posteriormente, los diputados objeto de la medida cautelar presentaron escritos de oposición a la medida cautelar dictada por la SE/TSJ, y no fue sino hasta el 11 de agosto de 2016[10] cuando la SE/TSJ rechazó estas oposiciones y ratificó la medida cautelar de separación del cargo de los diputados, en contraste con la celeridad que se tuvo para acordar la medida cautelar de amparo.

Posteriormente, frente a cuestionamientos por la demora en el avance del juicio principal, el TSJ se pronunció sobre el estado de la causa a través de una nota de prensa publicada en su página web el 31 de julio[11], mediante la cual afirmó que "se han

9   Prodavinci (13 de enero de 2016) *Los diputados de Amazonas solicitaron su desincorporación de la AN: ¿Y ahora?*; por José Ignacio Hernández G. Disponible en: http://prodavinci.com/blogs/los-diputados-de-amazonas-solicitaron-su-desincorporacion-de-la-an-y-ahora-por-jose-i-hernandez/; El Nacional (13 de enero de 2016) *Diputados de Amazonas solicitaron su desincorporación de la AN*. Disponible en: http://www.el-nacional.com/politica/Diputados-Amazonas-solicitaron-desincorporacion-AN_3_774552554.html.

10 SE/TSJ. Sentencia N° 126 de fecha 11 de agosto del 2016, caso *Julio Ygarza, Romel Guzamana, Nirma Guarulla y otros*. Expediente N° AA70-X-2016-000003. Magistrado Ponente Indira M. Alfonzo Izaguirre, la cual será analizada *infra*.

11 Noticias TSJ (31 de julio de 2016) *TSJ ha respetado a cabalidad los lapsos legales en impugnación de elecciones en Amazonas*. Disponible en: http://www.tsj.gob.ve/-/tsj-ha-respetado-a-cabalidad-lapsos-legales-en-impugnacion-de-elecciones-en-amazonas. En la nota se comunica que, para ese momento, se encontraba "pendiente una solicitud de reposición de la causa, al estado de librar una nueva comisión, requerida recientemente, el 25 de julio de 2016, por un tercero interesado en el

ido realizando todos los actos procesales como lo pauta la ley"; que el proceso se encontraría en "etapa de recolección de pruebas" y que "se han presentado situaciones que han impedido culminarla por ahora, aun cuando del expediente se evidencia que el Poder Judicial ha desplegado todas las acciones necesarias para seguir impulsando éste y los demás procesos que le corresponden." El pronunciamiento del TSJ vino luego de que, el 21 de julio de 2016, los diputados Ygarza, Guarulla y Guzamana solicitaran a la AN su reincorporación[12], dada las dilaciones indebidas de la SE/TSJ para decidir sobre la impugnación de las elecciones; solicitud que fue discutida y aprobada por el Pleno de la AN el 28 de julio de 2016, lo que derivó en su juramentación e inmediata incorporación[13]. Repetimos, hasta la fecha, el recurso de nulidad no ha sido decidido; lo cual pone en evidencia que el fin político se había consumado con la medida cautelar. Si se hubiese anulado la elección, así sea de manera arbitraria, todas las encuestas daban como resultado que la oposición (MUD) ganaría no ya tres sino los cuatro diputados por el estado Amazonas y la Región Indígena Sur. Allí está la explicación de la utilización de la jurisdicción electoral de manera manipulada en contra de la nueva AN.

---

proceso, Fidel Caballero representado por Rosnell Carrasco, en apoyo a los diputados cuya proclamación está temporalmente suspendida, dirigida a recabar unas pruebas testimoniales."

12   *El Nuevo País* (21 de julio de 2016) *Diputados de Amazonas solicitan su reincorporación a la AN.* Disponible en:
   http://enpaiszeta.com/diputados-de-amazonas-solicitan-su-reincorporacion-a-la-an/

13   *Prensa AN* (28 de julio de 2016) *AN juramentó a los tres diputados indígenas de Amazonas.* Disponible en:
   http://www.asambleanacional.gob.ve/noticia/show/id/15923

3. **SC/TSJ: Sentencia N° 269 de fecha 21 de abril del 2016, caso *Juan Carlos Caldera y otros vs Reglamento AN*. Expediente N° 2011-000373. Magistrado Ponente: Juan José Mendoza Jover[14].**

En fecha 9 de marzo del 2011, seis diputados de oposición[15] en la anterior AN habían interpuesto una acción de nulidad por razones de inconstitucionalidad, conjuntamente con solicitud de medida cautelar, contra la *Reforma del Reglamento AN*[16]y, subsidiariamente, contra varios de sus artículos. Este recurso, que no había sido siquiera admitido en cinco (5) años, fue resuelto cinco (5) años después, luego de que se celebraran las elecciones parlamentarias en las que resultó ganadora una mayoría de oposición. En otras palabras, esta demanda contra el *Reglamento AN* no fue decidida en su momento, sino 5 años más tarde (en el 2016) al perder el Gobierno la mayoría de la AN y pasar a ser minoría.

Los accionantes habían denunciado que la reforma del *Reglamento AN* buscaba reducir las posibilidades de intervención de los diputados en los debates, ampliar las potestades de la Presidencia de la AN, dificultar el ejercicio de algunos mecanismos de control, y eliminar ciertas garantías del funcionamiento regular o continuo de la AN y de sus Comisiones Permanentes. En función de ello, los accionantes señalaron que la reforma adolecía de vicios de inconstitucionalidad, en la medida en que violaba "el principio democrático, el del pluralismo político, el del Estado de Derecho y el de progresividad, entre otros".

---

14   Esta sentencia será revisada igualmente en el próximo capítulo, al hacer referencia a las facultades legislativas de la AN

15   Juan Carlos Caldera, Eduardo Gómez Sigala, María Corina Machado, Alfonso Marquina, Miguel Pizarro y Edgar Zambrano.

16   *Reglamento AN*. Publicado en la *Gaceta Oficial Extraordinario* N° 6.014, de fecha 23 de diciembre de 2010.

Entre algunas de las disposiciones cuya nulidad se solicitó de forma específica, se encuentran los apartes primero al tercero del artículo 57 del *Reglamento AN*[17], conforme al cual la celebración de las sesiones plenarias pasa a depender "de convocatorias puntuales efectuadas según la apreciación de la AN"; los artículos 45, en su encabezamiento[18], y 48, primer aparte[19], que reducen a dos oportunidades mensuales el número mínimo de reuniones que deben tener las Comisiones Permanentes; el artículo 76[20] que dispone como sanción la privación del derecho

---

17 Artículo 57 del *Reglamento AN*. Son sesiones ordinarias las que se celebren dentro de los períodos anuales de sesiones, según lo establece, el artículo 219 de la Constitución de la República.

Serán convocadas por la Presidencia de la Asamblea Nacional por lo menos con veinticuatro horas de anticipación, por un tiempo expresamente señalado o hasta agotar algún tema o agenda del Orden del Día.

En la medida de las exigencias del servicio, se procurará sesionar en plenarias por lo menos cuatro veces al mes. [...]

18 Artículo 45 del *Reglamento AN*: Las comisiones permanentes, de conformidad con los cronogramas aprobados por mayoría de sus miembros, realizarán las consultas públicas a las leyes y materias de sus competencias, a través del parlamentarismo social de calle, asambleas en las comunidades, foros, talleres y demás mecanismos de participación; en coordinación con los consejos comunales y otras formas de organización del Poder Popular. Se reunirán por convocatoria de su Presidente o Presidenta, o en su ausencia por el Vicepresidente o Vicepresidenta, por lo menos dos veces al mes, en las sedes de las comisiones permanentes. [...]

19 Artículo 48 del *Reglamento AN*. Las comisiones permanentes, por conducto de su Presidente o Presidenta, actuando en coordinación con el Vicepresidente o Vicepresidenta, presentarán a la Junta Directiva de la Asamblea Nacional, mensualmente y por escrito, un informe de gestión que dé cuenta de los trabajos realizados y materias pendientes con mención, si fuere el caso, de las dificultades que se opongan a su resolución y propuestas para superarlas. [...]

20 Artículo 76 del *Reglamento AN*. La infracción de las reglas del debate por parte de un diputado o diputada motivará el llamado de atención por

de palabra por un mes; el artículo 25[21] que degrada la garantía o prerrogativa de la inmunidad parlamentaria, al permitir que en razón de la "gravedad del caso" se prescinda del procedimiento

---

parte de la Presidencia en función de restituir el orden y garantizar la fluidez de la Sesión.

En caso de que persistiere la conducta infractora, y a solicitud del Presidente o Presidenta o de cualquier diputado o diputada, podrá privarse al diputado o diputada del derecho de palabra por el resto de la Sesión y según la gravedad hasta por un mes, con el voto de la mayoría de los miembros presentes, sin debate.

21 Artículo 25 del *Reglamento AN*. Los diputados y diputadas gozarán de inmunidad en los términos y condiciones previstos en la Constitución de la República.

A los efectos del procedimiento previsto en el artículo 200 de la CRBV, una vez recibida la solicitud de autorización formulada por el Tribunal Supremo de Justicia, la Asamblea Nacional procederá a designar una Comisión Especial que se encargará de estudiar el asunto y de presentar a la plenaria, dentro de los treinta días siguientes a su constitución, un informe pormenorizado, con una proposición sobre la procedencia o no de la autorización solicitada, garantizando al diputado involucrado o diputada involucrada la aplicación de las reglas del debido proceso, consagradas en el artículo 49 de la Constitución de la República.

La Comisión Especial podrá recabar del Tribunal Supremo de Justicia, así como de cualquier otro órgano del Estado o de los particulares, la información que estime necesaria, y se abstendrá de presentar en el informe opiniones sobre la calificación jurídica del asunto.

En todo caso, la autorización se entenderá denegada si en el plazo de treinta días siguientes a la presentación del informe por la Comisión Especial correspondiente, la plenaria no se hubiere pronunciado sobre el particular.

Cuando la gravedad del caso lo amerite, a solicitud de un diputado o diputada, o de la Junta Directiva, la plenaria podrá decidir sobre la autorización solicitada por el Tribunal Supremo de Justicia en la misma oportunidad en que se recibe dicha solicitud, o en la Sesión más próxima.

Si el diputado o diputada a quien se le haya solicitado el levantamiento de su inmunidad, se encuentra presente en la plenaria, se abstendrá de votar en la decisión que sobre el asunto tome la Asamblea Nacional.

y se emita un pronunciamiento en plenaria al respecto; el artículo 56[22] que estima que sólo el canal del Estado ANTV podía captar y transmitir directamente las sesiones; y el artículo 64 numeral cuarto[23] en lo que atañe a que las autorizaciones solicitadas por el Ejecutivo Nacional serán admitidas en la cuenta y sometidas a votación sin debate.

---

22   Artículo 56 del *Reglamento AN*: La Asamblea Nacional sesionará en forma ordinaria y en forma extraordinaria, según las necesidades que al efecto se establezcan. También podrá celebrar sesiones especiales.

Todas las sesiones serán públicas, podrán declararse privadas o secretas mediante decisión de la mayoría absoluta de los presentes, a proposición de cualquiera de ellos.

A fin de garantizar el acceso a la información, de conformidad con el artículo 108 de la Constitución de la República, las sesiones plenarias serán transmitidas por la Fundación Televisora de la Asamblea Nacional (ANTV), pudiendo prestar apoyo para la transmisión la televisora del Estado. Se facilitarán las condiciones para que los medios de comunicación interesados en transmitir la información que se genera en el desarrollo de la Sesión, puedan hacerlo a través de la señal de ANTV.

23   Artículo 64 del *Reglamento AN*. Las sesiones se realizarán bajo el siguiente régimen:

4. La Presidencia solicitará a la Secretaría la lectura de la Cuenta, cuyo contenido despachará punto por punto. La Cuenta podrá incluir: comunicaciones dirigidas a la Asamblea Nacional, informes de las comisiones, proyectos sometidos a su consideración, y cualesquiera otros asuntos de los cuales deba enterarse la Asamblea Nacional, según decisión de la Presidencia. Los asuntos sometidos a la consideración de la Asamblea Nacional por el Ejecutivo Nacional y los demás Poderes Públicos, serán admitidos prioritariamente en la Cuenta. Las autorizaciones solicitadas por el Ejecutivo Nacional, serán admitidas en la Cuenta y sometidas a votación sin debate. En la consideración de la Cuenta sólo podrán solicitarse hasta dos mociones de información por cada punto, siempre que estén vinculadas con los temas tratados y no podrán abrirse debates sobre su contenido.

Como medida cautelar, los accionantes solicitaron la suspensión cautelar de la aplicación de los artículos: 1[24]; 25, penúltimo aparte[25]; 27, numerales 3 y 6[26]; 45, en su encabezamiento[27]; 48, primer aparte[28]; 56, último aparte[29]; 57[30]; 64, numeral 4[31]; 73, último aparte[32]; 76[33]; 105, último aparte[34]; 126[35]; y de los artícu-

---

24 Artículo 1 del *Reglamento AN*. El Poder Legislativo Nacional se ejerce por órgano de la Asamblea Nacional, vocera del pueblo venezolano.

Su sede es la ciudad de Caracas, capital de la República Bolivariana de Venezuela, y se reunirá en el salón de sesiones del Palacio Federal Legislativo, pudiendo sesionar en lugar diferente o en otra ciudad, por acuerdo de la mayoría de sus integrantes o por decisión de la Junta Directiva.

25 Véase nota 41.

26 Artículo 27 del *Reglamento AN*. Son atribuciones del Presidente o Presidenta de la Asamblea Nacional: [...]

3. Decidir sesionar en sitios diferentes al hemiciclo de sesiones y/o en otras ciudades de la República. [...]

6. Dirigir los debates conforme a este Reglamento y llamar al orden a los diputados o diputadas que lo infrinjan.

27 Véase nota 38.

28 Véase nota 39.

29 Véase nota 42.

30 Véase nota 37.

31 Véase nota 43.

32 Artículo 73 del *Reglamento AN*. [...] En todo caso, el tiempo para la discusión y aprobación de cada punto del Orden del Día no excederá de dos horas, debiendo distribuirse dicho tiempo en forma proporcional al número de diputados y diputadas pertenecientes a cada organización política y que tengan interés en el debate. La directiva podrá extender el tiempo si la complejidad del tema lo amerita.

33 Véase nota 40.

34 Artículo 105 del *Reglamento AN*. [...] Las comisiones que estudien proyectos de ley presentarán los informes correspondientes a consideración de la Asamblea Nacional en un plazo no mayor de treinta días consecutivos, contados desde la fecha de su recepción, a menos que por razones de urgencia la Asamblea Nacional decida un lapso menor, o que por necesidad de extender la consulta pública se requiera un plazo mayor.

los 34 al 40[36] del *Reglamento AN*, producto de la referida Reforma Parcial.

DERECHOS QUE VIOLA:

Derecho de los electores a que sus representantes rindan cuentas públicas, transparentes y periódicas sobre su gestión (art. 66 CRBV), derecho a la participación política (art. 62 y 125 CRBV, art. 25 PIDCP, art. 21 DUDH, art. 20 DADDH), derecho a la libertad de expresión (art. 57 CRBV, art. 19 PIDCP, art. 19 DUDH, art. 4 DADDH), y derecho al debido proceso (art. 49 CRBV, art. 14 PIDCP, art. 10 DUDH, art. 26 DADDH).

DECISIÓN:

La SC/TSJ, luego de declarar su competencia para conocer del caso y la admisión del recurso, procedió al análisis de la medida cautelar solicitada, declarando, en primer lugar, que las disposiciones contenidas en los artículos 1; 27, numerales 3 y 6; 48, primer aparte; 56, último aparte; y 64, numeral 4, "no llenan los extremos necesarios para acordar la cautelar solicitada". Cabe destacar que este razonamiento lo hizo de manera global y sin que se desarrollara una motivación respecto a cada artículo.

---

35 Artículo 126 del *Reglamento AN*. Cuando la Asamblea Nacional reciba una solicitud de aprobación de las señaladas en el artículo 187 de la Constitución de la República, dará Cuenta a la plenaria y la remitirá a la Comisión respectiva, la cual en un lapso máximo que establecerá la Presidencia, debe presentar el informe con sus recomendaciones a la Asamblea Nacional. La Junta Directiva lo presentará en Cuenta, ordenará su incorporación al sistema automatizado y fijará la fecha de su discusión dentro de los cinco días hábiles siguientes, salvo que la Asamblea Nacional lo declare de urgencia.

36 El texto completo de estos artículos pueden verse en:
http://www.asambleanacional.gob.ve/documentos_archivos/reglamento-de-interior-y-de-debate-8.pdf

Respecto al penúltimo aparte del artículo 25, la Sala decidió suspenderlo de manera cautelar, indicando que "se establece que dicha decisión de la Plenaria se pronunciará, en la sesión más próxima, luego de oído el Diputado o la Diputada respecto a la cual verse la autorización a que se refiere el artículo 200 del Texto Fundamental[37], en aras de garantizar el derecho a la defensa, consagrado en el artículo 49 *eiusdem*[38]".

---

37 Artículo 200 de la *CRBV*. Los diputados o diputadas a la Asamblea Nacional gozarán de inmunidad en el ejercicio de sus funciones desde su proclamación hasta la conclusión de su mandato o la renuncia del mismo. De los presuntos delitos que cometan los o las integrantes de la Asamblea Nacional conocerá en forma privativa el Tribunal Supremo de Justicia, única autoridad que podrá ordenar, previa autorización de la Asamblea Nacional, su detención y continuar su enjuiciamiento. En caso de delito flagrante cometido por un parlamentario o parlamentaria, la autoridad competente lo o la pondrá bajo custodia en su residencia y comunicará inmediatamente el hecho al Tribunal Supremo de Justicia.

Los funcionarios públicos o funcionarias públicas que violen la inmunidad de los o las integrantes de la Asamblea Nacional, incurrirán en responsabilidad penal y serán castigados o castigadas de conformidad con la ley.

38 Artículo 49 de la *CRBV*. El debido proceso se aplicará a todas las actuaciones judiciales y administrativas; en consecuencia:

1. La defensa y la asistencia jurídica son derechos inviolables en todo estado y grado de la investigación y del proceso. Toda persona tiene derecho a ser notificada de los cargos por los cuales se le investiga, de acceder a las pruebas y de disponer del tiempo y de los medios adecuados para ejercer su defensa. Serán nulas las pruebas obtenidas mediante violación del debido proceso. Toda persona declarada culpable tiene derecho a recurrir del fallo, con las excepciones establecidas en esta Constitución y la ley.

2. Toda persona se presume inocente mientras no se pruebe lo contrario.

3. Toda persona tiene derecho a ser oída en cualquier clase de proceso, con las debidas garantías y dentro del plazo razonable determinado legalmente, por un tribunal competente, independiente e imparcial establecido con anterioridad. Quien no hable castellano o no pueda comunicarse de manera verbal, tiene derecho a un intérprete.

La Sala decidió que el artículo 45 del *Reglamento AN* reformado "no llena los extremos para que se acuerde en esta oportunidad una suspensión del mismo, más bien debe aprovechar esta Sala la oportunidad para señalar que está plenamente vigente dicha disposición". Considera el máximo Tribunal que la consulta pública regulada en esa disposición "no es una mera formalidad sino un requisito *sine qua non* para que tenga lugar la segunda discusión del proyecto de ley" y que "la participación protagónica del pueblo es lo que permite la consolidación del Poder Popular".

En relación al artículo 57 del *Reglamento AN*, la Sala acordó ampliar cautelarmente el lapso para efectuar la convocatoria a las sesiones ordinarias a cuarenta y ocho (48) horas, "para hacer efectiva la presencia en la sesión convocada de los parlamenta-

---

4. Toda persona tiene derecho a ser juzgada por sus jueces naturales en las jurisdicciones ordinarias, o especiales, con las garantías establecidas en esta Constitución y en la ley. Ninguna persona podrá ser sometida a juicio sin conocer la identidad de quien la juzga, ni podrá ser procesada por tribunales de excepción o por comisiones creadas para tal efecto.

5. Ninguna persona podrá ser obligada a confesarse culpable o declarar contra sí misma, su cónyuge, concubino o concubina, o pariente dentro del cuarto grado de consanguinidad y segundo de afinidad. La confesión solamente será válida si fuere hecha sin coacción de ninguna naturaleza.

6. Ninguna persona podrá ser sancionada por actos u omisiones que no fueren previstos como delitos, faltas o infracciones en leyes preexistentes.

7. Ninguna persona podrá ser sometida a juicio por los mismos hechos en virtud de los cuales hubiese sido juzgada anteriormente.

8. Toda persona podrá solicitar del Estado el restablecimiento o reparación de la situación jurídica lesionada por error judicial, retardo u omisión injustificados. Queda a salvo el derecho del o de la particular de exigir la responsabilidad personal del magistrado o de la magistrada, del juez o de la jueza; y el derecho del Estado de actuar contra éstos o éstas.

rios que representen los estados fuera de la capital, sede del órgano legislativo nacional".

La SC/TSJ acordó *de oficio,* decretar respecto al numeral 5 del artículo 64 del *Reglamento AN,* la medida cautelar "que supone que la orden del día una vez incluida en el sistema automatizado no admitirá modificación, en aras de preservar la seguridad jurídica como principio que debe imperar en el ejercicio de la función legislativa" y, suspendió de oficio el numeral 6 del referido artículo[39]. De igual forma, suspendió provisionalmente el numeral octavo[40] "en virtud de que la postergación permitida en el mismo, *a priori,* no cumple con el principio de exhaustividad de la labor parlamentaria".

Respecto al último aparte del artículo 73, la Sala, sin especificar bajo qué criterios debe observarse la complejidad o importancia del tema, fijó "como medida cautelar complementaria positiva, que esa participación no puede estar limitada a los tiempos especificados en los distintos numerales que confor-

---

39 Artículo 64 del *Reglamento AN.* Las sesiones se realizarán bajo el siguiente régimen: [...]

6. Cuando alguno de los diputados o diputadas propusiere la modificación del Orden del Día, para incluir o excluir algún punto o materia en la discusión de la plenaria, la Presidencia concederá un solo derecho de palabra al diputado o diputada que quisiere hacer la proposición, e igualmente uno solo a quien quisiere adversarla, cada uno de ellos por un lapso de dos minutos. De seguidas procederá a someter a votación la modificación, que se decidirá con el voto de la mayoría absoluta de los diputados o diputadas presentes. Sólo se permitirán hasta tres mociones de modificación del Orden del Día.

40 Artículo 64 del *Reglamento AN.* Las sesiones se realizarán bajo el siguiente régimen: [...]

8. Los puntos del Orden del Día que no puedan ser tratados en la Sesión correspondiente podrán ser incorporados preferentemente en el Orden del Día de la Sesión siguiente.

man ese artículo, sino que en cada caso responderán a la complejidad o importancia del tema en debate".

Respecto al último aparte del artículo 105, estimó procedente fijar provisionalmente los lapsos relativos a las consultas en el procedimiento legislativo:

> [...] el lapso para las consultas públicas será como mínimo veinte días, los cuales conforme a la complejidad y relevancia de la materia que trate el proyecto de ley presentado, puede ser prorrogado por un lapso similar, siempre que existan solicitudes de las organizaciones que conforman el Poder Popular para el ejercicio de la participación ciudadana.

Pero, por otro lado, la Sala decidió "ratificar la plena vigencia y eficacia de los artículos 101 y 102 del *Reglamento AN*" por considerar que éstos responden a la obligación contenida en el artículo 211 de la *Constitución*.

En atención al artículo 103 del *Reglamento AN*, la Sala desarrolló un argumento más extenso, concluyendo que mientras se decide el fondo del recurso, se considera necesario establecer que el informe sobre el impacto e incidencia presupuestaria y económica o el informe de la Dirección de Asesoría Económica y Financiera de la Asamblea que debe acompañar a los proyectos de ley:

> [S]on requisitos esenciales y obligatorios sin los cuales no se puede discutir un proyecto de ley" y que los mismos "deben consultarse con carácter obligatorio por la Asamblea Nacional – a través de su Directiva – al Ejecutivo Nacional- por vía del Vicepresidente Ejecutivo- a los fines de determinar su viabilidad económica, aun los sancionados para la fecha de publicación del presente fallo [...] tomando en consideración las limitaciones financieras del país, el nivel prudente del tamaño de la economía y la condición de excepcionalidad económica decretada por el Ejecutivo Nacional.

En el mismo sentido y como la Sala estimó que el incumplimiento del estudio del alcance y viabilidad de un proyecto de ley "pudiese comportar un vicio en el proceso de formación de la ley", procedió a establecer de oficio como medida cautelar "que para el ejercicio de la atribución establecida en el artículo 215 constitucional, el Presidente de la República Bolivariana de Venezuela deberá, a través de las autoridades que la *Constitución* prevé (Ministros del ramo y Vicepresidente [...]) realizar la efectiva verificación del cumplimiento de la viabilidad [...] de una ley, sin lo cual no podrá ponerse ésta en vigencia (dictarse el ´Cúmplase´").

COMENTARIOS[41]:

La primera consideración necesaria sobre esta sentencia, es que la SC/TSJ tardó cinco (5) años en admitir el recurso, lo que constituye una dilación indebida; pero no fue sino hasta que la oposición obtuvo la mayoría parlamentaria que ésta admitió el recurso, ahora sí en forma ágil, y dictó una decisión cautelar, con el objeto de revertir los efectos del *Reglamento AN* que le permitió a la mayoría parlamentaria del partido de gobierno en su momento, irrespetar a las minorías en la actividad legislativa. Esta situación pone claramente en evidencia la parcialidad del TSJ, pues mientras el Gobierno controlaba la AN, la SC/TSJ no abrió a trámite la impugnación del *Reglamento AN*, pero apenas se perdió la mayoría parlamentaria procedió a admitir la acción y dictar una serie de medidas cautelares no solicitadas, desproporcionadas y claramente ajenas a las competencias

---

41 Brewer-Carías, Allan R., *"El desconocimiento judicial del poder de la Asamblea Nacional para legislar"*, en *Revista de Derecho Público*, N° 145-146, Enero-Julio 2016, Caracas 2016, pp. 377-426. Publicado también en Brewer-Carías, Allan R., *La dictadura judicial y la perversión del Estado de derecho. El juez constitucional y la destrucción de la democracia en Venezuela* (Prólogo de Santiago Muñoz Machado), Ediciones El Cronista, Fundación Alfonso Martín Escudero, Editorial IUSTEL, Madrid 2017, pp. 269-362.

del Poder Judicial, para entorpecer y condicionar las funciones legislativas de la nueva AN.

Por otra parte, no explica la SC/TSJ la justificación de su poder cautelar, el cual, en principio, tiene su justificación en razones de "urgencia". Pero ¿cómo después de 5 años de espera por la admisión de un caso, se puede justificar una supuesta urgencia para dictar medidas cautelares?

Además, las medidas cautelares decretadas no fueron las solicitadas por los actores, sino que se utilizó el recurso y el pedimento cautelar original para cambiar su sentido, distorsionando las medidas acordadas en beneficio de la fracción política gubernamental.

La lectura de esta insólita decisión pone en evidencia la audacia e interferencia política del TSJ, pues utiliza una decisión cautelar para reformar radicalmente el texto de una normativa interna parlamentaria que es constitucionalmente competencia exclusiva del parlamento, al tratarse de sus reglas de funcionamiento interno. Con este fallo, la SC/TSJ legisló y modificó a su antojo el *Reglamento AN*, para así favorecer la minoría gubernamental del parlamento.

En su fallo, la Sala realiza un "recorrido adjetivo" del proceso de formación de una Ley, señalando que el proyecto de toda ley "debe ser discutido conjuntamente con el Poder Popular y otros Órganos del Estado" y que:

> [...] es sólo en esta circunstancia cuando de manera responsable, el Cuerpo Legislativo puede Decretar la Sanción de la Ley y remitirla (ya con valor de ley) al Ejecutivo Nacional para su respectiva Promulgación y ´Cúmplase´ (fuerza de ley). Si esto no se perfecciona así, tendríamos entonces una ley viciada de nulidad por carecer de los elementos de pertinencia necesarios para su existencia, independientemente, de haber cumplido con un procedimiento formal de discusión.

Es fundamental señalar que el artículo 211 de la *Constitución* no se refiere en ningún momento al "Poder Popular" y tampoco emplea el término *discusión*, sino *consulta*. Debe destacarse que las leyes dictadas antes de la conformación de la nueva AN, no cumplieron con esas condicionantes de participación ciudadana por lo que ninguna de ellas fue anulada por esos motivos.

Pero ahora, para frenar las iniciativas legislativas, la SC/TSJ pretende condicionar la validez de las leyes a unos procesos de consulta indeterminados y que muchas veces dependen de otros órganos estatales distintos al parlamento.

Por otro lado, el hecho de que la Sala haya establecido un lapso de duración de la consulta pública "prorrogable", implica que el Poder Popular podrá controlar dicho lapso, retrasándolo a su conveniencia.

De igual forma, la SC/TSJ creó un control previo inexistente en la *Constitución*, respecto a todo proyecto de Ley, señalando que el *informe económico* debe ser discutido y aprobado con el Poder Ejecutivo, que es quien determinará su viabilidad económica. Quizá lo más grave, por tratarse de una aplicación retroactiva, es que la Sala extendió este nuevo requerimiento a todos los proyectos de Ley, "aun los sancionados para la fecha de publicación del presente fallo".

Como podemos observar, con este insólito e inconstitucional requerimiento inconstitucional, la SC/TSJ, con una medida cautelar, condiciona la facultad legislativa del parlamento, pues le exige obtener del Ejecutivo Nacional estos informes económicos, sin los cuales las leyes estarían viciadas de nulidad. En pocas palabras, la elaboración de leyes queda condicionada al parecer del Ejecutivo Nacional.

También, el hecho de que el Orden del Día no pueda ser modificado, impide la flexibilidad de debate respecto a hechos urgentes, sobrevenidos o incluso cualquier otro aspecto que la AN considere necesario debatir ese día.

Esta sentencia, al eliminar los límites que dispone el *Reglamento AN* para la intervención de los diputados durante las sesiones, pareciera permitir que su duración sea ilimitada, lo que sin duda podría entorpecer el debate.

Quizá el único elemento rescatable de la sentencia, es el hecho de que respecto al artículo 25 del *Reglamento AN* en cuestión, la Sala haya considerado que la Asamblea no puede debatir sobre el levantamiento de la inmunidad en la misma sesión en la que conozca del tema, en atención al derecho a la defensa.

En suma, con esta decisión la SC/TSJ buscó frenar la labor legislativa de la AN, modificando con una sentencia cautelar una buena parte del *Reglamento AN*, lo que constituye una clara usurpación de funciones. Condicionar la elaboración de leyes a informes emanados del Ejecutivo Nacional es una clara interferencia a las facultades exclusivas del parlamento, lo que no está previsto en nuestra *Constitución*. Sin embargo, resulta obvio que la SC/TSJ ejecutó su objetivo de evitar la aprobación de leyes de una AN no controlada por el Ejecutivo Nacional.

Más tarde, como veremos, pasó a una posición más radical, anulando todas las competencias legislativas del parlamento, con la excusa de un supuesto "*desacato*" a una sentencia de la SE/TSJ.

4.   **SC/TSJ: Sentencia N° 612 de fecha 15 de julio del 2016, caso *Gaby Arellano y Sergio Vergara vs detención arbitraria de los diputados Renzo Prieto, Rosmit Mantilla y Gilberto Sojo*. Expediente N° 16-0465. Magistrada Ponente: Gladys María Gutiérrez Alvarado.**

Los diputados Gabriela Arellano y Sergio Vergara, interpusieron ante la SC/TSJ una demanda de protección de derechos e intereses colectivos de los electores venezolanos ubicados en las circunscripciones 2 y 5 del estado Táchira y el Estado Aragua, en protección de la garantía del ejercicio de la función de los diputados suplentes electos para representar las referidas circunscripciones (Renzo Prieto, Rosmit Mantilla y Gilberto Sojo), en la medida en que éstos se encontraban privados preventivamente de su libertad[42]. Los accionantes solicitaron que la Sala emitiera un decreto cautelar que ordenara la inmediata liberación de los diputados. La sentencia declaró la demanda, ahora de diputados de la oposición (MUD), "inadmisible" bajo el argumento de que los accionantes carecían de legitimación activa para actuar y consideró inoficioso pronunciarse sobre la medida cautelar.

DERECHOS QUE VIOLA:

Derecho a la participación política y al sufragio (arts. 62 y 63 CRBV; art. 25 PIDCP, art. 21 DUDH, art. XX DADDH); y derecho al debido proceso (art. 49 CRBV, art. 14 PIDCP, art. 10 DUDH, art. XXVI DADDH).

DECISIÓN:

En primer lugar, la SC/TSJ estimó pertinente citar precedentes sobre los límites jurídicos de la inmunidad parlamentaria, específicamente las sentencias de la Sala Plena N° 58 del 9 de noviembre de 2010 caso: *Biagio Pilieri Gianinnoto* y N° 7 del 5 de abril de 2011 caso: *Freddy José Curupe Mongua*.

Conforme a esta última sentencia, el privilegio de la inmunidad parlamentaria de acuerdo con el artículo 200 de la *Constitución*, "se circunscribe temporalmente a dos aspectos que deben concurrir necesariamente, encontrarse en el ejercicio de las funciones y haber sido proclamado"[43].

---

42 El diputado suplente Renzo Prieto aún se encuentra privado de libertad. Rosmit Mantilla y Gilberto Sojo fueron libertados en fechas 17 de noviembre y 13 de diciembre del 2016, respectivamente.

43 Sala Plena/TSJ. Sentencia N° 58 de fecha 9 de noviembre del 2010, *caso Declinatoria de competencia Corte de Apelaciones del Circuito Judicial Penal*

Los precedentes citados por la SC/TSJ señalan que "la inmunidad está referida a los delitos cometidos en el ejercicio de sus funciones como diputado integrante y activo de la Asamblea Nacional, no a los que hubiere cometido antes de la elección". De allí, que al considerar que los delitos imputados eran anteriores a las elecciones en las que se le otorgó un escaño en la AN, no podía aplicarse el beneficio de la inmunidad parlamentaria.

Ahora bien, sin haber llegado a una conclusión sobre ese punto para el caso concreto de los diputados que se encontraban sometidos a prisión, la SC/TSJ procedió a referirse a la legitimación y representación de particulares para la proposición de pretensiones de tutela de intereses colectivos o difusos. En ese sentido, dispuso que:

> [...] los peticionarios de tutela no demostraron que su situación jurídica subjetiva hubiese sido afectada por la privación de libertad de los ciudadanos que, con posterioridad al inicio de los respectivos procesos penales, fueron electos diputados suplentes de las circunscripciones del Estado Táchira y del Estado Aragua; por lo tanto, en virtud de ello, tampoco podían invocar la defensa o representación de una pluralidad subjetiva (interés colectivo), en atención a su condición de diputados principales de la Asamblea Nacional.
>
> Por todo ello, resulta evidente la falta de legitimación y, a su vez, de representación (para actuar en nombre de unos intereses colectivos, difusos o suprapersonales), que se arrogaron en este caso los ciudadanos Gaby Andreina

---

de la Circunscripción Judicial del Estado Yaracuy, expediente Nos. UG01-P-2010-000001 y UG01-P-2010-000297, Ministerio Público vs. Biagio Pilieri. Expediente No2010-000182. Magistrado Ponente Arcadio de Jesús Delgado Rosales; Sentencia N° 7 de fecha 5 de abril del 2011, caso Freddy José Curupe Mongua. Comisión de los delitos de concertación ilegal de funcionario público con contratista y enriquecimiento ilícito. Expediente N° 2010-000312. Magistrado Ponente Malaquías Gil Rodríguez.

Arellano y Sergio Vergara, con ocasión a la proposición de la pretensión de tutela incoada.

Consecuentemente, citando los artículos 133 (3)[44] y 150 (2)[45] de la LOTSJ, la Sala declaró "inadmisible" la demanda. Por último, decidió que "en razón de la inadmisibilidad de la acción principal, resulta inoficioso pronunciarse respecto de la medida cautelar solicitada".

COMENTARIOS:

Llama la atención el hecho de que los recursos intentados por el Presidente de la República o representantes del Ejecutivo Nacional, en gran parte de las sentencias analizadas en este estudio, hayan sido resueltos en un lapso no mayor a diez días, mientras que el pronunciamiento sobre la admisibilidad –ni siquiera sobre el fondo- de este recurso en el que estaba en juego el derecho a la participación política de los electores de tres diputados privados de libertad, haya tomado dos meses.

Debe considerarse que la razón fundamental argumentada por la Sala para inadmitir la demanda, fue la falta de legitimación activa, a pesar de que los accionantes fueron los dos diputados cuyos suplentes se encontraban privados de libertad al momento de la interposición de la demanda. Este caso pone en evidencia cómo los aspectos procesales, entre ellos la legitima-

---

44 Artículo 133 de la *LOTSJ*. Se declarará la inadmisión de la demanda: [...]

    3. Cuando sea manifiesta la falta de legitimidad o representación que se atribuya el demandante o de quien actúe en su nombre, respectivamente.

45 Artículo 150 de la *LOTSJ*. También se declarará la inadmisión de la demanda: [...]

    2. Cuando sea manifiesta la falta de legitimidad o representación que se atribuya el demandante o de quien actúe en su nombre, respectivamente.

ción, son analizados con excesiva rigurosidad cuando se trata de accionantes contrarios o incluso ajenos al gobierno.

En cuanto al tema de la inmunidad parlamentaria, la SC/TSJ realizó una interpretación restrictiva del artículo 200 de la *Constitución*, a los fines de negarles la inmunidad a los diputados suplentes. Adicionalmente, la Sala desconoció, con fines convenientemente políticos, sus propios precedentes en los que reconocía que los ciudadanos sobre los que pesara una condena penal, que fuesen democráticamente electos, adquirían la inmunidad parlamentaria automáticamente al ser proclamados, tal y como lo dispone el artículo 200 constitucional. Los referidos precedentes son los casos de David Nieves y Salomón Meza, en la década de los 70.

No puede tampoco pasarse por alto que los tres diputados suplentes en cuestión fueron privados arbitrariamente de su libertad por razones políticas en el marco de las protestas ocurridas en el año 2014. Rosmit Montilla[46] y Gilberto Sojo[47] fueron liberados, pero Renzo Prieto[48] se mantiene privado preventi-

---

46 RunRun.es (17 de noviembre de 2016) *Liberan al diputado Rosmit Mantilla*. Disponible en: http://runrun.es/nacional/venezuela2/287378/liberan-al-diputado-rosmit-mantilla.html; El Universal (17 de noviembre de 2016) *Liberan a diputado opositor Rosmit Mantilla, preso desde hace más de dos años*. Disponible en: http://www.eluniversal.com/noticias/politica/liberan-diputado-opositor-rosmit-mantilla-preso-desde-hace-mas-anos_627661

47 Globovisión (13 de diciembre de 2016) *Diputado Gilberto Sojo fue liberado la madrugada de este martes*. Disponible en:
http://globovision.com/article/diputado-gilberto-soto-fue-liberado-la-madrugada-de-este-martes; Unión Radio (13 de diciembre de 2016) *Liberan al diputado Gilberto Sojo y tres presos políticos*. Disponible en: http://unionradio.net/liberan-al-diputado-gilberto-soto-y-tres-presos-politicos/

48 *El Nacional* (10 de diciembre de 2015) *Se filtraron fotos del diputado Renzo Prieto dentro del Sebin Helicoide*. Disponible en: http://www.el-

vamente de su libertad en la sede de la policía política y de seguridad (Servicio Bolivariano de Inteligencia –SEBIN-), conocida como El Helicoide en Caracas, donde también permanecieron sus compañeros durante más de dos años. A las irregularidades procesales de cada caso, se suman las numerosas denuncias de tortura, que hasta la fecha no han sido investigadas ni mucho menos sancionadas. Esto solamente es posible en el contexto de una notoria y evidente falta de independencia del Poder Judicial venezolano.

5. **SE/TSJ: Sentencia N° 108 de fecha 1 de agosto del 2016, caso *Nicia Maldonado (Continuidad del desacato por incorporación de diputados de Amazonas y Región Indígena Sur)*. Expediente N° AA70-X-2016-000007. Ponencia Conjunta.**

En la presente sentencia la SE/TSJ declara nuevamente el *desacato* por incumplimiento de las sentencias N° 260 del 30 de diciembre del 2015 y la N° 1 del 11 de enero del 2016, y en consecuencia la "invalidez, inexistencia e ineficacia jurídica" de la nueva juramentación e incorporación a sus funciones de los diputados Ygarza, Guarulla y Guzamana del estado Amazonas, así como de todos los actos futuros de la AN mientras los diputados se mantuvieran incorporados. Al igual que en las sentencias anteriores, la SE/TSJ desconoció la autonomía e indepen-

---

nacional.com/noticias/historico/filtraron-fotos-del-diputado-renzo-prieto-dentro-del-sebin-helicoide_35553; La Patilla (15 de diciembre de 2016) *Renzo Prieto no ha visto a sus familiares o abogados desde que inició huelga de hambre.* Disponible en:
https://www.lapatilla.com/site/2016/12/15/renzo-prieto-no-ha-visto-a-sus-familiares-o-abogados-desde-que-inicio-huelga-de-hambre/;
RunRun.es (15 de diciembre de 2016) *Familiares de presos políticos en huelga de hambre denuncian abusos por parte del Sebin.* Disponible en:
http://runrun.es/nacional/actualidad/290821/familiares-de-presos-politicos-en-huelga-de-hambre-denuncian-abusos-por-parte-del-sebin.html

dencia del máximo órgano del Poder Legislativo, la voluntad popular expresada a través del sufragio y los derechos a la participación política de los venezolanos.

DERECHOS QUE VIOLA:

Derecho a la participación política y al sufragio (arts. 62 y 63 CRBV, y especialmente el derecho a la participación política de los pueblos indígenas consagrado en el art. 125 CRBV; art. 25 PIDCP, art. 21 DUDH, art. XX DADDH), derecho a la privacidad de las comunicaciones como elemento de la libertad de expresión (arts. 48 y 57 CRBV, art. 19 PIDCP, arts. 12 y 19 DUDH, arts. IV y X DADDH), derecho al debido proceso (art. 49 CRBV, art. 14 PIDCP, art. 10 DUDH, art. XXVI DADDH), y derecho a la igualdad (art. 21 CRBV, art. 26 PIDCP, art. 7 DUDH, art. II DADDH).

DECISIÓN:

El mismo día de la incorporación y juramentación de los 3 diputados de la MUD por el estado Amazonas, jueves 28 de julio de 2016, la diputada suplente por el PSUV para el mismo estado Amazonas, Nicia Marina Maldonado, introdujo ante la SE/TSJ un escrito solicitándole que proveyera:

> [...] Lo conducente conforme a derecho para que frente a esta actitud contumaz sea acatado las citadas decisiones judiciales y se inicie el procedimiento correspondiente, así como también se pronuncie en forma inmediata en relación a la inconstitucionalidad de la juramentación írrita efectuada el día de hoy.

El día viernes 29 de julio de 2016, otros diputados pertenecientes al PSUV introdujeron un escrito ante la SE/TSJ solicitando que se declarara en *desacato* a cada uno de los diputados que "habían aprobado la incorporación de los diputados [...] en virtud de lo establecido en la sentencia N° 260 del 30 de diciembre del 2015", asegurando, además, que los tres diputados estaban incurriendo en usurpación del cargo legislativo y que, por tanto, sus actos se encontrarían viciados de nulidad absoluta y todas las decisiones de la AN a partir de su incorporación deberían tenerse como "inexistentes"[49].

El lunes 1 de agosto de 2016, de manera expedita, la Sala se pronunció en una sola sentencia sobre los escritos presentados por la diputada Maldonado y sobre el escrito presentado por los 7 diputados del PSUV. Haciendo referencia a las sentencias N° 260 del 30 de diciembre del 2015, la N° 1 del 11 de enero del 2016 y otras dos sentencias dictadas por la SC/TSJ[50], la SE/TSJ declaró el *desacato* de las sentencias mencionadas, sin indicar quien o quienes estarían incurriendo en él, indicó que se "reservan todas aquellas acciones o procedimientos judiciales a que haya lugar" en caso de mantenerse el "*desacato*" y reiteró la "nulidad absoluta" de la juramentación e incorporación de los tres diputados realizada el 28 de julio de 2016, en virtud de lo cual, además declaró la "invalidez, inexistencia e ineficacia jurídica" del acto de juramentación y de los actos dictados por la AN mientras estuviesen juramentados los diputados.

---

49 Con base en el artículo 138 de la CRBV, el cual establece: Toda autoridad usurpada es ineficaz y sus actos son nulos.

50 SC/TSJ. Sentencias N° 9 del 1 de marzo del 2016, caso *Gabriela Flores Ynserny, Daniel Augusto Flores Ynserny y Andrea Carolina Flores Ynserny (Recurso de Interpretación sobre funciones contraloras de la AN).* Expediente N° 2016 000153. Magistrado Ponente Arcadio Delgado Rosales; y N° 614 del 19 de julio del 2016, caso *Gabriela Flores Ynserny, Daniel Augusto Flores Ynserny, Andrea Carolina Flores Ynserny (Recurso de Interpretación de Acto Parlamentario).* Expediente N° 16-0153. Magistrado Ponente Gladys Gutiérrez Alvarado, las cuales también han aplicado criterios lesivos a la autonomía e independencia del Legislativo.

COMENTARIOS:

Como se explicó anteriormente, al haber transcurrido más de 6 meses sin que la SE/TSJ se pronunciase sobre las oposiciones presentadas a la medida cautelar que impidió la incorporación de los tres diputados de Amazonas y de la Región Indígena Sur, éstos decidieron pedir su incorporación a la AN, lo que fue aceptado por la directiva del parlamento.

Esta sentencia vuelve entonces a considerar que la AN se encuentra en *desacato*, reiterando el arbitrario criterio adoptado por la SE/TSJ en la sentencia N° 1 de fecha 11 de enero del 2016, sin agregar ningún elemento nuevo. En ella, la Sala no realiza ninguna consideración sobre el fondo de las solicitudes presentadas en los escritos de los diputados. La Sala se limitó a citar las sentencias mencionadas y a afirmar que se estaban cumpliendo los lapsos establecidos en la ley, tal como lo había informado a través de la nota de prensa del día anterior[51], observando que:

El curso de la causa principal ha transcurrido en cumplimiento de las garantías constitucionales de tutela judicial efectiva, acceso a la justicia, derecho a la defensa y debido proceso, en razón de la continua actuación de las partes y de terceros interesados, tanto en las fases ordinarias del proceso como en diversas incidencias suscitadas con ocasión de sus requerimientos o solicitudes.

Dicha afirmación resulta contraria a la realidad, considerando que en esta ocasión tampoco se le permitió a los afectados ejercer su derecho a la defensa, ni se cumplió con el principio de igualdad procesal, ya que en esta oportunidad la Sala tampoco se pronunció sobre ninguno de los escritos de oposición presentados en los meses anteriores.

---

51   Ver referencia N° 11.

Dictada igualmente en cuestión de horas, esta sentencia incurre en los mismos vicios de las anteriormente estudiadas: falta de motivación, desconocimiento de la competencia exclusiva y propia de la AN de calificar a sus propios miembros[52]; desconocimiento de la autonomía e independencia del Poder Legislativo, bajo la falsa premisa de que tiene el deber de "acatar las decisiones y disposiciones del resto de los poderes públicos" a riesgo de supuestamente incumplir el principio de "colaboración entre los poderes"; desconocimiento del derecho al sufragio y participación política de los ciudadanos venezolanos. Por último, queda demostrada la falta de imparcialidad del TSJ al declarar la "invalidez, inexistencia e ineficacia jurídica" de actos legislativos aún no dictados por la AN.

Todo el proceso judicial referido al recurso contencioso electoral y las solicitudes de *desacato* que han afectado a los diputados del estado Amazonas y la Región Indígena Sur y a la Junta Directiva de la AN, ha estado signado por la constante violación al debido proceso de los diputados recurridos y de la AN, especialmente el derecho a la defensa,[53] dificultando a los re-

---

52 Ver referencia N° 8.

53 Estas violaciones al debido proceso han sido fundamentalmente las siguientes:

1. Los días 29 y 30 de diciembre del 2015 no se permitió a los diputados afectados por los recursos contenciosos introducidos ante Sala Electoral tener acceso a los expedientes ni obtener copias de dichos recursos.

2. El Consejo Nacional Electoral envió a la Sala el escrito contentivo con los antecedentes administrativos, pero no el informe de hecho y derecho sobre la causa, tal como establece el artículo 184 de la Ley Orgánica del Tribunal Supremo de Justicia, a pesar de haber sido solicitado. De igual forma, la Sala Electoral no ha exigido al Consejo Nacional Electoral la presentación del informe de la UNASUR sobre las elecciones parlamentarias del 6 de diciembre del 2015, tal como le fue solicitado. Este aspecto reviste gran importancia, pues ambos informes son pruebas de descargo de los recurridos, en los

presentantes legales de la parte afectada el acceso oportuno a los expedientes y, específicamente, a las pruebas. Por su parte, del análisis de las sentencias es posible afirmar que hubo un uso errado y abusivo del "hecho notorio comunicacional" que pudo haber servido para evitar la presentación y valoración de pruebas, lo cual trajo como consecuencia que las sentencias estuvieran falsa y deficientemente motivadas e, incluso, dificultado la defensa de los recurridos. De esta forma, se ha violado el derecho de los recurrentes del acceso oportuno a las pruebas y la posibilidad de contar con todos los elementos necesarios para la defensa, así como el principio de igualdad procesal de las

---

que se evidencia que no se presentó denuncia alguna de fraude electoral ni que se suscitaron eventos en el país que puedan ser considerados fraude masivo.

3. Durante la fase probatoria del proceso principal, los representantes de los diputados del estado Amazonas y la Región Indígena Sur promovieron una serie de pruebas que fueron inadmitidas en su mayoría, como consta en el auto de admisión del 14 de marzo del 2016.

4. La Sala Electoral comisionó a un tribunal del Estado Amazonas para la evacuación de pruebas testimoniales, pero tanto la secretaria como la jueza se inhibieron. Ante ello, la Sala comisionó a un tribunal en el estado Monagas, localizado a una gran distancia del estado Amazonas, a pesar de la solicitud de los recurridos de que se evacuaran en el Distrito Capital, donde se localiza el Tribunal Supremo de Justicia.

5. El 3 de mayo, la Sala dictó un auto para diferir la audiencia en la que las partes debían presentar sus informes orales hasta tanto no constara en el expediente la resulta de las pruebas testimoniales promovidas. Hasta los momentos, no se conoce la fecha en que estará disponible la resulta de las pruebas testimoniales y, por ende, no se ha fijado fecha para la presentación de los informes orales.

6. Los representantes de los recurridos han indicado que en varias oportunidades se les ha negado el acceso al expediente sin justificación alguna.

7. La Sala Electoral no se ha pronunciado sobre los diversos escritos de oposición presentados.

partes, contrario a lo establecido en el artículo 49 de la *Constitución*.

Por su parte, aun cuando la SE/TSJ afirme que se ha cumplido a cabalidad con los lapsos establecidos en la ley, una vez dictada la medida cautelar que separó del cargo a los diputados afectados, el proceso ha estado sometido a dilaciones injustificadas por parte de ese TSJ, en contravención al principio de celeridad procesal. Ello ha traído como consecuencia que, lo que debió ser una medida cautelar temporal, se haya extendido en el tiempo en perjuicio de los derechos constitucionales a la representación política ante el órgano legislativo de los habitantes del estado Amazonas y los pueblos indígenas de la Región Sur, así como el respeto de su derecho al sufragio y el reconocimiento de su voluntad soberana, como está establecido en el artículo 5 de la *Constitución*[54].

Las sentencias arriba mencionadas han despertado el interés del Sistema Interamericano, específicamente del Secretario General de la OEA, Luis Almagro, y de la CIDH, quienes se han manifestado contrarios a la arbitrariedad de las decisiones tomadas por la SE/TSJ. El 30 de mayo del 2016, el Secretario General presentó ante el Consejo Permanente de ese organismo un informe[55] en el que busca demostrar que en Venezuela ha habido una "alteración del orden constitucional que afecta gravemente el orden democrático", de conformidad con el artículo 20

---

54 Artículo 5 de la CRBV. La soberanía reside intransferiblemente en el pueblo, quien la ejerce directamente en la forma prevista en esta Constitución y en la ley, e indirectamente, mediante el sufragio, por los órganos que ejercen el Poder Público. Los órganos del Estado emanan de la soberanía popular y a ella están sometidos.

55 Secretario General de la OEA, *Primer Informe sobre Venezuela del año 2016*, de fecha 30 de mayo. Disponible en: http://www.oas.org/documents/spa/press/OSG-243.es.pdf

de la Carta Democrática Interamericana[56]. En el informe, Almagro utiliza estas sentencias como ejemplo de la vulneración del principio de separación e independencia de poderes, ya que se "suspendieron los efectos" de los actos de totalización, adjudicación y proclamación sin haber escuchado al Consejo Nacional Electoral ni las pruebas de descargo de los diputados afectados, "dejando al estado Amazonas sin voz dentro del Parlamento". Además, el Secretario General afirma que "en derecho no se puede anular ningún acto mediante una medida cautelar y tampoco actos a futuro", lo cual solamente se podría hacer "luego de un juicio en el que se respete el debido proceso y en el que las partes presenten sus pruebas".

Por su parte, el 29 de julio, la CIDH emitió un comunicado de prensa[57] en el cual muestra su preocupación por el hecho de

---

56 Artículo 20 de la *Carta Democrática Interamericana*. En caso de que en un Estado Miembro se produzca una alteración del orden constitucional que afecte gravemente su orden democrático, cualquier Estado Miembro o el Secretario General podrá solicitar la convocatoria inmediata del Consejo Permanente para realizar una apreciación colectiva de la situación y adoptar las decisiones que estime conveniente.
El Consejo Permanente, según la situación, podrá disponer la realización de las gestiones diplomáticas necesarias, incluidos los buenos oficios, para promover la normalización de la institucionalidad democrática.
Si las gestiones diplomáticas resultaren infructuosas o si la urgencia del caso lo aconsejare, el Consejo Permanente convocará de inmediato un período extraordinario de sesiones de la Asamblea General para que ésta adopte las decisiones que estime apropiadas, incluyendo gestiones diplomáticas, conforme a la Carta de la Organización, el derecho internacional y las disposiciones de la presente Carta Democrática.
Durante el proceso se realizarán las gestiones diplomáticas necesarias, incluidos los buenos oficios, para promover la normalización de la institucionalidad democrática.

57 CIDH, Comunicado N° 107/16, *CIDH expresa preocupación ante falta de representación de pueblos indígenas en Asamblea Nacional de Venezuela*, de fecha 29 de julio de 2016. Disponible en:
http://www.oas.org/es/cidh/prensa/comunicados/2016/107.asp

que los pueblos indígenas del estado Amazonas y la Región Indígena Sur no contaran con representación ante la AN, lo cual ha violado de manera indiscutible su derecho a la participación política:

> Sin que haya sido adoptada ninguna decisión judicial que declare la nulidad del resultado electoral o de la elección respectiva, existiendo solo una impugnación que ha de seguir su curso legal y cuya sola tramitación no debería conducir a la consecuencia a todas luces injustificada de dejar a todos los pueblos indígenas de esa región sin representación ante el parlamento nacional, por un tiempo tan prolongado y además indefinido.

6. **SE/TSJ. Sentencia N° 126 de fecha 11 de agosto del 2016, caso *Julio Ygarza, Romel Guzamana, Nirma Guarulla y otros vs medida cautelar de suspensión de los diputados de Amazonas*. Expediente N° AA70-X-2016-000003. Magistrado Ponente: Indira M. Alfonzo Izaguirre.**

Mediante la presente sentencia, la SE/TSJ si bien admitió que los diputados afectados por la impugnación de las elecciones del 6 de diciembre del 2015 en el estado Amazonas y un grupo de electores de esa localidad actúen como terceros interesados en el proceso, desestimó que el Presidente, el Primer Vicepresidente y el Segundo Vicepresidente de la Junta Directiva de la AN actúen en representación de la misma, desconociendo la función de representación que poseen en el ejercicio del cargo. Asimismo, la SE/TSJ desestimó los tres escritos de oposición al amparo cautelar acordado en sentencia N° 260 del 30 de fecha diciembre del 2015 y ratificada en sentencia N° 1 del 11 de enero de 2016, en una decisión injustificadamente dilatada por siete (7) meses y que es violatoria del debido proceso y del derecho a la defensa; además de desvirtuar el concepto, fin y alcance de la figura del amparo cautelar.

DERECHOS QUE VIOLA:

Derecho a la participación política y al sufragio (arts. 62 y 63 CRBV, y especialmente el derecho a la participación política de los pueblos indígenas consagrado en el art. 125 CRBV; art. 25 PIDCP, art. 21 DUDH, art. XX DADDH), derecho a la privacidad de las comunicaciones como elemento de la libertad de expresión (arts. 48 y 57 CRBV, art. 19 PIDCP, arts. 12 y 19 DUDH, arts. IV y X DADDH), derecho al debido proceso (art. 49 CRBV, art. 14 PIDCP, art. 10 DUDH, art. XXVI DADDH), y derecho a la igualdad (art. 21 CRBV, art. 26 PIDCP, art. 7 DUDH, art. II DADDH).

DECISIÓN:

Siete (7) meses más tarde, y sólo luego de la reincorporación de los 3 diputados de Amazonas a la AN, la SE/TSJ se pronunció sobre los escritos de oposición presentados en enero del 2016 contra la medida cautelar que dispuso la separación del cargo de estos diputados, así como de la solicitud de intervención como terceros en la causa de estos mismos diputados, un conjunto de electores del estado Amazonas y de la Junta Directiva de la AN.

Respecto a la intervención de terceros, la Sala admitió como terceros a pesar de ser una verdadera parte directamente afectada, la intervención de Julio Ygarza, Romel Guzamana, Nirma Guarulla, Rosa Petit, Javier Linares y Mauligmer Baloa, cuya elección en el estado Amazonas estaba siendo impugnada; y la intervención de los electores del mismo Estado, como terceros adhesivos simple. Pero no admitió la intervención de los diputados que conformaban la Junta Directiva de la AN. Para llegar a dicha conclusión, la Sala consideró que la función de representación del Presidente de la AN establecida en el artículo 27, numeral 1 del *Reglamento de Interior y Debates de la Asamblea Na-*

cional[58] (*Reglamento AN*) se refería únicamente a la dirección de la actividad parlamentaria, y que el Presidente de la AN no representa en forma directa y personal al órgano, por lo que, para representar al parlamento, tendría que haber un acuerdo previo de los diputados de la AN. Por estas mismas razones, la SE/TSJ solamente se pronunció sobre los escritos presentados por los diputados cuya elección fue impugnada y los electores de Amazonas.

Con respecto a los dos escritos de oposición que sí admitió, la Sala solamente se pronunció sobre los alegatos contra la sentencia N° 260 de fecha 30 de diciembre del 2015 y no sobre los alegatos contra la sentencia N° 1 de fecha 11 de enero del 2016, ello, dado a que esta última no poseía carácter cautelar.

La SE/TSJ desestimó los alegatos contenidos en las distintas oposiciones, considerando que el amparo cautelar se habría otorgado ante la "presunción de buen derecho en la violación de '[...] *la libertad del elector en la expresión de sus preferencias políticas y la veracidad o fidelidad del escrutinio, ello a cambio de beneficios económicos por un voto a favor de los candidatos de oposición* [...]'", situación que habría sido apreciada por la Sala ante el supuesto "hecho notorio y comunicacional" de la difusión de la noticia sobre el audio de una supuesta conversación entre la Secretaría del estado Amazonas y un desconocido. Con respecto a la ponderación de intereses, la Sala sentenció que, para el otorgamiento de una medida cautelar, solamente estaba obligada a verificar la presunción de buen derecho y el *periculum in mora*. En palabras de la SE/TSJ:

> [...] La Sala decidió en beneficio del interés general, mas no en favor de interés o provecho particular alguno, por cuanto la identidad del bien jurídico protegido caute-

---

58 Artículo 27 del *Reglamento de Interior y Debates de la Asamblea Nacional*. Son atribuciones del Presidente o Presidenta de la Asamblea Nacional: 1. Ejercer la representación de la Asamblea Nacional.

larmente recayó en el mencionado proceso electoral de repercusión nacional, por lo tanto, no se produjo una contraposición o conflicto de intereses que ameritara la aplicación de la técnica de ponderación.

Por tanto, la SE/TSJ declaró inadmisibles los recursos de oposición de los diputados electos por el estado Amazonas y la Región Indígena Sur.

COMENTARIOS:

Lo primero que llama la atención de este fallo, es el tiempo que la SE/TSJ tardó para decidir sobre tres recursos de oposición y solicitudes de intervención adhesiva, en contraste con la celeridad con la que acordó la medida cautelar y con la que se pronunció sobre el supuesto *desacato* a esa sentencia cautelar. Conforme a la LOTSJ, la Sala debió haberse pronunciado en los cinco días de despacho siguientes al período de evacuación de pruebas[59], por lo que la dilación de siete meses es injustificada e ilegal. Además de ello, la dilación también lesionó gravemente derechos constitucionales y el principio de separación de poderes, ya que durante ese período que tardó la Sala en decidir, se produjeron daños irreparables tanto a los diputados cuya elección fue impugnada, como a la institución de la AN y a los electores no sólo del estado Amazonas y la Región Indígena Sur, sino también a todos los venezolanos, ya que se dejó a todo un estado sin representación ante el máximo órgano legislativo y que todas las leyes y actos dictados fueron desconocidos y deslegitimados por el máximo órgano judicial, generando una gran inseguridad jurídica en el país.

---

59 Artículo 187 de la LOTSJ: Cuando se acuerde alguna medida cautelar, transcurrirá un lapso de tres días de despacho para la oposición. Si hubiere la oposición, se abrirá cuaderno separado y se entenderá abierta una articulación de tres días de despacho para que los intervinientes promuevan y evacuen pruebas. Dentro de los cinco días de despacho siguientes, la Sala sentenciará la incidencia cautelar.

A lo anterior, se suma la gran arbitrariedad que comete la SE/TSJ al simplemente desestimar que fuese necesario comprobar la existencia del *periculum in mora* y ponderar los intereses entre los derechos –pobremente- exigidos por la accionante y los derechos del resto de la población venezolana, criterio que había utilizado en algunos precedentes. En el presente caso, la SE/TSJ se limitó a dictar una desproporcionada e injustificada medida cautelar, con efectos claramente drásticos para la representación parlamentaria, sin analizar con la debida rigurosidad los requisitos de procedencia de toda medida preventiva.

Además, la SE/TSJ incurrió en un nuevo desconocimiento de las facultades y competencias propias de la AN, al circunscribir la función de representación de la AN que posee su Presidente a simplemente dirigir el debate, aunado a la evidente falta de competencia y jurisdicción para decidir sobre dicho asunto. Según la Sala, la legitimización del Presidente de la AN para actuar en representación de dicha institución no dimana de su posición, sino que debe mediar un acuerdo de los diputados, a pesar de que el Presidente fue elegido por ellos mismos justamente para cumplir, entre otras, estas funciones.

Es importante insistir que, hasta la fecha de culminación del presente trabajo, la SE/TSJ no ha decidido el fondo del presente caso, por lo que a ya casi la mitad del período parlamentario, los diputados de Amazonas y la Región Indígena Sur no han podido desempeñar los cargos para los que fueron electos, toda vez que una desproporcionada e injustificada medida cautelar los separó de sus cargos de elección popular. Y como hemos dicho, una nueva elección luce claramente fuera de toda probabilidad.

7. **SC/TSJ: Sentencia N° 2 de fecha 11 de enero del 2017, caso *Héctor Rodríguez Castro (Nulidad de nombramiento de Junta Directiva AN)*. Expediente N° 17-0001. Magistrado Ponente: Magistrado Juan José Mendoza Jover.**

En el mes de enero de 2017 los diputados de la AN procedieron a elegir su nueva Junta Directiva, en vista que el período de la anteriormente electa había vencido. Así, se eligió como Presidente al diputado Julio Andrés Borges; como Primer Vicepresidente, el diputado Freddy Guevara Cortez y como segunda Vice-presidenta, la diputada Dennis Fernández; como Secretario, el ciudadano José Ignacio Guédez y como Sub-secretario, el ciudadano José Luis Cartaya.

Ante esta decisión interna del parlamento, el diputado del partido de gobierno (PSUV), Héctor Rodríguez, interpuso un recurso de nulidad contra esta designación de autoridades, argumentando que, en razón del *desacato*, estos actos no tienen validez alguna.

DERECHOS QUE VIOLA:

Derecho a la participación política y al sufragio (arts. 62 y 63 CRBV, y especialmente el derecho a la participación política de los pueblos indígenas consagrado en el art. 125 CRBV; art. 25 PIDCP, art. 21 DUDH, art. XX DADDH); y derecho al debido proceso (art. 49 CRBV, art. 14 PIDCP, art. 10 DUDH, art. XXVI DADDH).

DECISIÓN:

En menos de una semana de la interposición del recurso, la SC/TSJ se pronunció sobre el fondo de una demanda de nulidad de estos actos parlamentarios, sin sustanciar procedimiento alguno y sin garantizar el derecho a la defensa de la AN. Alegando que se trataba de un asunto de "mero derecho", la Sala pasó de una vez a pronunciarse sobre el fondo del asunto, declarando la *nulidad de la designación de las autoridades de la AN*.

La SC/TSJ vuelve a utilizar el argumento del *desacato* para justificar el desconocimiento de la designación de las autoridades de la AN. Entiende la Sala que no tendría sentido "elegir de su seno la nueva Junta Directiva correspondiente al período de sesiones del año 2017, toda vez que no están dadas las condiciones constitucionalmente objetivas y coherentes para darle continuidad al ejercicio Parlamentario en un nuevo período de sesiones. Hacer lo contrario implica un ejercicio inútil, viciado de nulidad absoluta y contrario al sentido de un Estado Democrático y Social de Derecho y de Justicia".

Es importante acotar que, además de la ratificación de la tesis del *desacato*, la decisión niega la representación judicial de la AN, a través de su consultor jurídico, por considerar que dicha representación le corresponde al Procurador General de la República, advirtiendo que el consultor jurídico incurre en falta de ética profesional al abrogarse la representación del parlamento. De esta manera, la intervención introducida por el consultor jurídico de la AN es considerada nula por falta de legitimación activa.

Por último, la SC/TSJ estableció que la directiva con el lapso vencido debía volver a asumir sus cargos otra vez y que ésta tenía que ser la que cumpliera con las obligaciones derivadas de las decisiones de la SE/TSJ.

COMENTARIOS[60]:

Nuevamente la SC/TSJ pasa a pronunciarse sobre el fondo de una demanda de nulidad de unos actos parlamentarios sin sustanciar procedimiento alguno y sin garantizar el derecho a la defensa de la AN. Alegando que se trataba de un asunto de "mero derecho", la Sala pasó de una vez a pronunciarse sobre el fondo del asunto, declarando la nulidad de la designación de las autoridades de la AN.

Con esta decisión se desconoce hasta la exclusiva competencia que tienen los diputados de la AN de escoger y designar anualmente su Directiva, de conformidad con lo dispuesto en el artículo 194 de la *Constitución*. La sentencia impone de manera absurda que debe permanecer vigente la Directiva anterior, la cual debe ser la encargada de dar cumplimiento a las decisiones de la Sala Electoral.

Además, debe insistirse que la legitimación procesal de la AN no puede estar en manos del Procurador General de la República, quien en definitiva es el abogado del Poder Ejecutivo; pues con ello se le niega al parlamento la posibilidad de tener representación propia en caso de que se trate de conflictos de sus propios actos.

Esta decisión pone en evidencia cómo la SC/TSJ desconoció de plano la existencia y funcionamiento de la AN, vaciándola de sus competencias propias a través de la argucia del "*desacato*".

Debe destacarse también, que el desconocimiento de la nueva Junta Directiva de la AN fue ratificado en una posterior sen-

---

60 Sobre esta sentencia, véase además los comentarios de: BREWER-CARÍAS, Allan R., *"Sobre el último sablazo dado por la "Justicia" Constitucional contra la Asamblea Nacional como órgano de representación popular)"*, en Tercera parte del libro: *La consolidación de la tiranía judicial El Juez Constitucional controlado por el Poder Ejecutivo asumiendo el Poder Absoluto*, Colección Estudios Políticos N° 15. Editorial Jurídica Venezolana International, Caracas / New York 2017, pp. 83-130.

tencia de la misma SC/TSJ, N° 113 de fecha 20 de marzo de 2017[61], mediante la cual se declaró la constitucionalidad de la prórroga al cuarto Decreto de Estado de Excepción dictado por el Presidente de la República. En esta oportunidad la SC/TSJ señaló expresamente lo siguiente:

> En tal sentido, tal como esta Sala lo asentó en sentencia n.° 3 del 11 de enero de 2017, constituye un hecho público, notorio y comunicacional que el 5 de enero de 2017, la Asamblea Nacional inició su Segundo periodo de sesiones en un acto iniciado e impulsado por la Junta Directiva saliente, que la dirigió durante el año 2016, y se realizó en el seno de ese órgano legislativo en desacato frente al Poder Judicial (*vid supra*), la elección y juramentación de su Junta Directiva para el periodo en curso, circunstancia que, por ende, implica un vicio de nulidad absoluta que afecta la validez constitucional de ese y de los actos subsiguientes, así como también la legitimidad y eficacia jurídica de la juramentación y demás actos de la referida junta directiva –incluyendo la presidencia de la Asamblea Nacional- (sin mencionar las probables vulneraciones al Reglamento Interior y de Debates de la propia Asamblea Nacional) (ver sentencia n.° 2 del 11 de enero de 2017). Con posterioridad a ese momento, las actuaciones de la Asamblea Nacional continúan estando viciadas de nulidad.

> Así, se observa que la Asamblea Nacional reconoció nuevamente su situación de desacato y de grave violación al orden constitucional, derivada, en esta oportunidad, de la reiterada e ilegítima incorporación de los ciudadanos Nirma Guarulla, Julio Haron Ygarza y Romel Guzamana como Diputados de dicha Asamblea Nacional, al realizar una nueva "desincorporación" de los mismos (esta vez de

---

61 SC/TSJ. Sentencia N° 113 de fecha 20 de marzo del 2017, caso *constitucionalidad del Decreto N° 2.742 del 13 de marzo de 2017 que prorroga por 60 días el plazo establecido en el Decreto N° 2.667 del 13 de enero de 2017 que declara el Estado de Excepción y Emergencia Económica en todo el Territorio Nacional*. Expediente N° 17-0069. Ponencia Conjunta.

forma intempestiva y violando la Constitución –art. 187.20-, el propio Reglamento Interior y de Debates de la Asamblea Nacional y la sentencia 269/2016), además de hacerlo en una sesión deliberadamente inválida por estar dirigida por una junta directiva electa y juramentada en desacato –a diferencia de la junta directiva que dirigió el acto de desincorporación realizado el 13 de enero de 2016, que no fue electa bajo tal circunstancia –ver sentencia de esta Sala n.° 2/2017-, con lo que nuevamente reconocen de forma voluntaria la nulidad de todas sus actuaciones desplegadas en desacato, es decir, como ha podido apreciarse, de casi todas las desplegadas desde su instalación el 5 de enero de 2016, salvo (en lo que respecta a este desacato), de las realizadas entre el 13 de enero de 2016 y el 28 de julio de 2016 (ver sentencia n.° 3/2016), gran parte de las cuales, a su vez, fueron írritas e, incluso, declaradas de forma expresa nulas por esta Sala, por violación deliberada del propio Reglamento Interior y de Debates de la Asamblea Nacional, por desacato a otras sentencias emanadas de este Máximo Tribunal y, en fin, por violación al orden constitucional (ver sentencias de esta Sala nros. 269 y 952/2016); situación inédita en el constitucionalismo patrio que, además, genera grave desconcierto en el proceder natural de ese órgano del Estado, cuyos dirigentes están llamados a desplegar su actividad política dentro de los cauces constitucionales y no fuera de ellos, en atención a procurar el mantenimiento del orden y la estabilidad de la República.

Como puede apreciarse, con esta nueva sentencia no sólo se desconoce la nueva directiva de la AN, sino que además se deja ver que la desincorporación de los diputados de Amazonas sólo podría hacerla la primera Junta Directiva de la AN y en una sesión especialmente convocada para ello, con lo cual se pone en evidencia que el TSJ nunca dejaría funcionar normalmente a la AN.

8. **SC/TSJ: Sentencia N° 5 de fecha 19 de enero del 2017, caso *Juan Humberto Roa, Dikson Orlando Escalante, Michael Martínez y otros vs la retención del presupuesto y el impago de salarios a los empleados de la AN*. Expediente N° 17-0086. Magistrado Ponente: Luis Fernando Damiani Bustillos.**

Desde la declaratoria del *"desacato"* de la AN por parte de la SE/TSJ, el Ejecutivo Nacional dejó de transferir los fondos necesarios para el funcionamiento del órgano legislativo. Esto a pesar de que es la misma AN la que establece su presupuesto y que el Ejecutivo está en la obligación de cumplir con la *Ley Anual de Presupuestos*[62].

De esta manera, la Junta Directiva del órgano no tenía la posibilidad de pagar los salarios de sus empleados, aunque estos hubieran cumplido con sus deberes laborales. Así, un grupo de trabajadores del órgano legislativo interpusieron un amparo constitucional para solicitar que el Ejecutivo Nacional asumiera el pago de los salarios de la AN.

DERECHOS QUE VIOLA:

Derecho a la participación política (art. 62 y 125 CRBV, art. 25 PIDCP, art. 21 DUDH, art. 20 DADDH), derecho al debido proceso (art. 49 CRBV, art. 14 PIDCP, art. 10 DUDH, art. 26 DADDH), derecho al salario (art. 91 CRBV, art. 23.3 DUDH, art. 14 DADDH); y la autonomía funcional del Parlamento como órgano del Poder Público (art.156 numeral 32 y art. 187, CRBV).

DECISIÓN:

Al considerar que la materia era urgente, la SC/TSJ declaró con lugar el amparo solicitado, el mismo día de su interposi-

---

62 Artículo 187 de la *CRBV*. Corresponde a la Asamblea Nacional: [...]

    22. Acordar y ejecutar su presupuesto de gastos, tomando en cuenta las limitaciones financieras del país.

ción. La Sala determinó que frente al *"desacato"* de la AN por el incumplimiento de las sentencias de la SE/TSJ y la SC/TSJ, esta no podía ejercer sus funciones de empleador y, por tanto, el pago de los salarios de sus propios trabajadores legislativos le corresponde al Ejecutivo Nacional.

Así, para proteger el bien jurídico en cuestión, que es el salario de los trabajadores, la Sala solicitó al Presidente de la República, como administrador de la Hacienda Pública, que asumiera el pago de estos salarios y protegiera a estos funcionarios públicos y a sus familias.

COMENTARIOS:

Nuevamente la SC/TSJ pasa a pronunciarse sobre el fondo de un asunto, en este caso un amparo constitucional, sin sustanciar procedimiento alguno y sin garantizar el derecho a la defensa de la AN. Alegando que se trataba de un asunto de "mero derecho", la Sala pasó de una vez a pronunciarse sobre el fondo del asunto, declarando procedente el amparo solicitado. La SC/TSJ incumplió el procedimiento de amparo constitucional que ella misma ha fijado en su propia jurisprudencia[63].

Sorprende además la velocidad con que se decidió el caso, pues el mismo día que se interpuso el amparo fue dictada la sentencia, lo que evidencia como el TSJ está al servicio permanente del Ejecutivo Nacional.

Es importante señalar que si bien es evidente que la protección al salario del trabajador es un bien jurídico que debe ser

---

63 Véase: SC/TSJ. Sentencia N° 7 de fecha 1 de febrero del 2000, caso *José Amado Mejía Betancourt y otros. Acción de amparo contra los actos lesivos contenidos en: Primero: El acto dictado por el Fiscal Trigésimo Séptimo del 3/12/99. Segundo: el acto dictado por el titular del Juzgado de Control Vigésimo Sexto de Primera Instancia del Circuito Judicial Penal del Área Metropolitana de Caracas el 12/01/00.* Expediente N° 00-0010. Magistrado Ponente Jesús Eduardo Cabrera.

siempre protegido, en este caso el daño fue originado en la falta de cumplimiento de la *Ley Anual del Presupuesto* por parte del Ejecutivo Nacional.

Con esta decisión la SC/TSJ sustituyó en forma ilegítima la administración y pago de los trabajadores de la AN, asignándole el pago de salarios al Ejecutivo Nacional, desconociendo otra de las competencias exclusivas y excluyentes del parlamento: la administración de su propio personal.

9. **SC/TSJ: Sentencia N° 87 de fecha 24 de febrero del 2017, caso *Juan Humberto Roa, Dikson Orlando Escalante, Michael Martínez y otros vs la retención del Ejecutivo del presupuesto y el impago de salarios a los empleados de la AN*. Expediente N° 17-0086. Magistrado Ponente: Luis Fernando Damiani Bustillos.**

Se solicitó aclaratoria y ampliación de la sentencia N° 5 de fecha 19 de enero del 2017, mencionada en el punto anterior, mediante la cual se declaró procedente una acción de amparo contra las presuntas vías de hecho y omisiones de los miembros de la Junta Directiva de la AN, ordenándose al Ejecutivo Nacional el pago oportuno de los salarios de los trabajadores de dicho órgano mientras la Junta Directiva se mantenga en *"desacato"*.

Es de hacer notar que la sentencia consideró que había caducado el plazo para solicitar la aclaratoria o ampliación de la sentencia, sin embargo, entró a resolver lo solicitado en razón de que el asunto versaba sobre derechos básicos e irrenunciables en materia laboral.

DERECHOS QUE VIOLA:

Derecho a la participación política (art. 62 y 125 CRBV, art. 25 PIDCP, art. 21 DUDH, art. 20 DADDH), derecho al debido proceso (art. 49 CRBV, art. 14 PIDCP, art. 10 DUDH, art. 26 DADDH), derecho al salario (art. 91 CRBV, art. 23.3 DUDH, art.

14 DADDH); y la autonomía funcional del Parlamento como órgano del Poder Público (art.156 numeral 32 y art. 187, CRBV).

DECISIÓN:

La Sala inicia su argumentación señalando que el *Código de Procedimiento Civil* (CPC) establece en su artículo 252[64] que solo se podrá solicitar la ampliación de la sentencia en un lapso de tres días después de dictada la sentencia. En virtud de ello declaró inadmisible la solicitud. Sin embargo, y en forma contradictoria, la Sala pasó a conocer de la solicitud de aclaratoria o ampliación de la sentencia, alegando que se trataba de un asunto sensible que afectaba el salario de los trabajadores de la AN.

Con esta aclaratoria se determina que el pago de los salarios de los trabajadores de la AN "debe efectuarse por órgano del Ministerio del Poder Popular con competencia en materia de Finanzas, a través de las dependencias, órganos u entes competentes para ello, de conformidad con el ordenamiento jurídico vigente. Como consecuencia de ello, esta Sala ORDENA al órgano con competencia en la materia de recursos humanos de la Asamblea Nacional -así como de cualquier otra estructura administrativa del referido órgano- realizar los trámites necesarios para suministrar y remitir oportunamente al referido Ministerio del Poder Popular con competencia en materia de Finanzas, la información y soportes necesarios (vgr. listado de

---

64 Artículo 252 del *CPC*. Después de pronunciada la sentencia definitiva o la interlocutoria sujeta a apelación, no podrá revocarla ni reformarla el Tribunal que la haya pronunciado.

Sin embargo, el tribunal podrá, a solicitud de parte, aclarar los puntos dudosos, salvar las omisiones y rectificar los errores de copia, de referencias o de cálculos numéricos, que aparecieren de manifiesto en la misma sentencia, o dictar ampliaciones, dentro de los tres días, después de dictada la sentencia, con tal que dichas aclaraciones y ampliaciones las solicite alguna de las partes en el día de la publicación o en el siguiente.

nóminas, archivos o soportes físicos o digitales, entre otros) para el cabal cumplimiento de este fallo".

COMENTARIOS:

Es evidente la contradicción que existe en la sentencia al establecer que no procede la solicitud de ampliación y aclaración de la sentencia N° 5 por extemporánea, para luego resolver favorablemente la misma solicitud de aclaratoria.

Nuevamente, la SC/TSJ sustituyó en forma ilegítima al patrono de los trabajadores de la AN, asignándole el pago de salarios al Ejecutivo Nacional, desconociendo otra de las competencias exclusivas y excluyentes del parlamento.

10. **SC/TSJ: Sentencia N° 155 de fecha 28 de marzo del 2017, caso *diputado Héctor Rodríguez Castro vs Acuerdo AN sobre reactivación de la Carta Democrática Interamericana*. Expediente N° 17-0323. Ponencia Conjunta**

Esta sentencia resolvió un recurso de nulidad por inconstitucionalidad presentado por un diputado oficialista (Héctor Rodríguez Castro), en contra de "el acto parlamentario aprobado por la Asamblea Nacional en fecha 21 de marzo de 2017, llamado 'Acuerdo sobre la Reactivación del Proceso de Aplicación de la Carta Democrática Interamericana de la OEA, como mecanismo de resolución pacífica de conflictos para restituir el orden constitucional en Venezuela'".

DERECHOS QUE VIOLA:

Derecho a la participación política (art. 62 y 125 CRBV, art. 25 PIDCP, art. 21 DUDH, art. 20 DADDH), derecho al debido proceso (art. 49 CRBV, art. 14 PIDCP, art. 10 DUDH, art. 26 DADDH), e inmunidad parlamentaria (art. 200 CRBV).

DECISIÓN:

La SC/TSJ declaró la inconstitucionalidad del Acuerdo de la AN y ordenó dos Acuerdos parlamentarios por violar el ordenamiento jurídico interno, incluida la soberanía nacional. En primer lugar, la SC/TSJ ordenó al Presidente de la República proceder a: ejercer las medidas internacionales que estime pertinentes y necesarias para salvaguardar el orden constitucional; tomar las medidas civiles, económicas, militares, penales, administrativas, políticas, jurídicas y sociales que estime pertinentes y necesarias para garantizar la gobernabilidad del país. Además, en el marco del Estado de Excepción y ante el desacato y omisión legislativa continuada por parte de la AN, habilitó al Presidente de la República a revisar excepcionalmente la legislación sustantiva y adjetiva (incluyendo la *Ley Orgánica contra la Delincuencia Organizada y Financiamiento al Terrorismo*, la *Ley Contra la Corrupción*, el *Código Penal*, el *Código Orgánico Procesal Penal* y el *Código de Justicia Militar*). Lo anterior implicó además un llamado a emplear la jurisdicción militar para juzgar a los diputados disidentes políticos por delitos contra el Estado: "ilícitos constitucionales y penales (flagrantes)".

En segundo lugar, frente a la sesión celebrada en el Consejo Permanente de la OEA el mismo día, la SC/TSJ ordenó cautelarmente al Presidente de la República que "evalúe el comportamiento de las organizaciones internacionales a las cuales pertenece la República, que pudieran estar desplegando actuaciones similares a las que ha venido ejerciendo el actual Secretario Ejecutivo de la Organización de Estados Americanos [...]".

COMENTARIOS[65]

Respecto a esta decisión, es necesario destacar, en primer lugar, que la SC/TSJ invocó lo que denominó el "control innominado de la constitucionalidad", figura que no existe dentro del ordenamiento jurídico venezolano, para calificar el recurso, admitirlo y pronunciarse sobre éste.

En segundo lugar, otro elemento particularmente grave de la sentencia, es que desconoce la inmunidad parlamentaria de los diputados de oposición al disponer, respecto al artículo 200 de la Constitución y reiterando su tesis del desacato, que: "[...] la inmunidad parlamentaria solo ampara [...] los actos desplegados por los diputados en ejercicio de sus atribuciones constitucionales (lo que no resulta compatible con la situación actual de desacato en la que se encuentra la Asamblea Nacional) y, por ende, en ningún caso, frente a ilícitos constitucionales y penales (flagrantes)".

En tercer lugar, y además de los graves vicios de inconstitucionalidad de los que adolece la sentencia, ésta incurrió en una clara contradicción al resolver de "mero derecho" el fondo del asunto al mismo tiempo que dictó medidas cautelares, cuando el objeto de las medidas es salvaguardar un bien jurídico hasta tanto se dicte la decisión de fondo.

---

65 Sobre esta sentencia, véase los comentarios de: BREWER-CARÍAS, Allan R., *"La Sala Constitucional usurpando todos los poderes del Estado en un juicio sin proceso, donde decretó inconstitucionalmente un estado de excepción y eliminó la inmunidad parlamentaria (sentencia n° 155 de la Sala Constitucional)"*, en Quinta parte del libro: *La consolidación de la tiranía judicial El Juez Constitucional controlado por el Poder Ejecutivo asumiendo el Poder Absoluto*, Colección Estudios Políticos N° 15. Editorial Jurídica Venezolana International, Caracas / New York 2017, pp. 145- 172.

11. **SC/TSJ:** Sentencia N° 156 de fecha 29 de marzo del 2017, caso *Corporación Venezolana del Petróleo, S.A. (CVP) (Interpretación de la Ley Orgánica de Hidrocarburos vs AN).* Expediente N° 17-0325. Ponencia Conjunta[66]

La sentencia N° 156 se refiere a una solicitud de interpretación del artículo 33 de la *Ley Orgánica de Hidrocarburos*, presentada por la Corporación Venezolana de Petróleo, S.A. (CVP) con el propósito de eliminar el requisito de la autorización de la AN para la constitución de empresas mixtas en materia de hidrocarburos, exigido por esa norma de la Ley.

DERECHOS QUE VIOLA:

Derecho al debido proceso (art. 49 CRBV, art. 14 PIDCP, art. 10 DUDH, art. 26 DADDH), derecho a la soberanía popular representativa y derecho a la participación política y al voto (arts. 5, 62, 63 y 125 CRBV, art. 25 PIDCP, art. 21 DUDH, art. 20 DADDH)) y autonomía funcional del Poder Legislativo (art.156 numeral 32 y art. 187 CRBV).

DECISIÓN:

Con este fallo, el TSJ dio la estocada final al Estado de Derecho al resolver no sólo el tema particular de que en lo adelante ya no hacía falta la autorización de la AN exigida por la Ley para la constitución de empresas mixtas en materia de hidrocarburos, sino al vaciar por completo las facultades constitucionales de la AN, al señalar que:

> "[...] mientras persista la situación de desacato y de invalidez de las actuaciones de la Asamblea Nacional, **esta Sala Constitucional garantizará que las competencias**

---

66 Esta decisión también se analizará en los apartados II, III y IV, toda vez que anula y desconoce todas las facultades constitucionales de la Asamblea Nacional en tanto el TSJ pretende abrogarse todas sus funciones.

parlamentarias sean ejercidas directamente por esta Sala
o por el órgano que ella disponga, para velar por el Estado de Derecho". (Resaltados añadidos).

COMENTARIOS[67]:

Esta insólita decisión puso en clara y patente evidencia la
grosera falta de independencia del Poder Judicial (TSJ) y su instrumentalización política para desmantelar la soberanía popular representada en la AN, configurando una ruptura del orden
constitucional y un grave riesgo para la libertad personal de los
diputados de la AN cuya inmunidad había sido desconocida, y
para todo disidente del régimen venezolano. Esta sentencia fue
reconocida por la Fiscal General de la República (FGR), Luisa
Ortega Díaz, así como por la mayoría parlamentaria de la AN,
como un "golpe de estado". Así mismo reaccionó la comunidad
internacional, incluido el Consejo Permanente de la OEA quien
adoptó una resolución condenatoria de la ruptura del orden
constitucional bajo la Carta Democrática Interamericana, así
como otros órganos y organizaciones internacionales y gobiernos democráticos[68].

---

67 Sobre esta sentencia, véase además los comentarios de: BREWER-CARÍAS,
Allan R., *"El reparto de despojos: la usurpación definitiva de las funciones de
la Asamblea Nacional por la Sala Constitucional del Tribunal Supremo de Justicia al asumir el poder absoluto del Estado. (Sentencia Nº 156 de la Sala Constitucional)"*, en Sexta parte del libro: *La consolidación de la tiranía judicial El
Juez Constitucional controlado por el Poder Ejecutivo asumiendo el Poder Absoluto*, Colección Estudios Políticos Nº 15. Editorial Jurídica Venezolana
International, Caracas / New York 2017, pp. 173- 186.

68 Consejo Permanente de la OEA, *Resolución sobre los sucesos recientes de
Venezuela*, CP/RES. 1078 (2108/17), de fecha 3 de abril de 2017, párr. 1;
CIDH. Comunicado de Prensa Nº 041/17, *CIDH condena decisiones del
Tribunal Supremo de Justicia y la alteración del orden constitucional y de-
mocrático en Venezuela*, de fecha 31 de marzo de 2017; Oficina del Alto
Comisionado de Derechos Humanos (OHCHR). Comunicado de Pren-
sa, *Zeid insta a Venezuela a mantener la separación de poderes*, de fecha 31
de marzo de 2017; Ver, *inter alia*, los informes de la Comisión Interna-

Frente a la fuerte reacción nacional e internacional, y sobre todo ante el rechazo de la FGR de las sentencias Nos. 155 y 156, el Presidente de la República aseguró no tener conocimiento de las sentencias ni de las declaraciones de la Fiscal, y decidió convocar al *Consejo de Defensa de la Nación* para resolver lo que denominó un "impasse" entre el Ministerio Público y el TSJ.

No se explica cómo el *Consejo de Defensa de la Nación* – máximo órgano de consulta para la planificación y asesoramiento del Poder Público en materia de "defensa integral de la Nación"212- sería el competente para dirimir una supuesta "controversia" entre el TSJ y la FGR, ni cómo podría tener atribuciones para ello.

Así, en la mañana del 1° de abril de 2017, se supo que el *Consejo de la Defensa*, al que no fue convocado el Presidente de la AN como lo dispone la Constitución, se reunió la noche anterior y el Presidente de la República anunció: "Hemos llegado a un acuerdo de solución de esta controversia y puedo decir que con la lectura de este comunicado y la publicación de la aclaratoria y las correcciones respectivas de las sentencias 155 y 156 queda superado esta controversia, demostrando las capacida-

cional de Juristas (CIJ), *Venezuela: el ocaso del Estado de Derecho*, 2015 Disponible en: Venezuela-OcasoEstadoDerecho-Publications-Reports-2015-SPA; y *Fortaleciendo el Estado de Derecho en Venezuela*, 2014. Disponible en: https://www.icj.org/strengthening-the-rule-of-law-in-venezuela/; Asimismo ver: *Informe alternativo conjunto del Instituto de Derechos Humanos de la International Bar Association, la Unión Internacional de Magistrados Grupo Ibero-Americano y la Comisión Internacional de Juristas. Examen del cuarto informe periódico de la República Bolivariana de Venezuela presentado al Comité de Derechos Humanos* (114 Sesión de la Comité de Derechos Humanos de las Naciones Unidas, 29 de junio a 24 de julio de 2015); y *Venezuela (República Bolivariana de). Examen Periódico Universal de las Naciones Unidas, Segundo ciclo, Consejo de Derechos Humanos: Informe alternativo conjunto presentado por el Instituto de Derechos Humanos de la International Bar Association, la Unión Internaciónal de Magistrados / Grupo Ibero-Americano y la Comisión Internacional de Juristas*, 2016.

des de diálogo y resolución que se pueden activar por nuestra Constitución".

Efectivamente, el TSJ siguiendo instrucciones de un órgano del Estado sin competencia para ello, emitió el mismo 1° de abril las sentencias Nos. 157 y 158, como "aclaratorias de oficio" de las sentencias Nos. 155 y 156, respectivamente.

La sentencia N° 157, que "aclara" el contenido de la sentencia N° 155, suprimió o revocó la medida cautelar mediante la cual se hacía un llamado al uso de la justicia militar contra los parlamentarios, así como lo referido a la eliminación de la inmunidad parlamentaria. A su vez, la sentencia N° 158 revocó de oficio la autorización dada al Presidente de la República para modificar una norma de la *Ley Orgánica de Hidrocarburos* y lo referente a la posibilidad de que la propia SC/TSJ ejerciese directamente las competencias de la AN.

Estos fallos ponen en total evidencia que el TSJ está al servicio del Poder Ejecutivo, al punto que mediante una orden del Presidente de la República, la SC/TSJ decidió *aclarar de oficio y modificar sus propias decisiones*, en una contradictoria pero nueva violación a los principios de separación de poderes y de independencia del Poder Judicial, establecidos por la Constitución.

Si bien la SC/TSJ decidió aclarar o modificar "de oficio" las sentencias Nos. 155 y 156, y sobre todo, su decisión de asumir las competencias de la AN, el resto de las decisiones del TSJ en esos casos siguen vigentes y, por tanto, todas las competencias y facultades de la AN siguen siendo impedidas por las decenas de sentencias dictadas por el TSJ a partir de enero de 2016

De igual forma, y luego del fuerte rechazo de estos fallos por parte de la FGR, la arremetida del TSJ no ha sido sólo contra la AN, sino también ahora contra la propia FGR. Así, el TSJ ha dictado decisiones impidiendo el ejercicio de las funciones inherentes al Ministerio Público; ha designado directamente a la Vicefiscal del Ministerio Público, a pesar de ser una competencia exclusiva de la propia FGR, con autorización de la AN; e inició un procedimiento administrativo para destituir a la FGR de su cargo[69]. En suma, frente al cuestionamiento realizado por la FGR a las decisiones del TSJ, éste ha decidido aniquilar también a esta institución del Estado venezolano.

Conclusiones relacionadas con la facultad de organización interna de la AN

Como hemos visto, la *Constitución* establece una serie de atribuciones privativas propias de la AN como órgano parlamentario, las cuales están dirigidas a garantizar su autonomía e independencia necesarias en el desempeño de sus funciones. Se trata además de facultades propias e inherentes, que resultan vitales para garantizar el principio de separación de poderes y la existencia misma de la democracia.

Sin embargo, con las decisiones estudiadas en este capítulo, hemos visto como el TSJ, en forma ilegítima e inconstitucional, modificó el *Reglamento AN* para impedir el ejercicio de sus principales funciones legislativas y de control. Mediante una decisión normativa que invade el ámbito natural de la AN, se fijan

---

69 En fecha 5 de agosto de 2017, la ANC destituyó a la FGR de su cargo y fue sustituida por Tarek Williams Saab, a través del Decreto Constituyente publicado en la *Gaceta Oficial Extraordinario* N° 6.322. Al respecto: SC/TSJ. Sentencia N° 65 de fecha 4 de agosto del 2017, caso *Antejuicio de mérito de la FGR*. Expediente N° 2017-000073. Magistrada Ponente Marjorie Calderón Guerrero; Globovisión (4 de julio de 2017). *Fiscal general: Antejuicio de mérito en mi contra está amañado y confuso.* Disponible en: http://globovision.com/article/fiscal-general-estoy-en-la-defensa-de-la-institucionalidad-del-ministerio-publico; El Universal (5 de agosto de 2017). *ANC destituye a Ortega Díaz y designa a Saab como fiscal general.* Disponible en: http://www.eluniversal.com/noticias/politica/anc-destituye-ortega-diaz-designa-saab-como-fiscal-general_664462; El Impulso (5 de agosto de 2017). *TSJ destituyó a Fiscal General Luisa Ortega Díaz.* Disponible: http://www.elimpulso.com/noticias/nacionales/tsj-destituyo-a-fiscal-general-luisa-ortega-diaz.

plazos para las convocatorias de las sesiones parlamentarias; se impiden las modificaciones al orden del día del parlamento; y hasta se impone la obligación de pedir informes económicos al Poder Ejecutivo, con la clara intención de retrasar y hasta impedir las facultades legislativas de la AN.

De igual forma, hemos visto como estas decisiones del TSJ forzaron la desincorporación de tres diputados de la MUD, con una simple medida cautelar sin ningún tipo de justificación razonable, impidiendo que las fuerzas políticas opositoras controlaran las 2/3 partes del parlamento. También, el TSJ desconoció la facultad de la AN de elegir sus propias autoridades; y hasta se llegó al extremo de impedir que la propia AN manejara su presupuesto y pagara los salarios de su personal, asignándole estas competencias al Poder Ejecutivo.

Como veremos en el capítulo siguiente, el TSJ también dejó al parlamento sin la posibilidad de representarse autónomamente en los juicios destinados a defender sus propios actos, indicando que sólo el Procurador General de la República (abogado del Poder Ejecutivo) es quien puede representar a la AN, lo que constituye una clara usurpación de funciones y un desconocimiento evidente de la autonomía parlamentaria[70].

Además de estas sentencias del TSJ que impedían el ejercicio de facultades propias y excluyentes de la AN, existieron otras conductas del resto de los poderes del Estado que atentaron contra estas atribuciones exclusivas del parlamento, las cuales fueron obviadas por el TSJ como máximo garante de la *Constitución*. Así, por ejemplo, el Gobierno se negó arbitrariamente a publicar los Acuerdos y demás actos de la AN en el órgano ofi-

---

70 SC/TSJ. Sentencia Nº 473 de fecha 14 de junio del 2016, caso *Juan Carlos Caldera, Eduardo Gómez Sigala, María Corina Machado y otros*. Expediente Nº 11-0373. Magistrado Ponente: Juan José Mendoza Jover.

cial de publicación de los actos del Estado: la Gaceta Oficial[71]; y se negó a garantizar la seguridad de los diputados y espacios del parlamento, mediante la designación de un servicio de seguridad interna, conforme a lo dispuesto en el artículo 187.21 de la *Constitución*.

---

71 Véase, al respecto, CASAL, Jesús María, en el *Discurso de Incorporación como Individuo de Número, en el Sillón Número 8 de la Academia de Ciencias Políticas y Sociales*, Caracas, 2017.

II. FACULTAD LEGISLATIVA

Sin lugar a dudas, la principal función de un parlamento en un Estado democrático es la discusión y aprobación de leyes. En el caso de Venezuela, la *Constitución* claramente le atribuye a la AN la competencia para "Legislar en las materias de la competencia nacional y sobre el funcionamiento de las distintas ramas del Poder Nacional"[1].

Al respecto, se ha establecido que:

> La función legislativa es la actividad estatal que tiene por objeto la creación de normas jurídicas generales o, en otras palabras, la de *hacer las leyes*, entendiendo por leyes en sentido material las normas que crean, modifican o extinguen situaciones jurídicas de carácter general y permanente[2].

Además, la facultad legislativa supone el ejercicio democrático del debate plural entre los diputados que representan al pueblo en el seno del órgano legislativo, lo que supone además la potestad de tener la iniciativa parlamentaria respecto a las

---

1   Artículo 187 de la *CRBV*. Corresponde a la Asamblea Nacional:

1.   Legislar en las materias de la competencia nacional y sobre el funcionamiento de las distintas ramas del Poder Nacional.

2   COPETE LIZARRALDE, Álvaro, *Conferencias de Derecho Administrativo*, Bogotá, Universidad Javeriana, p. 3, 1962; NARANJO MESA, Vladimiro, *Teoría Constitucional e Instituciones Políticas, op. cit.*, p. 264.

materias de la competencia nacional y sobre el funcionamiento de las distintas ramas del Poder Nacional.

En tal sentido,

Los debates [...] son el medio más adecuado para que desde el Parlamento se haga oír la voz de la opinión pública, se expresen las necesidades y problemas de la comunidad y se propongan soluciones a los mismos. El objeto de la presentación de proyectos de ley, es decir de la iniciativa parlamentaria, es concretar esas soluciones por medio de leyes. Son las leyes las que impulsan la vida de un Estado de derecho, pues, como se sabe, ellas conforman un mandato de acción para los gobernantes y de acatamiento para estos y los gobernados[3].

Así, la facultad de legislar es la facultad propia del órgano legislativo por su naturaleza, aunque las facultades de este órgano no se limiten exclusivamente a ella. Si bien otros órganos del Estado (principalmente el Ejecutivo Nacional) tienen competencias legislativas, éstas son de carácter excepcional (previa delegación o declaratoria de estado de emergencia) o de rango sub-legal (potestad reglamentaria o normativa de las leyes), por lo que la principal actividad normativa se encuentra asignada preferentemente a los parlamentos, es decir, la AN.

Es por ello que el parlamento suele ser el órgano más representativo en el sistema democrático, pues está integrado por las distintas fuerzas políticas del país, quienes a través de los debates y el consenso suelen establecer las reglas básicas del Estado, a través de la legislación.

Como veremos a continuación, la principal función de la AN (dictar leyes) ha sido impedida en forma total, general, absoluta y radical por el TSJ, mediante una "batería en serie" de sentencias que han determinado la nulidad de todas y cada una de las

---

3   Naranjo Mesa, Vladimiro, *Teoría Constitucional e Instituciones Políticas*, *op. cit.*, p. 275.

leyes dictadas por la AN, desde que comenzó a ser controlada por una mayoría calificada de las fuerzas políticas opositoras al Gobierno.

La SC/TSJ le ha impuesto a la AN una serie de obligaciones de imposible cumplimiento en los procesos de formación de leyes; al mismo tiempo que ha anulado o dejado sin efecto todas las leyes promulgadas por considerar que incumplió una decisión de la SE/TSJ. Principalmente, con estas dos "excusas" se ha impedido que la AN ejerza sus funciones legislativas y se ha usurpado la democracia representativa parlamentaria que es en definitiva la soberanía popular.

Veamos de seguidas las principales decisiones que han impedido el ejercicio de la función legislativa de la AN, la mayoría de ellas, a instancias del propio Presidente de la República, Nicolás Maduro, y las otras a instancias de diputados del partido de gobierno o de entes del Poder Ejecutivo.

1. **SC/TSJ. Sentencia N° 264 de fecha 11 de abril del 2016, caso *Presidente de la República vs la Ley de Amnistía y Reconciliación Nacional*. Expediente N° 16-0343. Ponencia Conjunta.**

La Ley de Amnistía fue una de las principales promesas electorales de las fuerzas políticas de oposición, quienes habían prometido liberar a los presos políticos e iniciar un proceso de pacificación y reencuentro nacional.

El jueves 7 de abril del 2016, el Presidente de la República, Nicolás Maduro, introdujo ante la SC/TSJ una solicitud de control previo de constitucionalidad de la *Ley de Amnistía y Reconciliación Nacional*[4]. En su solicitud, el Presidente afirmó que la Ley representaba una grave afrenta al derecho a la verdad y la justi-

---

4   Ver lo previsto en el artículo 214 de la *CRBV* y el artículo 25, numeral 15, de la *LOTSJ*.

cia de las víctimas y sus familiares, ya que no sería posible llevar a cabo la debida investigación y sanción de los actos cometidos en su contra. En este sentido, alegó que la Ley establecería un conflicto de intereses y representaría un *"autoperdón"*, ya que en su formación y sanción habrían participado responsables de algunos de los delitos objetos de la ley. El Presidente definió estos delitos como *"uso de la violencia por parte de estos actores y partidos políticos (que) tienen un <u>carácter sistemático y planificado</u> (...) son hechos que se subsumen perfectamente en la definición de <u>graves violaciones a los derechos humanos</u>"*, que, incluso, serían un *"subterfugio para solapar los delitos de lesa humanidad"* y, en otro contexto, algunos de ellos hasta constituirían *"crímenes de guerra"*; por lo cual su amnistía se habría hecho en menoscabo al artículo 29 de la *Constitución*[5]. En palabras del Presidente, la *Ley de Amnistía* la habría aprobado la AN únicamente en favor de un sector de la población, en desmedro de los derechos del otro sector, y no se había consultado con las víctimas de las violaciones de derechos humanos y sus familias; a la par, alegó que no preveía un mecanismo de compensación de éstas, según lo establecido en el artículo 30 de la *Constitución*[6].

---

5 Artículo 29 de la *CRBV*. El Estado estará obligado a investigar y sancionar legalmente los delitos contra los derechos humanos cometidos por sus autoridades. Las acciones para sancionar los delitos de lesa humanidad, violaciones graves a los derechos humanos y los crímenes de guerra son imprescriptibles. Las violaciones de derechos humanos y los delitos de lesa humanidad serán investigados y juzgados por los tribunales ordinarios. Dichos delitos quedan excluidos de los beneficios que puedan conllevar su impunidad, incluidos el indulto y la amnistía.

6 Artículo 30 de la *CRBV*. El Estado tendrá la obligación de indemnizar integralmente a las víctimas de violaciones de los derechos humanos que le sean imputables, o a su derechohabientes, incluido el pago de daños y perjuicios. El Estado adoptará las medidas legislativas y de otra naturaleza, para hacer efectivas las indemnizaciones establecidas en este artículo. El Estado protegerá a las víctimas de delitos comunes y procurará que los culpables reparen los daños causados.

De igual forma, el Presidente condenó que cada uno de los actos que serían objeto de amnistía *"pareciera una idea preconcebida con motivo de socavar el Estado venezolano; acabar con el gobierno legítimamente constituido y por el cual el pueblo votó recurrentemente desde 1998."* Sobre el artículo 3 de la ley, afirmó que la ley transgredía el derecho internacional al excluir únicamente las violaciones graves de derechos humanos cuando las sentencias hayan hecho referencia explícita a *"crímenes de guerra, delitos de lesa humanidad o delitos o violaciones graves a los derechos humanos"*; a la cual consideró un *"requisito formal"*.

Finalmente, el Presidente señaló que la ley representaba una *"amenaza velada"* en contra de la autonomía e independencia del Poder Judicial, ya que sancionaba a los jueces que no siguieran al pie de la letra el procedimiento establecido; que ésta constituía una violación al derecho fundamental a la paz y que no preveía *"la conformación de un diálogo nacional"* ni la disposición de *"una agenda o temas, o acuerdo o pacto de Estado para avanzar en conjunto desde las diferencias en la solución de los grandes problemas nacionales"*.

Estos argumentos contenidos en la solicitud presidencial fueron acogidos por la SC/TSJ en su fallo, para declarar la nulidad por inconstitucionalidad de la *Ley de Amnistía*[7].

DERECHOS QUE VIOLA:

Derecho al acceso a la justicia y a la tutela judicial efectiva (arts. 26 CRBV, 14 PIDCP, 8 DUDH, XVIII DADDH); derecho a la libertad personal (arts. 44 CRBV, 9 PIDCP, 3 DUDH, I y XXV DADDH); derecho al debido proceso (arts. 49 CRBV, 14 PIDCP, 10 DUDH, XXVI DADDH); derecho a la manifestación pacífica

---

7 Decisión reafirmada por la SC/TSJ por medio de Sentencia N° 496 de fecha 29 de junio del 2016, caso *Otoniel Pautt Andrade. Recurso de Interpretación*. Expediente N° 15-1424. Magistrada Ponente Gladys María Gutiérrez Alvarado.

(arts. 68 CRBV, 21 PIDCP, 20 DUDH, XXI DADDH); y derecho a la libertad de expresión y acceso a la información (arts. 57 y 58 CRBV, 19 PIDCP, 19 DUDH y IV DADDH).

COMENTARIOS[8]:

La SC declaró la inconstitucionalidad de la totalidad de la *Ley de Amnistía* sancionada por la AN con base en criterios de carácter "político" y de tergiversación del Derecho internacional, y en desconocimiento de la facultad constitucional exclusiva de la AN de decretar amnistías, obviamente dentro de los límites de la Constitución y el Derecho internacional.

Lo primero que llama la atención es, que se trata de una sentencia de extensión muy voluminosa (115 páginas), en la cual se citó a una veintena de autores y jurisprudencia nacional e internacional, fuera de contexto y de manera incongruente. Esta extensa sentencia se dicta en tan sólo un (1) día hábil, sin ningún tipo de procedimiento o trámite procesal previo. Nunca se citó al procedimiento a la AN (autora de la ley impugnada) ni a ningún otro órgano del poder público ni los beneficiarios ni los afectados. Atendiendo a declaraciones previas de altos representantes del Ejecutivo[9] y del PSUV[10], la decisión política de

---

8   Brewer-Carías, Allan R., *"El desconocimiento judicial del poder de la Asamblea Nacional para legislar"*, en *Revista de Derecho Público*, N° 145-146, Enero-Julio 2016, Caracas 2016, pp. 377 ss. Publicado también en Brewer-Carías, Allan R., *La dictadura judicial y la perversión del Estado de derecho. El juez constitucional y la destrucción de la democracia en Venezuela* (Prólogo de Santiago Muñoz Machado), Ediciones El Cronista, Fundación Alfonso Martín Escudero, Editorial IUSTEL, Madrid 2017, pp. 269-362.

9   Sumarium (29 de marzo de 2016*) La Ley de Amnistía "por aquí no pasa" dice Maduro.* Disponible en: http://sumarium.com/la-ley-de-amnistia-por-aqui-no-pasa-dice-maduro/; El Nacional (27 de febrero de 2016) *Maduro: Ley de Amnistía es una ley de guerra.* Disponible en: http://www.el-nacional.com/politica/Maduro-Ley-amnistia-ley-

impedir la *Ley de Amnistía* había sido ya tomada por el gobierno antes de conocerse el contenido de la Ley, lo que pone en evidencia la falta autonomía e independencia del TSJ como ejecutor de esta decisión política previa.

Vale igualmente hacer mención a algunos aspectos del escrito introducido por el Presidente de la República, Nicolás Maduro, ante la SC/TSJ, citado por ella misma. En uno de los puntos, el Presidente fustigó al Poder Judicial por haber otorgado una medida sustitutiva de la pena de prisión a un ciudadano "en contra de su voluntad". Con lo cual, dar a entender que dicha decisión tendría que haber pasado por su aprobación o, por lo menos, por su consulta.

De igual forma, el Presidente utilizó como argumento para alegar la inconstitucionalidad de la Ley, que ésta exceptuaba de su alcance "únicamente" los delitos de lesa humanidad, crímenes de guerra y violaciones graves de derechos humanos, aun cuando se hiciese referencia expresa a ellos en sentencia condenatoria o en la imputación. En criterio del Presidente, que los delitos imputados o por los cuales una persona ha sido condenada tengan que ser expresos es un mero "requisito formal" y no el cumplimiento de requerimientos básicos del debido proceso, como lo es el conocimiento del imputado del delito que se le imputa.

Con respecto a la línea argumentativa seguida por la SC/TSJ, son varios los aspectos que demandan especial comentario.

---

guerra_0_801519947.html; *El Universal* (23 de febrero de 2016) *Istúriz: Una ley no puede generalizar el perdón.* Disponible en: http://www.eluniversal.com/noticias/politica/isturiz-una-ley-puede-generalizar-perdon_10208

10 El Universal (18 de febrero de 2016) *Cabello: Ley de Amnistía decepciona jurídicamente.* Disponible en: http://www.eluniversal.com/noticias/politica/cabello-ley-amnistia-decepciona-juridicamente_12261

En primer lugar, la misma Sala aceptó, en principio, su falta de competencia para realizar un análisis sobre los elementos "políticos" de la *Ley de Amnistía*, como su conveniencia y oportunidad, ya que supuestamente sólo podía pronunciarse sobre los elementos jurídicos, principalmente de los requerimientos formales para su aprobación y su cumplimiento con el artículo 29 constitucional. Sin embargo, luego entró a analizar estos elementos, bajo una interpretación claramente manipulativa. Al respecto, la doctrina nacional ha sostenido que las leyes de amnistía son en definitiva un "derecho de gracia", a través de la facultad constitucional de la AN para "decretar amnistías" [11], cuyo ejercicio no debe pasar por el veto del Presidente de la República y debe sujetarse a los límites constitucionales expresos y al Derecho internacional. De allí que solamente en caso de incumplimiento de los requisitos constitucionales o de que se haya violado la disposición del artículo 29 de la *Constitución* (que recoge el Derecho internacional), el TSJ tiene la competencia para pronunciarse al respecto y en su caso, declarar su inconstitucionalidad. Sin embargo, la SC/TSJ en su lugar, realizó toda una evaluación subjetiva, política/ideológica y de la Ley: planteó infundadamente un falso dilema entre la paz social y la justicia, afirmó que no existían los supuestos para decretar una amnistía y negó a la AN la facultad de determinar cuáles supuestos y en qué circunstancias aplicaba la amnistía. De esta

---

11 Artículo 187 de la *CRBV*. Corresponde a la Asamblea Nacional: […]

5. Decretar amnistías.

[…]

Ver además, Prodavinci (11 de enero de 2016) *Ya se introdujo la Ley de Amnistía. Lea aquí una guía sobre lo que viene; por José Ignacio Hernández G.* Disponible en: http://prodavinci.com/blogs/ya-se-introdujo-la-ley-de-amnistia-lea-aqui-una-guia-sobre-lo-que-viene-por-jose-ignacio-hernandez/; Prodavinci (30 de marzo de 2016) *Aprobada la Ley de Amnistía. ¿Y ahora?; por José Ignacio Hernández G.* Disponible en: http://prodavinci.com/blogs/aprobada-la-ley-de-amnistia-y-ahora-por-jose-ignacio-hernandez/

forma, buena parte de las consideraciones del fallo fueron hechas fuera del ámbito de la jurisdicción que constitucionalmente tiene el TSJ para ejercer el control de la constitucionalidad de las leyes, incluidas las leyes de amnistía. En esta extralimitación de sus funciones, la Sala también incurrió en el desconocimiento de la facultad constitucional de la AN para "decretar amnistías" dentro de los límites anotados. A ello deben agregarse las consideraciones del TSJ sobre la legitimidad democrática de la Asamblea, considerándola una "simple mayoría" en ejercicio de la "representación indirecta", alejada de los principios constitucionales.

Por su parte, la SC/TSJ para declarar la inconstitucionalidad de la ley utilizó criterios restrictivos de interpretación de algunos derechos humanos, contrarios al desarrollo que ha tenido el contenido de éstos a nivel internacional. Primero, la Sala defiende que el ejercicio del derecho a la manifestación pacífica depende de una "autorización formal" sin la cual los convocantes pudiesen estar sometidos a sanciones, incluso penales. Al respecto, el Relator Especial de las Naciones Unidas sobre los Derechos a Libertad de Reunión Pacífica y Manifestación, en su informe presentado ante la 20° sesión del Consejo de Derechos Humanos de la ONU, ha afirmado que:

> El ejercicio de las libertades fundamentales no debe supeditarse a la obtención de una autorización previa de las autoridades (como se establece de manera explícita en la Constitución española); a lo sumo, debe aplicarse un procedimiento de notificación previa que obedezca a la necesidad de que las autoridades del Estado faciliten el ejercicio del derecho a la libertad de reunión pacífica y tomen medidas para proteger la seguridad y el orden públicos y los derechos y libertades de los demás[12].

---

12 Consejo de Derechos Humanos de la ONU, *Informe del Relator Especial sobre los derechos a la libertad de reunión pacífica y de asociación,*

De igual forma, al afirmar que no todas las manifestaciones pueden ser generalizadas como "pacíficas", la SC/TSJ pareciera estar calificando *a priori* las manifestaciones como violentas y, por tanto, desconociendo el carácter de derecho humano que tiene su ejercicio.

En este mismo sentido, la SC/TSJ adoptó un criterio lesivo a la libertad de expresión al aseverar que la inserción de "información no veraz en una noticia [...] en detrimento del honor de los ciudadanos" o la "generación de zozobra" pudiese generar responsabilidad a los editores de los medios, la cual, además, no se circunscribe únicamente al ejercicio del derecho a réplica y rectificación, sino que pudiese extenderse, incluso, a sanciones penales. Al respecto, el Comité de Derechos Humanos de las Naciones Unidas, en el Informe de Observaciones Finales del Cuarto Informe Periódico de Venezuela, recomendó al Estado:

> Considerar la posibilidad de despenalizar la difamación, así como aquellas figuras que prevén sanciones penales para quienes ofendieren o irrespetaren al Presidente u otros funcionarios de alto rango u otras figuras similares y debería, en todo caso, restringir la aplicación de la ley penal a los casos más graves, teniendo en cuenta que la pena de prisión nunca es un castigo adecuado en esos casos[13].

Además de estos criterios restrictivos de derechos humanos, la SC/TSJ optó por desconocer las obligaciones internacionales

---

A/HRC/20/27, de fecha 21 de mayo de 2012. Disponible en: http://freeassembly.net/wp-content/uploads/2013/10/A-HRC-20-27_SP.pdf

13   Comité de Derechos Humanos (CDH), *Observaciones finales sobre el cuarto informe periódico de la República Bolivariana de Venezuela,* CCPR/C/VEN/CO/4, 2015. Disponible en:
file:///C:/Users/ALESSANDRA/Downloads/G1518125%20(2).pdf

del Estado en materia de derechos humanos, cuyo carácter universal no permite que utilice el argumento de la soberanía y la autodeterminación de los pueblos como excusa para su incumplimiento. Asimismo, la SC/TSJ se auto atribuyó la facultad de decidir cuáles derechos humanos no contemplados en los instrumentos internacionales "son vigentes en Venezuela" lo cual es contrario no sólo a la jerarquía constitucional de los derechos humanos y sus tratados (arts. 22 y 23), sino a los mismos principios de la universalidad y progresividad de los derechos humanos (art. 19).

Considerando los aspectos comentados, queda claro que las motivaciones de la Sala para decidir la inconstitucionalidad de la *Ley de Amnistía* no tienen su asidero en la *Constitución*, la legislación nacional y menos el Derecho internacional que rigen las amnistías.

Conforme al Derecho internacional, al término de un conflicto, con fines de la reconciliación y la paz, es recomendable que las autoridades concedan las más amplias amnistías respecto a los delitos políticos, los delitos comunes conexos y los delitos perseguidos con fines políticos. Los límites a las amnistías reconocidos por el Derecho internacional en los ámbitos del sistema interamericano y de las Naciones Unidas, están referidos a los crímenes graves contra los derechos humanos, delitos de lesa humanidad, crímenes de guerra y genocidio[14]. Estos límites co-

---

14 Ver: doctrina de la CIDH y jurisprudencia de la CorteIDH, entre otras, caso *Barrios Altos Vs. Perú*. Fondo. Sentencia de 14 de marzo de 2001 (Serie C N° 75); caso *Almonacid Arellano y otros Vs. Chile*. Excepciones Preliminares, Fondo, Reparaciones y Costas. Sentencia de 26 de septiembre de 2006 (Serie C N° 154); caso *Gomes Lund y otros ("Guerrilha do Araguaia") Vs. Brasil*. Excepciones Preliminares, Fondo, Reparaciones y Costas. Sentencia de 24 de noviembre de 2010 (Serie C N° 219); caso *Gelman Vs. Uruguay*. Fondo y Reparaciones. Sentencia de 24 de febrero de 2011 (Serie C N° 221).

inciden y son precisamente reconocidos por la *Constitución* (art. 29) y así lo fueron en el texto de la Ley de Amnistía.

En virtud del Derecho internacional de los Derechos Humanos, el ejercicio legítimo de las libertades fundamentales –como las de expresión, asociación y reunión y el derecho de huelga- legalmente no puede calificarse como delito porque la ley sólo debe prohibir comportamientos dañinos para la sociedad. A este respecto, el Comité de Derechos Humanos de la ONU considera que toda privación de libertad que intente castigar el ejercicio legítimo de un derecho o de una libertad fundamental –como las de opinión, expresión, asociación y reunión- es incompatible con el *Pacto Internacional de Derechos Civiles y Políticos*[15]

Respecto de Venezuela, el Grupo de Trabajo sobre la Detención Arbitraria (GTDA) ha calificado de *detención arbitraria* la privación de libertad de numerosos opositores políticos, defensores de derechos humanos y manifestantes venezolanos y ha solicitado su liberación inmediata. El Grupo ha constatado la existencia de un *patrón de detención arbitraria contra opositores y disidentes políticos*. La instrumentalización de la legislación penal venezolana para perseguir judicialmente a opositores políticos ha sido constatada por el Grupo. Así, en un caso, el Grupo consideró que la "extrema vaguedad de los cargos imputados permite [...] estimar que la detención ha sido originada por la militancia política [...]. Los cargos de 'participación en hechos violentos' (no precisados); 'instigación pública al odio' y 'asociación para delinquir', sin determinar ni explicar cuál es el hecho material del que se le acusa, fuerzan a la conclusión que la privación de libertad de esta persona deriva del ejercicio legítimo de los derechos humanos a la libertad de opinión y expre-

---

15 Ver, *inter alia*, CDH, *Observación general N° 35: Artículo 9 (Libertad y seguridad personales)*; y *Observación general N° 34: Artículo 19, Libertad de opinión y libertad de expresión*.

sión, de reunión, de asociación y de participación en los asuntos públicos" [16].

En esa misma línea, el Comité contra la Tortura (CAT) ha exhortado al Estado venezolano liberar inmediatamente a varios opositores políticos y "a todos aquellos que hayan sido detenidos arbitrariamente por ejercer su derecho a expresarse y protestar pacíficamente".[17] Asimismo, respecto de los presos políticos venezolanos, el Alto Comisionado para los Derechos Humanos, Zeid Raad Al Hussein, expresó en 2015 que estaba "seriamente preocupado por la legalidad y las condiciones de personas detenidas por ejercer pacíficamente su libertad de expresión y reunión" y reiteró que debían "ser liberados rápidamente y de forma incondicional"[18].

La CIDH ha recomendado al Estado venezolano

"[a]bstenerse de ejercer represalias o utilizar el poder punitivo del Estado para intimidar o sancionar a personas en virtud de su opinión política y garantizar la pluralidad de espacios para el ejercicio democrático, incluyendo el

---

16   Ver, *inter alia*, Opiniones del GTDA: N° 62/2011 (Sabino Romero Izarra); N° 47/2013 (Antonio José Rivero González); N° 51/2014 (Maikel Giovanni Rondón Romero y otras 316 personas); N° 26/2014 (Leopoldo López Mendoza); N° 30/2014 (Daniel Omar Ceballos Morales); N° 1/2015 (Vincencio Scarano Spisso); N° 27/2015 (Antonio José Ledezma Díaz); N° 26/2015 (Gerardo Ernesto Carrero Delgado, Gerardo Rafael Resplandor Veracierta, Nixon Alfonzo Leal Toro, Carlos Pérez y Renzo David Prieto Ramírez; N° 7/2015 (Rosmit Mantilla); y Opinión N° 7/2015 (Rosmit Mantilla), párr. 28.

17   CAT, *Observaciones finales sobre los informes periódicos tercero y cuarto combinados de la República Bolivariana de Venezuela*, CAT/C/VEN/CO/3-4, de fecha 12 de diciembre de 2014, párr. 9.

18   Consejo de Derechos Humanos de la ONU, *Discurso Inaugural de la 29va Sesión del Consejo de Derechos Humanos de la ONU por el Alto Comisionado para los Derechos Humanos*, de fecha 15 de junio de 2015. Disponible en http://www.ohchr.org/EN/NewsEvents/Pages/DisplayNews.aspx?NewsID=16074&LangID=E .

respeto a las movilizaciones y protestas que se llevan a cabo en ejercicio del derecho de reunión y manifestación pacífica", así como "eliminar el uso de procesos penales para inhibir el libre debate democrático sobre los asuntos de interés público y el pleno ejercicio de los derechos políticos"[19].

En suma, conforme lo concluyó recientemente la Comisión Internacional de Juristas en su último informe sobre Venezuela[20], bajo el Derecho internacional es lícito y legítimo otorgar amnistías por delitos comunes cometidos con fines políticos o conexos con delitos políticos. La única exclusión del carácter político lo constituyen los crímenes de lesa humanidad, los crímenes de guerra, el genocidio y las graves violaciones a los derechos humanos.

Al respecto, la portavoz del Alto Comisionado de las Naciones Unidas para los Derechos Humanos, Ravina Shamdasani, emitió una declaración al día siguiente de publicada la sentencia en la que demuestra su "sorpresa" ante la decisión del TSJ, ya que su oficina había enviado un análisis jurídico del texto en el que declaraba que "estaba en conformidad con las normas internacionales de derechos humanos" y en el que aseguraba

---

19 CIDH, *Informe Anual de la Comisión Interamericana, 2014*, Capítulo IV, "Venezuela", párr. 699. En el mismo sentido, ver: *Informe Anual de la Comisión Interamericana, 2015*, Capítulo IV, "Venezuela", párr. 385 (8); e *Informe Anual de la Comisión Interamericana, 2016*, Capítulo IV, "Venezuela", párr. 240.

20 CIJ, *El Tribunal Supremo de Justicia de Venezuela: Un instrumento del Poder Ejecutivo*. Ginebra, julio, 2017. Disponible en:
https://www.icj.org/wp-content/uploads/2017/09/Venezuela-Tribunal-Supreme-Publications-Reports-Thematic-reports-2017-SPA.pdf

que la Ley "podría haber servido de base para un camino de diálogo y reconciliación en Venezuela"[21].

2. SC/TSJ: Sentencia N° 269 de fecha 21 de abril del 2016, caso *Juan Carlos Caldera y otros vs Reglamento de la AN*. Expediente N° 2011-000373. Magistrado Ponente: Juan José Mendoza Jover[22].

En fecha 9 de marzo del 2011, seis diputados de oposición[23] en la anterior AN habían interpuesto una acción de nulidad por razones de inconstitucionalidad, conjuntamente con solicitud de medida cautelar, contra la *Reforma del Reglamento AN*[24] y, subsidiariamente, contra varios de sus artículos. Este recurso, que no había sido siquiera admitido en cinco (5) años, fue resuelto cinco (5) años después, luego de que se celebraran las elecciones parlamentarias en las que resultó ganadora una mayoría de oposición. En otras palabras, esta demanda contra el *Reglamento AN* no fue decidida en su momento, sino 5 años más tarde (en el 2016) al perder el Gobierno la mayoría de la AN y pasar a ser minoría.

Los accionantes habían denunciado que la reforma del Reglamento buscaba reducir las posibilidades de intervención de

---

21　OHCHR, *Declaración de Ravina Shamdasani*, de fecha 12 de abril de 2016. Disponible en:
　　http://www.examenonuvenezuela.com/informes-y-comunicados-sudhsidh/onu-sorprendidos-por-el-fallo-del-tsj-respecto-de-la-ley-de-amnistia

22　Esta sentencia fue analizada in extenso en el capítulo anterior, referido a las facultades de organización interna de la AN. Las normas citadas del Reglamento se encuentran en las notas de pie de página correspondientes en el capítulo anterior.

23　Juan Carlos Caldera, Eduardo Gómez Sigala, María Corina Machado, Alfonso Marquina, Miguel Pizarro y Edgar Zambrano.

24　*Reforma del Reglamento AN*. Publicada en la *Gaceta Oficial Extraordinario* N° 6.014 de fecha 23 de diciembre de 2010.

los diputados en los debates, ampliar las potestades de la Presidencia de la Asamblea, dificultar el ejercicio de algunos mecanismos de control, y eliminar ciertas garantías del funcionamiento regular o continuo de la Asamblea y de sus Comisiones Permanentes. En función de ello, los accionantes señalaron que la reforma adolecía de vicios de inconstitucionalidad, en la medida en que violaba "el principio democrático, el del pluralismo político, el del Estado de Derecho y el de progresividad, entre otros".

Entre algunas de las disposiciones cuya nulidad se solicitó de forma específica, se encuentran los apartes primero al tercero del artículo 57 de la reforma del *Reglamento AN*, conforme al cual la celebración de las sesiones plenarias pasa a depender "de convocatorias puntuales efectuadas según la apreciación de la AN"; los artículos 45, en su encabezamiento, y 48, primer aparte, que reducen a dos oportunidades mensuales el número mínimo de reuniones que deben tener las Comisiones Permanentes; el artículo 76 que dispone como sanción la privación del derecho de palabra por un mes; el artículo 25 que degrada la garantía o prerrogativa de la inmunidad parlamentaria, al permitir que en razón de la "gravedad del caso" se prescinda del procedimiento y se emita un pronunciamiento en plenaria al respecto; el artículo 56 que estima que sólo el canal del Estado ANTV podía captar y transmitir directamente las sesiones; y el artículo 64 numeral cuarto en lo que atañe a que las autorizaciones solicitadas por el Ejecutivo Nacional serán admitidas en la cuenta y sometidas a votación sin debate.

Como medida cautelar, los accionantes solicitaron la suspensión cautelar de varias disposiciones del *Reglamento AN*, producto de la referida Reforma Parcial.

DERECHOS QUE VIOLA:

Derecho de los electores a que sus representantes rindan cuentas públicas, transparentes y periódicas sobre su gestión (art. 66 CRBV), derecho a la participación política (art. 62 y 125 CRBV, art. 25 PIDCP, art. 21 DUDH, art. 20 DADDH), derecho a la libertad de expresión (art. 57 CRBV, art. 19 PIDCP, art. 19 DUDH, art. 4 DADDH), y derecho al debido proceso (art. 49 CRBV, art. 14 PIDCP, art. 10 DUDH, art. 26 DADDH) y autonomía d la AN para su reglamentación interna (art. 221, CRBV).

DECISIÓN:

La SC/TSJ, luego de declarar su competencia para conocer del caso y la admisión del recurso, procedió al análisis de la medida cautelar solicitada, declarando, en primer lugar, que las disposiciones contenidas en los artículos 1; 27, numerales 3 y 6; 48, primer aparte; 56, último aparte; y 64, numeral 4, "no llenan los extremos necesarios para acordar la cautelar solicitada". Cabe destacar que este razonamiento lo hizo de manera global y sin que se desarrollara una motivación respecto a cada artículo.

Respecto al penúltimo aparte del artículo 25, la Sala decidió suspenderlo de manera cautelar, indicando que "se establece que dicha decisión de la Plenaria se pronunciará, en la sesión más próxima, luego de oído el Diputado o la Diputada respecto a la cual verse la autorización a que se refiere el artículo 200 del Texto Fundamental, en aras de garantizar el derecho a la defensa, consagrado en el artículo 49 *eiusdem*".

La Sala decidió que el artículo 45 del *Reglamento AN* reformado "no llena los extremos para que se acuerde en esta oportunidad una suspensión del mismo, más bien debe aprovechar esta Sala la oportunidad para señalar que está plenamente vigente dicha disposición". Considera el máximo Tribunal que la consulta pública regulada en esa disposición "no es una mera formalidad sino un requisito sine qua non para que tenga lugar la segunda discusión del proyecto de ley" y que "la participación protagónica del pueblo es lo que permite la consolidación del Poder Popular".

En relación al artículo 57 del *Reglamento AN*, la Sala acordó ampliar cautelarmente el lapso para efectuar la convocatoria a las sesiones ordinarias a cuarenta y ocho (48) horas, "para hacer efectiva la presencia en la sesión convocada de los parlamentarios que representen los estados fuera de la capital, sede del órgano legislativo nacional".

La SC/TSJ acordó *de oficio* decretar, respecto al numeral 5 del artículo 64 del *Reglamento AN*, la medida cautelar "que supone que la orden del día una vez incluida en el sistema automatizado no admitirá modificación, en aras de preservar la seguridad jurídica como principio que debe imperar en el ejercicio de la función legislativa" y, suspendió de oficio el numeral 6 del referido artículo. De igual forma, suspendió provisionalmente el numeral octavo "en virtud de que la postergación permitida en el mismo, *a priori,* no cumple con el principio de exhaustividad de la labor parlamentaria".

Respecto al último aparte del artículo 73, la Sala, sin especificar bajo qué criterios debe observarse la complejidad o importancia del tema, fijó "como medida cautelar complementaria positiva que esa participación no puede estar limitada a los tiempos especificados en los distintos numerales que conforman ese artículo, sino que en cada caso responderán a la complejidad o importancia del tema en debate".

Respecto al último aparte del artículo 105, estimó procedente fijar provisionalmente los lapsos relativos a las consultas en el procedimiento legislativo:

> [...] el lapso para las consultas públicas será como mínimo veinte días, los cuales conforme a la complejidad y relevancia de la materia que trate el proyecto de ley presentado, puede ser prorrogado por un lapso similar, siempre que existan solicitudes de las organizaciones que conforman el Poder Popular para el ejercicio de la participación ciudadana.

Por otro lado, la Sala decidió "ratificar la plena vigencia y eficacia de los artículos 101 y 102 del *Reglamento AN*" por considerar que éstos responden a la obligación contenida en el artículo 211 de la *Constitución*.

En atención al artículo 103 del *Reglamento AN*, la Sala desarrolló un argumento más extenso, concluyendo que mientras se decide el fondo del recurso, se considera necesario establecer que el informe sobre el impacto e incidencia presupuestaria y económica o el informe de la Dirección de Asesoría Económica y Financiera de la Asamblea que debe acompañar a los proyectos de ley:

> [S]on requisitos esenciales y obligatorios sin los cuales no se puede discutir un proyecto de ley" y que los mismos "deben consultarse con carácter obligatorio por la Asamblea Nacional – a través de su Directiva – al Ejecutivo Nacional- por vía del Vicepresidente Ejecutivo- a los fines de determinar su viabilidad económica, aun los sancionados para la fecha de publicación del presente fallo [...] tomando en consideración las limitaciones financieras del país, el nivel prudente del tamaño de la economía y la condición de excepcionalidad económica decretada por el Ejecutivo Nacional.

En el mismo sentido, y como la Sala estimó que el incumplimiento del estudio del alcance y viabilidad de un proyecto de ley "pudiese comportar un vicio en el proceso de formación de la ley", procedió a establecer de oficio como medida cautelar "que para el ejercicio de la atribución establecida en el artículo 215 constitucional, el Presidente de la República Bolivariana de Venezuela deberá, a través de las autoridades que la *Constitución* prevé (Ministros del ramo y Vicepresidente [...]) realizar la efectiva verificación del cumplimiento de **la viabilidad** [...] de una ley, sin lo cual no podrá ponerse ésta en vigencia (dictarse el ´Cúmplase´").

COMENTARIOS[25]:

La primera consideración necesaria sobre esta sentencia, es que la SC/TSJ tardó cinco (5) años en admitir el recurso, lo que constituye una dilación indebida; pero no fue sino hasta que la oposición obtuvo la mayoría parlamentaria que ésta admitió el recurso, ahora sí en forma ágil, y dictó una decisión cautelar, con el objeto de revertir los efectos del *Reglamento AN* que le permitió a la mayoría parlamentaria del partido de gobierno, en su momento, irrespetar a las minorías en la actividad legislativa. Esta situación pone claramente en evidencia la parcialidad del TSJ, pues mientras el Gobierno controlaba la AN, la SC/TSJ no abrió a trámite la impugnación del *Reglamento AN*, pero apenas se perdió la mayoría parlamentaria procedió a admitir la acción y dictar una serie de medidas cautelaras no solicitadas, desproporcionadas y claramente ajenas a las competencias del Poder Judicial, para entorpecer y condicionar las funciones legislativas de la nueva AN.

---

25   Sobre esta sentencia, véase además los comentarios de: BREWER-CARÍAS, Allan R., *"El fin del Poder Legislativo: la regulación por el Juez Constitucional del régimen interior y de debates de la Asamblea Nacional, y la sujeción de la función legislativa de la Asamblea a la aprobación previa por parte del Poder Ejecutivo"*, en *Revista de Derecho Público*, N° 145-146, Enero-Julio 2016, Caracas 2016, pp.428 ss. Publicado también en BREWER-CARÍAS, Allan R., *La dictadura judicial y la perversión del Estado de derecho. El juez constitucional y la destrucción de la democracia en Venezuela* (Prólogo de Santiago Muñoz Machado), Ediciones El Cronista, Fundación Alfonso Martín Escudero, Editorial IUSTEL, Madrid 2017, pp. 363-396; HERNÁNDEZ, José Ignacio, *"Comentarios sobre la sentencia N° 269/2016, de 21 de abril"*, en *Revista de Derecho Público*, N° 145-146, Enero-Julio 2016, Caracas 2016, pp. 444 y ss.; CORREA MARTÍN, María Alejandra, "Democracia Participativa (Reflexiones con motivo de la sentencia N° 269 de la Sala Constitucional de 21/04/2016 en el recurso de nulidad del Reglamento Interior y de Debates de la Asamblea Nacional)", en *Revista de Derecho Público*, N° 145-146, Enero-Julio 2016, Caracas 2016, pp. 446 ss.

Por otra parte, no explica la SC/TSJ la justificación de su poder cautelar, el cual, en principio, tiene su justificación en razones de "urgencia". Pero ¿cómo después de 5 años de espera por la admisión de un caso se puede justificar una supuesta urgencia para dictar medidas cautelares?

Además, las medidas cautelares decretadas no fueron las solicitadas por los actores, sino que se utilizó el recurso y el pedimento cautelar original para cambiar su sentido, distorsionando las medidas acordadas en beneficio de la fracción política gubernamental.

La lectura de esta insólita decisión pone en evidencia la audacia e interferencia política del TSJ, pues utiliza una decisión cautelar para reformar radicalmente el texto de una normativa interna parlamentaria que es constitucionalmente competencia exclusiva del parlamento, al tratarse de sus reglas de funcionamiento interno. Con este fallo, la SC/TSJ legisló y modificó a su antojo el *Reglamento AN*, para así favorecer la minoría gubernamental del parlamento.

En su fallo, la Sala realiza un "recorrido adjetivo" del proceso de formación de una Ley, señalando que el proyecto de toda ley "debe ser discutido conjuntamente con el Poder Popular y otros Órganos del Estado" y que:

> [...] es sólo en esta circunstancia cuando de manera responsable, el Cuerpo Legislativo puede Decretar la Sanción de la Ley y remitirla (ya con valor de ley) al Ejecutivo Nacional para su respectiva Promulgación y ´Cúmplase´ (fuerza de ley). Si esto no se perfecciona así, tendríamos entonces una ley viciada de nulidad por carecer de los elementos de pertinencia necesarios para su existencia, independientemente, de haber cumplido con un procedimiento formal de discusión.

Es fundamental señalar que el artículo 211 de la *Constitución* no se refiere en ningún momento al "Poder Popular" y tampoco emplea el término *discusión*, sino *consulta*. Debe destacarse que las leyes dictadas antes de la conformación de la nueva AN no cumplieron con esas condicionantes de participación ciudadana, por lo que ninguna de ellas fue anulada por esos motivos.

Pero ahora, para frenar las iniciativas legislativas, la SC/TSJ pretende condicionar la validez de las leyes a unos procesos de consulta indeterminados y que muchas veces dependen de otros órganos estatales distintos al parlamento.

Por otro lado, el hecho de que la Sala haya establecido un lapso de duración de la consulta pública "prorrogable", implica que el Poder Popular podrá controlar dicho lapso, retrasándolo a su conveniencia.

De igual forma, la SC/TSJ creó un control previo inexistente en la *Constitución*, respecto a todo proyecto de Ley, señalando que el *informe económico* debe ser discutido y aprobado con el Poder Ejecutivo, que es quien determinará su viabilidad económica. Quizá lo más grave, por tratarse de una aplicación retroactiva, es que la Sala extendió este nuevo requerimiento a todos los proyectos de Ley, "aun los sancionados para la fecha de publicación del presente fallo".

Como podemos observar, con este insólito e inconstitucional requerimiento inconstitucional, la SC/TSJ, con una medida cautelar, condiciona la facultad legislativa del parlamento, pues le exige obtener del Ejecutivo Nacional estos informes económicos, sin los cuales las leyes estarían viciadas de nulidad. En pocas palabras, la elaboración de leyes queda condicionada al parecer Ejecutivo Nacional.

También, el hecho de que el Orden del Día no pueda ser modificado, impide la flexibilidad de debate respecto a hechos urgentes, sobrevenidos o incluso cualquier otro aspecto que la AN considere necesario debatir ese día.

Esta sentencia, al eliminar los límites que dispone el *Reglamento AN* para la intervención de los diputados durante las sesiones, pareciera permitir que su duración sea ilimitada, lo que sin duda podría entorpecer el debate.

Quizá el único elemento rescatable de la sentencia, es el hecho de que respecto al artículo 25 del *Reglamento AN* en cuestión, la Sala haya considerado que la Asamblea no puede debatir sobre el levantamiento de la inmunidad en la misma sesión en la que conozca del tema, en atención al derecho a la defensa.

En suma, con esta decisión la SC/TSJ buscó frenar la labor legislativa de la AN, modificando con una sentencia cautelar una buena parte del *Reglamento AN*, lo que constituye una clara usurpación de funciones. Condicionar la elaboración de leyes a informes emanados del Ejecutivo Nacional es una clara interferencia a las facultades exclusivas del parlamento, lo que no está previsto en nuestra *Constitución*. Sin embargo, resulta obvio que la SC/TSJ ejecutó su objetivo de evitar la aprobación de leyes de una AN no controlada por el Ejecutivo Nacional.

Más tarde, como veremos, pasó a una posición más radical, anulando todas las competencias legislativas del parlamento, con la excusa de un supuesto "*desacato*" a una sentencia de la SE/TSJ.

3. **SC/TSJ: Sentencia N° 327 de fecha 28 de abril del 2016, caso *Presidente de la República* vs *Ley de Bono para Alimentos y Medicinas*. Expediente N° 16-363. Ponencia conjunta.**

El 14 de abril de 2016, el Presidente de la República, Nicolás Maduro, solicitó a la SC/TSJ el control previo de la constitucionalidad de la *Ley de Bono para Alimentos y Medicinas a Pensionados y Jubilados*, sancionada por la AN el 30 de marzo de 2016.

El Presidente de la República señaló que el fin último pretendido por la cuestionada Ley "no es objeto de cuestionamiento por parte del Poder Ejecutivo"; sin embargo, la fundamentación del Presidente para efectuar su solicitud, yace en la presunta afectación a la Hacienda Pública Nacional y en que "los mecanismos aplicados para su elaboración representan un contrasentido a parámetros de rango Constitucional y legal, en tanto y en cuanto harían inviable su efectiva aplicación". Para ello, invocó los artículos 214[26] y 236 (11)[27] de la *Constitución* y el artículo 21 del *Decreto con Rango, Valor y Fuerza de Ley Orgánica de la Administración Financiera del Sector Público*[28]. Consideró el Presi-

---

26 Artículo 214 de la *CRBV*. El Presidente o Presidenta de la República promulgará la ley dentro de los diez días siguientes a aquél en que la haya recibido. Dentro de ese lapso podrá, con acuerdo del Consejo de Ministros, solicitar a la Asamblea Nacional, mediante exposición razonada, que modifique alguna de las disposiciones de la ley o levante la sanción a toda la ley o a parte de ella.

La Asamblea Nacional decidirá acerca de los aspectos planteados por el Presidente o Presidenta de la República, por mayoría absoluta de los diputados o diputadas presentes y le remitirá la ley para la promulgación.

El Presidente o Presidenta de la República debe proceder a promulgar la ley dentro de los cinco días siguientes a su recibo, sin poder formular nuevas observaciones.

Cuando el Presidente o Presidenta de la República considere que la ley o alguno de sus artículos es inconstitucional solicitarán el pronunciamiento de la Sala Constitucional del Tribunal Supremo de Justicia, en el lapso de diez días que tiene para promulgar la misma. El Tribunal Supremo de Justicia decidirá en el término de quince días contados desde el recibo de la comunicación del Presidente o Presidenta de la República. Si el Tribunal negare la inconstitucionalidad invocada o no decidiere en el lapso anterior, el Presidente o Presidenta de la República promulgará la ley.

27 Artículo 236 de la *CRBV*. Son atribuciones y obligaciones del Presidente o Presidenta de la República: [...]

11. Administrar la Hacienda Pública Nacional.

28 Artículo 21 del *Decreto con Rango, Valor y Fuerza de Ley Orgánica de la Administración Financiera del Sector Público*. No se podrán adquirir

dente que se trata de una norma "de imposible cumplimiento" que va "en detrimento de los adultos mayores, pensionados y jubilados, quienes podrían ver insatisfecha una expectativa legítima ante la desviación del Poder Legislativo".

Alegó el Presidente de la República que se violó el orden legal en la medida en que el Bono de Alimentos y Medicinas que contempla la Ley en cuestión, y el costo asociado a su cumplimiento, no fueron previstos en la *Ley de Presupuesto del Ejercicio Económico* en curso. En razón de ello, solicitó a la Sala que revise la posible afectación del contenido de su artículo tercero[29] y señaló que "se debería coordinar con el Poder Ejecutivo que represento a través de los organismos competentes a fin de establecer la oportunidad adecuada para la entrada en vigencia de la Ley en cuestión".

DERECHOS QUE VIOLA:

Derecho a la salud y a un nivel de vida adecuado (arts. 83 y 86 CRBV, art. 25 DUDH, art. 11 DADDH), y derecho a la participación política (art. 62 y 125 CRBV, art. 25 PIDCP, art. 21 DUDH, art. 20 DADDH).

DECISIÓN:

La SC/TSJ comenzó por reconocer que la Ley sancionada por el Poder Legislativo "es un instrumento que se muestra como un complemento de las políticas públicas que han venido siendo implementadas por el Estado venezolano con especial significación e impacto social desde la entrada en vigor de la *Constitución* de 1999". Incluso, llega la sentencia a afirmar que "el tex-

---

compromisos para los cuales no existan asignaciones presupuestarias, ni disponer de créditos para una finalidad distinta a la prevista.

29   Artículo 3 de la *Ley de Presupuesto del Ejercicio Económico*. El monto del bono al que se refiere esta Ley es equivalente a sesenta y siete unidades tributarias (67 U.T.) mensuales.

to legal sometido a estudio posee un preponderante carácter social y garantista, que guarda armonía con lo previsto en los artículos 80[30] y 86[31] de la Carta Magna".

Sin embargo, luego pasó a señalar el Tribunal –en clara alusión a la Ley en cuestión- que las iniciativas del Poder Público, como deben estar inspiradas en principios éticos, no deben servir para:

---

30 Artículo 80 de la *CRBV*. El Estado garantizará a los ancianos y ancianas el pleno ejercicio de sus derechos y garantías. El Estado, con la participación solidaria de las familias y la sociedad, está obligado a respetar su dignidad humana, su autonomía y les garantizará atención integral y los beneficios de la seguridad social que eleven y aseguren su calidad de vida. Las pensiones y jubilaciones otorgadas mediante el sistema de Seguridad Social no podrán ser inferiores al salario mínimo urbano. A los ancianos y ancianas se les garantizará el derecho a un trabajo acorde con aquellos y aquellas que manifiesten su deseo y estén en capacidad para ello.

31 Artículo 86 de la *CRBV*. Toda persona tiene derecho a la seguridad social como servicio público de carácter no lucrativo, que garantice la salud y asegure protección en contingencias de maternidad, paternidad, enfermedad, invalidez, enfermedades catastróficas, discapacidad, necesidades especiales, riesgos laborales, pérdida de empleo, desempleo, vejez, viudedad, orfandad, vivienda, cargas derivadas de la vida familiar y cualquier otra circunstancia de previsión social. El Estado tiene la obligación de asegurar la efectividad de este derecho, creando un sistema de seguridad social universal, integral, de financiamiento solidario, unitario, eficiente y participativo, de contribuciones directas o indirectas. La ausencia de capacidad contributiva no será motivo para excluir a las personas de su protección. Los recursos financieros de la seguridad social no podrán ser destinados a otros fines. Las cotizaciones obligatorias que realicen los trabajadores y las trabajadoras para cubrir los servicios médicos y asistenciales y demás beneficios de la seguridad social podrán ser administrados sólo con fines sociales bajo la rectoría del Estado. Los remanentes netos del capital destinado a la salud, la educación y la seguridad social se acumularán a los fines de su distribución y contribución en esos servicios. El sistema de seguridad social será regulado por una ley orgánica especial.

[...] generar falsas expectativas, para agudizar la situación económica, para perjudicar a sectores sociales, para profundizar crisis con el mero fin de incrementar poder político a costa de los más débiles, para propiciar conflictos a lo interno de la comunidad y mucho menos para promover la desestabilización institucional y política del país.

Luego, haciendo referencia a las atribuciones del Presidente de la República de dirigir la acción del gobierno y administrar la Hacienda Pública Nacional, contenidas en los artículos 226 y 236 (2, 11) de la *Constitución*, procedió la Sala a citar su fallo N° 184 del 17 de marzo de 2016, conforme al cual se decidió que el Decreto que prorroga por sesenta (60) días el estado de Emergencia Económica es Constitucional. En virtud de ello, esgrimió la Sala su criterio conforme al cual un requisito "indispensable" para que una ley sea "viable, aplicable y eficaz", es "la consulta y concertación con quien dirige la acción de gobierno y administra la Hacienda Pública Nacional[...] máxime cuando existe en el país una situación de emergencia económica".

Para la SC/TSJ "no existe posibilidad teórica de satisfacer ambos deberes jurídicos, ya que un deber es la negación del otro"; esto es, aplicar la *Ley de Bono para Alimentos y Medicinas a Pensionados y Jubilados*, por un lado, y aplicar la *Constitución* en lo que atañe al régimen presupuestario, por otro.

La SC/TSJ es de la opinión que, al sancionar esta Ley, se han desconocido sus competencias sobre la Hacienda Pública Nacional y se ha negado una atribución elemental del Ejecutivo Nacional. Más aún, la Sala afirma que "el impacto en el presupuesto nacional generaría un desajuste en las cuentas fiscales". A tales efectos, citan el criterio empleado en la sentencia N° 269 de fecha 21 de abril del 2016, conforme al cual el TSJ crea un requisito para el proceso de formación de las leyes y es la *concertación* con el Poder Ejecutivo sobre su viabilidad económica a través de la consulta del Informe del Impacto Económico y Presupuestario sobre los proyectos de ley, con el Vicepresidente Ejecutivo.

En tal sentido, tras citar un extracto del referido Informe que se elaboró respecto a la Ley en cuestión, la SC/TSJ concluyó que en el mismo no se señaló la fuente de financiamiento, ni la estimación de las personas que serían beneficiarias del bono de alimentos y medicinas: "[d]icho informe previó la aplicación de la Ley dentro del ejercicio económico del actual año fiscal 2016 y no previó la asignación de los recursos correspondientes ni garantizó la existencia de los mismos en la hacienda pública nacional", hecho que consideró contrario al artículo 314 de la *Constitución*.

En conclusión, la SC/TSJ, "en atención al planteamiento formulado por el Presidente de la República", decidió que "la vigencia de la misma está inexorablemente supeditada a la viabilidad económica[...] de conformidad con el criterio de Derecho asentado por esta Sala en la sentencia n° 269 del 21 de abril de 2016." En virtud de ello, la Sala instó a la AN a que procediera "a la concertación con el Ejecutivo Nacional a los efectos de estudiar las vías para el financiamiento del beneficio social acordado en el proyecto de ley sancionado"

La dispositiva de la sentencia establece que "es conceptualmente CONSTITUCIONAL la Ley de Bono para Alimentos y Medicinas a Pensionados y Jubilados. Sin embargo,[...]SE ANULA[...] la Disposición Final Única del texto de la ley analizado".

También, la SC/TSJ declaró "inexistente" la actuación conforme a la cual el Presidente de la AN anunció el 22 de abril de 2016 haber promulgado la Ley bajo análisis, "toda vez que el Presidente de la República recibió de la Asamblea Nacional la presente ley (sancionada el 30 de marzo de 2016) el día 5 de abril de 2016, y la remitió a esta Sala el 14 de ese mismo mes y año, es decir, dentro de los diez días que tiene para promulgarla".

COMENTARIOS[32]:

Con este fallo, se impidió la entrada en vigencia de una Ley ya sancionada y declarada constitucional, al imponérsele un procedimiento que no está estipulado en la *Constitución*, que es la concertación con el Poder Ejecutivo en torno al impacto económico de la Ley. Nuevamente, al igual que se señaló respecto a la sentencia Nº 269, queda el Poder Legislativo supeditado al Poder Ejecutivo, bajo exigencias y procedimientos que no están constitucionalmente consagrados.

La SC/TSJ pretende condicionar la vigencia de las leyes del parlamento a "concertaciones" con el Ejecutivo Nacional, lo que implica una clara usurpación de funciones y un evidente desconocimiento de las competencias inherentes a la AN. Si bien resulta razonable el estudio económico de la viabilidad de las leyes, éstas no pueden depender de la aprobación o no del Poder Ejecutivo, máxime cuando no se utiliza para ello una justificación adecuada.

El fallo pretende hacer ver que el Ejecutivo Nacional estaría de acuerdo con el contenido de la ley, al ser una normativa de enorme contenido social, pero evita su entrada en vigencia so pena de esperar una "concertación" obligatoria entre el parlamento y el Ejecutivo Nacional. En otras palabras, si el Ejecutivo Nacional no decide "concertar", no hay ley.

---

32   Sobre esta sentencia, ver además comentarios de: BREWER-CARÍAS, Allan R., *"El fin del Poder Legislativo: la regulación por el Juez Constitucional del régimen interior y de debates de la Asamblea Nacional, y la sujeción de la función legislativa de la Asamblea a la aprobación previa por parte del Poder Ejecutivo"*, en *Revista de Derecho Público*, Nº 145-146, Enero-Julio 2016, Caracas 2016, pp *428-442*. Publicado también en BREWER-CARÍAS, Allan R., *La dictadura judicial y la perversión del Estado de derecho. El juez constitucional y la destrucción de la democracia en Venezuela* (Prólogo de Santiago Muñoz Machado), Ediciones El Cronista, Fundación Alfonso Martín Escudero, Editorial IUSTEL, Madrid 2017, pp. 362-396.

Por otro lado, cabe destacar que de conformidad con el artículo 25 (15) de la LOTSJ, la SC/TSJ es competente para conocer acerca de la *inconstitucionalidad* de una ley sancionada por la AN, lo que implica que pronunciarse sobre su viabilidad económica sin fundamento ni prueba, constituye una clara extralimitación de sus funciones.

4. **SC/TSJ: Sentencia N° 473 de fecha 14 de junio del 2016, caso *Juan Carlos Caldera, Eduardo Gómez Sigala, María Corina Machado y otros vs proceso y medidas cautelares del caso Reglamento de la AN*. Expediente N° 11-0373. Magistrado Ponente: Juan José Mendoza Jover.**

Tras la decisión cautelar N° 269 de la SC/TSJ de fecha 21 de abril de 2016, analizada en el punto anterior, el apoderado judicial de los exdiputados de oposición Juan Carlos Caldera, Eduardo Gómez Sigala, María Corina Machado, Alfonso Marquina, Miguel Pizarro y Edgar Zambrano, presentó formal desistimiento de la acción y del procedimiento en la causa relativa al Recurso de Nulidad por Inconstitucionalidad contra la *Reforma del Reglamento AN*.

Por medio de esta decisión, la Sala *negó la homologación* del desistimiento de la demanda de nulidad; ratificó las medidas cautelares otorgadas en la sentencia N° 269; instó a la AN a cumplir con ese fallo so pena de aplicar la sanción contenida en el artículo 122 de la LOTSJ; acordó requerir a la AN que remitiera la documentación donde se evidenciara el cumplimiento de las referidas cautelares; y ordenó el cierre del cuaderno separado de la incidencia cautelar.

DERECHOS QUE VIOLA:

Derecho de los electores a que sus representantes rindan cuentas públicas, transparentes y periódicas sobre su gestión (art. 66 CRBV), derecho a la participación política (art. 62 y 125 CRBV, art. 25 PIDCP, art. 21 DUDH, art. 20 DADDH), derecho a la libertad de expresión (art. 57 CRBV, art. 19 PIDCP, art. 19 DUDH, art. 4 DADDH), y derecho al debido proceso (art. 49 CRBV, art. 14 PIDCP, art. 10 DUDH, art. 26 DADDH).

DECISIÓN:

En virtud de la decisión anterior de la SC/TSJ, el apoderado de los entonces diputados de oposición desistió de la acción y del procedimiento en la causa relativa al recurso de nulidad por inconstitucionalidad contra la *Reforma del Reglamento AN* que había sido interpuesto 5 años antes, pero dicho desistimiento no fue admitido. Entre los argumentos esgrimidos en el desistimiento, señaló que la suspensión cautelar de efectos de los artículos del *Reglamento AN* dista del fundamento original del recurso y, en cuanto al informe sobre el impacto e incidencia presupuestaria y económica y a la consulta de "carácter obligatorio" al Ejecutivo Nacional, aseveró que esto constituye la mayor desviación entre la aspiración de tutela reclamada y el contenido cautelar del fallo, pues "en ningún momento se solicitó la intervención de un órgano ajeno a la actividad legislativa, como lo es la Vicepresidencia Ejecutiva de la República, en el proceso de formación de leyes". En virtud de ello, consideró que los efectos de la decisión cautelar podrían afectar el proceso legislativo y solicitó el archivo de las actuaciones.

Por su parte, el apoderado judicial de la AN se opuso a las medidas cautelares decretadas en la sentencia N° 269 de la SC/TSJ, en la medida en que las mismas "no se corresponden o solo mínimamente con las solicitadas por los recurrentes y al mismo tiempo carecen de una fundamentación argumentativa propia suficiente o congruente". En el mismo sentido, destacó el hecho de que durante 5 años no se hubiese dictado decisión, sino hasta que ocurrió "el cambio de la correlación de fuerzas políticas en la Asamblea Nacional [...] con lo cual desdibuja la urgencia que ha de rodear la adopción de tales medidas y evidencia desviación de poder". También, estableció que el Legislativo es un poder constitucional autónomo con las atribuciones en materia presupuestaria y fiscal para valorar la viabilidad económica o financiera de un proyecto de ley.

La SC/TSJ sostuvo, en primer lugar, que "la acción incoada es de carácter objetivo" por tratarse de la determinación de la constitucionalidad de una norma dictada por un órgano del Poder Público, "lo cual evidencia el interés general en su resolución, más allá de los intereses particulares de la parte recurrente", de conformidad con el artículo 89 de la LOTSJ[33]. En virtud de ello, citó a la doctrina en cuanto al control concentrado de la constitucionalidad y decidió que "al instarse al máximo órgano judicial de la jurisdicción constitucional, no puede homologarse el desistimiento de la acción que se formule [...]".

En cuanto al precedente de esta misma Sala que indica que "la protección cautelar no puede ser considerada en los juicios de nulidad contra normas de la misma manera en que se haría frente a actos individuales" y que "la demanda requiere un análisis detenido que sólo podrá hacerse en la sentencia de fondo"[34], la Sala sólo se limitó a decir que ese fallo no guardaba relación con el caso en cuestión por razón de la materia.

La Sala objetó la legitimación para actuar del apoderado de la AN, y estimó que constituye una actuación *maliciosa* por parte de los recurrentes el hecho de que el escrito de oposición "fue presentado por un abogado, al cual el Presidente de la AN otorgó poder especial para este juicio, con posterioridad al desistimiento formulado". Consideró, además, que la disposición del *Reglamento AN* que le atribuye a su Presidente la represen-

---

33   Artículo 89 de la *LOTSJ*. El Tribunal Supremo de Justicia conocerá de los asuntos que le competen a instancia de parte interesada; no obstante, podrá actuar de oficio en los casos que disponga la ley.

34   SC/TSJ. Sentencia N° 2306 de fecha 18 de diciembre del 2007, caso *Alfredo Travieso Passios Recurso de Nulidad*. Expediente N° 07-1533. Magistrada Ponente Carmen Zuleta De Merchán.

tación de ese órgano y la facultad de suscribir las comunicaciones que en nombre de ella emanen[35] "solo se refiere a los asuntos propios de la función del Poder Legislativo [...] mas no así al otorgamiento de poder de representación judicial". En tal sentido, determinó que en virtud de los artículos 247 de la *Constitución*[36] y 2 del *Decreto con Rango, Valor y Fuerza de Ley Orgánica de la Procuraduría General de la República*[37] (LOPGR), "la representación judicial de los órganos del Poder Público la ejerce legal y constitucionalmente el Procurador General de la República y cualquier órgano que pretende ejercerla deberá contar con previa y expresa sustitución del Procurador".

Sobre el otorgamiento de las medidas cautelares innominadas acordadas por la SC/TSJ el 21 de abril del 2016, ésta determinó que "el juez constitucional posee amplios poderes caute-

---

35   Artículo 27 del *Reglamento AN*. Son atribuciones del Presidente o Presidenta de la Asamblea Nacional:

      1. Ejercer la representación de la Asamblea Nacional.

      [...]

      13. Firmar las leyes, acuerdos, resoluciones, oficios, comunicaciones y demás documentos que sean despachados en nombre de la Asamblea Nacional o en el suyo propio en cumplimiento de sus atribuciones.

36   Artículo 247 de la *CRBV*. La Procuraduría General de la República asesora, defiende y representa judicial y extrajudicialmente los intereses patrimoniales de la República, y será consultada para la aprobación de los contratos de interés público nacional. [...]

37   Artículo 2 de la *LOPGR*. En ejercicio de las potestades que le confiere la Constitución de la República Bolivariana de Venezuela, son competencias exclusivas de la Procuraduría General de la República asesorar jurídicamente a los órganos del Poder Público Nacional y ejercer la defensa y representación judicial y extrajudicial de los derechos, bienes e intereses patrimoniales de la República.

      Las potestades y competencias de representación y defensa previstas en este artículo no podrán ser ejercidas por ningún otro órgano o funcionario del Estado, sin que medie previa y expresa sustitución otorgada por el Procurador o Procuradora General de la República.

lares para restablecer la situación jurídica infringida sin que sus providencias deban fundamentarse en una disposición legislativa". Así, bajo el argumento de que las circunstancias que dieron lugar al decreto de la medida aún se encuentran presentes, no es posible "desdibujar el planteamiento formulado inicialmente en el proceso que sirvió de fundamento al decreto cautelar impugnado". Con base en estos argumentos, la SC/TSJ ratificó las medidas cautelares otorgadas en la sentencia N° 269 de fecha 21 de abril de 2016.

La Sala tildó de "fraude a la ley" por considerarlo *contradictorio, incongruente* y *malicioso,* el hecho que con posterioridad a la sesión del 6 de enero de 2016 de la AN, en la que se determinó que las sesiones ordinarias respectivas se celebrarían periódicamente los días martes y jueves de cada semana, "existen actuaciones en los días 12 de enero, 26 de enero, 12 de marzo, solicitando se siga la presente causa". Ello ocasionó que la Sala decidiera *advertirle* a la AN del contenido sobre las multas por *"desacato"* del artículo 122 de la LOTSJ[38] y requerirle a ese órgano la remisión de la documentación que evidenciara el cumplimiento de las cautelares dictadas en la sentencia N° 269. Específicamente, le solicitó al Presidente de la AN que consignara "dentro de los cinco días siguientes a la notificación" recaudos que lo apoyaran sobre:

1. Si para la segunda discusión de los proyectos de ley, fueron consignados los resultados de las consultas públicas nacionales [...]

---

38 Artículo 122 de la *LOTSJ*. Las Salas del Tribunal Supremo de Justicia sancionarán con multa equivalente hasta doscientas unidades tributarias (200 U.T.) a las personas funcionarios o funcionarias que no acataren sus órdenes o decisiones o no le suministraren oportunamente las informaciones, datos o expedientes que solicitare de ellos, sin perjuicio de las sanciones penales, civiles, administrativas o disciplinarias a que hubiere lugar.

2. El cumplimiento del lapso de cuarenta y ocho (48) horas para efectuar la convocatoria a las sesiones [...]

3. Si la orden del día, una vez incluida en el sistema automatizado, no ha sido objeto de modificación [...]

4. Si se ha cumplido con la viabilidad exigida para todo Proyecto de Ley, que tiene que ver no sólo con el impacto e incidencia económica y presupuestaria que tendría para el Estado venezolano, sino con la concertación obligatoria que debe existir entre ambas ramas del Poder Público, Legislativo y Ejecutivo, que son requisitos esenciales y obligatorios sin los cuales no se puede discutir un proyecto de ley [...]

COMENTARIOS[39]:

Esta sentencia amerita varias e importantes consideraciones. En primer lugar, debe resaltarse que se negó el desistimiento bajo el argumento de que se trataba de un caso "de interés general y de orden público"; sin embargo, tal *interés* en la nulidad de la *Reforma del Reglamento AN* no fue atendido sino cinco (5) años después, cuando ya el partido de gobierno ya no constituía la mayoría parlamentaria. Ello pone en evidencia la dependencia política del Poder Judicial y su TSJ en favor de los intereses del Poder Ejecutivo.

---

39 Sobre esta sentencia, véase además comentarios de: BREWER-CARÍAS, Allan R., *"El fin del Poder Legislativo: la regulación por el Juez Constitucional del régimen interior y de debates de la Asamblea Nacional, y la sujeción de la función legislativa de la Asamblea a la aprobación previa por parte del Poder Ejecutivo"*, en *Revista de Derecho Público*, N° 145-146, Enero-Julio 2016, Caracas 2016, pp 428- 442. Publicado también en BREWER-CARÍAS, Allan R., *La dictadura judicial y la perversión del Estado de derecho. El juez constitucional y la destrucción de la democracia en Venezuela* (Prólogo de Santiago Muñoz Machado), Ediciones El Cronista, Fundación Alfonso Martín Escudero, Editorial IUSTEL, Madrid 2017, pp. 362-396.

En segundo lugar, la Sala contradijo su propio precedente en relación con la protección cautelar en los juicios de nulidad, toda vez que la sentencia N° 2306/2007 señaló que en esos casos "tiene especial preponderancia el equilibrio de intereses, lo que exige al juez no hacer pronunciamientos que, por generales, puedan causar trastornos que luego serán difíciles de remediar". Sin embargo, la Sala sin hacer referencia a ese criterio, desechó ese precedente supuestamente porque éste versaba sobre una Ley en materia tributaria, mientras que en este caso se trata de una normativa que rige las funciones internas del órgano legislativo nacional, cuando el fondo del asunto es esencialmente el mismo y la contradicción es injustificada.

Si bien la SC/TSJ cuenta con amplios poderes cautelares en los términos en que lo indica el artículo 130 de la LOTSJ[40] en el ejercicio de la tutela judicial efectiva[41], es cuestionable lo señalado por la Sala respecto a las medidas cautelares dictadas en la decisión N° 269 del 21 de abril del 2016, toda vez que: (i) muchas de las medidas fueron dictadas de oficio; (ii) las medidas de suspensión cautelar de disposiciones de una Ley en sentido formal van en contra del propio precedente de la Sala; (iii) la Sala no probó que se hubiesen cumplido los extremos del *peri-*

---

40 Artículo 130 de la *LOTSJ*. En cualquier estado y grado del proceso las partes podrán solicitar, y la Sala Constitucional podrá acordar, aun de oficio, las medidas cautelares que estime pertinentes. La Sala Constitucional contará con los más amplios poderes cautelares como garantía de la tutela judicial efectiva, para cuyo ejercicio tendrá en cuenta las circunstancias del caso y los intereses públicos en conflicto.

41 Artículo 26 de la *CRBV*. Toda persona tiene derecho de acceso a los órganos de administración de justicia para hacer valer sus derechos e intereses, incluso los colectivos o difusos, a la tutela efectiva de los mismos y a obtener con prontitud la decisión correspondiente.

El Estado garantizará una justicia gratuita, accesible, imparcial, idónea, transparente, autónoma, independiente, responsable, equitativa y expedita, sin dilaciones indebidas, sin formalismos o reposiciones inútiles.

culum in mora ni del *fumus boni iuris*; y (iv) no hubo proporcionalidad alguna en las medidas, las cuales fueron dictadas cinco (5) años después de haber sido solicitadas y en inobservancia de lo solicitado por los accionantes.

Tomando en consideración las observaciones que se hicieron a la sentencia N° 269 y su naturaleza inconstitucional, debe señalarse el carácter *amenazante* con el que la SC/TSJ instó a la AN a cumplir con el referido fallo y a remitir los recaudos taxativamente indicados, so pena de aplicar la sanción prevista en el artículo 122 de la LOTSJ, lo cual es igualmente ilegal e inconstitucional.

Por último, debe hacerse una precisión –no menos importante- sobre la grave y errada afirmación de la SC/TSJ conforme a la cual ésta le atribuye la representación judicial de todos los órganos del Poder Público al Procurador General de la República (dependiente del Poder Ejecutivo), y considera que cualquiera que pretenda ejercerla debe contar con la previa y expresa sustitución de la representación por el Procurador. Sobre esto, la ACIENPOL ha efectuado un pronunciamiento en el que señala que lo anterior se hace "en abierto desconocimiento de la autonomía funcional de las diferentes ramas del Estado, y del principio de separación de poderes"[42], pues la AN goza de autonomía funcional por ser un poder independiente como lo consagra el artículo 136 de la *Constitución*, de donde se desprende "la capacidad jurídica de sus órganos de intervenir en

---

42   ACIENPOL, *Pronunciamiento ante la sentencia N° 473 de la Sala Constitucional de fecha 14 de junio de 2016*, de fecha 11 de julio del 2016. Disponible en:
http://www.acienpol.org.ve/cmacienpol/Resources/Noticias/Pron
unciamien-
to%20de%20la%20Academia%20La%20sentencia%20N%C2%BA%204
73%20de%20la%20Sala%20Constitucional%20del%20Tribunal%20Sup
remo%20de%20Justicia.pdf

juicio, directamente o por intermedio de apoderados, y actuar para la defensa de sus derechos e intereses"[43].

El pronunciamiento de la Academia sobre el fallo en cuestión, también pone de manifiesto que la Procuraduría General de la República es un órgano del Poder Ejecutivo, según el Título V, Capítulo II, Sección Quinta, artículo 247 de la *Constitución*[44], por lo que "concentrar en un solo órgano para que ejerza la defensa en juicio, es una manifestación de un sistema totalitario que no admite ni la alteridad ni la contradicción"[45]. Así, siendo que el interés procesal sobre la demanda contra un acto legislativo emanado de la AN la incluye a ella misma, en virtud del artículo 187 de la *Constitución*[46], ya que la legitimación procesal forma parte del derecho a la tutela efectiva consagrado en el artículo 26 de la *Constitución*[47]; y que el derecho a la defensa

---

43 *Ídem.*

44 Artículo 247 de la *CRBV*. La Procuraduría General de la República asesora, defiende y representa judicial y extrajudicialmente los intereses patrimoniales de la República, y será consultada para la aprobación de los contratos de interés público nacional.

   La ley orgánica determinará su organización, competencia y funcionamiento.

45 ACIENPOL, *Pronunciamiento ante la sentencia N° 473 de la Sala Constitucional de fecha 14 de junio de 2016, op. cit.*

46 Artículo 187 de la *CRBV*. Corresponde a la Asamblea Nacional:

   1. Legislar en las materias de la competencia nacional y sobre el funcionamiento de las distintas ramas del Poder Nacional. [...]

47 Artículo 26 de la *CRBV*. Toda persona tiene derecho de acceso a los órganos de administración de justicia para hacer valer sus derechos e intereses, incluso los colectivos o difusos, a la tutela efectiva de los mismos y a obtener con prontitud la decisión correspondiente.

   El Estado garantizará una justicia gratuita, accesible, imparcial, idónea, transparente, autónoma, independiente, responsable, equitativa y expedita, sin dilaciones indebidas, sin formalismos o reposiciones inútiles.

es parte del debido proceso en los términos del artículo 49.1 *eiusdem*[48], esta sentencia es abiertamente inconstitucional.

En suma, con este fallo la SC/TSJ decide continuar de oficio una acción de inconstitucionalidad, para de esta forma dejar vigente y en forma indeterminada una serie de medidas cautelares que restringen e impiden la función legislativa. Pero, además, dejó al parlamento sin la posibilidad de representarse autónomamente en juicios, indicando que sólo el Procurador General de la República (abogado del Poder Ejecutivo) es quien puede representar a la AN, lo que constituye una clara usurpación de funciones y un desconocimiento evidente de la autonomía parlamentaria.

5. **SC/TSJ: Sentencia N° 341 de fecha 5 de mayo del 2016, caso *Presidente de la República vs Ley de Reforma Parcial de la LOTSJ*. Expediente N° 2016-000396. Ponencia conjunta.**

El Presidente de la República, Nicolás Maduro, solicitó a la SC/TSJ su pronunciamiento sobre la constitucionalidad de la *Ley de Reforma Parcial de la Ley Orgánica del Tribunal Supremo de Justicia*, sancionada por la AN el 7 de abril de 2016. Ello en virtud de tener "serias dudas" acerca de la competencia de los integrantes de la Asamblea Nacional para presentar proyectos de Ley al Parlamento relativos al Poder Judicial, "[…] toda vez

---

48   Artículo 49 de la *CRBV*. El debido proceso se aplicará a todas las actuaciones judiciales y administrativas; en consecuencia:

1. La defensa y la asistencia jurídica son derechos inviolables en todo estado y grado de la investigación y del proceso. Toda persona tiene derecho a ser notificada de los cargos por los cuales se le investiga, de acceder a las pruebas y de disponer del tiempo y de los medios adecuados para ejercer su defensa. Serán nulas las pruebas obtenidas mediante violación del debido proceso. Toda persona declarada culpable tiene derecho a recurrir del fallo, con las excepciones establecidas en esta Constitución y la ley.

que, a nuestro entender, tal competencia es exclusiva y excluyente del Tribunal Supremo de Justicia".

Consideró el Presidente de la República que el artículo 204 de la *Constitución*[49] que regula la iniciativa legislativa, consagra "una verdadera reserva constitucional a los poderes allí señalados" a los efectos de la presentación ante la Asamblea Nacional un proyecto de Ley por parte de éstos. Es la postura del Presidente que la iniciativa legislativa, conforme lo dispone el referido artículo, "tiene un carácter excluyente".

Expuso que "es esa metodología de construcción de leyes en las mencionadas materias lo que garantiza la separación de Poderes" y que la presunta "inconstitucionalidad del proyecto de Ley" es producto de que no se siguiera "el procedimiento constitucionalmente establecido para la formación de las leyes, lo cual vicia de nulidad absoluta todo el proceso y por ende el resultado del mismo."

---

49 Artículo 204 de la *CRBV*. La iniciativa de las leyes corresponde:

1. Al Poder Ejecutivo Nacional.

2. A la Comisión Delegada y a las Comisiones Permanentes.

3. A los y las integrantes de la Asamblea Nacional, en número no menor de tres.

4. Al Tribunal Supremo de Justicia, cuando se trate de leyes relativas a la organización y procedimientos judiciales.

5. Al Poder Ciudadano, cuando se trate de leyes relativas a los órganos que lo integran.

6. Al Poder Electoral, cuando se trate de leyes relativas a la materia electoral.

7. A los electores y electoras en un número no menor del cero coma uno por ciento de los inscritos e inscritas en el registro civil y electoral.

8. Al Consejo Legislativo, cuando se trate de leyes relativas a los Estados.

DERECHOS QUE VIOLA:

Derecho a la participación política (art. 62 y 125 CRBV, art. 25 PIDCP, art. 21 DUDH, art. 20 DADDH), y derecho a ser juzgado por un tribunal independiente (art. 49.3 CRBV, art. 14.1 PIDCP, art. 10 DUDH, art. 26 DADDH).

DECISIÓN:

Una vez que la Sala declaró su competencia para conocer la solicitud planteada por el Presidente de la Republica, Nicolás Maduro, decidió separar la motiva en cinco aspectos, a saber:

a. *De la atribución exclusiva y excluyente del TSJ para la iniciativa legislativa en materia de organización y procedimientos judiciales*

La SC/TSJ apuntó que el artículo 204 (4) de la *Constitución* es vinculante y que, en el pasado, "aun en el caso de que un proyecto de ley vinculado al Poder Judicial o al Sistema de Justicia no haya sido formalmente de iniciativa judicial", se ha aplicado el artículo 211 *eiusdem*, conforme al cual, tendrá derecho de palabra en la discusión de las leyes un magistrado en representación del Poder Judicial.

Así, en opinión de la Sala, "la iniciativa legislativa en materia de organización y procedimientos judiciales corresponde de manera exclusiva y excluyente al Tribunal Supremo de Justicia" y constituye, un "requisito imprescindible oír la opinión del Tribunal en el proceso de formación de la ley".

La Sala consideró que el primer requisito no se cumplió y el segundo "se pretendió cumplir [...] de manera irregular, irrespetuosa y con evidente fraude a la Constitución", en virtud de que la Presidenta de la Comisión de Política Interior se dirigió a la SC/TSJ y al Director Ejecutivo de la Magistratura el 4 de abril del 2016 a los fines de que contestaran un cuestionario al que la Sala se refirió como "exiguo e irrelevante", indicando que "tal proceder no se compadece ni con la letra ni con el espíritu del artículo 211 constitucional".

b. *De la votación calificada para modificar una Ley Orgánica*

El artículo 203 de la *Constitución*[50] exige que la modificación de una ley de carácter orgánico se haga por medio de la votación calificada de las dos terceras partes de los integrantes de la AN. La Sala reitera ello, efectuando una justificación de por qué esa mayoría calificada no se exigió respecto a la LOTSJ del 2004, por considerar que no se trataba de la modificación de una Ley, sino de la creación de una nueva.

c. *De la "razonabilidad" requerida y de la ausencia de justificación lógica para el incremento de magistrados del TSJ*

La Sala señaló que la referida Ley del año 2004 aumentó el número de magistrados de forma razonable, sustentado en el criterio del "volumen de trabajo de las Salas", y posteriormente indicó que "la determinación del número de magistrados debe guiarse por principios de racionalidad y razonabilidad".

De esta forma, la SC/TSJ consideró que el injustificado incremento de los magistrados de la SC/TSJ viola los principios de autonomía e independencia del Poder Judicial, supremacía constitucional, protección judicial del texto fundamental y el principio democrático. También estableció que el "desproporcionado aumento de sus integrantes rompería el equilibrio de la Sala Plena, ya que sobre-representaría una Sala en detrimento

---

50   Artículo 203 de la *CRBV*. [...] Todo proyecto de ley orgánica, salvo aquel que esta Constitución califique como tal, será previamente admitido por la Asamblea Nacional, por el voto de las dos terceras partes de los o las integrantes presentes antes de iniciarse la discusión del respectivo proyecto de ley. Esta votación calificada se aplicará también para la modificación de las leyes orgánicas. [...]

de las otras y podría incidir en la resolución de las competencias propias de esta última [...]".

En el fallo se citan estadísticas de las causas ingresadas al Tribunal y de las causas resueltas por el mismo, para argumentar la "suficiencia y capacidad de sus miembros para ejercer las atribuciones y competencias". Por ello, la Sala consideró que el incremento del número de magistrados es "desmesurado e ilógico", así como también el aumento en gastos en personal calificado y funcionarios administrativos, "sin previsión presupuestaria [...] dentro del marco de una situación excepcional que ha conducido a un decreto de estado de emergencia económica", por lo cual, la Sala fue de la opinión que la reforma no se encuentra debidamente sustentada de conformidad con el artículo 103 del *Reglamento AN* y con lo que al respecto ha establecido la propia Sala en sus sentencias N° 269 del 21 de abril de 2016 y N° 327 del 28 de abril de 2016.

    d. *De la inconstitucionalidad del trámite procedimental para sustanciar la solicitud contenida en el tercer aparte del artículo 214 de la Constitución*

La Ley de Reforma Parcial sancionada por la AN modifica el artículo 145 de la *LOTSJ*, de manera que excluye de las causas no sujetas a sustanciación, la contemplada en su artículo 25 (15), referida a las solicitudes que efectúe el Presidente acerca de la inconstitucionalidad de una ley sancionada por la AN, de conformidad con lo previsto en el artículo 214 de la *Constitución*. Asimismo, la AN añadió el artículo 146[51] respecto a la aludida

---

51   Artículo 146 de la *Reforma de la LOTSJ*: Cuando la Sala Constitucional reciba alguna solicitud formulada por el Presidente o Presidenta de la República con base en el artículo 214 de la Constitución, la admitirá si se corresponde con lo establecido en esa disposición constitucional, dentro de los tres días continuos siguientes a su presentación, y en el auto de admisión ordenará la citación de la Asamblea Nacional, por cualquiera de los medios contemplados en el artículo 91 de esta Ley.

solicitud, el cual, para la SC/TSJ resulta "a todas luces inconstitucional" y "violenta el carácter vinculante de las decisiones de la Sala Constitucional contenido en los artículos 334 y 335 del texto fundamental".

Siendo el criterio de la Sala que las modificaciones de los artículos 8 y 145, así como la creación del artículo 146, son inconstitucionales, ésta decidió que las disposiciones finales segunda[52] y tercera[53] devienen inexistentes y sin ninguna aplicabilidad.

Podrá ordenar igualmente la notificación de otros órganos de rango constitucional, según el contenido de la ley sancionada. Dentro de los diez días continuos siguientes a la citación de la Asamblea Nacional, la Sala Constitucional deberá fijar una audiencia pública, para que el Presidente o Presidenta de la República, o quien ejerza su representación, exponga sus consideraciones sobre la inconstitucionalidad de la ley sancionada o de algunos de sus preceptos y la Asamblea Nacional pueda aducir sus argumentos en favor de la constitucionalidad de la ley. Se permitirá que intervengan en la audiencia los otros órganos de rango constitucional que hubieran sido notificados. En la audiencia podrán presentarse pruebas, según el tema de la controversia. La Sala Constitucional decidirá dentro del plazo previsto en el artículo 214 de la Constitución. Si no lo hace dentro de este plazo, no podrá pronunciarse sobre la solicitud presentada y el Presidente o Presidenta de la República deberá promulgar la ley dentro de los cinco días siguientes al 53 vencimiento de dicho lapso. Cuando la Sala Constitucional decida que la ley sancionada es en parte inconstitucional, la Asamblea Nacional suprimirá o modificará las disposiciones inconstitucionales, en atención a lo declarado en la sentencia respectiva, con el voto favorable de la mayoría absoluta de los diputados o diputadas presentes, y remitirá luego la ley al Presidente o Presidenta de la República para su promulgación. La Asamblea podrá igualmente levantar la sanción de la ley, con esta misma mayoría de votos, si estima que en virtud de la inconstitucionalidad parcial declarada la ley no podrá alcanzar los fines para los que fue concebida.

52 **Segunda.** Dentro de los treinta días continuos siguientes a la entrada en vigor de la presente Ley, la Asamblea Nacional activará el procedimiento público para la designación de los integrantes del Comité de

e. De la desviación de poder

La SC/TSJ indicó que el vicio de desviación de poder contenido en el artículo 139 de la *Constitución*, "puede manifestarse en el accionar de cualquiera de los órganos del Poder Público" y considera "evidente" que el objetivo de la AN al incrementar el número de magistrados no es la optimización del funcionamiento de la Sala, sino "copar de nuevos integrantes esta instancia judicial para entorpecer la labor de la máxima instancia de protección de la Constitución, con fines claramente políticos".

En relación al referido artículo 146 que la Ley bajo análisis, la Sala consideró que éste busca "introducir un trámite inconstitucional dentro de una modalidad de control previo que, por su naturaleza, es de mero derecho" y que "persigue subliminalmente dificultar el pronunciamiento oportuno de la Sala".

Por último, la Sala citó las sentencias N° 259 del 31 de marzo de 2016 y N° 264 del 11 de abril de 2016 para señalar que se trata de una "evidente desviación de poder".

Postulaciones Judiciales, el cual sustituirá al Comité de Postulaciones Judiciales designado por la Asamblea Nacional el 30 de septiembre de 2014. Dentro de los quince días continuos contados a partir de la juramentación de sus miembros, el Comité de Postulaciones Judiciales iniciará el proceso de selección de los candidatos o candidatas para los nuevos cargos de Magistrados o Magistradas de la Sala Constitucional del Tribunal Supremo de Justicia. Se elegirán ocho nuevos Magistrados o Magistradas en la Sala Constitucional, con igual número de suplentes.

53   **Tercera**. A partir de la entrada en vigor de la presente Ley se entenderá que la mayoría absoluta, a los efectos de esta Ley Orgánica y del Reglamento Interno del Tribunal Supremo de Justicia, es la mitad más uno de los Magistrados y Magistradas que integren la Sala Plena, o las otras Salas que lo componen, o que estén presentes en la reunión respectiva, según lo establecido en la disposición correspondiente.

COMENTARIOS[54]:

El elemento central sobre el que debe recaer el análisis de esta sentencia es la interpretación que hizo la SC/TSJ del artículo 204 (4) de la *Constitución* con relación a la *iniciativa* legislativa, pues se desvirtuó en su totalidad el sentido del texto constitucional. La referida disposición refleja que el propio órgano legislativo, a través de la Comisión Legislativa y las Comisiones pertinentes (numeral 2), o de un número no menor de tres diputados (numeral 3), le corresponde en general la iniciativa legislativa, sin importar la materia de la que se trate. Así, mediante el artículo 204, la *Constitución* lo que hace es extender de manera compartida la iniciativa legislativa a otros órganos del Poder Público en aquellas materias que expresamente se señalan. En este sentido, la iniciativa legislativa le correspondería además de a la AN al TSJ, única y exclusivamente "cuando se trate de leyes relativas a la organización y procedimientos judiciales" (numeral 4).

Conforme al artículo 187 (1) de la *Constitución*, le corresponde a la Asamblea Nacional "legislar en las materias de la competencia nacional y sobre el funcionamiento de las distintas ramas del Poder Nacional", por lo que resulta contrario al propio texto fundamental limitar o restringir su competencia incluida su iniciativa de ley.

Cabe destacar que, mientras la reforma de la LOTSJ se discutía en el seno del Poder Legislativo, la SC/TSJ ya preparaba el camino para la sentencia en cuestión[55], toda vez que en su

---

54   Sobre esta sentencia, véase además los comentarios de: BREWER-CARÍAS, Allan R., "*El desconocimiento judicial del poder de la Asamblea Nacional para legislar*", en *Revista de Derecho Público*, N° 145-146, Enero-Julio 2016, Caracas 2016, pp. 377 427.

55   BREWER-CARÍAS, Allan, *La aniquilación definitiva de la potestad de legislar de la Asamblea Nacional: el caso de la declaratoria de inconstitucionalidad de*

sentencia N° 9 de fecha 1 de marzo del 2016, incluyó entre paréntesis al referirse a la LOTSJ la frase: "cuya iniciativa legislativa corresponde al Poder Judicial de forma exclusiva y excluyente, de conformidad con el artículo 204 numeral 3 de la Constitución".

Es decir, la primera insólita conclusión de esta sentencia es que la AN no tendría la posibilidad de elaborar y presentar un proyecto de ley referido a las funciones del máximo tribunal, por considerar que esa iniciativa sería exclusiva y excluyente del propio TSJ. Se trata de una interpretación sin precedentes y sin respaldo constitucional, la cual busca disminuir las facultades legislativas del parlamento por razones coyunturales. Negarle a la AN la posibilidad de iniciar y reformar una ley en materia judicial, es sencillamente contrario a la esencia misma de las funciones legislativas.

Por otro lado, debe hacerse mención a un tema que introdujo la SC/TSJ, incluso sin que el Presidente hubiese hecho referencia a ello en su solicitud. Se trata de la mayoría de las dos terceras partes de los diputados de la AN para reformar leyes orgánicas. En este punto, la Sala contradijo abiertamente su propio precedente, pues en la sentencia N° 34 de fecha 26 de enero del 2004 mediante la cual interpretó el artículo 203 de la *Constitución*, había decidido que "no es necesario el voto favorable de las dos terceras partes de los integrantes de la AN para dar inicio a la discusión de los proyectos de leyes orgánicas [...] que pretendan modificar leyes orgánicas vigentes, entre los que se encuentra el proyecto de Ley Orgánica del Tribunal Supremo

---

la Ley de Reforma de la Ley Orgánica del Tribunal Supremo de Justicia, 15 de mayo de 2016. Disponible en:
http://allanbrewercarias.net/site/wp-content/uploads/2016/05/135.-Brewer.-Aniquilaci%C3%B3n-Asamblea-Nacional.-Inconstituc.-Ley-TSJ-15-5-2016.pdf

de Justicia".[56] Frente a tal contradicción, la Sala sólo señaló que la decisión tomada en el año 2004 estaba "acorde con la realidad constitucional que se planteaba para ese momento". Sin embargo, la misma solo puede ser atribuida al cambio de la situación política, pues en el 2004 la AN controlada por el Gobierno Nacional no contaba con la mayoría calificada para aprobar la reforma de la Ley que les permitiría aumentar el número de magistrados; mientras que en este momento con una mayoría opositora en la AN, el criterio de la SC/TSJ es diametralmente opuesto al anterior y considera que para modificar una ley orgánica sí requiere el voto de la mayoría calificada antes de iniciarse la discusión del proyecto.

En cuanto a la incorporación que hizo la reforma en cuestión del artículo 146, el cual tenía como finalidad prever un procedimiento con un mínimo de debido proceso ante la SC/TSJ con la participación de la representación de la AN para tramitar las solicitudes del Presidente de la República sobre el control previo de constitucionalidad de leyes, la Sala consideró que se trataba de un procedimiento "no previsto por el Constituyente de 1999 [...] en un asunto de mero derecho". Debe señalarse: (i) que el hecho de que un procedimiento no esté previsto en la *Constitución* no obsta para que el Poder Legislativo lo cree, en la medida en que este se ajuste al texto fundamental[57]; (ii) el procedimiento de control previo de constitucionalidad no puede ser considerado siempre "de mero derecho" y por tanto sin intervención de las partes; y (iii) el artículo creado busca garanti-

---

56 SC/TSJ. Sentencia N° 34 de fecha 26 de enero del 2004, caso *Vestalia Sampedro De Araujo y otros. Recurso de Interpretación.* Expediente N° 03-2109. Magistrado Ponente José M. Delgado Ocando. Disponible en: http://historico.tsj.gob.ve/decisiones/scon/enero/34-260104-03-2109%20.HTM

57 BREWER-CARÍAS, Allan, *La aniquilación definitiva de la potestad de legislar de la Asamblea Nacional: el caso de la declaratoria de inconstitucionalidad de la Ley de Reforma de la Ley Orgánica del Tribunal Supremo de Justicia, op. cit.*

zar el debido proceso, en la medida en que exige que el procedimiento contemplado en el párrafo *in fine* del artículo 214 sea sustanciado. Es decir, la SC/TSJ deja al parlamento sin la posibilidad de intervenir en estos procedimientos de control previo de la constitucionalidad de sus leyes a solicitud del Presidente de la República, las cuales ha venido utilizando para anular sin juicio leyes aprobadas por la AN.

Por último, nuevamente la SC/TSJ consideró que la AN había incurrido en el vicio de "deviación de poder", al pretender aumentar el número de magistrados del TSJ. Sin embargo, como sostiene la doctrina, quien alega este vicio tan subjetivo "debe probar que efectivamente el funcionario hizo uso del poder que tiene pero para lograr un fin distinto al establecido en la norma atributiva de competencia"[58] y ni el Presidente ni la Sala probaron nada al respecto.

6. **SC/TSJ: Sentencia N° 343 de fecha 6 de mayo del 2016, caso *Presidente de la República vs Ley de Otorgamiento de Títulos de Propiedad a Beneficiarios de la Gran Misión Vivienda Venezuela y otros Programas Habitacionales del Sector Público*. Expediente N° 2016-000397. Magistrada Ponente: Lourdes Benicia Suárez Anderson.**

El 23 de abril de 2016, el Presidente de la República, Nicolás Maduro, basado en el artículo 214 de la *Constitución*[59], solicitó a

---

58 BREWER-CARÍAS, Allan, *La aniquilación definitiva de la potestad de legislar de la Asamblea Nacional: el caso de la declaratoria de inconstitucionalidad de la Ley de Reforma de la Ley Orgánica del Tribunal Supremo de Justicia, op. cit.*

59 Artículo 214 de la *CRBV*. [...] Cuando el Presidente o Presidenta de la República considere que la ley o alguno de sus artículos es inconstitucional solicitarán el pronunciamiento de la Sala Constitucional del Tribunal Supremo de Justicia, en el lapso de diez días que tiene para promulgar la misma. El Tribunal Supremo de Justicia decidirá en el término de quince días contados desde el recibo de la comunicación del Presidente o Presidenta de la República. Si el Tribunal negare la

la SC/TSJ el control previo de la constitucionalidad de la *Ley de Otorgamiento de Títulos de Propiedad a Beneficiarios de la Gran Misión Vivienda Venezuela y otros Programas Habitacionales del Sector Público*, sancionada por la AN el 13 de abril del mismo año.

Para ello, alegó que consideraba que esta Ley contraviene el artículo 82 de la *Constitución*[60], que según él "establece que el Estado le dará prioridad a la familia, no al individuo". Asimismo, consideró el Presidente que la Ley en cuestión "elimina la posibilidad de que el pueblo organizado participe en el diseño y plan de proyectos habitacionales" y, por otro lado, consideró que la segunda discusión y posterior sanción de la Ley "no siguió con las pautas procedimentales establecidas en la sentencia de la Sala Constitucional del Tribunal Supremo de Justicia, de fecha 21 de abril de 2016, distinguida con el Nro. 269", referidas a la obligatoriedad del estudio de impacto económico para determinar la viabilidad de la legislación y el proceso de consulta pública.

La solicitud efectuada por el Presidente fue ratificada por el Procurador General de la República, "siguiendo instrucciones del ciudadano Presidente de la República".

---

inconstitucionalidad invocada o no decidiere en el lapso anterior, el Presidente o Presidenta de la República promulgará la ley dentro de los cinco días siguientes a la decisión del Tribunal o al vencimiento de dicho lapso.

60 Artículo 82 de la *CRBV*. Toda persona tiene derecho a una vivienda adecuada, segura, cómoda, higiénicas, con servicios básicos esenciales que incluyan un hábitat que humanice las relaciones familiares, vecinales y comunitarias. La satisfacción progresiva de este derecho es obligación compartida entre los ciudadanos y ciudadanas y el Estado en todos sus ámbitos.

El Estado dará prioridad a las familias y garantizará los medios para que éstas, y especialmente las de escasos recursos, puedan acceder a las políticas sociales y al crédito para la construcción, adquisición o ampliación de viviendas.

DERECHOS QUE VIOLA:

Derecho a la propiedad (art. 115 CRBV, art. 17 DUDH, art. 23 DADDH); y derecho a la vivienda (arts. 82 CRBV, 25.1 DUDH, art. 11 DADDH).

DECISIÓN:

Una vez declarada la competencia de la SC/TSJ para decidir la solicitud en cuestión, la Sala citó dos sentencias de este mismo año[61] para justificar que, en el ejercicio de la competencia contenida en el artículo 214 de la *Constitución*, ésta:

> [...] puede pronunciarse sobre el texto de manera global y decidir perentoriamente sobre su conformidad o no con la Constitución, lo que constituye un pronunciamiento que desarrolla o delimita la lectura del alcance y contenido de los derechos fundamentales o de las normas constitucionales en general.

La Sala reconoció que la Ley en cuestión tiene por objeto regular el otorgamiento de la titularidad del derecho de propiedad a los beneficiarios de viviendas asignadas por el Estado y normar el proceso de registro de los documentos que acrediten dicha titularidad; sin embargo, procedió a declarar su inconstitucionalidad, sobre la base de los argumentos que se exponen de seguidas.

En primer lugar, la Sala citó el ya reiterado criterio esgrimido en su sentencia N° 269 de fecha 21 de abril del 2016, conforme al cual la AN debe consultar con el Ejecutivo Nacional por vía del

---

61   SC/TSJ. Sentencia N° 259 de fecha 31 de marzo del 2016, caso *Inconstitucional la Ley de Reforma Parcial del Decreto N° 2.179 con Rango, Valor y Fuerza de la Ley de Reforma Parcial de la Ley del BCV)*. Expediente N° 2016-0279. Magistrado Ponente Calixto Antonio Ortega Ríos; y Sentencia N° 264 de fecha 11 de abril del 2016, caso *Inconstitucionalidad de la Ley de Amnistía y Reconciliación Nacional*. Expediente N° 16-0343. Ponencia Conjunta.

Vicepresidente Ejecutivo, a los fines de determinar la viabilidad económica de la Ley, "tomando en consideración las limitaciones financieras de país, el nivel prudente del tamaño de la economía y la condición de excepcionalidad económica decretada por el Ejecutivo Nacional". En tal sentido, la Sala determinó que "no existe constancia" de que se haya cumplido con tales exigencias.

Luego, la SC/TSJ dedicó un apartado de la motiva del fallo para "hacer una ponderación y análisis" entre el derecho a la vivienda y el derecho a la propiedad, consagrados en los artículos 82 y 115[62] de la *Constitución*, respectivamente. En relación a ello, determinó que el derecho social a la vivienda es un derecho, pero sólo de carácter prestacional:

> [...] frente al derecho de propiedad que atañe a las libertades puramente individuales con todos sus efectos, que implican el uso, goce, disfrute y disposición de un bien por parte del titular del mismo con exclusión del resto de la sociedad, debiendo el Estado abstenerse de perturbar dicho derecho y, además, garantizar que no sea menoscabado por terceros, pero no implica que el Estado deba proveer de bienes a los ciudadanos y ciudadanos, por lo que se trata de un derecho individual pero no de carácter prestacional.

Todo ello, bajo la premisa de que el derecho a la vivienda se circunscribe a cumplir un fin social, por lo cual justificó la exclusión de la vivienda del derecho de propiedad al señalar que:

---

62   Artículo 115 de la *CRBV*. Se garantiza el derecho de propiedad. Toda persona tiene derecho al uso, goce, disfrute y disposición de sus bienes. La propiedad estará sometida a las contribuciones, restricciones y obligaciones que establezca la ley con fines de utilidad pública o de interés general. Sólo por causa de utilidad pública o interés social, mediante sentencia firme y pago oportuno de justa indemnización, podrá ser declarada la expropiación de cualquier clase de bienes.

[...] debe excluirse la posibilidad de que los destinatarios de estos planes sociales puedan verse privados de su derecho a la vivienda por razones económicas que impliquen la transmisión de la tenencia del inmueble a través de los mecanismos especulativos del mercado.

En criterio de la SC/TSJ, la función social de las viviendas adjudicadas por el Estado es "garantizar una vivienda digna de interés social" y "se constituye como un límite intrínseco del derecho de propiedad sobre tales inmuebles". En razón de ello, considera que "una legislación que anteponga la libre disponibilidad del bien sobre la función social que tiene una unidad habitacional adjudicada por el Estado[...] deviene en inconstitucional y como tal nula".

Por otro lado, al analizar la regulación del derecho de propiedad en la Ley en cuestión, la Sala consideró que el otorgamiento de los títulos de propiedad sobre las viviendas a los beneficiarios de políticas públicas "implicaría una desviación de la función social para la cual fue concebida la unidad de vivienda adjudicada por el Estado[...] significando por una parte un enriquecimiento sin causa de quien comercie con dicho bien". En tal sentido, la Sala dejó sentado que:

[...] no resulta plausible que la función social de la propiedad de un bien inmueble otorgado por el Estado para satisfacer el derecho constitucional y prestacional a una vivienda digna pueda degenerarse para satisfacer un fin distinto, como el emprendimiento económico[...]

Y aunque la Sala reconoce dicho emprendimiento como un derecho constitucional y lo ubica dentro de las libertades individuales, lo contrapone a lo que considera que es la función social del derecho a la vivienda y determina que este último "debe protegerse" y no debe concebirse "como un bien que pueda ponerse en peligro en procura de mejoras económicas futuras e inciertas dependientes de los avatares del mercado".

La SC/TSJ consideró que "ciertos bienes, como la vivienda, por su función social deben estar protegidos del libre juego de la oferta y la demanda" y que los derechos a una vida digna y el de propiedad se contraponen "si el ejercicio del segundo pone en riesgo el primero". En virtud de todo lo anterior, la Sala determinó que la transferencia de la propiedad de las viviendas adjudicadas por el Estado a sus beneficiarios, resulta inconstitucional.

Respecto al principio de progresividad, la Sala empleó el "test de la proporcionalidad en materia de regresividad de la Corte Constitucional de Colombia", que consiste en tres criterios: idoneidad, necesidad y proporcionalidad. En este sentido, la SC/TSJ consideró, sin ahondar en los criterios y sin que realmente se correspondan con ellos, que (i) esta Ley no amplía las prerrogativas previas, puesto que la ley vigente ya establece un registro del título de propiedad para las familias adjudicatarias; (ii) que la interpretación favorable ante cualquier controversia sigue la legislación vigente; y (iii) el derecho de propiedad se presenta en detrimento del derecho a la vivienda. En consecuencia, para la SC/TSJ, "la ley, al ser regresiva, deviene inconstitucional".

Por último, en cuanto a la condonación de las deudas contraídas por los beneficiarios de la Ley en cuestión, la SC/TSJ considera que ese acto "implica una usurpación de funciones, por cuanto se invaden las competencias de la rama ejecutiva del Poder Público, que es a quien corresponde la administración de la hacienda pública", en atención a lo dispuesto en el artículo 236 (11) de la *Constitución*[63].

---

63 Artículo 236 de la *CRBV*. Son atribuciones y obligaciones del Presidente o Presidenta de la República: [...]
    11. Administrar la Hacienda Pública Nacional.

En conclusión, la SC/TSJ decidió que la toda la Ley era inconstitucional:

> [...] resulta en su conjunto inconstitucional por cuanto[...] contraviene los fines del Estado Democrático y Social de Derecho y de Justicia al no garantizar que el ejercicio progresivo del derecho de las familias a una vivienda digna no ceda ante el derecho de propiedad, al propender que las unidades habitacionales ingresen al mercado especulativo.

COMENTARIOS[64]:

La sentencia bajo análisis es una de difícil lectura por su intrincada forma de argumentación contradictoria en contra de un derecho constitucionalmente consagrado, como es el derecho de propiedad y, más aun, tratándose de la propiedad de viviendas que provienen de una política pública gubernamental.

Con la tesis de la SC/TSJ, conforme a la cual el otorgamiento de títulos de propiedad sobre las viviendas adjudicadas dentro del marco de las políticas sociales del Estado, solo puede darse "mediante un sistema que rigurosamente garantice que las familias no puedan verse privadas del ejercicio del derecho a la vivienda por la disposición del derecho a la propiedad con fines distintos al que está ligado el bien inmueble", la Sala pareciera estar diciendo que un derecho supone la negación del otro. Es decir, reconocer el derecho de propiedad sobre el inmueble de

---

64   Sobre esta sentencia, véase además los comentarios de: BREWER-CARÍAS, Allan R., *"El desconocimiento judicial del poder de la Asamblea Nacional para legislar"*, en *Revista de Derecho Público*, Nº 145-146, Enero-Julio 2016, Caracas 2016, pp. 377 427. Publicado también en BREWER-CARÍAS, Allan R., *La dictadura judicial y la perversión del Estado de derecho. El juez constitucional y la destrucción de la democracia en Venezuela* (Prólogo de Santiago Muñoz Machado), Ediciones El Cronista, Fundación Alfonso Martín Escudero, Editorial IUSTEL, Madrid 2017, pp. 269-362.

una vivienda equivale a negar el derecho a la vivienda, porque reconoce al primero como un principio liberal que contraría –a su entender- el Estado Social.

Nada más absurdo que encontrar esas falsas contradicciones o exclusiones donde no existen, sino que por el contrario los derechos a la vivienda y a la propiedad pueden reforzarse y complementarse mutuamente. Pero a pesar de ello, el TSJ de una argumentación contradictoria, saca una conclusión contradictoria.

El artículo 115 de la *Constitución* –en coincidencia con el *Código Civil*- consagra el derecho de propiedad y dispone que "[t]oda persona tiene derecho al uso, goce, disfrute y disposición de sus bienes.". Dicha norma es incorporada en la Ley sancionada por la AN, a lo que la SC/TSJ respondió que invocar esta disposición de nuestro ordenamiento "se hace con la intención de desvincular la propiedad de las unidades habitacionales de las restricciones que tiene por su función social al servicio del interés general". Sin embargo, debe señalarse que la *Ley de Otorgamiento de Títulos de Propiedad a Beneficiarios de la Gran Misión Vivienda Venezuela y otros Programas Habitacionales del Sector Público* no pone en tela de juicio que pueda haber restricciones a la propiedad, porque, efectivamente, no se trata de un derecho absoluto. Lo que se discute en este caso es si se puede negar a las personas *prima facie* el derecho de propiedad respecto de un bien que ya fue adjudicado por el Estado y que, hasta tanto no se permita el registro de la titularidad de esos bienes inmuebles, no será posible que se configure una de las atribuciones del derecho de propiedad, que es la facultad de *disposición* del mismo.

Es absurdo que la Sala tilde de inconstitucional que los beneficiarios de políticas habitacionales se conviertan en propietarios de sus viviendas, porque "el explícito fin de apalancar el patrimonio familiar [implica] convertir el bien inmueble destinado a garantizar un derecho social en una mercancía susceptible de ingresar al mercado para ser transada". Pero la adjudicación de una vivienda debe abarcar los cuatro atributos de la propiedad mencionados y legalmente contemplados[65], por lo que *disponer de un inmueble no puede considerarse bajo ningún concepto como un acto inconstitucional*. Más aún, restringir la propiedad únicamente al uso y goce del bien se traduce en un vaciamiento de la facultad de disponer de ese bien por su legítimo propietario, y así en un poder irrazonable del Estado sobre las viviendas de los individuos, que resulta contrario a los derechos humanos y a la propia *Constitución*.

Sobre el supuesto requisito de elaborar un informe de impacto económico y la obligatoria intervención del Poder Ejecutivo en el proceso de formación de leyes, se reiteran las consideraciones que hicimos sobre la sentencia N° 269 de fecha 21 de abril del 2016, ya que nuevamente se pone en evidencia cómo se impiden las funciones legislativas de la AN, al condicionar la aprobación de leyes al otorgamiento de informes económicos elaborados por el Ejecutivo Nacional.

7. **SC/TSJ. Sentencia N° 460 de fecha 9 de junio del 2016, caso *Presidente de la República vs Ley Especial para Atender la Crisis Nacional en Salud*. Expediente N° 16-0500. Magistrado Ponente: Calixto Ortega Ríos.**

La SC/TSJ declaró la inconstitucionalidad mediante control previo de constitucionalidad ejercido por el Presidente de la República, Nicolás Maduro, contra la *Ley Especial para Atender la Crisis Nacional en Salud* sancionada por la AN el 3 de mayo del 2016. Para sustentar su decisión, la SC/TSJ utilizó criterios adoptados en varias sentencias ya estudiadas, mediante los cuales la Sala desconoce o pretende usurpar las funciones y atribu-

---

65   Artículo 545 del *Código Civil*. La propiedad es el derecho de usar, gozar y disponer de una cosa de manera exclusiva, con las restricciones y obligaciones establecidas por la Ley.

ciones constitucionales de la AN para legislar, ejercer control sobre la Administración y dictar su propio *Reglamento Interior*.

DERECHOS QUE VIOLA:

Derecho a la salud (arts. 83 y 84 CRBV, art. 12 PIDESC, art. 25 DUDH, art. XI DADDH), derecho a la vida (arts. 43 y 83 CRBV, art. 6 PIDCP, art. 3 DUDH, art. I DADDH), y derecho de petición (art. 51 CRBV, art. 2 PIDCP, art. XXIV DADDH).

DECISIÓN:

El 26 de mayo del 2016, el Presidente Nicolás Maduro solicitó a la SC/TSJ que se pronunciara sobre la constitucionalidad de la *Ley Especial para Atender la Crisis Nacional en Salud*, en atención a lo establecido en el artículo 214 de la *Constitución*[66]. Ese mismo día se dio cuenta en Sala y se designó al Magistrado Ponente.

En su solicitud, el Presidente alegó que la segunda discusión y posterior sanción de la ley no cumplió con las "pautas procedimentales" establecidas por la misma Sala en sentencia Nº 269 de fecha 21 de abril del 2016, en la cual se ordenó la desaplicación de algunos artículos del *Reglamento AN* y se realizó una "interpretación constitucionalizante" del proceso de formación de las leyes. Según lo dispuesto por esa misma sentencia, el

---

66 El Presidente indicó haber recibido la ley sancionada el 16 de mayo. Artículo 214 de la *CRBV*: El Presidente o Presidenta de la República promulgará la ley dentro de los diez días siguientes a aquél en que la haya recibido (...) Cuando el Presidente o Presidenta de la República considere que la ley o alguno de sus artículos es inconstitucional solicitarán el pronunciamiento de la Sala Constitucional del Tribunal Supremo de Justicia, en el lapso de diez días que tiene para promulgar la misma. El Tribunal Supremo de Justicia decidirá en el término de quince días contados desde el recibo de la comunicación del Presidente o Presidenta de la República. Si el Tribunal negare la inconstitucionalidad invocada o no decidiere en el lapso anterior, el Presidente o Presidenta de la República promulgará la ley dentro de los cinco días siguientes a la decisión del Tribunal o al vencimiento de dicho lapso.

Presidente alegó que tampoco se cumplió con el requisito "esencial y obligatorio" de consultar con el Vicepresidente Ejecutivo la viabilidad económica de la ley, requisito adicional a la presentación del informe sobre el impacto e incidencia presupuestaria y económica que debe realizar la Dirección de Asesoría Económica y Financiera de la AN.

El Presidente añadió que, una vez decretado por él, el Estado de Excepción y Emergencia Económica, deberían haber quedado suspendidas las potestades legislativas respecto a los derechos económicos afectados por dicha declaratoria. Al respecto, el Ejecutivo señaló las "profundas contradicciones" y la "falta de visión política sobre la situación nacional" de la Asamblea, la cual "ha sido insistente [...] en argumentar la inexistencia de condiciones para la declaratoria de emergencia efectuada constitucionalmente por el Presidente" pero, a la vez, "dicta una ley que pretende solucionar la crisis nacional en salud [...] y habla de cooperación y ayuda internacional". En criterio del Ejecutivo, lo anterior "evidencia la obcecación del grupo político de legisladores de dictar medidas que afecten de cualquier manera las estrategias implementadas desde el Ejecutivo Nacional", práctica que considera una "desviación de poder".

Por último, el Presidente señaló que su solicitud fue realizada debido a que, hasta esa fecha, la Sala no se había pronunciado sobre la interpretación constitucional solicitada por la Procuraduría General de la República.

Dentro de las motivaciones para decidir, la SC/TSJ consideró que la ley tenía como objetivo "imponer al Gobierno Nacional a recibir de parte de la Organización Mundial de la Salud (OMS) [...] cierta cantidad de medicamentos [...] con el propósito de atender la 'crisis humanitaria'". Ante ello, tomando en cuenta los "motivos" y el contenido de la ley, la Sala pasó a realizar algunas consideraciones.

a. Estado de Excepción y Emergencia Económica

Con base en la sentencia N° 411 del 19 de mayo del 2016, la SC/TSJ reafirmó que el Estado de Excepción y Emergencia Económica mantenía su "legitimidad, validez, vigencia y eficacia jurídico-constitucional". Considerando esto, la Sala estimó que toda materia relacionada con la emergencia económica entraba dentro del ámbito de competencias del Presidente, a quien, mediante el decreto, se le había facultado para dictar y ejecutar todas las medidas necesarias relativas a las "circunstancias de orden económico, social, político, o natural"; competencia que no podía entrar en concurrencia con las de otros poderes, pues ella constituiría una "función reservada al Presidente". En este sentido, la SC/TSJ afirmó:

> Si bien es cierto que *el in fine* del artículo 339 del Texto Constitucional y el artículo 3 de la Ley Orgánica Sobre Estados de Excepción prevén que el régimen excepcional "no interrumpe el funcionamiento de los órganos del Poder Público", tal disposición no implica que éstos puedan dictar normas o actos para atender la situación de emergencia, ya que la habilitación conferida al Ejecutivo Nacional en virtud del estado de excepción, no admite concurrencia y excluye temporalmente la capacidad normativa de otros órganos en el mismo ámbito material del régimen extraordinario [...]

La Sala señaló, que el desabastecimiento de medicamentos e insumos médicos "es el resultado de los hechos que fundamentan la declaratoria del vigente estado de excepción y emergencia económica", por lo cual toda medida que se tomase para resolverla formaría parte del "ámbito material del régimen de estado de excepción", reservada al Ejecutivo Nacional. Por estas razones, la SC/TSJ sentenció que la ley referida "atenta contra las competencias conferidas al Presidente de la República por el artículo 15 de la *Ley Orgánica sobre Estados de Excepción"*[67].

b. *Proceso de formación y sanción de la ley*

La SC/TSJ señaló que la AN no cumplió con el requisito establecido en sentencia N° 269 de fecha 21 de abril del 2016, ratificado en sentencia N° 327 de fecha 28 de abril del 2016, según el cual el informe sobre el impacto e incidencia presupuestaria y económica que debe acompañar toda ley debe ser consultado "de manera obligatoria" con el Ejecutivo, a través del Vicepresidente Ejecutivo. Por ello, la ley habría incurrido en "vicios procedimentales que acarrean su declaratoria de nulidad."

c. *Mecanismos de control de la Asamblea Nacional sobre el Ejecutivo*

La SC/TSJ consideró que los artículos 5[68] y 14[69] de la *Ley Especial para Atender la Crisis Nacional en Salud* eran contrarios a la

---

67 Artículo 15 de la *LOSEE*. El Presidente de la República, en Consejo de Ministros, tendrá las siguientes facultades:

   a) Dictar todas las medidas que estime convenientes en aquellas circunstancias que afecten gravemente la seguridad de la Nación, de sus ciudadanos y ciudadanas o de sus instituciones, de conformidad con los artículos 337, 338 y 339 de la Constitución de la República Bolivariana de Venezuela.

   b) Dictar medidas de orden social, económico, político o ecológico cuando resulten insuficientes las facultades de las cuales disponen ordinariamente los órganos del Poder Público para hacer frente a tales hechos.

68 Artículo 5 de la *Ley Especial para Atender la Crisis Nacional en Salud*. El Ejecutivo Nacional presentará al menos cada dos (2) meses ante la Asamblea Nacional un informe que refleje los avances en el cumplimiento del Plan de Atención Prioritaria de la Crisis Nacional de Salud.

69 Artículo 14 de la *Ley Especial para Atender la Crisis Nacional en Salud*. Superada la Crisis Nacional de Salud, el Ejecutivo Nacional, a través del Ministerio con competencia en materia de salud, presentará un informe detallado final de las medidas adoptadas y los resultados obte-

"doctrina vinculante" adoptada en su sentencia N° 9 de fecha 1 de marzo del 2016. Según la SC/TSJ, en dichos artículos la Asamblea estableció mecanismos de control político que no están previstos en la *Constitución*, para lo cual no está facultada. La Sala hizo un recuento del criterio adoptado en dicha sentencia, en la cual estableció que los mecanismos de control del Legislativo sobre el Ejecutivo son únicamente la presentación de la Memoria y Cuenta Anual, la Moción de Censura a los Ministros y el Vicepresidente y los previstos en los artículos 222[70] y 223[71] de la *Constitución*. De igual forma, indicó que el ejercicio del control político únicamente se extiende sobre los funcionarios del Poder Ejecutivo Nacional, pero no sobre el resto de los Poderes (Ciudadano, Electoral y Judicial) ni sobre los Poderes Estatal y Municipal.

---

nidos a la Asamblea Nacional. Una vez aprobado el informe por mayoría de la Asamblea Nacional se declarará el fin de la Crisis Nacional de Salud.

70   Artículo 222 de la *CRBV*. La Asamblea Nacional podrá ejercer su función de control mediante los siguientes mecanismos: las interpelaciones, las investigaciones, las preguntas, las autorizaciones y las aprobaciones parlamentarias previstas en esta Constitución y en la ley y mediante cualquier otro mecanismo que establezcan las leyes y su Reglamento. En ejercicio del control parlamentario, podrán declarar la responsabilidad política de los funcionarios públicos o funcionarias públicas y solicitar al Poder Ciudadano que intente las acciones a que haya lugar para hacer efectiva tal responsabilidad.

71   Artículo 223 de la *CRBV*. La Asamblea o sus Comisiones podrán realizar las investigaciones que juzguen convenientes en las materias de su competencia, de conformidad con el Reglamento. Todos los funcionarios públicos o funcionarias públicas están obligados u obligadas, bajo las sanciones que establezcan las leyes, a comparecer ante dichas Comisiones y a suministrarles las informaciones y documentos que requieran para el cumplimiento de sus funciones. Esta obligación comprende también a los y las particulares; a quienes se les respetarán los derechos y garantías que esta Constitución reconoce.

Por su parte, la Sala consideró que la presentación de un informe cada dos (2) meses ante AN resultaba "irracional y desproporcionada", lo cual podría "obstaculizar gravemente el funcionamiento de la Administración Pública con grave perjuicio para todos los ciudadanos y ciudadanas sin dilación". En clara alusión al argumento esgrimido en la sentencia N° 9, según el cual la AN tendría el deber de coordinar las interpelaciones de funcionarios con el Vicepresidente Ejecutivo, estableció que en consideración a:

> [...] Las circunstancias políticas, económicas y sociales en general que imperasen en la República para el momento [...] debe sopesar que especialmente en estas circunstancias, la insistencia de peticiones dirigidas hacia el Poder Ejecutivo Nacional e, inclusive, hacia el resto de poderes públicos, pudiera obstaculizar gravemente el funcionamiento del Estado [...]

d. *Competencias sobre las relaciones exteriores de la República*

Por último, la SC/TSJ determinó que los artículos 6[72], 7[73] y 8[74] de la Ley Especial conferirían a la AN competencias para

---

72 Artículo 6 de la *Ley Especial para Atender la Crisis Nacional en Salud*. El Ejecutivo Nacional, por órgano de los Ministerios con competencia en materia de salud y de relaciones exteriores, podrá solicitar cooperación internacional para atender la crisis nacional de salud, por dificultades en las capacidades financieras, logísticas o técnicas del Estado. La Asamblea Nacional podrá servir de intermediario en la solicitud de Cooperación Internacional para atender la crisis nacional de salud.

El Ejecutivo Nacional ofrecerá todas las condiciones para que la Cooperación Internacional pueda ser implementada, incluso cuando no haya mediado una solicitud previa. La Asamblea Nacional ofrecerá el apoyo necesario para generar estas condiciones.

73 Artículo 7 de la *Ley Especial para Atender la Crisis Nacional en Salud*. La solicitud de Cooperación Internacional será realizada a (sic) ante los órganos internacionales creados para tal fin, dando preferencia a la Oficina de las Naciones Unidas para la Coordinación de Ayuda

"formular, dirigir y ejecutar las relaciones exteriores de la República", lo cual es contrario a lo establecido en los artículos 226[75] y el artículo 236, numeral 4[76] de la *Constitución*. En palabras de la Sala, la Asamblea pretende constreñir al Ejecutivo a acudir a algunos mecanismos multilaterales de cooperación internacional, aceptar esta cooperación sin una solicitud previa y adoptar unos parámetros impuestos por esos organismos,

---

Humanitaria (OCHA), la Organización Mundial para la Salud (OMS) y la Cruz Roja Internacional.

Adicionalmente, cuando así lo estime conveniente, el Ejecutivo Nacional podrá instar, a los fines de intermediación o mediante una petición directa de cooperación, a otros Estados, a organizaciones internacionales, instancias supranacionales, organismos multilaterales o de cualquier otra naturaleza, capaces de brindar la ayuda que se requiera.

74   Artículo 8 de la *Ley Especial para Atender la Crisis Nacional en Salud*. Para conocer el alcance y dar seguimiento adecuado a la Cooperación Internacional, el Ejecutivo Nacional deberá realizar una evaluación, siguiendo los principios de transparencia, calidad, rendición de cuentas y participación pública, establecidos para tal fin por los organismos de Cooperación Internacional, mediante técnicas rápidas de análisis de daños, impacto y carga de enfermedades en la población general y, en particular, en los grupos de población más susceptibles, para conocer las necesidades de recursos, las prioridades de asignación de los mismos y la capacidad del Estado para la aplicación de las políticas públicas dirigidas a superar la crisis.

Con el fin de dar cumplimiento a lo dispuesto en este artículo, el Ejecutivo Nacional podrá solicitar el apoyo técnico tanto de los Organismos de Cooperación Internacional, como de las universidades venezolanas, institutos venezolanos de investigación en materia de salud, así como de organismos y asociaciones locales públicas y privadas vinculadas con los servicios médicos y farmacéuticos".

75   Artículo 226 de la *CRBV*. El Presidente o Presidenta de la República es el Jefe o Jefa del Estado y del Ejecutivo Nacional, en cuya condición dirige la acción del Gobierno.

76   Artículo 236 de la *CRBV*. Son atribuciones del Presidente o Presidenta de la República: (…) 4. Dirigir las relaciones exteriores de la República y celebrar y ratificar los tratados, convenios o acuerdos internacionales.

contrariando las disposiciones constitucionales ya mencionadas, las cuales establecen que "la dirección de las relaciones
internacionales forma parte de las materias reservadas a la
competencia exclusiva del Presidente de la República."

Sobre la dirección y principios de las relaciones internacionales, la SC/TSJ indicó que responden a los fines del Estado "en el
ejercicio de la soberanía y de los intereses del pueblo", haciendo
referencia a la Exposición de Motivos y el artículo 152 de la
Constitución[77]. Posteriormente, pasó a describir la política exterior venezolana, la cual buscaría privilegiar las relaciones con
los países "Nuestroamericanos" y la cooperación Sur-Sur, en el
marco del respeto a la soberanía y a lo no imposición de cargas
ni condiciones para el país. Por estas razones, criticó la cooperación "Norte-Sur", señalando que:

> […] Puede entrañar enorme peligro para la seguridad,
> independencia y soberanía de las naciones, cuando de-
> pende de mecanismos estandarizados para la medición
> del comportamiento de los gobiernos o establecen dispo-
> sitivos supranacionales de control, que intervienen inde-
> bidamente en la política social y económica del país, im-
> poniendo modelos o recetas en función de los intereses
> políticos o económicos de las empresas o gobiernos de
> países, generalmente desarrollados.

---

77   Artículo 152 de la *CRBV*. Las relaciones internacionales de la República responden a los fines del Estado en función del ejercicio de la soberanía y de los intereses del pueblo; ellas se rigen por los principios de
independencia, igualdad entre los Estados, libre determinación y no
intervención en sus asuntos internos, solución pacífica de los conflictos internacionales, cooperación, respeto a los derechos humanos y so-
lidaridad entre los pueblos en la lucha por su emancipación y el bienestar de la humanidad. La República mantendrá la más firme y decidida defensa de estos principios y de la práctica democrática en todos
los organismos e instituciones internacionales.

En este sentido, para la SC/TSJ aceptar la cooperación internacional de los mecanismos establecidos en la ley significaría "ceder una parte de la soberanía", por cuanto se estaría obligando al Estado a aceptarla a pesar de no haberla solicitado y porque estaría cediendo la función estatal de garantizar la calidad, seguridad y efectividad de los productos médicos y medicinas. Asimismo, señaló que, si bien las relaciones internacionales debían establecerse con base en una "visión", también debían obedecer a unos criterios de pragmatismo ante la "realidad mutable y cambiante"; por lo cual debían establecerse con base en criterios de "oportunidad y conveniencia para los altos intereses de la nación", que, en el caso venezolano, estarían delimitados en el *Plan de la Patria 2013-2019*.

Finalmente, señaló que:

> [...] La discrecionalidad propia de las competencias que asume el Jefe de Estado, es una manifestación necesaria de la naturaleza eminentemente política de su función, que implica un acto de soberanía frente a los demás Estados y organismos internacionales con los cuales la República Bolivariana de Venezuela mantiene relaciones y, por tanto, el establecer regímenes jerárquicos o preferenciales por parte de la Asamblea Nacional, es una evidente usurpación de dichas competencias atribuidas al Presidente [...]

Por las razones mencionadas, la Sala declaró que los artículos 6, 7 y 8 de la Ley Especial, a los cuales añade los artículos 4[78] y

---

78 Artículo 4 *Ley Especial para Atender la Crisis Nacional en Salud*. El Plan de Atención Prioritaria a la Crisis Nacional de Salud deberá contener por lo menos:

1. Un plan de abastecimiento que contenga mecanismos para activar la producción nacional, facilidades para la importación de materia prima para la producción, medicamentos e insumos médicos, así como la solicitud de ayuda y cooperación internacional para aliviar la crisis en el corto plazo;

11[79], son violatorios de los principios constitucionales relativos a las relaciones internacionales del Estado.

COMENTARIOS[80]:

En primer lugar, la SC/TSJ mantiene el criterio de que el *Decreto de Estado de Excepción y Emergencia Económica* conservaba su "legitimidad, validez, vigencia y eficacia jurídico-constitucional", a pesar de que había sido desaprobado por la AN, lo cual es un nuevo desconocimiento de la función constitucional de control que debe ejercer el Legislativo sobre decretos de esta naturaleza. Con base en la supuesta vigencia de este decreto ilegítimo, la Sala pretende despojar a la AN de su fun-

---

2. Un plan de distribución de insumos médicos y medicamentos, acorde a prioridades debidamente justificadas, comprendiendo los entes de salud del Poder Público Nacional, Estadal y Municipal, en colaboración con la red pública y privada de farmacias nacionales y conforme a un cronograma detallado.

79 Artículo 11 *Ley Especial para Atender la Crisis Nacional en Salud*. El Ejecutivo Nacional, por órgano del ministerio competente en materia de salud y el Instituto Nacional de Higiene Rafael Rangel, identificarán los insumos, medicamentos y demás bienes correspondientes a la ayuda internacional recibida, en idioma castellano, con el nombre que corresponda a la denominación común internacional y nacional, los cuales deberán poseer las garantías de calidad, seguridad y eficacia de los insumos y medicinas de los Organismos de Cooperación Internacional. Cuando los insumos médicos no sean recibidos por conducto de la Organización de las Naciones Unidas, el Instituto Nacional de Higiene Rafael Rangel deberá certificar su seguridad, calidad y eficacia.

80 Sobre esta sentencia, véase también los comentarios de: BREWER-CARÍAS, Allan R., *"El desconocimiento judicial del poder de la Asamblea Nacional para legislar"*, en *Revista de Derecho Público*, N° 145-146, Enero-Julio 2016, Caracas 2016, pp. 377-427. Publicado también en BREWER-CARÍAS, Allan R., *La dictadura judicial y la perversión del Estado de derecho. El juez constitucional y la destrucción de la democracia en Venezuela* (Prólogo de Santiago Muñoz Machado), Ediciones El Cronista, Fundación Alfonso Martín Escudero, Editorial IUSTEL, Madrid 2017, pp. 269-362.

ción más básica: la de legislar. Ello lo hace sobre la base de declarar que las competencias relacionadas con el "ámbito material" de la declaratoria de emergencia económica quedaban *exclusivamente reservadas* al Presidente, -ámbito que, como ya fue explicado anteriormente, es lo suficientemente ambiguo y amplio como para permitir al Presidente tomar decisiones y medidas en prácticamente cualquier materia-. De esta forma, la SC/TSJ ya no solamente permite al Ejecutivo actuar de forma discrecional y sin ningún contrapeso, sino que pretende impedir que la AN ejerza sus funciones legislativas propias sobre cualquier asunto que la Sala entienda está relacionado con los motivos del decreto de Estado de Excepción.

Por su parte, la Sala retomó un criterio "constitucionalizante" adoptado en dos sentencias analizadas *supra*, en las cuales modificó el *Reglamento AN* para imponer la supuesta obligación de consultar obligatoriamente con el Ejecutivo Nacional, vía el Vicepresidente Ejecutivo, la aprobación de la viabilidad económica de la ley, a pesar de que los proyectos de ley ya incluyen un informe elaborado por la Dirección de Asesoría Económica y Financiera de este órgano Legislativo. De esta forma, contrario al principio de separación de poderes, la Sala no solamente impuso un requisito previo para la aprobación de leyes que atenta contra la autonomía e independencia del Legislativo en el cumplimiento de sus funciones más básicas, como es la de legislar; sino que, además, pretende declarar la nulidad de una ley con base en unos supuestos "vicios procedimentales" no contenidos en la *Constitución* pero creados en una sentencia que evidentemente constituye una extralimitación de sus funciones e, incluso, usurpa una de las atribuciones de la Asamblea –dictar su propio Reglamento-[81], pretendiendo legislar sobre el *Reglamento AN.*

Asimismo, la SC/TSJ retomó una sentencia que establece criterios completamente restrictivos respecto a las funciones de control de la AN. Según la Sala, la AN no puede establecer mecanismos de control distintos a los establecidos en la *Constitución*, que son la presentación del mensaje anual de Memoria y Cuenta, las mociones de censura contra el Vicepresidente y los Ministros y los artículos 223 y 222 de la *Constitución*, en el que claramente se expresa que:

> La Asamblea Nacional podrá ejercer su función de control mediante los siguientes mecanismos: las interpelaciones, las investigaciones, las preguntas, las autorizaciones y las aprobaciones parlamentarias previstas en esta Constitución y en la ley y mediante cualquier otro mecanismo que establezcan las leyes y su Reglamento.

De igual forma, de la argumentación utilizada por la Sala pareciera desprenderse que desconoce que la rendición de cuentas forma parte del funcionamiento constitucional del Estado y no puede ser considerada una "petición" que pudiese "entorpecer", sino una obligación de todos sus órganos y entes.

Por último, la SC/TSJ confiere, en sus propias palabras, poderes discrecionales al Presidente de la República en la dirección de las relaciones internacionales de la República, por lo cual la AN no tendría ningún poder de decisión al respecto, a pesar de lo establecido en el artículo 187, numeral 1 de la *Constitución*, según el cual corresponde a la AN "legislar en las materias de la competencia nacional y sobre el funcionamiento de las distintas ramas del Poder Nacional."

---

81 A pesar de ello, el artículo 187 de la *CRBV* dispone: Corresponde a la Asamblea Nacional: (…) 19. Dictar su reglamento y aplicar las sanciones que en él se establezcan.

Llama la atención que la SC/TSJ haya determinado que la dirección de las relaciones internacionales tendría que considerar el cumplimiento del *Plan de la Patria 2013-2019*, nuevamente demostrando su falta de imparcialidad e independencia, al no ser este un plan de gobierno sino un documento de carácter político que de ninguna forma entra en el ámbito de competencias de la AN ni de la SC/TSJ. Dicho documento fue aprobado por la anterior AN cuya mayoría de diputados pertenecía al partido oficial (PSUV) y en el cual se exponen los lineamientos ideológicos y de política internacional que debe cumplir el Ejecutivo Nacional[82]. Por lo cual, la decisión adoptada en esa ocasión tiene que ver más con la identidad política de los anteriores diputados que con la supuesta "usurpación de funciones" en que habría –falsamente– incurrido esta AN.

La SC/TSJ declaró la inconstitucionalidad de esta ley con base en criterios políticos, vagos e imprecisos, en una clara extralimitación de sus funciones y en los cuales dejó claro su falta de independencia, imparcialidad y autonomía. Además de ello, hace suya la política adoptada por el Ejecutivo de denegar sus obligaciones con los derechos humanos universales, estableciendo un falso dilema con un concepto proscrito de "soberanía" que utiliza para no aceptar la cooperación internacional necesaria para resolver la crisis de salud nacional que afecta los derechos humanos más elementales.

---

82   *Plan de la Patria 2013-2019*. Publicado en *Gaceta Oficial de la República Bolivariana de Venezuela* N° 6.118 Extraordinario, de fecha 4 de diciembre de 2013.

8. **SC/TSJ: Sentencia N° 808 de fecha 4 de septiembre del 2016, caso *Presidente de la República vs Ley de Reforma Parcial del Decreto N° 2165 con Rango y Fuerza de Ley Orgánica que Reserva al Estado las Actividades de Exploración y Explotación de Oro, así como las conexas y auxiliares a éstas*. Expediente N° 16-0831. Ponencia Conjunta.**

El Presidente de la República, Nicolás Maduro, solicitó a la SC/TSJ el control previo de constitucionalidad de la *Ley de Reforma Parcial del Decreto N° 2165 con Rango y Fuerza de Ley Orgánica que Reserva al Estado las Actividades de Exploración y Explotación de Oro, así como las Conexas y Auxiliares a Éstas*, sancionada por la AN el 9 de agosto de 2016. Mediante esta sentencia, la SC/TSJ declaró la nulidad de esta reforma legislativa bajo el fundamento de que la AN se encuentra en "franco desacato" de las decisiones del TSJ, como consecuencia de la incorporación de los diputados del estado Amazonas y de la Región Indígena Sur, a pesar de la suspensión de efectos de su proclamación efectuada por la SE/TSJ en diciembre de 2015. Asimismo, reiteró con carácter general que todos los actos emanados de la AN, mientras se mantenga el "*desacato*", son inconstitucionales y, por tanto, nulos.

DERECHOS QUE VIOLA:

Derecho a la participación política y al sufragio (arts. 62 y 63 CRBV; art. 25 PIDCP, art. 21 DUDH, art. XX DADDH); y derecho al debido proceso (art. 49 CRBV, art. 14 PIDCP, art. 10 DUDH, art. XXVI DADDH); y la competencia de la AN de legislar en las materias de competencia nacional (art. 187.1 CRBV).

DECISIÓN:

Siendo que la solicitud presidencial de control previo de la constitucionalidad de la Ley en cuestión se hizo a la luz del artículo 214 de la *Constitución*, la SC/TSJ citó su propio precedente sentado en la sentencia N° 259 de fecha 31 de marzo del 2016, analizada previamente en este trabajo, que "fijó el contenido y alcance del artículo 214 constitucional", considerando que la SC/TSJ "puede pronunciarse sobre el texto de manera global y decidir perentoriamente sobre su conformidad o no con la Constitución".

La Sala estableció que constituye un hecho notorio y comunicacional que la AN procedió a la juramentación de dos diputados por el estado Amazonas y uno por la Región Indígena Sur (Julio Ygarza, Nirma Guaruya y Romel Guzmana) en la sesión de fecha 28 de julio del 2016 y citó una nota de prensa que reseña que "han transcurrido más de seis meses y los electores del estado Amazonas carecen de representación en la Asamblea Nacional, simplemente porque la Sala Electoral del TSJ no decidió en seis meses lo que ha debido resolver en dos días", haciendo referencia a la sentencia N° 260 de fecha 30 de diciembre del 2015, emitida por la SE/TSJ, que declaró procedente el amparo cautelar y ordenó:

> [...] de forma provisional e inmediata la suspensión de efectos de los actos de totalización, adjudicación y proclamación emanados de los órganos subordinados del Consejo Nacional Electoral respecto de los candidatos electos por voto uninominal, voto lista y representación indígena en el proceso electoral realizado el 6 de diciembre de 2015 en el estado Amazonas para elección de diputados y diputadas a la Asamblea Nacional.

Asimismo, ratificando el criterio de la sentencia N° 1 de fecha 11 de enero del 2016 de la SE/TSJ, determinó que al "usurpar" el ejercicio del cargo como diputados, los actos emanados de la AN dictados en "*desacato*" del Poder Judicial, "se encuentran viciados de nulidad absoluta y por tanto resultan inexistentes aquellas decisiones dictadas por la Asamblea Nacional a partir de la incorporación de los mencionados ciudadanos". En el mismo sentido, la SC/TSJ trajo a colación la decisión N° 108 del 1 de agosto de 2016 de la SE/TSJ sobre el mismo tema, que declaró la invalidez del acto de juramentación de los referidos diputados.

En definitiva, sobre la base de las decisiones dictadas por el TSJ desde las elecciones parlamentarias del 6 de diciembre de 2015, en la sentencia de la SC/TSJ se estableció que:

> [...] todos los actos de cualquier índole, que sean dictados por la Asamblea Nacional, mientras se mantenga la incorporación de los ciudadanos Nirma Guarulla, Julio Haron Ygarza y Romel Guzamana, fungiendo como Diputados de dicho órgano legislativo, resultan absolutamente nulos por la usurpación de autoridad de dichos ciudadanos.

> [...]

> [L]os actos que emanen de la Asamblea Nacional, cualquiera sea su tipo, que sean adoptados en contravención a lo dispuesto por las referidas sentencias emanadas de la Sala Electoral del Tribunal Supremo de Justicia, resultan absolutamente nulos y carentes de cualquier tipo de validez jurídica.

Como consecuencia de ello, determinó que la Ley en cuestión fue sancionada en "franco desacato de las decisiones emanadas de la Sala Electoral", lo que hace considerarla "manifiestamente inconstitucional y por ende, absolutamente nula y carente de vigencia y eficacia jurídica, sin que ello prejuzgue sobre otras posibles causas de nulidad por inconstitucionalidad, tanto de forma como de fondo, en las que pudiera estar incursa". De esta manera la Sala ya no se pronunció sobre el contenido de la Ley en cuestión.

Por último, al considerar que la actuación de la mayoría parlamentaria de la AN "en contravención al ordenamiento constitucional y en contumacia a las decisiones emanadas por los órganos jurisdiccionales del país, generará las correspondientes responsabilidades y sanciones constitucionales, penales, civiles, administrativas, disciplinarias, éticas, políticas y sociales", ordenó remitir copia de la sentencia al Consejo Moral Republicano, a la Contraloría General de la República, a la Procuraduría General de la República, al Ministerio Público, al Consejo Nacional Electoral y a la SE/TSJ.

COMENTARIOS[83]:

De esta sentencia destaca el hecho de que la inconstitucionalidad de la Reforma Parcial de la *Ley Orgánica que Reserva al Estado las Actividades de Exploración y Explotación de Oro* no haya sido determinada por el contenido de sus disposiciones, sino por el simple hecho de haber sido dictada por la AN, con la participación de los diputados del estado Amazonas.

Con este fallo se da un nuevo giro al desmantelamiento de las facultades constitucionales de la AN, pues de ahora en adelante la SC/TSJ comenzará a utilizar como excusa para anular todas las leyes y actos del parlamento, el hecho de haber "desacatado" una decisión cautelar de la SE/TSJ, mediante la cual se desincorporó a dos diputados de Amazonas y uno de la Región Indígena Sur. Con este insólito e inédito argumento del supuesto "*desacato*", la SC/TSJ pasó a desconocer de plano a la AN imponiendo delitos sin juicio, pues no sólo califica sin proceso penal la existencia de un supuesto delito de "*desacato*", sino que además impone una restricción accesoria inexistente en nuestro ordenamiento jurídico e inconstitucional, que implica que deba desconocerse todos los actos dictados por la AN. Este

---

83   Sobre esta sentencia, véase además los comentarios de: CORREA MARTÍN, **María Alejandra**, "*De la inconstitucional evasión del control parlamentario decretada por el Ejecutivo Nacional y avalada por la Sala Constitucional*", en *Revista de Derecho Público*, N° 147-148 (julio- diciembre 2017), Caracas 2017, pp. 326 y ss.

es el ardid con que la SC/TSJ pasó a eliminar el parlamento de Venezuela.

En efecto, si la Asamblea incumplió la decisión de la SE/TSJ que ordenó desincorporar a tres diputados del estado Amazonas y de la Región Indígena Sur, lo único que podía hacer esa SE/TSJ es ejecutar su sentencia por un procedimiento judicial especial, regulado en la LOTSJ. El Derecho venezolano no contempla, como "sanción" por el incumplimiento de sentencias, la inhabilitación y nulidad de todos los actos de la Asamblea. Es decir, no hay penas accesorias que permitan desconocer todas las actuaciones del órgano más representativo del sistema democrático.

Así, la SC/TSJ empleó como fundamento todas las decisiones inconstitucionales que han sido emitidas por el TSJ desde que se celebraron las elecciones parlamentarias del 6 de diciembre de 2015 y que se analizan en este trabajo - específicamente las emanadas de la SE/TSJ en diciembre de 2015 y a partir de enero de 2016 respecto a la representación del estado Amazonas- para reiterar una vez más que el órgano del Poder Legislativo se encuentra en "*desacato*" y que por tanto todos sus actos están viciados de nulidad absoluta. Incluso, toma una decisión *a priori* sobre la nulidad de los actos que pudiera dictar la AN en el futuro, en la medida en que lo haga con la participación de los diputados del estado Amazonas y de la Región Indígena Sur, que son fundamentales para que la bancada opositora alcance la mayoría calificada.

En esta oportunidad, la SC/TSJ además se propuso amenazar a la mayoría parlamentaria ordenando que se remitiera la decisión al Consejo Moral Republicano "a pesar que dicho órgano solo tiene competencia para formular advertencias 'a las autoridades, funcionarios de la Administración Pública' (art.

275), y en ningún caso a los legisladores"[84]. Lo mismo sucede en cuanto a la remisión de la decisión a la Contraloría General de la República y a la Procuraduría General de la República. Por último, la remisión de la sentencia al Ministerio Público como consecuencia de "los posibles ilícitos penales que pudieran haberse cometido o estar cometiéndose", es una clara amenaza de enjuiciamiento a los diputados democráticamente electos, que están ejerciendo sus funciones constitucionales y que, además, aunque no ha sido respetada, gozan constitucionalmente de inmunidad parlamentaria.

9. **SC/TSJ: Sentencia N° 938 de fecha 4 de noviembre del 2016, caso *Presidente de la República vs Ley de Reforma Parcial de la Ley Orgánica de Telecomunicaciones*. Expediente N° 16-1027. Magistrado Ponente: Luis Fernando Damiani Bustillos.**

Sentencia mediante la cual la SC/TSJ declaró su competencia para conocer de una solicitud del Presidente de la República, Nicolás Maduro, que ella misma denominó "de control previo de la constitucionalidad" sobre la *Ley de Reforma Parcial de la Ley Orgánica de Telecomunicaciones* sancionada por la AN el 29 de octubre de 2016, sin que así lo señalara el accionante, y mediante la cual declaró la nulidad del acto legislativo que sancionó la Ley como consecuencia del supuesto *"desacato"* en el que se encuentra incursa la AN, así como por su contenido.

---

84   Brewer Carías, Allan, *La amenaza final contra la Asamblea Nacional para el golpe de Estado Judicial: la declaratoria de nulidad total de sus actos y el anuncio del enjuiciamiento de los diputados por desacato*, 5 de septiembre de 2016. Disponible en:
http://allanbrewercarias.net/Content/449725d9-f1cb-474b-8ab2-41efb849fea3/Content/Brewer.%20AMENAZA%20FINAL%20CONTRA%20LA%20ASAMBLEA%20NACIONAL%20sept.%202016.pdf

DERECHOS QUE VIOLA:

Derecho a la participación política y al sufragio (arts. 62 y 63 CRBV; art. 25 PIDCP, art. 21 DUDH, art. XX DADDH); derecho al debido proceso (art. 49 CRBV, art. 14 PIDCP, art. 10 DUDH, art. XXVI DADDH); derecho a la libertad de expresión (art. 57 CRBV, art. 19 PIDCP, art. 19 DUDH, art. 4 DADDH); y derecho a disponer de bienes y servicios de calidad (art. 117 CRBV).

DECISIÓN:

Al analizar su competencia para conocer de la solicitud planteada por el Presidente, la SC/TSJ advirtió que éste no la calificó expresamente e invocó el principio *iura novit curia* para calificarla como "un control previo de constitucionalidad" regulado en el artículo 214 de la *Constitución* y, consecuentemente, declararse competente.

Como lo hizo en las sentencias previamente analizadas, la SC/TSJ indicó que la sanción de la Ley en cuestión por la AN se produjo luego de la incorporación de los ciudadanos Julio Ygarza, Nirma Guarulla y Romer Guzamana en su carácter de diputados representantes del estado Amazonas los dos primeros y de la Región Indígena Sur el tercero, y de su juramentación que tuvo lugar en fecha 28 de julio del 2016. En virtud de ello, consideró que la Ley estaba viciada de nulidad *a priori,* por encontrarse la AN en *"desacato"* de las decisiones del TSJ. A tales efectos, citó las sentencias Nos. 808/2016 y 814/2016 de la propia Sala, así como las decisiones de la SE/TSJ Nos. 260/2015, 1/2016 y 108/2016 (analizadas en el presente trabajo). En relación al *"desacato"*, reiteró que:

> [T]odo acto que pretenda impedir o menoscabar la materialización de ese derecho a la ejecutoriedad y ejecución de una decisión judicial, se convierte abiertamente en una franca violación del prenombrado derecho, que los actos emitidos en el pleno de dicho órgano parlamentario resultan absolutamente nulos por usurpación de autoridad,

con ocasión al desacato por parte de la Asamblea Nacional de las aludidas decisiones judiciales dictadas por la Sala Electoral bajo los Nos. 260 de fecha 30 de diciembre de 2015 y 1 del 11 de enero de 2016.

En tal sentido, la SC/TSJ determinó que debe "de oficio y en resguardo del orden público constitucional [...] proceder a un examen de la inconstitucionalidad de la Ley", con el objetivo de "garantizar la supremacía y efectividad de las normas y principios constitucionales (artículo 335 de la Constitución)". Así, citando las sentencias Nos. 808/2016 y 814/2016 y el referido artículo, "de oficio declara la nulidad del acto legislativo mediante el cual se sancionó la Ley de Reforma Parcial de la Ley Orgánica de Telecomunicaciones"

Posteriormente, y a diferencia de otras decisiones en las que no ha entrado a conocer el fondo o los méritos sobre la constitucionalidad de la ley impugnada, la SC/TSJ estimó necesario formular una serie de consideraciones en torno al contenido de la Ley, dado que a su entender ésta se vincula directamente con el ejercicio de derechos fundamentales consagrados en la *Constitución*, específicamente a los artículos 108 y 117 *eiusdem*[85].

---

85 Artículo 108 de la *CRBV*. Los medios de comunicación social, públicos y privados, deben contribuir a la formación ciudadana. El Estado garantizará servicios públicos de radio, televisión y redes de bibliotecas y de informática, con el fin de permitir el acceso universal a la información. Los centros educativos deben incorporar el conocimiento y aplicación de las nuevas tecnologías, de sus innovaciones, según los requisitos que establezca la ley.

Artículo 117 de la *CRBV*. Todas las personas tendrán derecho a disponer de bienes y servicios de calidad, así como a una información adecuada y no engañosa sobre el contenido y características de los productos y servicios que consumen; a la libertad de elección y a un trato equitativo y digno. La ley establecerá los mecanismos necesarios para garantizar esos derechos, las normas de control de calidad y cantidad de bienes y servicios, los procedimientos de defensa del público con-

Para la SC/TSJ, la comunicación es un:

> [S]ervicio público, cuya titularidad recae en el Estado y
> su ejecución se puede realizar de manera directa o indirec-
> ta, pero el Estado debe a través de los órganos competen-
> tes, procurar la satisfacción eficaz del servicio universal
> de telecomunicaciones y asegurar a los usuarios y consu-
> midores un servicio de calidad, en condiciones idóneas y
> de respeto de los derechos constitucionales de todas las
> partes involucradas.

En tal sentido, determinó que en la reforma de Ley "se advierte la intención de desconocer o vaciar de contenido el Estado Social de Derecho y de Justicia definido en la Constitución"
y agrupó la contrariedad a derecho en tres (3) elementos que
"afectan de manera tangible al prestador de servicio, a la comunidad y al Estado"; a saber:

e. *La sustitución del "carácter de interés público" por el de
"interés general" de los servicios de telecomunicaciones*

La SC/TSJ consideró que el vocablo *público* "alude a la finalidad del Estado políticamente organizado" y determinó que:

> En materia de telecomunicaciones la intervención direc-
> ta del Estado y, por ende, la actual calificación de activi-
> dades de interés público se justifica en el deber de garan-
> tizar el correcto actuar en la transmisión y recepción de
> información por medios electromagnéticos que en defini-
> tiva afecta en forma directa a los usuarios y usuarias de
> los medios de comunicación.

De manera que, al suprimir el carácter de interés público y
sustituirlo por el de interés general, "se reduciría *ipso facto* la
prelación de los fines del Estado en la posibilidad de interven-

---

sumidor, el resarcimiento de los daños ocasionados y las sanciones
correspondientes por la violación de estos derechos.

ción, es decir, se limitaría la rectoría del mismo sobre los medios de comunicación", lo que consideró que culminaría con "la monopolización de los sistemas de comunicación electrónica nacional y el alejamiento del pueblo para participar en los medios de difusión colectivos". Así, en definitiva, consideró que la reforma planteada "revela el propósito de sustraer la potestad interventora estatal" en las telecomunicaciones, propiciando una situación que dificulte al Estado "proteger el bien de dominio público concesionado".

f. *La ampliación de la duración de las concesiones y la previsión sobre su renovación automática*

La Sala calificó como un mecanismo para la "obstaculización de la actuación del Estado como rector de la economía en el sector de telecomunicaciones", el hecho de que la extensión del plazo de las concesiones del espectro radioeléctrico se extendiera de quince (15) a veinte (20) años, así como el hecho de que prevea la renovación automática de las mismas, ya que ello favorece "la concentración y monopolización de los sistemas de comunicación electrónica nacional por los grupos empresariales existentes", en la medida en que:

> Cercena en forma abierta la competencia del Estado para decidir en cada caso concreto la duración de la concesión a otorgar en función del interés nacional por tratarse de un bien de uso común, y afecta negativamente el principio de igualdad en razón del tratamiento que se otorga a los servicios audiovisuales en relación con los de radiodifusión, la inobservancia de la inversión y aportes tecnológicos realizados por el concesionario y los fines que se persigan con el uso y explotación de la banda de frecuencia asignada.

En tal sentido, la SC/TSJ consideró que esa consecuencia jurídica podría extenderse a "aquellas compañías que alcanzaron enormes privilegios y concentración pero que el Estado consideró inidóneos para la transmisión de información mediante el silencio administrativo negativo a sus peticiones de renovación". Ello, en virtud de que la reforma prevé en su artículo 46 que las concesiones de quienes hubieran solicitado su renovación conforme a la legislación derogada, sin que el órgano rector se hubiese pronunciado en el plazo legal, quedarían prorrogadas a partir de la entrada en vigencia de la reforma (silencio positivo). Al respecto, indicó que:

> Lo anterior trasluce el propósito de normar a través de un texto legal la posibilidad de disponer libremente de la explotación de los medios de comunicación con una alarmante ausencia de controles necesarios en este ámbito (*cfr.* sentencias de esta Sala Nros. 956/2007 y 957/2007), lo que resulta antagónico a la concepción moderna de Estado Democrático y Social, en la cual éste debe garantizar la ejecución de los servicios públicos con el fin primordial de satisfacer las necesidades de la sociedad para lo cual requiere - entre otras actividades básicas – mantener el dominio del espectro radioeléctrico a fin de resguardar su correcta ejecución de su explotación por los medios de comunicación en pro de la sociedad. Por lo tanto, la excesiva liberalidad de actuación que pretende la referida reforma de ley lejos de procurar un actuar transparente a favor de los usuarios, persigue dejar en manos de los intereses particulares la transmisión y control de la información que percibe cada ciudadano, lo que demuestra concepciones propias de la teoría del Estado Mínimo, el cual "*planteó que para ser modernos, cada vez, había que tener menos Estado rector de la comunicaciones y entregar progresivamente el modelo y el proceso de la comunicación nacional a la dinámica de mercado salvaje desregulado*" (*cfr.* ESTEINOU MADRID, Javier: "*La Suprema Corte de Justicia de la Nación y la 'Ley Televisa'*", Anuario de Investigación 2007, UAMX, México, 2008), pero cuya noción desproporcionada de libertad resulta totalmente lesiva a los derechos fundamentales a la información, a la igualdad, a la comunicación e, incluso, afecta colateralmente otros derechos como la libertad de actividad económica, entre otros.

g. *La regulación de las percepciones económicas*

La SC/TSJ consideró contrario a Derecho la reforma conforme a la cual el prestador de servicios debe someter ante la Comisión Nacional de Telecomunicaciones (CONATEL), "una propuesta de precios mínimos y máximos", porque implica "llevar los servicios fundamentales -como la telefonía, entre otros– a una dinámica de fluctuación del mercado, que en todo caso debe reservarse por razones de interés público en el marco del Estado Democrático y Social de Derecho y de Justicia". Asimismo, consideró como un agravante que la Ley reduzca las sanciones a los particulares por el incumplimiento de las disposiciones de la ley.

Por último, y tras la exposición de esos tres elementos, la SC/TSJ determinó que "la ejecución material del contenido de la reforma de Ley propuesta afectaría de manera tangible al prestador de servicio, a la comunidad y al Estado propiamente"; ello, en la medida en que en su artículo 29:

> [S]e limita el derecho a la participación a través de la reducción de las estaciones de radiodifusión sonora y televisión abierta comunitarias sin fines de lucro, al ámbito parroquial, lo cual no solo limita los privilegios comunicativos de los prestadores de servicios a esas instancias, sino que elimina las estaciones creadas en otras instancias de la comunidad organizada.

La SC/TSJ fue del criterio que, en atención a esa concepción de la comunicación como servicio público, es deber del Estado velar por los más débiles; por lo que no pasó inadvertido el propósito de "arribar al abandono de la fijación de los precios de los servicios básicos de comunicación por el órgano competente para sustituirlo por la dinámica liberal de intereses de los oligopolios de difusión"

Asimismo, la Sala condenó el hecho de que el artículo 18 de la reforma de Ley "limita la emisión de alusiones y mensajes oficiales, cuya potestad del Estado se encuentra íntimamente relacionada con la seguridad de la nación".

En definitiva, considerando que la Ley en cuestión "devela una tendencia política (Estado Mínimo) que se aparta de los postulados constitucionales referidos a la concepción de Estado Democrático y Social de Derecho y de Justicia", la SC/TSJ declaró "de oficio la nulidad del acto legislativo mediante el cual se sancionó la Ley de Reforma Parcial de la Ley Orgánica de Telecomunicaciones y su contenido".

COMENTARIOS:

Sobre esta sentencia podría hacerse un extenso estudio a la luz de la precaria situación en la que se encuentra la libertad de expresión en Venezuela, debido a las restricciones arbitrarias, ataques, juicios, procedimientos, persecuciones y cierres de medios ejecutados por el gobierno venezolano, de lo que han dado cuenta diversas organizaciones no gubernamentales[86] y organismos internacionales de derechos humanos[87]. Sin embar-

---

86   Véanse algunos: Espacio Público. *Informe Año 2015: Situación del derecho a la libertad de expresión en Venezuela*. Disponible en: http://espaciopublico.ong/informe2015/; *Informe Año 2014: Situación del derecho a la libertad de expresión e información*. Disponible en: http://espaciopublico.ong/informe-2014-situacion-del-derecho-la-libertad-expresion-e-informacion/; *Informe Año 2013: Situación del derecho a la libertad de expresión e información*. Disponible en: http://espaciopublico.ong/informe-2013-situacion-del-derecho-la-libertad-expresion-e-informacion/. Instituto de Prensa y Sociedad Venezuela. *La violencia que calla: la libertad de prensa en Venezuela 2010-2011*. Disponible en: http://ipysvenezuela.org/2013/05/17/la-violencia-que-calla-la-libertad-de-prensa-en-venezuela-2010-2011/

87   CorteIDH, caso *Granier y otros (Radio Caracas Televisión) Vs. Venezuela*. Excepciones Preliminares, Fondo, Reparaciones y Costas. Sentencia de 22 de junio de 2015 (Serie C N° 293). Disponible en: http://www.bjdh.org.mx/interamericano/doc?doc=casos_sentencias/CasoGranierotrosVsVenezuela_ExcepcionesFondoReparacionesCost

go, a los efectos de este trabajo, se presentarán brevemente las violaciones más graves al ordenamiento jurídico interno y a las obligaciones en internacionales en materia de derechos humanos, en especial a la libertad de expresión, en las que incurrió el Estado venezolano al adoptar esta decisión judicial en cuestión.

En primer lugar, destaca el "activismo" judicial desbordado desde el punto de vista del Derecho Procesal Constitucional, evidenciado en que la SC/TSJ se sustituyó de oficio en la volun-

---

as.htm; caso *Ríos y otros Vs. Venezuela.* Excepciones Preliminares, Fondo, Reparaciones y Costas. Sentencia de 28 de enero de 2009 (Serie C N° 194). Disponible en:
http://www.bjdh.org.mx/interamericano/doc?doc=casos_sentencias/CasoRiosOtrosVsVenezuela_ExcepcionesPreliminaresFondoReparacionesCostas.htm; caso *Perozo y otros Vs. Venezuela.* Excepciones Preliminares, Fondo, Reparaciones y Costas. Sentencia de 28 de enero de 2009. (Serie C N° 195). Disponible en:
http://www.bjdh.org.mx/interamericano/doc?doc=casos_sentencias/CasoPerozoOtrosvsVenezuela_ExcepcionesPreliminaresFondoReparacionesCostas.htm . CIDH. *Informe Anual 2015. Capitulo IV.B Venezuela,* párrs. 3, 69-70, 91, 99, 108, 114-116 y 135-233. Disponible en:
http://www.oas.org/es/cidh/docs/anual/2015/docs/InformeAnual2015-Cap4-Venezuela-ES.pdf; *Informe Anual 2014. Capitulo IV.B Venezuela,* párrs. 329, 364, 398-535, 621 y 697. Disponible en: http://www.oas.org/es/cidh/docs/anual/2014/docs-es/Anual2014-cap4Venezuela.pdf; *Informe Anual 2013. Capitulo IV.B Venezuela,* párrs. 441, 497, 519-631 y 659. Disponible en:
http://www.oas.org/es/cidh/docs/anual/2013/docs-es/InformeAnual-Cap4-Venezuela.pdf. CIDH. Relatoría Especial para la Libertad de Expresión, *Venezuela / Crisis: Relatores de la ONU y del Sistema Interamericano alertan del deterioro de la libertad de prensa. Comunicado de prensa conjunto R110/16.* Disponible en:
http://www.oas.org/es/cidh/expresion/showarticle.asp?artID=1036&lID=2; ONU, Asamblea General, *Draft report of the Working Group on the Universal Periodic Review* Venezuela (Bolivarian Republic of), de fecha 3 de noviembre de 2016, párrs. 5.181-5.190, 5.193-5.203, 5.208-5.212. Disponible en: http://www.examenonuvenezuela.com/web/wp-content/uploads/2016/11/Informe-de-Recomendaciones-EPU-2016.pdf

tad del accionante, al otorgarle una clasificación jurídica al recurso interpuesto por el Presidente, sin que este hubiese señalado su pretensión ni el tipo de recurso que incoaba. En tal caso, le correspondía a la Sala solicitar al accionante que reformara la demanda para subsanar los errores en que incurriera o, en su defecto, inadmitirla.

Con el mismo énfasis con el que se ha señalado con anterioridad, la declaratoria por parte de la SC/TSJ de "*desacato*" de la AN como consecuencia de la incorporación de los diputados del estado Amazonas y de la Región Indígena Sur, implica el desconocimiento de la función propia y exclusiva del órgano legislativo de "calificar" a sus propios integrantes, como lo dispone el artículo 187, numeral 20 de la *Constitución*[88]; así como el desconocimiento de la independencia y autonomía del Poder Legislativo. Además, esto implica una grave violación a los derechos de participación política y al sufragio al anular, incluso *a priori* y "de oficio", todos los actos emanados de la AN cuyos diputados fueron electos democráticamente para representar parlamentariamente la voluntad de los venezolanos.

Por otra parte, cabe destacar que la Ley que fue objeto de la reforma ha sido ampliamente cuestionada por ser violatoria de la libertad de expresión e impedir la pluralidad de los medios de comunicación[89].

---

88   Artículo 187 de la *CRBV*: Corresponde a la Asamblea Nacional:

   20.   Calificar a sus integrantes y conocer de su renuncia. La separación temporal de un diputado o diputada sólo podrá acordarse por el voto de las dos terceras partes de los diputados y las diputadas presentes

89   CIDH. *Informe Anual De La Comisión Interamericana De Derechos Humanos 2011: Informe de la Relatoría Especial para la Libertad de Expresión, OEA/Ser.L/V/II, Doc. 69*, de fecha 30 diciembre 2011, párr. 514 – 518. Disponible en:
   http://www.oas.org/es/cidh/expresion/docs/informes/anuales/2012%2003%2021%20Informe%20Anual%20RELE%202011%20impresion.pdf.

De hecho, los elementos que la SC/TSJ consideró que justifican su declaratoria de nulidad, son precisamente aquellos que persiguen la intervención del Estado con el objeto de garantizar la pluralidad de los medios de comunicación y el ejercicio legítimo del derecho a la libertad de expresión como piedra angular de toda sociedad democrática. Sin embargo, esa premisa es absolutamente contraria a la censura y cierre de medios ejecutada por el gobierno con el aval del TSJ.

Destaca de la sentencia, que la Sala justifique como ajustado a Derecho la calificación de la comunicación como un "servicio público" y que haya realizado una amplia argumentación jurídica para declarar que el cambio de la frase *interés público* por el de *interés general,* implicaba una restricción a la posibilidad de intervención estatal como algo negativo. Resulta inaceptable la calificación de la comunicación como un "servicio público", ya que ello supone en Derecho Administrativo una reserva exclusiva de esa actividad para el Estado. En este sentido, el fallo incluso, reitera a lo largo del texto que es en interés del Estado "mantener el dominio del espectro radioeléctrico".

Así, aquellas disposiciones de la reforma relativas al control de precios de los servicios de telecomunicaciones, a las limitaciones a las alocuciones oficiales, la renovación de las concesiones y extensión de su duración, a garantizar la pluralidad de los medios de comunicación, entre otras, fueron las que llevaron a la SC/TSJ a declarar de oficio la nulidad de esta Ley.

CIDH. Relatoría Especial para la Libertad de Expresión; CIDH. Comunicado de Prensa N° 122/10, *CIDH expresa preocupación ante proyectos de ley en Venezuela que pueden afectar la plena vigencia de los derechos humanos.* Disponible en:
http://www.oas.org/es/cidh/expresion/showarticle.asp?artID=828 &lID=2; ONU, Asamblea General, *Draft report of the Working Group on the Universal Periodic Review* Venezuela (Bolivarian Republic of), op. cit.,* párrs. 5.183, 5.184, 5.207.

10. **SC/TSJ: Sentencia N° 939 de fecha 4 de noviembre del 2016, caso *Presidente de la República vs Ley de Reforma Parcial de la Ley Orgánica de la Contraloría General de la República y del Sistema Nacional de Control Fiscal.* Expediente N° 16-1026. Magistrada Ponente: Lourdes Benicia Suárez Anderson.**

Esta sentencia, a solicitud del Presidente de la República, Nicolás Maduro, declaró la nulidad de la *Ley de Reforma Parcial de la Ley Orgánica de la Contraloría General de la República y del Sistema Nacional de Control Fiscal* sancionada por la AN el 19 de julio del 2016, por considerar que el Legislativo se encuentra en condición de supuesto "*desacato*".

DERECHOS QUE VIOLA:

Derecho a la participación política y al sufragio (arts. 62 y 63 CRBV; art. 25 PIDCP, art. 21 DUDH, art. XX DADDH); derecho al debido proceso (art. 49 CRBV, art. 14 PIDCP, art. 10 DUDH, art. XXVI DADDH); garantía del *non bis in ídem* y principio de proporcionalidad de las sanciones.

DECISIÓN:

La SC/TSJ se declaró competente para conocer la solicitud presidencial de "control previo de la constitucionalidad de la ley", a la luz del artículo 214 de la *Constitución*, a pesar de que no se habían cumplido con los plazos legalmente establecidos. En primer término, la SC/TSJ calificó el recurso, en virtud del principio *iura novit curiae,* como un control previo de la constitucionalidad sobre la Ley en cuestión, dado que el Presidente de la República no lo calificó jurídicamente de esa manera.

De nuevo, la SC/TSJ determinó que "los actos emitidos en el pleno de dicho órgano parlamentario resultan absolutamente nulos por usurpación de autoridad", apoyándose en el argumento del supuesta "*desacato*" esgrimido en las sentencias anteriores de la SE/TSJ, Nos. 260 y 1 del 30 de diciembre de 2015 y

11 de enero de 2016, respectivamente; así como en las sentencias de la SC/TSJ, Nos. 808, 814 y 108.

Además, volvió a emplear el criterio conforme al cual la AN supuestamente incumplió con el procedimiento para la formación de leyes dispuesto en su sentencia N° 269 de fecha 21 de abril del 2016 y ratificado en la N° 343 de fecha 6 de mayo del 2016, consistente en la "obligatoriedad del estudio de impacto económico para determinar la viabilidad de la legislación" y la consulta "con el Ejecutivo Nacional –por vía del Vicepresidente Ejecutivo– a los fines de determinar la viabilidad económica de la Ley" antes de que el texto legal sea sancionado. La Sala decidió que al "obviar estos pasos en el proceso de formación de la Ley [...] la Ley estaría viciada de nulidad". Por lo tanto, antes de considerar el contenido de la ley en cuestión, la SC/TSJ se adelantó a declararla inconstitucional *ab initio*.

Luego, la Sala se refirió al asunto de la iniciativa o potestad para iniciar el proceso legislativo. En tal sentido, aludió a los artículos 136 y 204 de la *Constitución*[90] para señalar que cada

---

90   Artículo 136 de la *CRBV*. El Poder Público se distribuye entre el Poder Municipal, el Poder Estadal y el Poder Nacional. El Poder Público Nacional se divide en Legislativo, Ejecutivo, Judicial, Ciudadano y Electoral.

Cada una de las ramas del Poder Público tiene sus funciones propias, pero los órganos a los que incumbe su ejercicio colaborarán entre sí en la realización de los fines del Estado.

Artículo 204 de la *CRBV*. La iniciativa de las leyes corresponde:

1.   Al Poder Ejecutivo Nacional.

2.   A la Comisión Delegada y a las Comisiones Permanentes.

3.   A los y las integrantes de la Asamblea Nacional, en número no menor de tres.

4.   Al Tribunal Supremo de Justicia, cuando se trate de leyes relativas a la organización y procedimientos judiciales.

5.   Al Poder Ciudadano, cuando se trate de leyes relativas a los órganos que lo integran.

rama del Poder Público tiene funciones propias y confirmar el criterio esgrimido en la sentencia No 341 que anuló la reforma a la LOTSJ. Esto es, cuando se trate de leyes relativas a los órganos que lo integran, ese órgano –en este caso el Poder Ciudadano- tiene "la atribución exclusiva y excluyente de la iniciativa legislativa [...] por lo que debe la Sala declarar la inconstitucionalidad de la Ley sancionada".

En cuanto al contenido de la reforma y, específicamente al artículo que dispone que la intervención de la contraloría estadal, distrital o municipal requerirá la opinión favorable de los respectivos Consejos Legislativos, la Sala consideró que ello:

> [I]mplica una intromisión del Poder Legislativo en las atribuciones exclusivas y excluyentes que tiene el máximo órgano de control fiscal [...] menoscabando la potestad de la Contraloría General de la República para intervenir en aquellos órganos de control fiscal que incurran en graves irregularidades atribuyendo potestades a órganos legislativos que son objeto de control por parte de estos órganos de control fiscal externo, creando además un conflicto de intereses, al someter a la aprobación de un órgano centralizado objeto de control (Consejos Legislativos Estadales y Concejos Municipales) la posible intervención del órgano que lo controla.

Por tal razón, consideró que la reforma "implica una violación a la independencia del Poder Ciudadano y a la autonomía de la Contraloría General" que corresponde a la SC/TSJ garantizarla.

---

6. Al Poder Electoral, cuando se trate de leyes relativas a la materia electoral.

7. A los electores y electoras en un número no menor del cero coma uno por ciento de los inscritos e inscritas en el Registro Civil y Electoral.

8. Al Consejo Legislativo, cuando se trate de leyes relativas a los Estados.

Es de especial relevancia lo dispuesto por la Sala respecto a la reforma del arbitrario artículo 105 de la *Ley Orgánica de la Contraloría General de la República* relativo a la potestad del Contralor para imponer la inhabilitación política de funcionarios y autoridades como sanción accesoria tras la declaratoria de su responsabilidad administrativa. La reforma redujo de 15 a 5 años la máxima sanción, lo que la Sala consideró tal reducción "un retroceso en la lucha contra el flagelo de la corrupción". En el mismo sentido, la SC/TSJ criticó la Disposición Transitoria Cuarta de la reforma[91], por considerar que pretende amnistiar inhabilitaciones ya impuestas y eludir lo dispuesto en la sentencia N° 264 de fecha 11 de abril del 2016 que declaró inconstitucional la *Ley de Amnistía y Reconciliación Nacional*.

Igualmente, respecto a la disposición de la reforma conforme a la cual "En ningún caso, el Contralor o Contralora General de la República podrá acordar la suspensión del ejercicio del cargo, la destitución o inhabilitación para el ejercicio de cargos de elección popular", la SC/TSJ declaró que ello "crea un mecanismo de inmunidad administrativa para los funcionarios de elección popular" que contraría las funciones de la Contraloría y que "genera una discriminación al establecer prerrogativas no previstas constitucionalmente a un tipo de funcionarios a quienes se les excluiría de la posibilidad de ser sancionados administrativamente".

Estas consideraciones se extendieron igualmente a la Disposición Transitoria Tercera de la ley sancionada por la AN que prevé el decaimiento de pleno derecho de los actos dictados por el Contralor que cercenaron los derechos a la participación polí-

---

91   Con la entrada en vigencia de esta Ley, decaerán de pleno derecho los actos dictados por el Contralor General de la República, mediante los cuales se acordó la inhabilitación que cercenó derechos políticos a la participación y al sufragio pasivo o la posibilidad de ejercer efectivamente cargos de elección de popular.

tica mediante las inhabilitaciones políticas impuestas; sobre lo que la SC/TSJ dijo que no se trataba de inhabilitaciones "políticas", sino que eran de carácter administrativas.

COMENTARIOS:

Sobre el argumento del supuesto *"desacato"* y el procedimiento de consulta al Ejecutivo que dispuso la SC/TSJ por vía de las sentencias posteriores a las elecciones parlamentarias del 6 de diciembre de 2015, ya se ha tratado de forma extensiva en el presente estudio y damos por reproducida aquí las consideraciones sobre los vicios de los que adolecen dichas decisiones.

En relación al argumento sobre la supuesta atribución "exclusiva y excluyente" para la iniciativa de las leyes, es falso que la *Constitución* le asigne esta competencia con carácter exclusivo y excluyente al Poder Ciudadano cuando se trate de leyes relativas a los órganos que lo integran. En este sentido el sentenciador está obviando el artículo 187 (1) de la *Constitución* conforme al cual, le corresponde a la AN "Legislar en las materias de la competencia nacional y sobre el funcionamiento de las distintas ramas del Poder Nacional". Negar la atribución de la AN para iniciar la legislación sobre las demás ramas del Poder Público, es vaciar de contenido las funciones que le son propias y constituye además una violación al derecho a la participación política, no solo de los propios diputados sino de sus electores que no pueden ver sus intereses representados como consecuencia del vaciamiento que ha hecho el TSJ de las atribuciones constitucionales de legislar del Poder Legislativo.

Ahora bien, a pesar de que la razón por la cual se declaró la nulidad de la reforma de Ley sancionada por la AN fue por el procedimiento seguido para la formación de la misma y no por su contenido, no pueden dejar de hacerse algunas observaciones pertinentes en relación al incompleto análisis sustantivo de la norma que hizo la SC/TSJ y, fundamentalmente, sobre la reforma que pretendió hacer la Asamblea de la inconstitucional disposición contenida en el artículo 105 de la *Ley Orgánica de la Contraloría General de la República.*

El referido artículo permite que tras la declaratoria de responsabilidad administrativa de un funcionario público y su consecuente sanción administrativa, el Contralor General pueda –en un plazo no determinado– imponer la sanción accesoria de "inhabilitación política" por un plazo de hasta quince (15) años. Esta norma viola la reserva judicial de estas sanciones, el debido proceso y otros derechos constitucionales, ya que permite que el derecho a la participación política sea restringido por el Contralor y no por un "juez competente", sin que sea el resultado de un proceso penal seguido con las debidas garantías judiciales.

Aunado a todo ello, y en vista de que la disposición no preveía el lapso en el que se podía imponer dicha sanción, la SPA/TSJ determinó que debía tomarse en cuenta la norma general sobre la prescripción de las acciones administrativas sancionatorias contenida en el artículo 114 de la misma *Ley Orgánica de la Contraloría General de la República*, imponiéndose entonces como plazo máximo para determinar la sanción de inhabilitación, cinco (5) años[92]. Al respecto, la Corte Interamericana se

---

92 El artículo 114 de la *LOCGRSNCF* establece que "[l]as acciones administrativas sancionatorias o resarcitorias derivadas de la presente Ley, prescribirán el término de cinco (5) años, salvo que en Leyes especiales se establezcan plazos diferentes. Dicho término se comenzará a contar desde la fecha de ocurrencia del hecho, acto u omisión que origine la responsabilidad administrativa, la imposición de la multa o la formulación del reparo; sin embargo cuando el infractor fuere funcionario público, la prescripción comenzará a contarse desde la fecha de cesación en el cargo ostentado para la época de ocurrencia de la irregularidad. [...]"; Sala Accidental de la SPA/TSJ. Sentencia Nº 01516 de fecha 20 de octubre del 2009, caso *Manuel Alfonso Morales Lainette vs Sanción de inhabilitación*. Expediente Nº 2005-5270. Magistrado Ponente Levis Ignacio Zerpa. Disponible en:

pronunció en el caso *López Mendoza vs. Venezuela*[93] en estos términos:

> [E]l plazo de cinco años no es razonable para garantizar la previsibilidad en la imposición de una sanción. Constituye un plazo excesivamente prolongado y, por lo tanto, es incompatible con la necesidad de que un procedimiento sancionatorio concluya al momento de determinarse la responsabilidad correspondiente, de tal forma que el imputado no espere por un plazo demasiado amplio a que se determine el tipo de sanción que debe recibir por una responsabilidad que ya ha sido determinada. Además, la falta de un plazo cierto, previsible y razonable puede dar lugar a un ejercicio arbitrario de la discrecionalidad a través de sanciones aplicadas en un momento totalmente inesperado para la persona que ya fue declarada responsable previamente.
>
> En consecuencia, al no cumplir con el requisito de previsibilidad y, además, teniendo en cuenta lo señalado en el sentido que el artículo 105 de la LOCGRSNCF permite la restricción del derecho a ser elegido por una autoridad que no es juez penal (supra párrs. 107 y 108), la Corte concluye en el presente caso se vulneraron los artículos 8.1, 23.1.b y 23.2, en relación con los artículos 1.1 y 2 de la Convención Americana.

---

http://historico.tsj.gob.ve/decisiones/spa/octubre/01516-211009-2009-2005-5270.HTML; SPA/TSJ. Sentencia N° 00782 de fecha 27 de julio del 2010, caso *Carlos Ivan Rodríguez Araujo vs Sanción de inhabilitación*. Expediente N° 2008-0871. Magistrado Ponente Levis Ignacio Zerpa. Disponible en:
http://www.tsj.gov.ve/decisiones/spa/Julio/00782-28710-2010-2008-0871.html.

93   CorteIDH, caso *López Mendoza Vs. Venezuela*. Fondo Reparaciones y Costas. Sentencia de 1 de septiembre de 2011 (Serie C N° 233), párrs. 205 y 206.

Sin embargo, en un nuevo episodio de falta de independencia del Poder Judicial y anticipándose a la denuncia de la *Convención Americana sobre Derechos Humanos*, la SC/TSJ declaró "INEJECUTABLE" el fallo de la Corte Interamericana en el caso *López Mendoza vs. Venezuela* a través de su sentencia N° 1547 de fecha 17 de octubre del 2011. Este lamentable precedente en el que el Estado desconoció sus obligaciones internacionales en materia de derechos humanos, fue citado por la SC/TSJ en el presente caso para intentar desconocer que la norma contenida en el artículo 105 de la *Ley Orgánica de la Contraloría General de la República* es inconstitucional y que ha sido empleada arbitrariamente con la finalidad de perseguir a la disidencia política como lo han reconocido los organismos internacionales[94]. De hecho, para el año 2013 había 227 sanciones de inhabilitación en vigencia y la Contraloría General de la República envió una comunicación al Consejo Nacional Electoral para que impidiera su postulación como candidatos[95]. La prueba de que se trata de una sanción empleada para hostigar a la disidencia política es que ha sido aplicada a líderes políticos como Leopoldo López, Henrique Capriles, David Uzcátegui, Juan Carlos Caldera, María Corina Machado, Enzo Scarano, Manuel Rosales, Adriana D'Elia y Richard Mardo.

De manera que la SC/TSJ actúa nuevamente al servicio de los intereses del proyecto político, obviando las razones legales pertinentes al caso y desconociendo las atribuciones constitucionales de la AN.

Un último elemento que permite reiterar la falta de independencia del Poder Judicial es el hecho de que el recurso fue ad-

---

94 CIDH. *Informe Anual 2015*. Capítulo IV.B: Venezuela, párr. 93.

95 El Nacional (21 de junio de 2013) *CNE discutió lista de dirigentes inhabilitados que consignó la Contraloría*. Disponible en: http://www.el-nacional.com/noticias/politica/cne-discutio-lista-dirigentes-inhabilitados-que-consigno-contraloria_164928

mitido a pesar de que no se cumplieron los plazos legales para su interposición y de que el mismo no fue siquiera calificado correctamente por el accionante. Cabe destacar que el artículo 214 de la *Constitución* establece que:

> El Presidente o Presidenta de la República promulgará la ley dentro de los diez días siguientes a aquél en que la haya recibido. [...] Cuando el Presidente o Presidenta de la República considere que la ley o alguno de sus artículos es inconstitucional solicitará el pronunciamiento de la Sala Constitucional del Tribunal Supremo de Justicia, en el lapso de diez días que tiene para promulgar la misma.

A pesar de que la Ley en cuestión fue sancionada el 19 de julio de 2016 y remitida para su promulgación el 21 del mismo mes y año, la sentencia estableció que no fue recibida por el Despacho de la Presidencia de la República sino transcurrido más de un mes, en fecha 25 de agosto de 2016. Sería, en todo caso a partir de entonces que se contaría el lapso, que se cumpliría el 8 de septiembre del mismo año. Sin embargo, la SC/TSJ señaló al inicio del fallo que recibió el oficio del Presidente en fecha 21 de octubre de 2016, con fecha del 14 de octubre. De manera que ya habían transcurrido veintiséis (26) días hábiles más del plazo previsto en la *Constitución* para solicitar el pronunciamiento de la SC/TSJ y, por tanto, debió declararse extemporáneo.

11. SC/TSJ: Sentencia N° 1012 de fecha 25 de noviembre del 2016, caso *Presidente de la República vs Ley para la Protección de la Remuneración y Defensa del Salario del Docente al Servicio de las Instituciones Oficiales Dependientes del Ejecutivo Nacional, Estadal y Municipal*. Expediente N° 16-1113. Magistrado Ponente: Juan José Mendoza Jover.

Decisión por medio de la cual la SC/TSJ conoció de la solicitud de declaratoria de control previo de la constitucionalidad efectuada por el Presidente de la República, Nicolás Maduro, de la *Ley para la Protección de la Remuneración y Defensa del Salario del Docente al Servicio de las Instituciones Oficiales Dependientes del Ejecutivo Nacional, Estadal y Municipal*; y declaró su nulidad, fundada en el supuesto *"desacato"* en el que se encuentra la AN respecto al TSJ.

DERECHOS QUE VIOLA:

Derecho a la participación política (art. 62 y 125 CRBV, art. 25 PIDCP, art. 21 DUDH, art. 20 DADDH), derecho al debido proceso (art. 49 CRBV, art. 14 PIDCP, art. 10 DUDH, art. 26 DADDH); y derecho al salario (art. 91 CRBV, art. 23.3 DUDH, art. 14 DADDH).

DECISIÓN:

Tras haber declarado su competencia para conocer del recurso bajo los artículos 214 de la *Constitución* y 25 (15) de la LOTSJ, la SC/TSJ pasó a reiterar el *"desacato"* en el que se encuentra la AN y que:

> [T]iene su origen en la negación de dar cumplimiento a la orden emanada de la sentencia n° 260 del 30 de diciembre de 2015, dictada por la Sala Electoral del Tribunal Supremo de Justicia, decisión que posteriormente fue ratificada en el fallo n°. 1 proferido el 11 de enero de 2016, por la mencionada Sala Electoral, posteriormente, la referida Sala Electoral en sentencia n°. 108 del 1° de agosto de 2016, en consecuencia, del flagrante desacato a sus decisiones, sostuvo la invalidez, inexistencia e ineficacia jurídica por violación flagrante del orden público constitucional de aquellos actos o actuaciones que dictare la Asamblea Nacional.

Dicho criterio había sido adoptado por la SC/TSJ en sus sentencias Nos. 808/2016 y 814/2016, como ya se ha indicado en este trabajo en reiteradas oportunidades. Este "manifiesto desacato [...] acarrea como consecuencia jurídica la inmediata in-constitucionalidad de sus actos, en específico, de la Ley objeto de la presente solicitud".

También, la Sala empleó el argumento esgrimido en su decisión N° 269 del 21 de abril de 2016, conforme al cual la AN habría incumplido el procedimiento de presentar "informe sobre el impacto e incidencia presupuestaria y económica o, en todo caso, el informe de la Dirección de Asesoría Económica y Financiera de la Asamblea Nacional que debe acompañar a todo proyecto de ley", que son "requisitos esenciales y obligatorios sin los cuales no se puede discutir un proyecto de ley" y que deben ser consultados obligatoriamente por la Asamblea al Ejecutivo Nacional "a los fines de determinar su viabilidad económica".

Consecuentemente, en relación con las disposiciones que versan sobre la disponibilidad, solicitud y gestión de los recursos, llegó a la conclusión de que la AN, al sancionar esta Ley:

> [I]nfringió postulados fundamentales que rigen el proceso de formación de la ley *sub examine*, como la autonomía de los poderes públicos, transparencia, responsabilidad y equilibrio fiscal, supremacía constitucional y legalidad presupuestaria, determinados por la insuficiente previsión del impacto económico, junto a la correspondiente previsión y acuerdo presupuestario [...]

Consideró, además, que la Ley regula "un asunto de especial atención por parte del Poder Ejecutivo Nacional dentro del marco jurídico del Decreto de Excepción y Emergencia Económica". En tal sentido, la SC/TSJ estableció que:

> [L]a ley sancionada devela una tendencia política (Estado Mínimo) que se aparta de los postulados constitucionales referidos a la concepción de Estado Democrático y Social de Derecho y de Justicia que propugna nuestra Carta Magna, pretendiendo establecer disposiciones en

un supuesto resguardo de la situación económica del docente, en contraposición al interés público objeto de protección en el Decreto de emergencia económica, circunstancias que esta Sala como garante de la supremacía constitucional está llamada a impedir en aras de preservar el orden social y el bien común.

En definitiva, tras considerar que la AN habría obviado los pasos en el proceso de formación de leyes establecidos por la SC/TSJ en la sentencia Nº 269, ésta determinó que "sus actos están viciados de nulidad" y, en atención a los precedentes antes señalados y al artículo 335 de la *Constitución*, declaró "la nulidad del acto legislativo mediante el cual se sancionó la ley objeto de presente solicitud".

Por último, la SC/TSJ exhortó a la AN "a cumplir con los mandatos constitucionales dictados por esta Sala […] y a desincorporar a los diputados que juramentó en contravención de la sentencia nº 260 […]".

COMENTARIOS:

El principio de legalidad que rige a la Administración Pública exige que las potestades de un poder público deban ser expresas. Como ya se ha reiterado a lo largo de este estudio y se precisará más adelante, no existe potestad constitucional ni legal alguna que permita al TSJ declarar "*en desacato*" a otro poder público, y proceder a socavar su autonomía e independencia constitucional al vaciar sus competencias constitucionales. Asimismo, se reitera el análisis efectuado en este estudio sobre las sentencias emanadas de la SE/TSJ en relación al "*desacato*"; así como sobre las sentencias Nos. 808 y 814 de la SC/TSJ.

En relación a los requisitos presuntamente incumplidos, debe indicarse nuevamente que representa una violación al principio de reserva constitucional y de legalidad que se impongan requisitos para el proceso de formación de las leyes por vía jurisprudencial, en contravención de la propia *Constitución*. Al respecto, reiteramos el análisis formulado en relación a la sentencia N° 269 de la SC/TSJ, e igualmente las decisiones Nos. 615, 810, 952 y 4 de la misma Sala, que se refieren a los decretos de emergencia económica.

12. SC/TSJ. Sentencia N° 1013 de fecha 25 de noviembre del 2016, caso *Presidente de la República vs Ley de Educación Intercultural Bilingüe Indígena*. Expediente N° 16-1114. Magistrado Ponente: Carmen Zuleta de Merchán.

Sentencia mediante la cual la SC/TSJ declara la inconstitucionalidad de la *Ley de Educación Intercultural Bilingüe Indígena*, sometida para su control previo por el Presidente de la República, Nicolás Maduro. La Sala basó su decisión en 1) El supuesto *"desacato"* cometido por la AN al incumplir el amparo cautelar dictado por la SE/TSJ en sentencia N° 260 de fecha 30 de diciembre del 2015, según su criterio, viciando de nulidad absoluta todos los actos del órgano legislativo, y 2) El *"desacato"* de la sentencia N° 269 de fecha 21 de abril del 2016, mediante la cual la SC/TSJ reformó de manera contraria a la *Constitución* el *Reglamento AN*.

DERECHOS QUE VIOLA:

Derecho a la educación y a la igualdad en el acceso a la educación (arts. 101, 102 y 103 CRBV, art. 13 PIDESC, art. 26 DUDH y art. XII DADDH), derecho a la participación política y al sufragio (arts. 62 y 63 CRBV, y especialmente el derecho a la participación política de los pueblos indígenas consagrado en el art. 125 CRBV; art. 25 PIDCP, art. 21 DUDH, art. XX DADDH), derecho al debido proceso (art. 49 CRBV, art. 14 PIDCP, art. 10 DUDH, art. XXVI DADDH), derecho al acceso a la justicia y a la tutela judicial efectiva (art. 26 CRBV, arts. 14 y 2.3 PIDCP, art. 8 DUDH, art. XVIII DADDH),y derecho a la igualdad (art. 21 CRBV, art. 26 PIDCP, art. 7 DUDH, art. II DADDH).

DECISIÓN:

Por medio de la presente sentencia, la SC/TSJ declaró la "nulidad del acto legislativo sancionatorio" de la *Ley de Educación Intercultural Bilingüe Indígena*, sancionada por la AN.

A través de un oficio de fecha 18 de noviembre del 2016, el Presidente de la República, solicitó a la SC/TSJ que se pronunciara sobre la constitucionalidad de dicha Ley, considerando el *"desacato"* en el que se encontraba dicho órgano con respecto a las decisiones del TSJ.

La SC/TSJ declaró que era competente para conocer del asunto con base en el control previo de la constitucionalidad de las leyes, según lo establecido en el artículo 214 de la *Constitución*[96] y pasó a deliberar sobre la constitucionalidad de la ley.

Para decidir, la Sala mantuvo el criterio del *"desacato"* de las sentencias de SE/TSJ Nos. 260 del 30 de diciembre del 2015, 1 del 11 de enero del 201 y 108 del 1 de agosto del 2016 y la sentencia de SC/TSJ Nº 808 del 2 de septiembre del 2016, por el cual declaró que la AN se encontraba en *"desacato"* tras haber juramentado e incorporado a las sesiones a los tres diputados del estado Amazonas cuyas elecciones eran objeto de impugnación[97], por lo que todo acto que dictare la AN mientras se mantuviese el *"desacato"* sería inválido, inexistente y jurídicamente ineficaz. Según la Sala, estos actos de parte de la AN afectaban la ejecutoriedad de la sentencia, violando de esa forma el dere-

---

96   Véase el Artículo 214 de la *CRBV, supra* nota.

97   Luego de su desincorporación voluntaria el 11 de enero del 2016, los diputados Julio Ygarza, Romel Guzamana y Nirma Guarulla fueron nuevamente juramentados en la Asamblea Nacional, tras los pocos avances de la causa por medio de la cual habían impugnado su elección. Ver: BBC Mundo (28 de julio del 2016) *Venezuela: Asamblea Nacional incorpora a diputados indígenas tras haber sido suspendidos por el Tribunal Supremo de Justicia.* Disponible en:
      http://www.bbc.com/mundo/noticias-america-latina-36919544

cho a la tutela judicial efectiva y afectando el orden público constitucional.

Además del "*desacato*" por la incorporación de los diputados, la Sala indicó que la AN también había desacatado la sentencia N° 269 de fecha 21 de abril del 2016, ya que el proyecto de ley no había sido acompañado por el estudio del impacto e incidencia presupuestaria y económica, o el Informe de la Oficina de Asesoría Económica y Financiera de la AN; y que tampoco había sido consultada con el Ejecutivo Nacional, por medio del Vicepresidente Ejecutivo. Por dichas razones, la SC/TSJ consideró que la AN había obviado los pasos para la formación de leyes "previstos en el *Reglamento AN*", por lo que no había cumplido con "su perfeccionamiento" para ser sancionada por la AN ni promulgada por el Presidente.

COMENTARIOS:

La SC/TSJ reitera los criterios jurisprudenciales del supuesto "*desacato*" que hemos analizado. En este sentido, vuelve a atribuirse competencias y funciones no establecidas ni en la *Constitución* ni en la LOTSJ, como la declaración de inconstitucionalidad de actos que aún no han ocurrido y la reforma de normas del *Reglamento AN* que, además, es competencia exclusiva de la AN. Además, desconoce la voluntad popular expresada a través de dicha institución, al declarar la nulidad de leyes sancionadas por un supuesto "*desacato*" a medidas cautelares de causas que ni siquiera han avanzado en sede jurisdiccional, aunado a su evidente desproporcionalidad e incumplimiento con los principios que deben regir las medidas cautelares, como el principio de necesidad y reversibilidad.

La sentencia no entra siquiera a conocer del fondo del asunto, toda vez que se limita a desconocer las facultades legislativas de la AN, en virtud del supuesto "*desacato*".

13. SC/TSJ: Sentencia N° 1014 de fecha 25 de noviembre del 2016, caso *Presidente de la República vs Ley de Reforma Parcial de la Ley Orgánica de Servicio de Policía y del Cuerpo de Policía Nacional Bolivariana*. Expediente N° 16-1112. Magistrado Ponente: Calixto Ortega Ríos.

El Presidente de la República, Nicolás Maduro, solicitó a la SC que se pronunciara acerca de la constitucionalidad de la *Ley de Reforma Parcial de la Ley Orgánica de Servicio de Policía y del Cuerpo de Policía Nacional Bolivariana* sancionada por la AN el 29 de septiembre de 2016, "debido a que ese órgano Legislativo se encuentra en Desacato frente a las Decisiones del Poder Judicial". Por medio de esta sentencia, la Sala declaró que el acto legislativo que sancionó la ley en cuestión es nulo y exhortó a la AN a desincorporar a los diputados por el estado Amazonas.

DERECHOS QUE VIOLA:

Derecho a la participación política (art. 62 y 125 CRBV, art. 25 PIDCP, art. 21 DUDH, art. 20 DADDH); derecho al debido proceso (art. 49 CRBV, art. 14 PIDCP, art. 10 DUDH, art. 26 DADDH); y la competencia de la AN de legislar en las materias de competencia nacional (art. 187.1 CRBV).

DECISIÓN:

Tal como ocurrió en la sentencia N° 938 de esta misma SC/TSJ, al analizar su competencia para conocer de la solicitud planteada por el Presidente, ésta advirtió que él no la calificó expresamente e invocó el principio *iura novit curia* para calificarla como "un control previo de constitucionalidad" regulado en el artículo 214 de la *Constitución* y, consecuentemente, declararse competente.

Del mismo modo que en todas las recientes sentencias del TSJ, la decisión inició estableciendo que el acto legislativo se emitió luego de la incorporación de los diputados por estado

Amazonas y su participación, en contravención a lo dispuesto por la SE/TSJ en sus sentencias Nos. 260 del 30 de diciembre de 2015, 1 del 11 de enero de 2016 y 108 del 1 de agosto del 2016, y a lo dispuesto por la SC/TSJ en sus sentencias Nos. 808 del 2 de septiembre de 2016 y 814 del 11 de octubre de 2016. En tal sentido:

> Con fundamento en los criterios jurisprudenciales parcialmente transcritos y considerando la notoriedad comunicacional de la situación irregular *supra* señalada; esta Sala debe, de oficio y en resguardo del orden público constitucional en función de lo juzgado por la Sala Electoral del Tribunal Supremo de Justicia y de lo establecido en sus propias decisiones, proceder a un examen de la constitucionalidad de la Ley de Reforma Parcial de la Ley Orgánica de Servicio de Policía y del Cuerpo de Policía Nacional Bolivariana sancionada por la Asamblea Nacional el 29 de septiembre de 2016, planteada por el Presidente de la República, en orden a garantizar la supremacía y efectividad de las normas y principios constitucionales (artículo 335 de la Constitución) [...].

En función de ello, y considerando "la ejecutoriedad de la sentencia una manifestación cardinal del derecho a la tutela judicial efectiva, consagrado en el artículo 26 de la Constitución", la SC/TSJ reiteró lo expuesto en sus otras decisiones conforme a lo cual "todo acto que pretenda impedir o menoscabar la materialización de ese derecho a la ejecutoriedad y ejecución de una decisión judicial, se convierte abiertamente en una franca violación del prenombrado derecho".

En el mismo sentido, determinó que:

> [...] una legislación que se concrete en el desconocimiento del vértice normativo del ordenamiento jurídico de la República - *dentro de la cual se encuentra el pronunciamiento de esta Sala para hacer cumplir las disposiciones consti-*

tucionales-, conlleva como consecuencia la nulidad de todas las actuaciones que la contraríen.

Asimismo, la SC/TSJ verificó el *"desacato"* por parte de la AN en relación a la sentencia N° 269 de la misma Sala, reiterada en la N° 327, "en cuanto al proceso de formación de leyes de conformidad con lo dispuesto en el referido fallo"; específicamente en relación al estudio de impacto e incidencia presupuestaria y económica, así como a la consulta obligatoria al Ejecutivo en cuanto a la viabilidad económica de la ley. En tal sentido, la Sala dispuso que "al carecer de los elementos sustanciales que permiten darle existencia, viabilidad en cuanto a los objetivos y alcances que se pretende dentro del ordenamiento jurídico, la ley estaría viciada de nulidad".

En virtud de la supuesta situación de *"desacato"* en que se encuentra la AN y el presunto incumplimiento de las obligaciones formales vinculadas al impacto económico que tiene la promulgación de la Ley, la Sala consideró tener "motivos suficientes para declarar inconstitucional el acto sancionatorio; sin que sea necesario en este estado entrar a pronunciarse acerca de cada una de las disposiciones contenidas en el mencionado instrumento". Por tal razón, declaró su nulidad.

Finalmente, la SC/TSJ exhortó a la AN "a realizar el acto parlamentario formal de desincorporación de los ciudadanos Nirma Guarulla, Julio Haron Ygarza y Romel Guzamana".

COMENTARIOS:

Esta decisión de la SC/TSJ, a pesar de referirse a una ley distinta, resulta básicamente una reproducción de la sentencia N° 1012 (que incluso fue emitida por la SC/TSJ en la misma fecha que la sentencia en cuestión), de manera que le son aplicables las mismas consideraciones esgrimidas respecto a esta última, sin necesidad de reiterar nuevamente las consideraciones jurídicas ya plasmadas.

Es importante destacar que en esta decisión la SC/TSJ reconoce que ha tenido conocimiento de que los tres diputados del estado Amazonas se separaron voluntariamente de sus cargos y, por tanto, no participaron en el proceso de formación de la ley cuestionada. Sin embargo, aun así, insistió la SC/TSJ en la existencia del *"desacato"*, por considerar que la desincorporación debe realizarse mediante un acto formal de la directiva de la AN.

14. **SC/TSJ: Sentencia N° 1 de fecha 6 de enero del 2017, caso *Presidente de la República vs Reforma de la Ley Orgánica del Ambiente*. Expediente N° 16-1261. Magistrado Ponente: Magistrado Arcadio de Jesús Delgado Rosales.**

Decisión por medio de la cual la SC/TSJ conoció de la solicitud de declaratoria de control previo de la constitucionalidad efectuada por el Presidente de la República, Nicolás Maduro, sobre la *Reforma de la Ley Orgánica del Ambiente*, sancionada por la AN el 30 de noviembre del 2016; y declaró su nulidad, fundada en el supuesto *"desacato"* en el que se encuentra la AN respecto al TSJ.

DERECHOS QUE VIOLA:

Derecho a la participación política (art. 62 y 125 CRBV, art. 25 PIDCP, art. 21 DUDH, art. 20 DADDH); y derecho al debido proceso (art. 49 CRBV, art. 14 PIDCP, art. 10 DUDH, art. 26 DADDH); y la competencia de la AN de legislar en las materias de competencia nacional (art. 187.1 CRBV).

DECISIÓN:

La competencia de la SC/TSJ, como ya se ha establecido anteriormente, deriva de una atribución constitucional de control previo de constitucionalidad a instancias del Presidente de la República. En tal sentido, tras el envío de la ley a la SC/TSJ, el órgano jurisdiccional justifica su competencia en el artículo 214 de la *Constitución*, considerando que, al no existir recurso específico para el mandato constitucional, hará un "control previo de constitucionalidad".

La SC/TSJ determinó luego las razones por las cuales la AN no puede realizar ningún acto que tenga validez, existencia o eficacia jurídica debido a que está en "*desacato*". Así, acude a la figura del "*desacato*" para justificar que mientras la AN no cumpla la sentencia de la SE/TSJ, ha perdido toda posibilidad de actuación legal. Así, sin entrar a considerar las formalidades ni el fondo, la Sala declaró que la ley no tiene validez, existencia ni eficacia jurídica y, por lo tanto, el Presidente no puede, ni debe, publicarla en Gaceta Oficial.

COMENTARIOS:

La decisión de la SC/TSJ en este caso no analiza las formalidades y obligaciones establecidas en la *Constitución* sobre el procedimiento de formación y publicación de leyes. En tal sentido, se basa únicamente en el argumento del "*desacato*" de la AN, para así negar cualquier obligación constitucional del Ejecutivo de publicar la Ley.

Es importante destacar que la SC/TSJ no hace ninguna referencia al hecho de que la ley le fue sometida para el ejercicio del control previo de la constitucionalidad, luego de haber vencido el plazo que tiene el Presidente para ello (10 días); así como tampoco mencionó el hecho de que la Sala no decidió dentro del lapso previsto para ello, lo que debía implicar la obligación de publicar la ley, conforme a lo dispuesto en el artículo 214 de la *Constitución*[98].

---

98   Artículo 214 de la *CRBV*. El Presidente o Presidenta de la República promulgará la ley dentro de los diez días siguientes a aquél en que la haya recibido. Dentro de ese lapso podrá, con acuerdo del Consejo de Ministros, solicitar a la Asamblea Nacional, mediante exposición ra-

15. SC/TSJ: Sentencia N° 156 de fecha 29 de marzo del 2017, caso *Corporación Venezolana del Petróleo, S.A. (CVP) (Interpretación de la Ley Orgánica de Hidrocarburos vs AN)*. Expediente N° 17-0325. Ponencia Conjunta

La sentencia N° 156 se refiere a una solicitud de interpretación del artículo 33 de la *Ley Orgánica de Hidrocarburos*, presentada por la Corporación Venezolana de Petróleo, con el propósito de eliminar el requisito de la autorización de la AN para la constitución de empresas mixtas en materia de hidrocarburos, exigido por esa norma de la Ley.

DERECHOS QUE VIOLA:

Derecho al debido proceso (art. 49 CRBV, art. 14 PIDCP, art. 10 DUDH, art. 26 DADDH), derecho a la soberanía popular representativa y derecho a la participación política y al voto (arts.

---

zonada, que modifique alguna de las disposiciones de la ley o levante la sanción a toda la ley o a parte de ella.

La Asamblea Nacional decidirá acerca de los aspectos planteados por el Presidente o Presidenta de la República, por mayoría absoluta de los diputados o diputadas presentes y le remitirá la ley para la promulgación.

El Presidente o Presidenta de la República debe proceder a promulgar la ley dentro de los cinco días siguientes a su recibo, sin poder formular nuevas observaciones.

Cuando el Presidente o Presidenta de la República considere que la ley o alguno de sus artículos es inconstitucional solicitarán el pronunciamiento de la Sala Constitucional del Tribunal Supremo de Justicia, en el lapso de diez días que tiene para promulgar la misma. El Tribunal Supremo de Justicia decidirá en el término de quince días contados desde el recibo de la comunicación del Presidente o Presidenta de la República. Si el Tribunal negare la inconstitucionalidad invocada o no decidiere en el lapso anterior, el Presidente o Presidenta de la República promulgará la ley dentro de los cinco días siguientes a la decisión del Tribunal o al vencimiento de dicho lapso

5, 62, 63 y 125 CRBV, art. 25 PIDCP, art. 21 DUDH, art. 20 DADDH)) y autonomía funcional del Poder Legislativo (art.156 numeral 32 y art. 187 CRBV).

DECISIÓN:

Con este fallo, el TSJ dio la estocada final al Estado de Derecho al resolver no sólo el tema particular de que en lo adelante ya no hacía falta la autorización de la AN exigida por la Ley para la constitución de empresas mixtas en materia de hidrocarburos, sino al vaciar por completo las facultades constitucionales de la AN, al señalar que:

> "[...] mientras persista la situación de desacato y de invalidez de las actuaciones de la Asamblea Nacional, **esta Sala Constitucional garantizará que las competencias parlamentarias sean ejercidas directamente por esta Sala o por el órgano que ella disponga, para velar por el Estado de Derecho"**. (Resaltados añadidos).

COMENTARIOS:

Como se reseñó *supra (I.12)*, esta insólita decisión puso en clara y patente evidencia la grosera falta de independencia del Poder Judicial (TSJ) y su instrumentalización política para desmantelar la soberanía popular representada en la AN, configurando una ruptura del orden constitucional y un grave riesgo para la libertad personal de los diputados de la AN cuya inmunidad había sido desconocida, y para todo disidente del régimen venezolano. Esta sentencia fue reconocida por la FGR, Luisa Ortega Díaz, así como por la mayoría parlamentaria de la AN, como un "golpe de estado". Así mismo reaccionó la comunidad internacional, incluido el Consejo Permanente de la OEA quien adoptó una resolución condenatoria de la ruptura del orden constitucional bajo la Carta Democrática Interamericana, así como otros órganos y organizaciones internacionales y gobiernos democráticos[99].

Como se reseñó *supra (I.12)*, frente a la fuerte reacción nacional e internacional, y sobre todo ante el rechazo de la FGR de las sentencias Nos. 155 y 156, el Presidente de la República, Nicolás Maduro, aseguró no tener conocimiento de las sentencias ni de las declaraciones de la Fiscal, y decidió convocar al *Consejo de Defensa de la Nación* para resolver lo que denominó un "impasse" entre el Ministerio Público y el TSJ.

No se explica cómo el *Consejo de Defensa de la Nación* – máximo órgano de consulta para la planificación y asesoramiento del Poder Público en materia de "defensa integral de la Nación"212- sería el competente para dirimir una supuesta "con-

---

99 Consejo Permanente de la OEA, *Resolución sobre los sucesos recientes de Venezuela*, CP/RES. 1078 (2108/17), de fecha 3 de abril de 2017, párr. 1; CIDH. Comunicado de Prensa Nº 041/17, *CIDH condena decisiones del Tribunal Supremo de Justicia y la alteración del orden constitucional y democrático en Venezuela*, de fecha 31 de marzo de 2017; Oficina del Alto Comisionado de Derechos Humanos (OHCHR). Comunicado de Prensa, *Zeid insta a Venezuela a mantener la separación de poderes*, de fecha 31 de marzo de 2017; Ver, *inter alia*, los informes de la Comisión Internacional de Juristas (CIJ), *Venezuela: el ocaso del Estado de Derecho*, 2015 Disponible en: Venezuela-OcasoEstadoDerecho-Publications-Reports-2015-SPA; y *Fortaleciendo el Estado de Derecho en Venezuela*, 2014. Disponible en: https://www.icj.org/strengthening-the-rule-of-law-in-venezuela/; Asimismo ver: *Informe alternativo conjunto del Instituto de Derechos Humanos de la International Bar Association, la Unión Internacional de Magistrados Grupo Ibero-Americano y la Comisión Internacional de Juristas. Examen del cuarto informe periódico de la República Bolivariana de Venezuela presentado al Comité de Derechos Humanos* (114 Sesión de la Comité de Derechos Humanos de las Naciones Unidas, 29 de junio a 24 de julio de 2015); y *Venezuela (República Bolivariana de). Examen Periódico Universal de las Naciones Unidas, Segundo ciclo, Consejo de Derechos Humanos: Informe alternativo conjunto presentado por el Instituto de Derechos Humanos de la International Bar Association, la Unión Internaciónal de Magistrados / Grupo Ibero-Americano y la Comisión Internacional de Juristas*, 2016.

troversia" entre el TSJ y la FGR, ni cómo podría tener atribuciones para ello.

Así, en la mañana del 1° de abril de 2017, se supo que el *Consejo de la Defensa*, al que no fue convocado el Presidente de la AN como lo dispone la Constitución, se reunió la noche anterior y el Presidente de la República anunció: "Hemos llegado a un acuerdo de solución de esta controversia y puedo decir que con la lectura de este comunicado y la publicación de la aclaratoria y las correcciones respectivas de las sentencias 155 y 156 queda superado esta controversia, demostrando las capacidades de diálogo y resolución que se pueden activar por nuestra Constitución".

Efectivamente, el TSJ siguiendo instrucciones de un órgano del Estado sin competencia para ello, emitió el mismo 1° de abril las sentencias Nos. 157 y 158, como "aclaratorias de oficio" de las sentencias Nos. 155 y 156, respectivamente.

La sentencia N° 157, que "aclara" el contenido de la sentencia N° 155, suprimió o revocó la medida cautelar mediante la cual se hacía un llamado al uso de la justicia militar, así como lo referido a la eliminación de la inmunidad parlamentaria. A su vez, la sentencia N° 158 revocó de oficio la autorización dada al Presidente de la República para modificar una norma de la *Ley Orgánica de Hidrocarburos* y lo referente a la posibilidad de que la propia SC/TSJ ejerciese directamente las competencias de la AN.

Estos fallos ponen en total evidencia que el TSJ está al servicio del Poder Ejecutivo, al punto que mediante una orden del Presidente de la República, la SC/TSJ decidió aclarar de oficio y modificar sus propias decisiones, en flagrante violación a los principios de separación de poderes y de independencia del Poder Judicial, establecidos por la Constitución.

Si bien la SC/TSJ decidió aclarar o modificar "de oficio" las sentencias Nos. 155 y 156, y sobre todo, su decisión de asumir las competencias de la AN, el resto de las decisiones del TSJ en esos casos siguen vigentes y, por tanto, todas las competencias y facultades de la AN siguen siendo impedidas por las decenas de sentencias dictadas por el TSJ a partir de enero de 2016

De igual forma, y luego del fuerte rechazo de estos fallos por parte de la FGR, la arremetida del TSJ no ha sido sólo contra la AN, sino también ahora contra la propia FGR. Así, el TSJ ha dictado decisiones impidiendo el ejercicio de las funciones inherentes al Ministerio Público; ha designado directamente a la Vicefiscal del Ministerio Público, a pesar de ser una competencia exclusiva de la propia FGR, con autorización de la AN; e inició un procedimiento administrativo para destituir la FGR de su cargo[100]. En suma, frente al cuestionamiento realizado por la FGR a las decisiones del TSJ, éste ha decidido aniquilar también a esta institución del Estado venezolano.

Conclusiones relacionadas con la facultad legislativa de la AN

Sin lugar a dudas, la facultad de dictar leyes constituye la principal atribución de todo parlamento, pues es aquí donde a través de la deliberación puede lograrse un verdadero debate

---

100   En fecha 5 de agosto de 2017, la ANC destituyó a la FGR de su cargo y fue sustituida por Tarek Williams Saab, a través del Decreto Constituyente publicado en la *Gaceta Oficial Extraordinario* N° 6.322. Al respecto: SC/TSJ. Sentencia N° 65 de fecha 4 de agosto del 2017, caso *Antejuicio de mérito de la FGR*. Expediente N° 2017-000073. Magistrada Ponente Marjorie Calderón Guerrero; Globovisión (4 de julio de 2017). *Fiscal general: Antejuicio de mérito en mi contra está amañado y confuso.* Disponible en: http://globovision.com/article/fiscal-general-estoy-en-la-defensa-de-la-institucionalidad-del-ministerio-publico; El Universal (5 de agosto de 2017). *ANC destituye a Ortega Díaz y designa a Saab como fiscal general.* Disponible en:
http://www.eluniversal.com/noticias/politica/anc-destituye-ortega-diaz-designa-saab-como-fiscal-general_664462; El Impulso (5 de agosto de 2017). *TSJ destituyó a Fiscal General Luisa Ortega Díaz.* Disponible: http://www.elimpulso.com/noticias/nacionales/tsj-destituyo-a-fiscal-general-luisa-ortega-diaz

plural entre los diputados que representan a las distintas fuerzas políticas del país. La legitimidad de las leyes reside, precisamente, en la representación popular y en el debate abierto y participativo de los asuntos de interés nacional.

Lamentablemente, el TSJ se dio a la tarea de evitar que la AN cumpliera con su función de legislar. En primer lugar, y como veremos en el capítulo siguiente, avaló un estado de excepción permanente, en contra del propio texto constitucional, para de esta forma extenderle al Poder Ejecutivo un poder normativo en prácticamente todos los asuntos de su interés.

Adicionalmente, el TSJ se atribuyó facultades políticas ajenas a sus funciones jurisdiccionales para anular la *Ley de Amnistía* sancionada por la AN. Si bien la amnistía tiene límites jurídicos constitucionales y derivados del Derecho internacional, el TSJ se sustituyó en la facultad parlamentaria de apreciación política, al señalar que no existían los supuestos para decretar una amnistía y le negó a la AN la facultad de determinar cuáles supuestos y en qué circunstancias aplicaba la amnistía.

De igual forma, dictó varias decisiones por medio de las cuales interrumpió e impidió la labor de preparación de actos legislativos, por parte de las Comisiones Permanentes de la AN. Mediante sentencias insólitas sin precedentes, se impidió la continuación de la elaboración de proyectos de reformas legislativas, anulándose leyes, aun antes de que fueran discutidas y promulgadas.

También sin precedentes es el hecho de haber, sin base constitucional alguna, condicionado y suspendido la facultad legislativa de la AN a la elaboración de *"informes económicos"* por parte del Poder Ejecutivo. Igualmente, anuló leyes de altísimo contenido social, al considerar que tenían impacto sobre la hacienda pública nacional, para lo que resultaba necesario "concertar" con el Ejecutivo la implementación de esta legislación.

En otra insólita e inédita interpretación jurídica, el TSJ consideró que la AN no tenía iniciativa legislativa para dictar leyes relacionadas con el Poder Judicial, el Poder Electoral y el Poder Ciudadano, tergiversando claramente la letra e intención del artículo 204 de la *Constitución*.

Finalmente, se llegó al absurdo de someter las facultades legislativas de la AN en materia internacional, a un documento político-ideológico elaborado por el partido de Gobierno, llamado *"Plan de la Patria"*, cuyos lineamientos se sobreponen a la autonomía parlamentaria y las competencias otorgadas expresamente por la *Constitución* y a la *Constitución* misma.

III. FACULTAD DE CONTROL PARLAMENTARIO

Otra de las potestades más importantes de la AN es el control parlamentario sobre las distintas ramas del poder público. Debido al carácter de órgano representativo y deliberante, la AN tiene la responsabilidad de controlar y garantizar los principios en que se funda el ejercicio de la función administrativa, a saber, la honestidad, eficacia, eficiencia, transparencia, rendición de cuentas y responsabilidad[1].

Una de las razones básicas del principio de separación de poderes reside, precisamente, en la posibilidad de que los distintos órganos del Estado se controlen entre sí; que no haya una sola rama del poder público que no pueda estar sometida al escrutinio político, social y jurídico. La mejor forma de evitar un autoritarismo hegemónico es distribuyendo el poder entre los diversos actores del poder político del Estado.

El Profesor Allan Brewer-Carías sostiene al respecto que:

> [...] la potestad de control que tienen ciertos órganos públicos respecto a la administración pública, consecuencia del Estado de Derecho, tiene su fundamento en la consagración del principio del Estado responsable, es decir,

---

1   Artículo 141 de la *CRBV*. La Administración Pública está al servicio de los ciudadanos y ciudadanas y se fundamenta en los principios de honestidad, participación, celeridad, eficacia, eficiencia, transparencia, rendición de cuentas y responsabilidad en el ejercicio de la función pública, con sometimiento pleno a la ley y al derecho.

de una Administración Pública responsable y de unos funcionarios públicos responsables[2].

Así, en nombre del pueblo representado en el órgano parlamentario a través de los diputados y de la opinión pública, la AN puede ejercer tal *control político* a través de mecanismos tan importantes como las citaciones a funcionarios públicos, los votos de censura, la discusión y aprobación de la memoria y cuenta, la discusión y aprobación del presupuesto nacional, entre otras potestades.

Particularmente respecto al presupuesto y a la evaluación de las memorias y cuentas:

> Se dice que el poder presupuestal es un poder de delimitación, tratándose de la vigencia futura, pero al mismo tiempo es un poder de control cuando se trata de la vigencia que expira, ya que permite a los parlamentarios juzgar sobre la manera como el gobierno hizo uso de ese presupuesto y con base en ese juicio glosar las partidas que se sometan a su consideración, si es del caso. Otro medio de control lo constituyen las *comisiones investigadoras* [...][3].

En el caso venezolano, se han socavado y vaciado las principales potestades de control que puede ejercer la AN, mediante actos parlamentarios sin forma de ley, como lo son la aprobación de los contratos de interés nacional que celebren autoridades públicas, la aprobación de decretos de estados de excepción y la revocación de tales decretos cuando hayan cesado las condiciones que lo motivaron, la evaluación de las memorias y cuentas del Presidente y sus ministros, así como también la adopción de pronunciamientos respecto a tales memorias y cuentas, entre otras facultades.

---

2 BREWER-CARÍAS, Allan, *Instituciones Políticas y Constitucionales*. Caracas, Universidad Católica Andrés Bello, p. 594.

3 NARANJO MESA, Vladimiro, *Teoría Constitucional e Instituciones Políticas, op. cit.*, p. 2.

1 Decisiones que declaran la constitucionalidad de los Decretos de Emergencia Económica

Entre agosto y septiembre del 2015, el Presidente de la República, Nicolás Maduro, en Consejo de Ministros emitió siete decretos declarando el Estado de Excepción en los municipios fronterizos, ubicados en los estados Táchira, Zulia y Amazonas, los cuales posteriormente fueron prorrogados hasta finales de ese mismo año[4]. Todos los decretos y sus prórrogas fueron aprobados tanto por la AN como por la SC/TSJ[5].

El 14 de enero del 2016, apenas nueve días después de la instalación de la nueva AN, fue publicado el Decreto Presidencial N° 2.184[6], mediante el cual se declaraba el Estado de Emergencia Económica en todo el territorio nacional por un lapso de 60 días[7]. Con este Decreto y los que le siguieron, el Ejecutivo Nacional asumió toda una serie de competencias legislativas (y no sólo en materia económica), para de esta forma imponerse a la recién electa AN, integrada ahora con una mayoría adversa al partido de gobierno.

---

4   Decretos Presidenciales Nos: 1950 del 21 de agosto del 2015, 1.969 del 29 de agosto del 2015, 1.989 del 7 de septiembre del 2015, 2.103, 2.014, 2.015 y 2.016 del 15 de septiembre del 2015. Publicados en la *Gaceta Oficial* N° 6.194, N° 40735, N° 40.740, N° 40746 respectivamente.

5   Para ese momento la AN estaba conformada con una mayoría oficialista.

6   Decreto N° 2.184 de la Presidencia de la República. Publicado en la *Gaceta Oficial* N° 6.214 Extraordinario, de fecha 14 de enero 2016 Disponible en:

     http://www.mp.gob.ve/c/document_library/get_file?p_l_id=107335 40&folderId=10732900&name=DLFE-10822.pdf.

7   Resulta evidente que cuando el Gobierno perdió el control sobre la AN decidió aumentar sus poderes y facultades normativas, incluso antes de que se dictara la primera ley del nuevo parlamento. Queda claro que se manipuló la percepción de los hechos que supuestamente justificaban la declaratoria de un Estado de Excepción, pues el único cambio fue en la conformación de la AN.

Frente a estos decretos que buscaban desconocer las potestades de la AN recién electa, ésta decidió desaprobarlos, por considerar que la crisis económica respondía a una serie de políticas gubernamentales erradas, las cuales podían atenderse sin necesidad de que el Ejecutivo Nacional asumiese poderes extraordinarios.

La *Constitución* establece en su artículo 339 que los decretos de emergencia económica deben ser aprobados por la AN, la cual puede desaprobarlos o revocarlos cuando considere, políticamente, que no están dados los supuestos o éstos han cesado. Sin embargo, como veremos, las decisiones de la SC han desconocido la letra de la *Constitución,* desconociendo también esta facultad de control parlamentario sobre el Ejecutivo Nacional.

De seguidas se presenta el análisis de las primeras sentencias de la SC/TSJ que declaran la constitucionalidad de estos decretos de emergencia económica y un relato de los decretos, acuerdos y decisiones posteriores sobre esta misma materia.

DERECHOS QUE VIOLAN:

Derecho a la libertad y seguridad personal (arts. 44 CRBV, 9 PIDCP, 3 PIDCP, I DADDH), derecho al debido proceso (arts. 49 CRBV, 14 PIDCP, 10 DUDH, XXVI DADDH), derecho a la tutela judicial efectiva (arts. 26 CRBV, 14 PIDPC, 8 DUDH, XVIII DADDH), derecho a la propiedad (arts. 115 CRBV, 17 DUDH, XXIII DADDH), derecho a la libertad económica (art. 112 CRBV), derecho al acceso a la información, como elemento de la libertad de expresión (arts. 57 y 58 CRBV, 19 PIDCP, 19 DUDH, IV DADDH). Además, se violan las obligaciones del Estado en materia de suspensión de garantías de los derechos humanos, contenidas en el art. 4 del PIDCP.

a. *Sala Constitucional. Sentencia N° 4 de fecha 20 de enero del 2016, caso Constitucionalidad del Primer Decreto Emergencia Económica. Expediente N° 16-0038. Ponencia Conjunta*

La SC/TSJ mediante Sentencia N° 4 de fecha 20 de enero del 2016 declaró la constitucionalidad del Decreto de Emergencia Económica, a través del cual el Ejecutivo Nacional se atribuye a sí mismo amplios poderes discrecionales, en detrimento la facultad de control (aprobación o no) de dichos decretos ejecutivos, violando los de los derechos y garantías y la función contralora de la AN.

DECISIÓN:

La SC/TSJ declaró la constitucionalidad del Decreto de Emergencia Económica del 14 de enero del 2016, basándose en el artículo 337 de la *Constitución*, que prevé que el Presidente de la República puede declarar en Consejo de Ministros el Estado de Excepción, al considerar que:

> Las circunstancias de orden social, económico, político, natural o ecológico, que afecten gravemente la seguridad de la Nación, de las instituciones y de los ciudadanos y ciudadanas, a cuyo respecto resultan insuficientes las facultades de las cuales se disponen para hacer frente a tales hechos.

Afirmó la Sala que, debido a dichas circunstancias, la *Constitución* permite restringir temporalmente algunas de las garantías previstas en ella. Por su parte, el artículo 338 *eiusdem* establece las modalidades de Estado de Excepción, las cuales son el Estado de Alarma, el Estado de Conmoción Interior, el de Conmoción Exterior y el de Emergencia Económica. Este último se refiere a *"circunstancias económicas extraordinarias que afecten gravemente la vida económica de la Nación"* y tiene una duración máxima de 60 días, prorrogable por otros 60 días.

De igual forma, la Sala citando doctrina venezolana[8] sobre el Estado de Excepción, indicando que estos presentan algunos elementos conceptuales que deben ser considerados, a saber: 1. La heterogeneidad de las causas que los generan, que pueden ser los tradicionales hechos políticos o bélicos o nuevas modalidades en las que el enemigo no es identificable; 2. La "irresistibilidad de los fenómenos", que se refiere a la incapacidad del Estado de resolver la situación con los medios disponibles en situaciones normales, y 3. "La lesividad de los hechos", entendido como la producción o inminente producción de daños a los derechos de las personas, a cosas o a las instituciones provocados por las circunstancias que han generado el Estado de Excepción. Respecto al segundo elemento, la Sala señaló que:

> [...] Los estados de excepción solamente pueden declararse ante situaciones objetivas de suma gravedad que hagan insuficientes los medios ordinarios de que dispone el Estado para afrontarlos. De allí que uno de los extremos que ha de ponderarse se refiere a la proporcionalidad de las medidas decretadas respecto de la *ratio* o las situaciones de hecho acontecidas, en este caso, vinculadas al sistema socio-económico nacional, las cuales inciden de forma negativa y directa en el orden público constitucional. De tal modo que las medidas tomadas en el marco de un estado de excepción, deben ser, en efecto, proporcionales a la situación que se quiere afrontar en lo que respecta a gravedad, naturaleza y ámbito de aplicación, en virtud de lo dispuesto en el artículo 4 de la Ley Orgánica sobre Estados de Excepción.

El artículo 4 de la *Ley Orgánica sobre Estados de Excepción*[9] establece que "toda medida de excepción debe ser proporcional a

---

8   RONDÓN DE SANSÓ, Hildegard, *Cuatro Temas Álgidos de la Constitución Venezolana de 1999*, Caracas, Editorial Ex Libris, 2004.

9   *Ley Orgánica sobre Estados de Excepción*. Publicada en la *Gaceta Oficial* N° 37.261, de fecha 15 de agosto del 2001.

la situación que se quiere afrontar en lo que respecta a gravedad, naturaleza y ámbito de aplicación."

En este mismo orden de ideas, la Sala también consideró la jurisprudencia establecida en sentencia N° 3.567 de fecha 6 de diciembre del 2005 (caso *Javier Elechiguerra y otros*), y en sentencia N° 636 de fecha 30 de mayo del 2013 (caso *Juan José Molina*), en las cuales se determinó que los poderes excepcionales dados al Presidente encuentran justificación únicamente:

> Cuando concurran elementos de necesidad y urgencia derivados de circunstancias fácticas que requieran una pronta intervención normativa que se dicte y aplique con una celeridad que supere al tiempo en que se tarda el riguroso proceso de formulación de las leyes» (stc. n° 1507/2003, caso: *María Ríos Oramas*).

Seguidamente, la SC/TSJ hizo mención a algunas noticias publicadas en diversos medios de comunicación electrónicos como indicio de que tanto la crisis económica venezolana como las acciones llevadas a cabo por los Poderes Públicos para mitigarla constituyen un *hecho notorio comunicacional*. Por esa razón, la Sala consideró justificada la declaración del Estado de Excepción, al afirmar que:

> La medida declarativa del estado de excepción, obedece a la meritoria necesidad de proteger al pueblo venezolano y a las instituciones, expresión directa del Poder Público, que han sido objeto de acciones tendientes a desestabilizar la economía del país, generándose un malestar social […]

De igual forma, la SC/TSJ adoptó el argumento presentado por el Ejecutivo de que el Decreto tendría como propósito:

> Asegurar a la población el disfrute pleno de sus derechos y el libre acceso a bienes y servicios fundamentales e igualmente, mitigar los efectos de la inflación inducida, de la especulación, del valor ficticio de la divisa, el sabota-

je a los sistemas de distribución de bienes y servicios, así como también contrarrestar las consecuencias de la guerra de los precios petroleros, que ha logrado germinar al calor de la volátil situación geopolítica internacional actual, generando una grave crisis económica.

Ante la existencia de una *"guerra económica"* contra la población, la SC/TSJ calificó las medidas adoptadas como oportunas para atender eficazmente la "situación excepcional, extraordinaria y coyuntural por la cual atraviesa la economía venezolana".

Por último, la Sala consideró que el Decreto por medio del cual se declaró la existencia de una Emergencia Económica resultaba "proporcional, pertinente, útil y necesario para el ejercicio y desarrollo integral del derecho constitucional a la protección social por parte del Estado" y que, por tanto, se verificaban "los extremos de necesidad, idoneidad y proporcionalidad de las medidas de excepción decretadas, las cuales se juzgan necesarias, adecuadas y proporcionales al restablecimiento de las condiciones socioeconómicas [...]"; cumpliendo de esa forma con las normas y principios establecidos en la *Constitución*, en los pactos internacionales de derechos humanos ratificados por la República y en la *Ley Orgánica sobre Estados de Excepción*.

COMENTARIOS:

Tal como indica la SC/TSJ, es innegable que Venezuela atraviesa, desde hace un buen tiempo, por una grave crisis económica que afecta una diversidad de derechos sociales de la población, especialmente el derecho de acceso a alimentos y a la salud. Esta situación requiere que los representantes del Poder Público tomen medidas con carácter de urgencia para resolver la crisis y mitigar sus efectos. Sin embargo, ni del Decreto de Estado de Emergencia Económica ni de la sentencia de SC/TSJ se desprende la idoneidad, necesidad y proporcionalidad con respecto a la situación de las medidas adoptadas por el Ejecutivo, ni de la restricción de las garantías ciudadanas para resolver la situación. El Poder Público Nacional tiene ya las facultades y competencias necesarias para tomar una amplia gama de medidas de carácter económico, político y social. Pero frente ello, es necesario subrayar el carácter excepcionalísimo que debe tener un Estado de Excepción y que éste debe ser la última opción disponible con la que cuenten los representantes estatales para resolver problemas que se susciten en la nación.

Para justificar medidas vagamente formuladas que restringen derechos ciudadanos y expanden el poder del Estado, el Ejecutivo Nacional y el TSJ se basaron en una supuesta *"guerra económica"* destinada a "desestabilizar la economía" y, por ende, al gobierno nacional, pero cuya existencia no queda demostrada más allá de simples afirmaciones y referencias a algunas notas de prensa.

A través del Decreto de Estado de Emergencia, el Ejecutivo se ha atribuido a sí mismo poderes discrecionales inconstitucionales en el manejo de los recursos y las contrataciones públicas, medidas que desconocen las facultades de control que tiene el Poder Legislativo sobre el manejo de las finanzas y recursos del Estado, en detrimento del principio de los contrapesos de poderes, desconociendo, una vez más, las funciones propias de la AN. De igual forma, la vaguedad del artículo 3 del Decreto, que da al Ejecutivo la posibilidad de "dictar otras medidas de orden social, económico o político que estime convenientes a las circunstancias", excede el objetivo y alcance de una declaración de Emergencia Económica y, a través de él, el Poder Ejecutivo se da a sí mismo la facultad de adoptar medidas prácticamente de cualquier naturaleza, en detrimento de decisiones tomadas por otros Poderes, las cuales puede, incluso, desconocer.

Por último, el emplazamiento a las Fuerzas Armadas Nacionales a colaborar con la implementación del Decreto se encuentra por fuera del área de defensa de la nación, lo cual representa un nuevo avance en la militarización de los órganos de seguridad ciudadana y la sociedad civil llevada a cabo por el actual gobierno.

El 19 de enero del 2016, el día antes de la publicación de la sentencia, la AN había acordado en plenaria la conformación de una Comisión Especial con el objetivo de estudiar el Decreto de Estado de Emergencia, la cual estuvo compuesta por diputados de los dos bloques políticos presentes en ella. El 22 de enero de 2016, la Comisión Especial presentó su informe en plenaria y recomendó la *desaprobación* del Decreto. Por mayoría de los diputados presentes, se acordó desaprobar el Decreto 2.184 sobre el Estado de Emergencia Económica[10] con base en las disposiciones constitucionales[11] y la *Ley Orgánica sobre Estados de Excepción*[12].

Por último, es importante destacar que la SC/TSJ no menciona las razones por las cuales, hasta ese momento, el Ejecutivo Nacional no había requerido de facultades extraordinarias

---

10   Prensa AN (23 de enero de 2016) *AN desaprueba Decreto 2184 sobre Emergencia Económica*. Disponible en:
     http://www.asambleanacional.gob.ve/noticia/show/id/14134

11   Artículo 339 de la *CRBV*. El Decreto que declare el estado de excepción, en el cual se regulará el ejercicio del derecho cuya garantía se restringe, será presentado, dentro de los ocho días siguientes de haberse dictado, a la Asamblea Nacional, o a la Comisión Delegada, para su consideración y aprobación, y a la Sala Constitucional del Tribunal Supremo de Justicia, para que se pronuncie sobre su constitucionalidad (…)

12   Artículo 27 de la *Ley Orgánica sobre Estados de Excepción*. El decreto que declare el estado de excepción, la solicitud de prórroga o aumento del número de garantías restringidas, será aprobado por la mayoría absoluta de los diputados y diputadas presentes en sesión especial que se realizará sin previa convocatoria, dentro de las cuarenta y ocho horas de haberse hecho público el decreto.

     Si por caso fortuito o fuerza mayor la Asamblea Nacional no se pronunciare dentro de los ocho días continuos siguientes a la recepción del decreto, éste se entenderá aprobado.

para atender a la supuesta "guerra económica". Se trata de una consideración indispensable, toda vez que en enero de 2016 había tomado posesión la nueva AN, integrada ahora por una clara mayoría opositora al partido de gobierno. Por ende, el Decreto de Emergencia lucía, claramente, como una forma de evitar el ejercicio de los poderes legislativos y de control parlamentario de la nueva AN.

De acuerdo con el artículo 33 de la *Ley Orgánica sobre Estados de Excepción*, "la Sala Constitucional omitirá todo pronunciamiento, si la AN o la Comisión Delegada desaprobare el decreto de estado de excepción o denegare su prórroga, declarando extinguida la instancia." Sin embargo, la SC/TSJ publicó sentencia declarando la constitucionalidad del decreto dos días antes de la aprobación del acuerdo en la AN, desconociendo claramente la letra y espíritu de la ley.

b. *Sala Constitucional. Sentencia N° 7 de fecha 11 de febrero del 2016, caso Hernán Toro, Norcy Álvarez y otros (Interpretación de la Ley Orgánica sobre Estados de Excepción). Expediente N° 16-0117. Ponencia Conjunta*

Esta Sentencia de la Sala Constitucional N° 7 de fecha 11 de febrero del 2016, interpreta las normas que rigen el control político-legislativo y judicial de los decretos de estado de excepción, en forma contraria a las competencias constitucionales y al principio de autonomía e independencia de los poderes y el sistema de pesos y contrapesos que los rige. A través de este fallo, la SC/TSJ vacía de contenido la función constitucional de la AN de control de los decretos de estado de excepción dictados por el Poder Ejecutivo.

DECISIÓN:

El 3 de febrero del 2016, miembros de algunas organizaciones comunales (sin la debida acreditación) introdujeron en apoyo al Poder Ejecutivo, un recurso de interpretación "sobre el alcance, particulares y consecuencias del artículo 339 en concatenación con el artículo 136[13] de la *Constitución*, además de los artículos 27[14] y 34 [rectius: 33][15] de la Ley Orgánica sobre los (sic) Estados de Excepción".

Afirmaron los accionantes que el Decreto no fue aprobado por la AN dentro de las 48 horas siguientes a su publicación, sino que fue desaprobado ocho días después, el 22 de enero de 2016, lo cual habría generado una "situación de zozobra" en diversos sectores del país. Aseguraron que, si bien todo Decreto de Estado de Excepción debe atravesar por el control político de la AN y el control jurisdiccional de la SC/TSJ, debe darse preeminencia al dictamen jurisdiccional, y que un acuerdo hecho por la AN en este asunto solo podría revocar la prórroga del Estado de Excepción cuando hubiesen cesado los motivos que lo hicieron necesario.

---

13   Artículo 136 de la *CRBV*. El Poder Público se distribuye entre el Poder Municipal, el Poder Estadal y el Poder Nacional. El Poder Público Nacional se divide en Legislativo, Ejecutivo, Judicial, Ciudadano y Electoral.

Cada una de las ramas del Poder Público tiene sus funciones propias, pero los órganos a los que incumbe su ejercicio colaborarán entre sí en la realización de los fines del Estado.

14   Artículo 27 de la *LOEE*. El decreto que declare el estado de excepción, la solicitud de prórroga o aumento del número de garantías restringidas, será aprobado por la mayoría de los diputado y diputadas presentes en sesión especial que se realizará sin previa convocatoria, dentro de las 48 horas de haberse hecho público el decreto

Si por caso fortuito o fuerza mayor la Asamblea Nacional no se pronunciare dentro de los ocho días continuos siguientes a la recepción del decreto, éste se entenderá por aprobado.

15   Artículo 33 de la *LOEE*. la Sala Constitucional omitirá todo pronunciamiento, si la Asamblea Nacional o la Comisión Delegada desaprobare el decreto de estado de excepción o denegare su prórroga, declarando extinguida la instancia.

De igual forma, plantearon dudas sobre la validez y los efectos de un acuerdo de la AN que, en uso de su facultad de control político, desaprobase un decreto de estado de excepción proveniente del Poder Ejecutivo Nacional, en ejecución directa y cumpliendo con todos los requerimientos de la *Constitución*, cuyo objetivo sería la protección de los derechos y garantías constitucionales.

Para decidir su interpretación, la SC/TSJ señaló que la aprobación o desaprobación del Decreto por parte de la AN no posee naturaleza jurídica-constitucional, ya que únicamente la SC/TSJ tiene "el control supremo de los actos del Poder Público" y, por tanto, el acuerdo de la AN desaprobando dicho Decreto "no invalida la tutela definitoria de la constitucionalidad" ni afecta "la legitimidad, validez, vigencia y eficacia jurídica" de los estados de excepción declarados por el Ejecutivo. Para demostrar que la decisión de la SC/TSJ tendría preeminencia sobre la decisión de la AN, señaló que la falta de decisión de los diputados no acarrea responsabilidad disciplinaria y su silencio se entendería como una aprobación; mientras que la falta de decisión del TSJ conlleva la responsabilidad disciplinaria de los magistrados, tal como queda establecido en el artículo 32 de la *Ley Orgánica sobre Estados de Excepción*.[16]

---

16   Artículo 32 de la *Ley Orgánica de Estados de Excepción*. La Sala Constitucional del Tribunal Supremo de Justicia decidirá en el lapso de diez días continuos contados a partir del recibo de la comunicación del Presidente de la República o del Presidente de la Asamblea Nacional, o del vencimiento del lapso de ocho días continuos previsto en el artículo anterior, siguiendo el procedimiento que se establece en los artículos subsiguientes.

Si la Sala Constitucional no se pronunciare en el lapso establecido en el presente artículo, los magistrados que la componen incurrirán en responsabilidad disciplinaria, pudiendo ser removidos de sus cargos de conformidad con lo establecido en el artículo 265 de la Constitución de la República Bolivariana de Venezuela.

El fallo afirma que la decisión de la SC/TSJ resulta insoslayable "por su contenido, naturaleza y alcance, que condiciona la legitimidad, validez, vigencia y eficacia jurídica del decreto en cuestión y de su prórroga (...)", teniendo, además, efectos retroactivos y obligando a la misma Sala a "restablecer inmediatamente la situación jurídica general infringida, mediante la anulación de todos los actos dictados en ejecución del decreto que declare el estado de excepción, su prórroga o aumento del número de garantías constitucionales restringidas".

Seguidamente, la SC/TSJ afirmó que:

> [...] El Decreto será controlado políticamente por la Asamblea Nacional a quien se remitirá para su consideración y aprobación (no para su modificación, al menos según la vigente Ley Orgánica sobre Estados de Excepción) (...) desde la óptica de los principios de unidad en cuanto a los fines del Estado, autonomía de los Poderes Públicos y de colaboración a lo interno del Poder Público (artículos 3 y 136 del Texto Fundamental).

Para sostener su decisión, la SC/TSJ utilizó un criterio doctrinario[17] según el cual los dos controles por los cuales debe atravesar todo decreto de estado de excepción tienen naturaleza distinta, lo cual no implica que uno tenga preponderancia de uno sobre el otro, sino que, por el contrario, es una forma de asegurar el control de los poderes entre sí. Según lo expuesto por el autor citado por la Sala, el control político es de tipo subjetivo, cuya valoración descansa en el criterio de quien juzga y que tiene su base en "criterios de confianza y oportunidad".

En ese sentido, debería ser la AN quien ejerza este tipo de *control político*, considerando que son los representantes electos

---

17 SALGADO PESANTES, Hernán, *"Teoría y Práctica del Control Político. El Juicio Político en la Constitución Ecuatoriana"*, en *Anuario de Derecho Constitucional Latinoamericano*, Universidad Nacional Autónoma de México, 2004.

por los ciudadanos los que votan si se otorga al Ejecutivo más poderes de los que ya cuenta para resolver y mitigar una crisis, recordando que la soberanía reposa sobre el pueblo. Por su parte, el *control jurídico* le corresponde a la SC/TSJ y tiene su basamento en "normas del derecho que tienen una valoración predeterminada y se basa en reglas que limitan la discrecionalidad del juzgador [...]", es de tipo objetivo, ya que a través de él se determina si el Decreto cumple con los extremos establecidos en la norma máxima: la *Constitución*.

Sobre el acuerdo de la AN que desaprobó el Decreto, la SC/TSJ señaló que la Asamblea no convocó a una Sesión Especial para la discusión del punto único del Decreto de Estado de Emergencia dentro de las 48 horas posteriores a su publicación, con base en el artículo 27 de la *Ley Orgánica sobre Estados de Excepción*[18] y el artículo 59 del *Reglamento AN*[19]; por lo cual, habría vulnerado "la legalidad procesal, seguridad jurídica y el debido proceso [...] viciando de nulidad por inconstitucionalidad el proceso que culminó con el constitucionalmente írrito acuerdo dictado por la máxima representación del Poder Legislativo Nacional, el 22 de enero de 2016." Dado que la AN no se pronunció de forma "oportuna", la SC/TSJ consideró que el supuesto *silencio* del Legislativo se constituyó en aquiescencia con el Decreto de Emergencia Económica.

Por las razones expuestas, la Sala sentenció que el acuerdo adoptado por la AN "debe entenderse como inexistente y sin

---

18   Artículo 27 de la *LOEE*. El decreto que declare el estado de excepción, la solicitud de prórroga o aumento del número de garantías restringidas, será aprobado por la mayoría absoluta de los diputados y diputadas presentes en sesión especial que se realizará sin previa convocatoria, dentro de las cuarenta y ocho horas de haberse hecho público el decreto.

19   Artículo 59 del *Reglamento AN*. La Asamblea Nacional podrá celebrar sesiones especiales cuando el cuerpo lo acuerde, y en ellas sólo se tratará el objeto de la convocatoria.

ningún efecto jurídico-constitucional" y que, por tanto, el Decreto 2.184 "entró en vigencia desde que fue dictado y su legitimidad, validez, vigencia y eficacia jurídico-constitucional se mantiene irrevocablemente incólume, conforme a lo previsto en el Texto Fundamental."

De igual forma, la SC/TSJ ordenó la desaplicación por control difuso del artículo 33 de la *Ley Orgánica sobre Estados de Excepción*, en la cual se establece que la desaprobación por parte de la AN omite la necesidad de cualquier decisión de la SC/TSJ y extingue la instancia. La SC/TSJ consideró que, incluso en esos supuestos tiene la obligación de pronunciarse sobre la constitucionalidad de los decretos de estado de excepción, aun de oficio, como está establecido en el artículo 336.6 de la *Constitución*[20].

COMENTARIOS:

Debemos comenzar señalando que la SC/TSJ aceptó la utilización de un recurso de interpretación abstracta de la *Constitución* para resolver un problema concreto y existente para el momento de la interposición del recurso: la validez del Decreto presidencial de Estado de Excepción y su desaprobación mediante Acuerdo de la AN en ejercicio de sus funciones constitucionales de control. Esto había sido rechazado en decenas de casos dictados por la misma Sala, al sostener que el recurso de interpretación era meramente objetivo y abstracto, por lo que no podía ejercerse para dilucidar casos concretos, para lo cual se dispone de vías de impugnación constitucional ordinarias.

---

20   Artículo 336 de la *CRBV*. Son atribuciones de la Sala Constitucional del Tribunal Supremo de Justicia:

6.   Revisar en todo caso, aun de oficio, la constitucionalidad de los decretos que declaren estados de excepción dictados por el Presidente o Presidenta de la República.

De igual forma, destaca el hecho de que el recurso de interpretación no haya sido tramitado conforme al procedimiento establecido en los artículos 128 y siguientes de la LOTSJ, lo que hubiese permitido un contradictorio, donde la AN hubiese podido exponer sus argumentos y consideraciones. La SC/TSJ dictó un fallo de vital trascendencia sobre las facultades y potestades del parlamento, sin que éste haya podido ejercer su derecho a la defensa.

En cuanto al fondo del asunto, la SC/TSJ concluye señalando que el acuerdo de la AN mediante el cual se improbó el Decreto de Estado de Excepción, no tendría ningún "efecto jurídico-constitucional". Con esta afirmación se tergiversó las normas -cuyo contenido literal es claro-, la jurisprudencia y la doctrina, para ajustarlas a una interpretación manipulativa contraria al principio de autonomía e independencia de los poderes y el sistema de pesos y contrapesos que debe regir en una sociedad democrática.

Según la SC/TSJ, el Poder Legislativo no tendría la posibilidad de tomar una decisión diferente a la aprobación de un decreto de estado de excepción emitido por el Ejecutivo, apelando a la supuesta "unidad de fines del Estado" y la "colaboración entre los Poderes", aun cuando de la misma jurisprudencia y doctrina que utilizó se desprende que cualquier decreto de estado de excepción debe atravesar por dos tipos de controles: uno político y otro jurídico.

Conforme a las normas constitucionales en cuestión, la legitimidad y vigencia de un decreto de estado de excepción depende de la aprobación concurrente del Poder Legislativo y del Poder Judicial, quienes deben ponderar de manera autónoma la necesidad, idoneidad y proporcionalidad, aunque desde perspectivas diferentes: el Legislativo desde la conveniencia y oportunidad de las medidas; y el Judicial, desde la regla de conformidad a Derecho, respectivamente. Esto es así, pues la restricción de garantías constitucionales y la expansión del poder del Ejecutivo deben ser sometidas a una estricta revisión y control para evitar arbitrariedades y asegurar que los derechos de los ciudadanos no se vean vulnerados. Es por ello que el ejercicio del control político de la AN impide su vigencia en caso de decidir su desaprobación, la cual deslegitima el decreto.

Conforme al criterio de la SC/TSJ, la facultad de control mediante la aprobación o no por parte de la AN que impone la *Constitución*, no tendría entonces utilidad alguna, convirtiéndolo en un requisito meramente burocrático sin consecuencia alguna. Al vaciar de contenido real el control político por el que debe pasar el Decreto, la SC/TSJ desconoce el rol constitucional de la AN como representante de los intereses generales de los ciudadanos y, por ende, desconoce la obligación que tienen los órganos del Estado de someterse a la voluntad popular como elemento de legitimidad.

Esta situación se ve agravada por el desconocimiento de la SC/TSJ, incluso de la "existencia" del Acuerdo de la AN, ya que estaría viciado de una supuesta nulidad absoluta por no haberse adoptado en el tiempo establecido en la ley, según el criterio de la Sala. Pero estas declaratorias las hizo la SC/TSJ sin siquiera permitir la defensa de la AN; y de manera arbitraria, sin demostrar cómo la supuesta extemporaneidad colide con la *Constitución*, según lo establecido en el artículo 25, numeral 1 de la LOTSJ[21].

---

21 Artículo 25 de la *LOTSJ*. Es de la competencia de la Sala Constitucional del Tribunal Supremo de Justicia: 1. Declarar la nulidad total o parcial de las leyes nacionales y demás actos con rango de ley de la Asamblea Nacional, que colidan con la Constitución de la República Bolivariana de Venezuela.

c. *Las prórrogas y sucesivos decretos de estados de excepción y las decisiones de la SC/TSJ*

El 11 de marzo del 2016, el Presidente de la República publicó el Decreto N° 2.270[22], mediante el cual *prorrogaba* por 60 días el Decreto N° 2.184 del 14 de enero de 2016, en el cual se había declarado el Estado de Emergencia Económica, bajo la justificación de que se mantenían las "circunstancias excepcionales, extraordinarias y coyunturales que motivaron la declaración de emergencia económica [...]". En dicha oportunidad, el Ejecutivo aseveró que el decreto contaba con plena vigencia, con base en la sentencia N° 07 de fecha 11 de febrero.

El día 13 de marzo de 2016, la AN convocó a una Sesión Especial con el objetivo de discutir sobre el Decreto de *Prórroga* del Estado de Excepción. Ese día, se declaró en Sesión Permanente para conocer sobre la prórroga, razón por la cual convocó al Vicepresidente Ejecutivo de la República a comparecer para que expusiera las razones por las cuales se había decidido extender el Estado de Excepción. El 17 de marzo del mismo año, la AN acordó *desaprobar* el Decreto de prórroga, basado en que: 1. El Vicepresidente no aportó información objetiva suficiente sobre la necesidad de prorrogar el decreto; 2. El Presidente del Banco Central de Venezuela no había asistido a la comparecencia parlamentaria y no había presentado los indicadores económicos necesarios para apreciar la situación; 3. La mayoría de las medidas establecidas en el Decreto no requerían de la declaración de un estado de excepción, por cuanto eran de carácter ordinario; 4. Las medidas tomadas en ejecución del decreto violaban "los principios constitucionales de legalidad presupuestaria, transparencia y eficiencia en el uso de patrimonios públicos, disponiendo de recursos públicos al margen de los controles aplicables en materia de presupuesto y control

---

22 Decreto N° 2270 de la Presidencia de la República. Publicado en la *Gaceta Oficial* N° 6.219 Extraordinario, de fecha 11 de marzo de 2016.

fiscal"; y 5. Que la solución de los problemas no requerían de medidas extraordinarias, sino la rectificación de políticas económicas erradas.

El 17 de marzo de 2016[23], mediante Sentencia N° 184, la SC/TSJ declaró la *constitucionalidad* del Decreto Presidencial N° 2.270 que *prorrogó* por otros 60 días la declaración de Estado de Excepción por Emergencia Económica en todo el país, desconociendo nuevamente el control político ejercido ese mismo día por la AN mediante el cual había acordado su desaprobación. La Sala consideró que los motivos del decreto que lo precede se mantenían, y que, por tanto, la prórroga era necesaria para cumplir con los preceptos constitucionales *y los objetivos establecidos en el Plan de la Patria 2013-2019* (plan político del gobierno), demostrando así su parcialidad y falta de independencia.

El 13 de mayo del 2016[24] el Presidente de la República publicó el Decreto Presidencial N° 2.323, mediante el cual se *declara un nuevo Estado de Excepción y Emergencia Económica*, "[d]adas las circunstancias extraordinarias de orden social, económico, político, natural y ecológicas que afectan gravemente la economía nacional, el orden constitucional, la paz social, la seguridad de la Nación, las Instituciones Públicas y las ciudadanas y ciudadanos habitantes de la República".

Al día siguiente, la AN dictó un Acuerdo[25], mediante el cual desaprobó la nueva declaración de Estado de Excepción y

---

23   SC/TSJ. Sentencia N° 184 de fecha 17 de marzo del 2016, caso *Constitucionalidad del Decreto N° 2.270 del 11 de marzo de 2016, mediante el cual se prorroga por sesenta (60) días el plazo establecido en el Decreto 2.184, del 14 de enero de 2016*. Expediente N° 16-0038. Ponencia Conjunta.

24   Decreto N° 3.323 de la Presidencia de la República. Publicado en la *Gaceta Oficial* N° 6.227 Extraordinario, de fecha 13 de mayo de 2016.

25   RunRunes (17 de mayo de 2016) *Asamblea Nacional niega Decreto de Estado de Excepción y Emergencia Económica*. Disponible en: http://runrun.es/nacional/venezuela-2/262216/asamblea-nacional-niega-decreto-de-estado-de-excepcion-y-emergencia-economica.html

Emergencia Económica, de conformidad con lo dispuesto en artículo 339 de la *Constitución*[26] y el 27 de la *Ley Orgánica sobre Estados de Excepción*[27]; mencionando entre otras causas, que ya había vencido la única prórroga permitida por la *Constitución* para el Decreto de Emergencia Económica del 14 de enero de 2016.

El 19 de julio de 2016, mediante sentencia N° 615, la SC/TSJ[28] declaró la constitucionalidad de este nuevo (segundo) Decreto de Estado de Excepción y Emergencia Económica, desconociendo nuevamente el Acuerdo de la AN que lo había desaprobado y con ello desconociendo las potestades constitucionales de control político del parlamento.

El 13 de septiembre de 2016, el Presidente de la República dictó Decreto N° 2.452[29], mediante el cual se decreta un *nuevo* Estado de Excepción y Emergencia Económica en todo el Territorio Nacional. Frente a este nuevo Decreto, la AN, en sesión ordinaria del martes 20 de septiembre de 2016, volvió a desaprobar este Decreto, en ejercicio de sus facultades de control

---

26   Ver referencia N° 11.

27   Artículo 27 de la *LOEE*. El decreto que declare el estado de excepción, la solicitud de prórroga o aumento del número de garantías restringidas, será aprobado por la mayoría absoluta de los diputados y diputadas presentes en sesión especial que se realizará sin previa convocatoria, dentro de las cuarenta y ocho horas de haberse hecho público el decreto.

      Si por caso fortuito o fuerza mayor la Asamblea Nacional no se pronunciare dentro de los ocho días continuos siguientes a la recepción del decreto, éste se entenderá aprobado.

28   SC/TSJ. Sentencia N° 615 de fecha 19 de julio del 2016, caso *Constitucionalidad del Decreto N°2.323 mediante el cual se declara el Estado de Excepción y de la Emergencia Económica...* Expediente N° 16-0470. Ponencia Conjunta.

29   Decreto N° 2.452 de la Presidencia de la República. Publicado en la *Gaceta Oficial* N° 6.256 Extraordinario, de fecha 13 de septiembre de 2016.

político previstas en el artículo 339 de la *Constitución* y el 27 de la *Ley Orgánica sobre Estados de Excepción*.

El 21 de septiembre de 2016[30], la SC/TSJ dictó una sentencia en la cual aprobó el tercer Decreto de Estado de Excepción dictado por el Presidente en menos de un año y en la cual declaró la nulidad del Acuerdo de la AN por medio del cual desaprobó el nuevo Decreto. Para ello la SC/TSJ se basó en el supuesto "*desacato*" en que estaría incurriendo la AN, según la sentencia N° 808 de fecha 2 de septiembre del 2016.

El 13 de noviembre del 2016[31], mediante Decreto Presidencial N° 2.548, el Ejecutivo prorrogó el Decreto de Estado de Excepción y Emergencia Económica por otros 60 días, bajo el alegato de que persistirían "las circunstancias excepcionales, extraordinarias y coyunturales" que motivaron su declaratoria, por lo que se hacía necesario "adoptar otras (*medidas*) para enfrentar el asedio instaurado en contra de la economía venezolana, y profundizar las que se encuentran en ejecución". El 15 de noviembre de 2016, la AN desaprobó mediante Acuerdo esa prórroga dada a este nuevo Decreto de Estado de Excepción y Emergencia Económica[32]. Ese mismo día, los tres diputados por el estado Amazonas y la Región Indígena Sur solicitaron a la Junta Directiva de la AN ser nuevamente desincorporados de la institución, sobre la cual la Junta respondió que se había dado por notificada, posteriormente informando a la SE/TSJ sobre este

---

30   SC/TSJ. Sentencia N° 810 de fecha 21 de septiembre del 2016, caso *Constitucionalidad del Decreto N° 2.452 que declara el Estado de Excepción y de la Emergencia Económica en todo el Territorio Nacional*. Expediente N° 16-0897. Ponencia Conjunta.

31   Decreto N° 2.548 de la Presidencia de la República. Publicado en la *Gaceta Oficial* N° 6.272 Extraordinario, de fecha 13 de noviembre de 2016.

32   Prensa AN (15 de noviembre del 2016) AN desaprobó nuevamente Decreto de Estado de Excepción y Emergencia Económica. Disponible en: http://www.asambleanacional.gob.ve/noticia/show/id/16697

hecho. La nueva desincorporación se dio en el marco del inicio de un "diálogo nacional" auspiciado por la UNASUR, el Vaticano y tres ex presidentes (Zapatero, Torrijos y Fernández), sobre la base de que, si la AN realizaba dicha acción, se llevarían a cabo nuevas elecciones de diputados en el estado Amazonas[33]. Pero ello nunca llegó a ocurrir.

El 21 de noviembre de 2016[34], la SC/TSJ declaró la constitucionalidad del Decreto que Prórroga el Estado de Excepción y Emergencia Económica. En cuanto al tema del *"desacato"* y la desincorporación de los diputados del estado Amazonas y la Región Indígena Sur, la Sala consideró que no se había llevado a cabo el procedimiento completo para materializar la desincorporación de los diputados, por lo que las decisiones de esta institución continuaban siendo nulas de nulidad absoluta. En este sentido, la SC/TSJ indicó que, para salir del estado de *"desacato"*, tendría que llevarse a cabo una discusión y una posterior votación en plenarias, tomando como precedente la sesión del órgano legislativo del 11 de enero del 2016.

El 13 de enero del 2017[35], el Ejecutivo Nacional dictó un nuevo Decreto de Estado de Excepción y Emergencia Económica. El 17 de enero de 2017, la AN desaprobó este cuarto Decreto de Estado de Excepción, mediante un nuevo acuerdo parlamentario.

---

33   Efecto Cocuyo (15 de noviembre del 2016) *Diputados de Amazonas solicitaron su desincorporación de la AN.* Disponible en:
     http://efectococuyo.com/politica/diputados-de-amazonas-solicitaron-su-desincorporacion-de-la-an

34   SC/TSJ. Sentencia N° 952 de fecha 21 de noviembre del 2016, caso *Constitucionalidad del Decreto N° 2.548 mediante el cual se prorroga por 60 días el Estado de Excepción y Emergencia Económica.* Expediente N° 16-0897. Ponencia Conjunta.

35   Decreto N° 2.667 de la Presidencia de la República. Publicado en la *Gaceta Oficial* N° 41.074, de fecha 13 de enero de 2017.

El 19 de enero de 2017[36], mediante Sentencia N° 4, la SC/TSJ declaró la constitucionalidad de este cuarto Decreto de Estado de Excepción, esta vez sin ni siquiera mencionar el Acuerdo parlamentario que había desaprobado el Decreto presidencial.

Mediante Decreto N° 2.742, del 13 de marzo del 2017, el Ejecutivo Nacional prorrogó nuevamente el Decreto de Estado de Excepción y Emergencia Económica.

El 20 de marzo de 2017[37], mediante Sentencia N° 113, la SC/TSJ declaró la constitucionalidad de esta prórroga al cuarto Decreto de Estado de Excepción. En esta oportunidad sí se pronuncia sobre el Acuerdo de la AN que había desaprobado el Decreto del 13 de enero de 2017, y en consecuencia declaró su nulidad por considerar que la AN se mantenía en *"desacato"*. Vale la pena destacar que en esta sentencia la SC/TSJ desconoció la nueva Junta Directiva de la AN electa y juramentada, en ejercicio de una de sus competencias exclusivas, como lo establece el artículo 194 de la *Constitución* y 7 de su *Reglamento AN*.

El 13 de mayo de 2017[38], el Presidente de la República, Nicolás Maduro, publicó el Decreto N° 2.849, mediante el cual se vuelve a establecer un Estado de Excepción y Emergencia Económica. El 24 de mayo de 2017[39], mediante Sentencia N° 364

---

36   SC/TSJ. Sentencia N° 4 de fecha 19 de enero del 2017, caso *Constitucionalidad del Decreto N° 2.667 que declara el Estado de Excepción y Emergencia Económica en todo el Territorio Nacional. Expediente N° 2017-0069.* Ponencia Conjunta.

37   SC/TSJ. Sentencia N° 113 de fecha 20 de marzo del 2017, caso *Constitucionalidad del Decreto N° 2.742 del 13 de marzo de 2017 que prorroga por 60 días el plazo establecido en el Decreto N° 2.667 del 13 de enero de 2017 que declaró el Estado de Excepción y Emergencia Económica en todo el Territorio Nacional.* Expediente N° 17-0069. Ponencia Conjunta.

38   Decreto N° 2.849 de la Presidencia de la República. Publicado en la *Gaceta Oficial N° 6.298 Extraordinario,* de fecha 13 de mayo de 2017.

39   SC/TSJ. Sentencia N° 364 de fecha 24 de mayo del 2017, caso *Constitucionalidad del Decreto N° 2.849 que declara el Estado de Excepción y Emer-*

la SC/TSJ declaró la constitucionalidad de este quinto Decreto de Estado de Excepción sobre la base del supuesto *"desacato"* de la AN.

Como puede observarse de este recuento, la SC/TSJ ha venido anulando sistemáticamente todos los acuerdos de la AN, mediante los cuales se desaprobaron los decretos presidenciales de estados de excepción y sus respectivas prórrogas. El común denominador de todas estas sentencias es el desconocimiento del control político que debe ejercer la AN sobre toda declaratoria de estado de excepción, a pesar de que el artículo 339 de la *Constitución* claramente establece que es competencia de la AN "aprobar" o no estos decretos. Incluso, la misma norma faculta al parlamento a revocar estos decretos cuando considere que han cesado las causas que lo motivaron.

Organizaciones nacionales[40] e internacionales[41] se han pronunciado con respecto a la inconstitucionalidad de estos decre-

gencia Económica en todo el Territorio Nacional. Expediente N° 17-0536. Ponencia Conjunta.

40 Foro por la vida (18 de mayo de 2016) *Foro por la Vida y 39 organizaciones de derechos humanos rechazan ruptura del orden constitucional*. Disponible en: http://www.examenonuvenezuela.com/informes-y-comunicados-osc/foro-por-la-vida-rechaza-ruptura-del-orden-constitucional

41 Human Rights Watch (19 de mayo de 2016) *Venezuela debe revocar Decreto de Emergencia dictado por Maduro*. Disponible en: http://www.examenonuvenezuela.com/informes-y-comunicados-osc/human-rights-watch-venezuela-debe-revocar-decreto-de-emergencia-dictado-por-maduro; Organización Mundial Contra la Tortura (20 de mayo de 2016) *Estado de Excepción: amplios poderes abren las puertas a abusos contra los derechos humanos*. Disponible en: http://www.examenonuvenezuela.com/informes-y-comunicados-osc/organizacion-mundial-contra-la-tortura-declaracion-de-estado-de-excepcion-amplios-poderes-abren-las-puertas-a-abusos-contra-los-derechos-humanos; Transparencia Internacional (21 de mayo de 2016) *A Transparencia Internacional le preocupa que Venezuela utilice el Decreto de Estado de Excepción para silenciar a la sociedad civil*. Disponible en:

tos, la arbitrariedad de los poderes discrecionales que otorga al Ejecutivo, el desconocimiento de las funciones constitucionales de control de la AN y la amplia gama de derechos y garantías ciudadanas que se ven afectados o se pudiesen ver afectados, tales como la libertad de expresión y acceso a la información, la libertad de reunión y manifestación pacífica, el debido proceso, la libertad personal y la seguridad e integridad personal.

De igual forma, la CIDH emitió un comunicado de prensa[42] en el cual expresó su preocupación por el Decreto de Estado de Excepción y Emergencia Económica, señalando que:

> Este decreto podría constituir restricciones severas para la libertad de expresar ideas políticas, el debate público, el derecho de la población a recibir información de una diversidad de fuentes y el ejercicio del derecho a manifestar, todo lo cual afecta el pluralismo político que es un principio fundamental de toda sociedad democrática.

> Finalmente, la Comisión nota que el decreto en cuestión vulnera el artículo 222 de la Constitución de la República al atribuir a la Presidencia la potestad de decidir

---

http://www.examenonuvenezuela.com/informes-y-comunicados-osc/transparencia-internacional-preocupada-de-que-venezuela-utilice-el-decreto-de-estado-de-excepcion-para-silenciar-a-la-sociedad-civil; CIVICUS Alliance (21 de mayo de 2016) *CIVICUS emite una alerta por el Estado de Excepción en Venezuela*. Disponible en: http://www.examenonuvenezuela.com/informes-y-comunicados-osc/civicus-emite-una-alerta-por-el-estado-de-excepcion-en-venezuela y *125 Organizaciones piden al Consejo de Derechos Humanos de la ONU solicitar a Maduro que revoque el Decreto de Estado de Excepción* (6 de junio de 2016) Disponible en: http://www.examenonu-venezuela.com/informes-y-comunicados-osc/125-venezuela-debe-revocar-el-decreto-de-emergencia-vigente.

42 CIDH. Comunicado de Prensa Nº 071/16, *CIDH expresa preocupación ante la declaración del estado de excepción y de emergencia económica en Venezuela*, de fecha 1 de junio de 2016) Disponible en: http://www.oas.org/es/cidh/prensa/comunicados/2016/071.asp

la suspensión temporal de la ejecución de "sanciones de carácter político contra las máximas autoridades del Poder Público", función de control propia de la Asamblea Nacional. Sumado a lo anterior, preocupa también a la CIDH el desconocimiento de las decisiones de la Asamblea Nacional mediante el control político gubernamental del Tribunal Supremo de Justicia.

El Secretario General de la OEA, Luis Almagro, también hizo referencia a la recurrente utilización de los estados de excepción por parte del Presidente de Venezuela, en su carta dirigida al Consejo Permanente de esa Organización, en atención al artículo 20 de la *Carta Democrática Interamericana*[43]. Al respecto, el Secretario General señaló la controversia que desencadenó la declaración de un estado de excepción que se ha prorrogado indefinidamente en el tiempo y ha sido desaprobado reiteradamente por la AN. De igual forma, hizo especial énfasis en la denuncia

---

[43] Artículo 20 de la *Carta Democrática Interamericana*. En caso de que en un Estado Miembro se produzca una alteración del orden constitucional que afecte gravemente su orden democrático, cualquier Estado Miembro o el Secretario General podrá solicitar la convocatoria inmediata del Consejo Permanente para realizar una apreciación colectiva de la situación y adoptar las decisiones que estime conveniente.

El Consejo Permanente, según la situación, podrá disponer la realización de las gestiones diplomáticas necesarias, incluidos los buenos oficios, para promover la normalización de la institucionalidad democrática.

Si las gestiones diplomáticas resultaren infructuosas o si la urgencia del caso lo aconsejare, el Consejo Permanente convocará de inmediato un período extraordinario de sesiones de la Asamblea General para que ésta adopte las decisiones que estime apropiadas, incluyendo gestiones diplomáticas, conforme a la Carta de la Organización, el derecho internacional y las disposiciones de la presente Carta Democrática.

Durante el proceso se realizarán las gestiones diplomáticas necesarias, incluidos los buenos oficios, para promover la normalización de la institucionalidad democrática.

realizada por la AN en el Acuerdo mediante el cual se desaprobó el Estado de Excepción y Emergencia Económica:

> No puede invocarse el Estado de Excepción como pretexto para obtener una concentración de poderes y que el decreto de estado de excepción y emergencia económica suspende arbitrariamente preceptos constitucionales, como los relativos a las facultades de control de la Asamblea Nacional sobre los contratos de interés público a sus poderes de control político sobre altos funcionarios ejecutivos y de control presupuestario.

Posteriormente, el Secretario General agregó que *"no es admisible para la OEA la omisión en la consideración de este asunto y la gravedad que el mismo reviste desde el punto de vista institucional"*, en referencia al llamado que la AN realiza a

> [...] La Organización de las Naciones Unidas, a la Organización de Estados Americanos y a los órganos del Mercado Común del Sur (MERCOSUR) y de la Unión de Naciones Suramericanas (UNASUR) para que contribuyan, junto a esta Asamblea Nacional y al pueblo de Venezuela, a poner freno al desmantelamiento de la democracia y del Estado de Derecho que está siendo llevado a cabo por el Presidente de la República y de las instituciones que están a su servicio.

3. **SC/TSJ: Sentencia N° 9 de fecha 1 de marzo del 2016, caso *Gabriela Flores Ynserny, Daniel Augusto Flores Ynserny y Andrea Carolina Flores Ynserny* (Recurso de Interpretación sobre funciones de revisión de la AN). Expediente N° 2016-000153. Magistrado Ponente: Arcadio Delgado Rosales.**

De cara a la creación en el seno de la AN de una *Comisión Especial encargada de revisar el nombramiento de Magistrados, Principales y Suplentes del Tribunal Supremo de Justicia*, el 17 de febrero de 2016, tres abogados actuando en su propio nombre presentaron un *recurso de interpretación constitucional* de los artículos 136[44], 222[45], 223[46] y 265[47] de la *Constitución*. Señalaron que las solicitudes de comparecencia hechas a las máximas autoridades del Ejecutivo Nacional por parte de la AN se han hecho sin precisar el objeto real de la convocatoria, lo que les produce "incertidumbre en dos aspectos fundamentales": en primer lugar, respecto a si la AN se estaría "adelantando a solicitar la compa-

---

44 Artículo 136 de la *CRBV*. El Poder Público se distribuye entre el Poder Municipal, el Poder Estadal y el Poder Nacional. El Poder Público Nacional se divide en Legislativo, Ejecutivo, Judicial, Ciudadano y Electoral.

Cada una de las ramas del Poder Público tiene sus funciones propias, pero los órganos a los que incumbe su ejercicio colaborarán entre sí en la realización de los fines del Estado.

45 Artículo 222 de la *CRBV*. La Asamblea Nacional podrá ejercer su función de control mediante los siguientes mecanismos: las interpelaciones, las investigaciones, las preguntas, las autorizaciones y las aprobaciones parlamentarias previstas en esta Constitución y en la ley y mediante cualquier otro mecanismo que establezcan las leyes y su Reglamento. En ejercicio del control parlamentario, podrán declarar la responsabilidad política de los funcionarios públicos o funcionarias públicas y solicitar al Poder Ciudadano que intente las acciones a que haya lugar para hacer efectiva tal responsabilidad.

46 Artículo 223 de la *CRBV*. La Asamblea o sus Comisiones podrán realizar las investigaciones que juzguen convenientes en las materias de su competencia, de conformidad con el Reglamento. Todos los funcionarios públicos o funcionarias públicas están obligados u obligadas, bajo las sanciones que establezcan las leyes, a comparecer ante dichas Comisiones y a suministrarles las informaciones y documentos que requieran para el cumplimiento de sus funciones. Esta obligación comprende también a los y las particulares; a quienes se les respetarán los derechos y garantías que esta Constitución reconoce.

47 Artículo 265 de la *CRBV*. Los magistrados o magistradas del Tribunal Supremo de Justicia podrán ser removidos o removidas por la Asamblea Nacional mediante una mayoría calificada de las dos terceras partes de sus integrantes, previa audiencia concedida al interesado o interesada, en caso de faltas graves ya calificadas por el Poder Ciudadano, en los términos que la ley establezca.

recencia de estos funcionarios, cuando la misma *Constitución*, en su artículo 244[48], establece el lapso para que dichas autoridades rindan la memoria razonada y suficiente sobre la gestión de su despacho del año inmediatamente anterior"; y en segundo lugar, sobre si puede la AN,

> [...] exigir la comparecencia de tales funcionarios para discutir el futuro económico del país y diseñar las políticas públicas y líneas de acción administrativa a ser desarrolladas por el Poder Ejecutivo, funciones estas últimas que el Texto Constitucional, en sus artículos 226, 238, 239 y 242, le otorga, de manera exclusiva y excluyente, al Poder Ejecutivo cuando le asigna competencia para dirigir la acción de gobierno.

Solicitan entonces que se determine el contenido y alcance de la función de control y vigilancia ejercida por el Poder Legislativo sobre el Poder Ejecutivo Nacional y el Poder Judicial, "a fin de evitar que las acciones realizadas por el Poder Legislativo Nacional desnaturalicen los fundamentos constitucionales y deontológicos de la separación de poderes en los términos desarrollados en la Carta Magna".

También, solicitaron que se determinara el alcance del contenido de los artículos 136 y 265 constitucionales a la luz de los artículos 222 y 223 *eiusdem*, toda vez que consideran que la creación de la referida Comisión Parlamentaria constituye una *conspiración* contra el "normal funcionamiento de la administración de justicia y el normal desarrollo de tan esencial función garantista de la paz social, lo que podría generar una clara ex-

---

48 Artículo 244 de la *CRBV*. [...] Los Ministros o Ministras son responsables de sus actos de conformidad con esta Constitución y la ley, y presentarán ante la Asamblea Nacional, dentro de los primeros sesenta días de cada año, una memoria razonada y suficiente sobre la gestión del despacho en el año inmediatamente anterior, de conformidad con la ley.

tralimitación de funciones de la Asamblea Nacional y un eventual abuso de poder".

La sentencia fue dictada por la SC/TSJ el día 1 de marzo de 2016, que había sido el día fijado por la AN para considerar el informe conclusivo sobre el nombramiento *"express"* de los magistrados del TSJ efectuado en diciembre de 2015.

DERECHOS QUE VIOLA:

Derecho de los electores a que sus representantes rindan cuentas públicas, transparentes y periódicas sobre su gestión (art. 66 CRBV), derecho a que se establezca un orden social en el que los derechos humanos se hagan plenamente efectivos (art. 28 DUDH), derecho a la participación política (art. 62 CRBV, art. 25 PIDCP, art. 21 DUDH, art. 20 DADDH), derecho a la libertad de expresión (art. 57 CRBV, art. 19 PIDCP, art. 19 DUDH, art. 4 DADDH), y derecho a ser juzgado por un tribunal independiente (art. 49.3 CRBV, art. 14.1 PIDCP, art. 10 DUDH, art. 26 DADDH).

DECISIÓN:

Un primer elemento que debe destacarse es que la SC/TSJ determinó en su fallo que "en atención a la gravedad y urgencia de los señalamientos que subyacen en la solicitud de interpretación formulada[...] la Sala estima pertinente entrar a decidir sin más trámites el presente asunto". Es decir, no hubo sustanciación y procedimiento alguno, ni informes solicitados a la AN ni oportunidad de participar en este asunto.

La SC/TSJ dividió las consideraciones para decidir en cuatro (4) puntos:

a. *División Política y Poder Público*

Luego de invocar el contenido del artículo 136 de la *Constitución* y la Exposición de Motivos de la misma, la SC/TSJ cita los artículos 136 (1) de la Constitución Política de Colombia[49] y 163 (2) de la Constitución Política de la República de Panamá[50] para concluir, sin hacer un análisis detallado de su contenido, que de éstos "se coligen límites esenciales de las actuaciones legislativas, destacando la prohibición de intromisión en asuntos que competen privativamente a otros órganos o autoridades, lo cual garantiza el desarrollo armónico del Poder Público".

b. Control Parlamentario

La Sala comienza por citar en toda su extensión el artículo 187 de la *Constitución* relativo a las atribuciones de la AN, así como también el artículo 196 que consagra las atribuciones de la Comisión Delegada, concluyendo que "la *Constitución* le atribuye la competencia de control político a la AN, "sobre el Gobierno y la Administración Pública Nacional, control sobre funcionarios públicos o funcionarias públicas del Gobierno y Administración Pública Nacional (sujetos de acción política y, por ende, de control político, dentro del marco jurídico), en los términos previstos en la Constitución y el resto del orden jurídico." Incluso la SC/TSJ citó la Exposición de Motivos del texto constitucional cuando señala que:

> La Asamblea Nacional podrá declarar la responsabilidad política de los funcionarios públicos y solicitar al Poder Ciudadano que intente las acciones para hacerla efectiva. Los funcionarios públicos están obligados a asistir a

---

49   Artículo 136 de la *Constitución de Colombia* .Se prohíbe al Congreso y a cada una de sus Cámaras:

    1.   Inmiscuirse por medio de resoluciones o de leyes, en asuntos de competencia privativa de otras autoridades.

50   Artículo 163 de la *Constitución de Panamá*. Es prohibido a la Asamblea Nacional:

    2.   Inmiscuirse por medio de resoluciones en asuntos que son de la privativa competencia de los otros Órganos del Estado.

las comisiones y a suministrar las informaciones y documentos que éstas requieran para el cumplimiento de sus funciones.

Luego, la SC/TSJ pasó a citar la Sentencia N° 2230 de fecha 23 de septiembre del 2015, que interpretando el artículo 187 (3) de la *Constitución* determina que "el Poder Judicial es extraño a la Administración Pública y al Poder Ejecutivo (Gobierno), no forma parte de los entes controlables por la Asamblea Nacional". Pero que también "la Asamblea Nacional puede investigar, lo concerniente a la elección, y si fuere el caso, en caso de faltas graves calificadas por el Poder Ciudadano, la remoción de Magistrados."

Concluyó la SC/TSJ que el control político-parlamentario se extiende fundamentalmente "sobre el Poder Ejecutivo Nacional y no sobre el resto de los Poderes Públicos (Judicial, Ciudadano y Electoral), tampoco sobre el poder público estadal ni el municipal (con excepción de lo previsto en el artículo 187.9 *eiusdem*)". Al respecto, considera que a nivel estadal, el control lo ejercen los consejos legislativos; y que, a nivel municipal, dicho control le corresponde a los concejos municipales.

En definitiva, la SC/TSJ limitó el control parlamentario sobre el Ejecutivo a: (i) la memoria y cuenta que presenta el Presidente cada año ante la AN de conformidad con el artículo 237 de la *Constitución*; (ii) la moción de censura al Vicepresidente Ejecutivo en atención al artículo 240 *eiusdem*; (iii) la memoria de gestión que deben presentar los Ministros ante el órgano legislativo de conformidad con el artículo 244 de la *Constitución*; y (iv) la moción de censura que dispone el artículo 246 *eiusdem*.

La Sala pretende supeditar las facultades de control e investigación que le otorga el texto fundamental a la AN al Poder Ejecutivo, al determinar que en atención al artículo 239.5 constitucional,

[...] debe observarse la debida coordinación de la Asamblea Nacional con el Vicepresidente Ejecutivo o Vicepresidenta Ejecutivo [...] para encausar la pretensión de ejercicio del referido control (canalización de comunicaciones, elaboración de cronograma de comparecencias, etc.), respecto de cualquier funcionario del Gobierno y la Administración Pública Nacional, a los efectos de que, conforme a la referida previsión constitucional, la Vicepresidencia Ejecutiva de la República centralice y coordine todo lo relacionado con las comunicaciones que emita la Asamblea Nacional con el objeto de desplegar la atribución contenida en el artículo 187.3 Constitucional, desarrolladas en los artículos 222 al 224 *eiusdem.*

Más aún, la SC/TSJ invocó el *estado de excepción* decretado por la presunta situación de emergencia económica[51], para concluir que se "amerita toda la colaboración posible entre los diversos órganos del Poder Público[...] para superar esta situación excepcional" y que las peticiones dirigidas al Poder Ejecutivo por parte del Legislativo "pudiera[n] obstaculizar gravemente el funcionamiento del Estado". Por último, señaló de forma ambigua, que la AN debe comprender "la cardinal reserva de informaciones que pudieran afectar la estabilidad y seguridad de la República".

Es de resaltar que la sentencia también determinó que la Fuerza Armada Nacional Bolivariana, puede ser objeto del control parlamentario, pero sólo mediante el control político que se ejerce sobre su Comandante en Jefe que es el Presidente de la República; y limitó el control parlamentario sobre el Presidente únicamente a la memoria y cuenta que éste debe presentar de-

---

51   SC/TSJ. Sentencia N° 7 de fecha 11 de febrero del 2016, caso *Hernán Toro, Norcy Álvarez y otros. Recurso de Interpretación de los artículos 339 y 136 de la Constitución de la República Bolivariana de Venezuela, y los artículos 27 y 33 de la Ley Orgánica sobre Estados de Excepción.* Expediente N° 16-0117. Ponencia conjunta.

ntro de los diez primeros días siguientes a la instalación de la AN. De esta manera se eliminó en la práctica, cualquier tipo de control sobre la Fuerza Armada Nacional.

También señaló la SC/TSJ que el Presidente de la República en virtud del artículo 236 (10) de la *Constitución*, puede reglamentar ejecutivamente la *Ley sobre el Régimen para la Comparecencia de Funcionarios y Funcionarias Públicos o los o las Particulares ante la Asamblea Nacional o sus Comisiones*, "con la finalidad de armonizar el normal desarrollo de las actuaciones enmarcadas en ese instrumento legal."

c. *De la designación de una Comisión Especial de la AN para revisar el nombramiento de los magistrados principales y suplentes del TSJ*

La Comisión Especial de la AN tuvo por objeto revisar los nombramientos de magistrados principales y suplentes del TSJ realizados de manera *"express"* en diciembre de 2015 por la AN una vez que el partido de gobierno (PSUV) perdió la mayoría parlamentaria. Dicha revisión la realizaba la AN en ejercicio de su facultad/deber de autotutela sobre sus propios actos.

La SC/TSJ partió de la premisa de que, atendiendo al análisis conjunto de los artículos 193 y 223 de la *Constitución*, la materia que trata la Comisión Especial en cuestión, excede la competencia de la AN, porque el "control parlamentario no se extiende a ningún otro Poder –distinto al Poder Ejecutivo Nacional" y considera que:

> […] su objetivo es claramente inconstitucional y/o ilegal, al pretender revisar designaciones de altos funcionarios de otro Poder, al margen del control que le asigna la Constitución a la Asamblea Nacional y del régimen previsto para su remoción o destitución, ella y cualquier decisión o recomendación que aquélla o cualquier comisión realice es absolutamente nula y, en consecuencia, inexis-

tente, así como cualquier decisión en la materia por parte de la Asamblea Nacional, todo ello con base en los artículos 7, 137, 138 y 139 de la Carta Magna.

Citando nuevamente la Sentencia N° 2230[52] y los artículos 264 y 265 la *Constitución*, la SC/TSJ sentenció que el 23 de diciembre de 2015 se realizó la selección definitiva de los últimos magistrados y magistradas que han ingresado al TSJ, que respecto a esas disposiciones constitucionales "allí culmina su rol en el equilibrio entre Poderes Públicos para viabilizar la función del Estado"; y que "[c]rear una atribución distinta, como sería la revisión *ad infinitum* y nueva 'decisión' sobre 'decisiones' asumidas en los procesos anteriores de selección y designación de magistrados y magistradas [...] sería evidentemente inconstitucional" por considerarlo un atentado contra la autonomía del Poder Judicial.

Así, citando los artículos 138 y 336 (1) del texto fundamental, la SC/TSJ declaró "la nulidad absoluta e irrevocable de los actos mediante los cuales la AN pretende impulsar la revisión de procesos constitucionalmente precluidos de selección de magistrados" y, por tanto, de las actuaciones mediante las cuales crearon la comisión especial designada para tal fin. Consideró que la remoción de un magistrado no es un acto administrativo, sino que se trata de un acto parlamentario en ejecución directa e inmediata de la *Constitución*, cuya nulidad corresponde ser determinada por la SC/TSJ.

Luego, procedió la Sala al análisis de los artículos 90 del *Reglamento AN* y 83 de la *Ley Orgánica de Procedimientos Administrativos*, que regulan la potestad de autotutela administrativa, determinando que la vía prevista en tales disposiciones "es in-

---

52 SC/TSJ. Sentencia N° 2.230 de fecha 23 de septiembre del 2002, caso *Carlos H. Tablante H. Acción de amparo*. Expediente N° 02-2116. Ponencia: Magistrado Jesús E. Cabrera Romero

aplicable para el caso pretendido de remover a los Magistrados del Tribunal Supremo de Justicia", pues "la Asamblea Nacional no está legitimada para revisar, anular, revocar o [...] dejar sin efecto el proceso interinstitucional de designación de los magistrados [...], principales y suplentes, en el que también participan el Poder Ciudadano y el Poder Judicial".

  e. *De la Ley sobre el Régimen para la comparecencia de funcionarios públicos y particulares ante la Asamblea Nacional o sus Comisiones y del Reglamento de la AN.*

La Sala estimó que los artículos 3, 11 y 12 de la referida ley, incluyen a funcionarios distintos a los pertenecientes al Gobierno y Administración Pública Nacional, razón por la que "se encuentra forzada a desaplicarlos por control difuso de la constitucionalidad, en lo que respecta a funcionarios ajenos al Ejecutivo Nacional, mientras se tramita el procedimiento de nulidad por inconstitucionalidad de aquellas normas legales".

Seguidamente, respecto a los artículos 21 al 26 de esta Ley, referidos al régimen sancionatorio para funcionarios o particulares que, habiendo sido citados a comparecer ante la AN o sus Comisiones, no asistan o se excusen sin motivo justificado, la SC/TSJ considera que no se hace referencia expresa al debido proceso a seguir, a la autoridad que impondrá las sanciones ni a la naturaleza jurídica de las sanciones en cuestión. En razón de ello, consideró que la ley "evidencia inconsistencias que probablemente inciden negativamente en su constitucionalidad, razón por la que esta Sala[...]también se encuentra forzada a desaplicar por control difuso de la constitucionalidad" esas normas, "mientras se tramita el procedimiento de nulidad por inconstitucionalidad".

También, desaplicó el artículo 113 del *Reglamento AN* relativo al objeto de las interpelaciones y comparecencias, porque éste "no circunscribe el control parlamentario [...] de forma exclusiva a los funcionarios y funcionarias del Poder Ejecutivo Nacional".

COMENTARIOS[53]:

En primer lugar, debemos señalar que, desde el punto de vista procesal, esta decisión constituye un claro desconocimiento de los precedentes de la SC/TSJ y de la propia lógica del derecho procesal constitucional. Se admite un recurso de interpretación para resolver problemas concretos, lo que ha sido rechazado reiteradamente en diversas decisiones por esa misma Sala; y, además, la propia SC/TSJ ordena de oficio el inicio de una acción de inconstitucionalidad, lo que hasta ahora no había sucedido nunca, toda vez que las actuaciones de oficio de la SC/TSJ se habían limitado a casos expresamente predeterminados y autorizados por la ley.

En segundo lugar, la SC/TSJ realiza una interpretación claramente contraria a la propia letra de la *Constitución*, para de esta forma limitar considerablemente las facultades de investigación del parlamento. En efecto, en primer lugar, excluye las facultades de investigación parlamentaria sobre el Poder Ciudadano, sobre el Poder Judicial y sobre los Estados y Municipios, lo que evidentemente es contrario no sólo al esquema de la *Constitución*, sino además desconoce los principios de honestidad, transparencia, rendición de cuentas y responsabilidad en

---

53 Sobre esta sentencia, véase además los comentarios de: BREWER-CARÍAS, Allan R., *"El desconocimiento judicial de la potestad de la Asamblea Nacional para revisar y revocar sus propios actos cuando sean inconstitucionales: El caso de la revocación de los actos de designación de los magistrados del Tribunal Supremo"*, en *Revista de Derecho Público*, N° 145-146, Enero-Julio 2016, Caracas 2016, pp. 369 y ss. Publicado también en BREWER-CARÍAS, Allan R., *La dictadura judicial y la perversión del Estado de derecho. El juez constitucional y la destrucción de la democracia en Venezuela* (Prólogo de Santiago Muñoz Machado), Ediciones El Cronista, Fundación Alfonso Martín Escudero, Editorial IUSTEL, Madrid 2017, pp. 245-268.

el ejercicio de la función pública, los cuales se encuentran consagrados en el artículo 141 de la *Constitución*.

La Sala, luego de haber cercenado las potestades constitucionales de la AN de control parlamentario en el ejercicio de los pesos y contrapesos que comportan un requisito esencial del Estado de Derecho, pasó a desaplicar, vía control difuso de la constitucionalidad, varias normas del *Reglamento AN*, desconociendo competencias básicas y exclusivas del Poder Legislativo. Así, la SC/TSJ desconoció la autonomía del parlamento al supeditar sus funciones de control e investigación, a la coordinación que deba para ello tener con la Vicepresidencia de la República. Es decir, el control parlamentario sobre el Ejecutivo Nacional dependerá de la voluntad del propio Ejecutivo Nacional, con lo cual se desconoce la esencia misma de la separación de poderes y sus contrapesos.

De mucha gravedad es el hecho de haber impedido el control parlamentario sobre las Fuerzas Armadas Nacionales y sus funcionarios, lo que sin lugar a dudas implica un enorme retroceso en materia de control parlamentario civil, y una clara violación del principio de progresividad en materia de derechos humanos. Se trata además de un impedimento injustificable, que sólo tiene por finalidad generar impunidad frente a los cuerpos de seguridad del Estado.

Por otra parte, la SC/TSJ confunde el alcance de las funciones de control político, previstas en el artículo 222 de la *Constitución*, con las funciones de investigación contenidas en el artículo 223 *eiusdem*; tratándolas indistintamente y cercenando a ambas.

Por otro lado, al limitar el control parlamentario únicamente al Poder Ejecutivo y excluir a los demás poderes, la SC/TSJ desconoció un principio fundamental del sistema parlamentario: los funcionarios que no son electos democráticamente deben rendir cuenta ante los representantes democráticamente electos[54].

Otro aspecto trascendente y lamentable de la sentencia es el referido al impedimento de revisar las violaciones de los procesos de selección de los magistrados del TSJ. Con esta decisión, los propios magistrados del TSJ están impidiendo que se investiguen las irregularidades en el procedimiento legalmente establecido para la selección y designación de ellos mismos. Con esto, se limita considerablemente la potestad de autotutela de sus propios actos por el parlamento, promoviendo arbitrariedad y el irrespeto de la *Constitución*.

En definitiva, esta sentencia desnaturaliza una de las potestades más importantes del parlamento, la cual consiste en garantizar a través de las potestades de investigación parlamentaria los principios de rendición de cuentas, transparencia, honestidad, entre otros. Se trata de una insólita interpretación destinada, básicamente, a impedir cualquier tipo de investigación parlamentaria frente al resto de los poderes públicos.

3. **SC/TSJ: Sentencia N° 225 de fecha 29 de marzo del 2016, caso Robert *Noriega vs Acuerdo AN de Designación de Magistrados TSJ*. Expediente N° 16-0042. Magistrada Ponente: Gladys María Gutiérrez Alvarado.**

En este fallo se declara inadmisible la demanda de nulidad incoada contra el Acuerdo Parlamentario de fecha 23 de diciembre de 2015, mediante el cual la AN había designado trece (13) magistrados principales del TSJ. La Sala no sólo se conformó con declarar inadmisible la acción, sino que además ordenó multar al abogado que interpuso la demanda, por consi-

---

54   Prodavinci (1 de marzo del 2016) *¿Qué dijo la Sala Constitucional sobre las facultades de control de la AN?; Por José I. Hernández*. Disponible en: http://prodavinci.com/blogs/que-dijo-la-sala-constitucional-sobre-las-facultades-de-control-de-la-an-por-jose-i-hernandez/

derar ofensivo el cuestionamiento de la probidad de los magistrados designados, en la medida en que realizó señalamientos sobre su militancia política y vinculación con hechos ilícitos. De manera que se sentó un precedente de sanción por el solo cuestionamiento de la independencia de los jueces o del Poder Judicial en Venezuela.

DERECHOS QUE VIOLA:

Derecho a que se establezca un orden social en el que los derechos humanos se hagan plenamente efectivos (art. 28 DUDH), derecho a la participación política (art. 62 CRBV, art. 25 PIDCP, art. 21 DUDH, art. 20 DADDH), derecho a la libertad de expresión (art. 57 CRBV, art. 19 PIDCP, art. 19 DUDH, art. 4 DADDH), derecho a ser juzgado por un tribunal independiente (art. 49.3 CRBV, art. 14.1 PIDCP, art. 10 DUDH, art. 26 DADDH), y derecho a un recurso judicial efectivo (art. 26 CRBV, art. 2.3 PIDCP, art. 8 DUDH, art. 18 DADDH).

DECISIÓN:

En cuanto a la intervención de la AN en los procesos de designación y remoción de los magistrados del TSJ, estimó que:

> [...] la Asamblea Nacional no está legitimada para revisar, anular, revocar o de cualquier forma dejar sin efecto el proceso interinstitucional de designación de los magistrados y magistradas del Tribunal Supremo de Justicia, principales y suplentes, en el que también participan el Poder Ciudadano y el Poder Judicial (este último a través del comité de postulaciones judiciales que debe designar –art. 270 Constitucional), pues además de no estar previsto en la Constitución y atentar contra el equilibrio entre Poderes, ello sería tanto como remover a los magistrados y magistradas sin tener la mayoría calificada de las dos terceras partes de sus integrantes, sin audiencia concedida al interesado o interesada, y en casos de supuestas faltas –graves no calificadas por el Poder Ciudadano, al

margen de la ley y de la Constitución. (Vid. Sentencia de la Sala Constitucional n.° 9 del 1° de marzo de 2016).

Seguidamente, la Sala señaló que "el escrito carece de una fundamentación que sustente con un mínimo grado de seriedad y cimiento probatorio, las razones jurídicas por las cuales el demandante cuestiona la constitucionalidad y legalidad del aludido Acuerdo" y que la impugnación está basada en "conjeturas aisladas y apreciaciones personales, que no pueden ser valoradas por esta Sala".

La SC/TSJ declaró *inadmisible* la demanda de nulidad por considerar que el accionante incumplió su deber jurídico de acompañar el Acuerdo Parlamentario impugnado, "limitándose a acompañar varias expresiones comunicacionales publicadas vía internet".

Luego, la Sala procedió a analizar la inadmisibilidad del recurso de nulidad a la luz del artículo 133 (5) de la LOTSJ[55], por considerar que los conceptos emitidos por el accionante "son ofensivos e irrespetuosos, en agravio de la función jurisdiccional que realiza este órgano de Administración de Justicia". Consideró entonces que expresiones como las usadas por el accionante, ponen

> [...] en tela de juicio la solvencia ética y moral, y la capacidad jurídica de distintos Magistrados, siendo expresiones que sin ningún tipo de rigurosidad jurídica se traen a colación, y cuyo único fin es descalificar e irrespetar a los actuales Magistrados de este Alto Tribunal de la República.

Entre los señalamientos que se hicieron en la demanda respecto a los 4 magistrados del TSJ, se encuentran: el incumpli-

---

55 Artículo 133 de la *LOTSJ*. Se declarará la inadmisión de la demanda: [...]

5. Cuando contenga conceptos ofensivos o irrespetuosos.

miento de los requisitos legales para ser magistrado, la destitución de uno de ellos en su anterior cargo como Juez de Primera Instancia en lo Civil y "de cualquier otro en el Poder Judicial", su militancia política en el partido de gobierno, y su vinculación con hechos ilícitos.

Por último, la SC/TSJ acordó sancionar al accionante con multa "por el irrespeto del accionante hacia la investidura de los Magistrados de este Tribunal Supremo de Justicia, por un monto de cincuenta unidades tributarias (50 U.T.)", de conformidad con el artículo 121 de la LOTSJ[56].

---

56 Artículo 121 de la *LOTSJ*. Las Salas del Tribunal Supremo de Justicia sancionarán con multa de hasta cien unidades tributarias (100 U.T.) a quienes irrespeten, ofendan o perturben con sus actuaciones al Poder Judicial, al Tribunal Supremo de Justicia a sus órganos o funcionarios o funcionarias; o a quienes hagan uso abusivo de recursos o acciones judiciales; igualmente, sancionarán a las partes que falten el respeto al orden debido en los actos que realicen, o que incumplan, desobedezcan o desacaten las decisiones, acuerdos u órdenes judiciales o llamen públicamente a ello.
La multa se pagará ante cualquier entidad bancaria receptora de fondos públicos nacionales dentro de los treinta días continuos siguientes a la notificación de la decisión que imponga la sanción o de la decisión que resuelva el reclamo conforme a lo que se establece en el artículo 125 de esta Ley. La constancia de haberse efectuado el pago será consignada a los autos dentro de los cinco días hábiles siguientes al vencimiento del plazo para el pago.
Si el sancionado o sancionada no pagare la multa en el lapso establecido la sanción podrá aumentarse entre un tercio y la mitad del total de la multa.

COMENTARIOS[57]:

En primer lugar, es necesario señalar que el Acuerdo Parlamentario de la AN impugnado, fue publicado en Gaceta Oficial N° 40.818 del 29 de diciembre de 2015[58] y es, por tanto, un documento evidentemente público. Inadmitir una demanda de nulidad por semejante formalismo implica una clara denegación de justicia. Además, la sentencia desconoce que el artículo 134 de la LOTSJ establece el llamado *despacho saneador*, lo cual implica que, frente al incumplimiento de ese formalismo, la Sala ha debido, incluso en virtud del principio *pro actione*, devolverle la demanda al accionante y darle un plazo de tres días para presentar el documento omitido.

En segundo lugar, si bien es cierto que el artículo 121 de la LOTSJ prevé la competencia de sus Salas para sancionar administrativamente a "las partes que falten el respeto al orden debido en los actos que realicen", no es admisible que se sancione a un abogado por denunciar el incumplimiento de los requisitos necesarios para ser designado magistrado del TSJ, lo cual busca garantizar la independencia del Poder Judicial, mediante el control judicial de las designaciones. Es obvio que denunciar faltas o incumplimientos de ley no puede considerarse como un

---

57 Sobre esta sentencia, véase además los comentarios de: BREWER-CARÍAS, Allan R., *"El desconocimiento judicial de la potestad de la Asamblea Nacional para revisar y revocar sus propios actos cuando sean inconstitucionales: El caso de la revocación de los actos de designación de los magistrados del Tribunal Supremo"*, en *Revista de Derecho Público*, N° 145-146, Enero-Julio 2016, Caracas 2016, pp. 369 y ss. Publicado también en BREWER-CARÍAS, Allan R., *La dictadura judicial y la perversión del Estado de derecho. El juez constitucional y la destrucción de la democracia en Venezuela* (Prólogo de Santiago Muñoz Machado), Ediciones El Cronista, Fundación Alfonso Martín Escudero, Editorial IUSTEL, Madrid 2017, pp. 245-268.

58 Disponible en:
http://www.mp.gob.ve/c/document_library/get_file?p_l_id=693946
3&folderId=10513904&name=DLFE-10807.pdf.

irrespeto, pues lo contrario implicaría entender que no es posible el control judicial de las designaciones judiciales y el funcionamiento de la democracia constitucional.

Resulta también muy grave el hecho de que el magistrado Calixto Ortega Ríos, integrante de la SC/TSJ y uno de los magistrados cuestionados en el recurso, no se haya inhibido para conocer del caso.

Por último, en relación a la potestad de autotutela de la AN, la SC/TSJ determinó que:

> [...] la Asamblea Nacional participa en los procesos complejos e interinstitucionales de designación y remoción de magistrados y magistradas de este Máximo Tribunal, conforme lo pautan los artículos 264 y 265 Constitucional; en lo que a ello respecta, allí culmina su rol en el equilibrio entre Poderes Públicos para viabilizar la función del Estado.

Con ese argumento, la SC/TSJ "desvirtuó la función de la Asamblea Nacional como Cuerpo elector de segundo grado en la elección de los Magistrados del Tribunal Supremo"[59], prohibiéndole ejercer su potestad de revocar la designación de los magistrados en virtud de su potestad de autotutela.

La SC/TSJ intentó equiparar la potestad de remoción de los magistrados del TSJ, contenida en el artículo 265 de la *Constitución*, con la potestad revocatoria de la AN respecto a sus propios actos, cuando se trata de cosas totalmente distintas. Por un lado, la remoción de los magistrados de conformidad con el referido artículo, "tiene su fundamento jurídico en el poder dis-

---

59   BREWER-CARÍAS, ALLAN, *El Juez Constitucional y la Perversión del Estado de Derecho: la "dictadura judicial" y la destrucción de la democracia en Venezuela,* Madrid, Ediciones El Cronista, Fundación Alfonso Martín Escudero, Editorial IUSTEL 2016, p. 175. Disponible en: http://derechoydebate.com/admin/uploads/579926209fb70-allan-brewer-carias-el-juez-constitucional-y-la-perversion.pdf

crecional en donde la autoridad actúa libremente y de ningún modo por razones que se identifican con los motivos lesivos que impulsan a ejercer la potestad revocatoria"; mientras que, "la potestad revocatoria es una expresión del poder de autotutela que tiene el órgano legislativo" e implica que éste puede revocar o anular, por sí misma, sus actos que resulten contrarios a derecho, en cualquier momento[60]. No existe disposición legal alguna que impida a la AN revisar la regularidad de sus propios actos cuando considere que han sido dictados en forma contraria a derecho.

En definitiva, esta sentencia desvirtúa el control que la AN tiene sobre la regularidad o conformidad a derecho de sus propios actos, así como su rol en el sistema de pesos y contrapesos entre los Poderes Públicos, al imposibilitar que el Legislativo pueda revisar la irregularidad de sus propios actos, con los límites constitucionales correspondientes.

4. **SC/TSJ: Sentencia N° 259 de fecha 31 de marzo del 2016, caso *Presidente de la República vs Ley de Reforma Parcial del Decreto N° 2.179 con Rango, Valor y Fuerza de la Ley de Reforma Parcial de la Ley del BCV*. Expediente 2016-000279. Magistrado Ponente: Calixto Ortega Ríos.**

El 17 de marzo de 2016, el Presidente de la República, Nicolás Maduro, solicitó a la SC/TSJ pronunciamiento sobre la constitucionalidad de la *Ley de Reforma Parcial del Decreto N° 2.179 con Rango, Valor y Fuerza de Ley de Reforma Parcial de la Ley del Banco Central de Venezuela*, sancionada por la AN el 3 de marzo de 2016. Se trató de un mecanismo de control previo de

---

60   Acceso a la Justicia (10 de junio del 2016) *La Sala Constitucional niega la potestad revocatoria de la Asamblea Nacional*. Disponible en:

    http://www.accesoalajusticia.org/wp/infojusticia/noticias/sala-constitucional-niega-la-potestad-revocatoria-de-la-asamblea-nacional/

la constitucionalidad por el Presidente de la República, de las leyes sancionadas por la AN.

La solicitud la hizo el Presidente bajo el argumento de que "la motivación de la reforma propuesta por la bancada opositora de la Asamblea Nacional es netamente política". Igualmente, afirmó que "dicha reforma va dirigida a perturbar y distorsionar el sistema socioeconómico y financiero del país" y que constituye una desviación de poder. Señaló además que la *referida Ley de Reforma Parcial del BCV* quebranta el principio de autonomía del BCV y el principio de separación entre los Poderes previsto en el artículo 136 de la Carta Magna.

El Presidente hizo referencia a la forma en la que debe designarse al Directorio del BCV, así como a la manera en la que deben evaluarse sus méritos y credenciales, refiriendo que "estos fueron aspectos corregidos en la nueva versión"; esto es, la Ley del año 2015[61].

DERECHOS QUE VIOLA:

Derecho a la participación política (art. 62 CRBV, art. 25 PIDCP, art. 21 DUDH, art. 20 DADDH), y derecho a la libertad de expresión (art. 57 CRBV, art. 19 PIDCP, art. 19 DUDH, art. 4 DADDH).

DECISIÓN:

Respecto a la naturaleza del BCV, la Sala concluyó que:

> [E]s una persona jurídica de derecho público, de rango constitucional, dotado de autonomía para el ejercicio de las políticas de su competencia, que no forma parte ni de la Administración Central ni de la Administración Des-

---

61   *Decreto N° 2.179, mediante el cual se dicta el Decreto con Rango, Valor y Fuerza de Ley Orgánica de Reforma de la Ley del Banco Central de Venezuela.* Publicado en *Gaceta Oficial* N° 6.211 de fecha 30 de diciembre de 2015.

centralizada funcionalmente, sino que, atendiendo a las disposiciones de la Constitución de la República Bolivariana de Venezuela que lo regulan y que han sido desarrolladas por la Ley Especial que lo rige, forma parte de la llamada Administración con autonomía funcional.

Respecto a la participación de la AN en el nombramiento de las máximas autoridades de los poderes públicos, la SC/TSJ determinó que ésta:

> [...] no tiene carácter absoluto e incluso puede ser sustituida por la voluntad popular; en este sentido, es incoherente con el texto constitucional que la Asamblea Nacional pueda nombrar miembros del directorio del Banco Central de Venezuela sin el concurso de otro Poder Público.

De esta forma la SC/TSJ limitó la participación de la AN en el proceso de designación y permanencia de las autoridades a "por ejemplo [...] la integración del Comité de Evaluación de Credenciales de los Postulados", y señala que "una vez designados los altos cargos directivos, estos deben estar protegidos de toda influencia política".

Consideró que, al ostentar la AN una función contralora respecto al BCV, "la posibilidad de nombramiento de los miembros del directorio implicaría una intromisión en la administración activa del Banco y un conflicto de interés que no garantiza tales principios".

Es la opinión de la SC/TSJ que las normas reformadas en el Decreto N° 2.179 se centraron en el otorgamiento a la AN de competencias con la finalidad de "ejercer un control político" sobre el BCV y, específicamente, sobre la designación de su Presidente, lo que "resulta contraria a lo previsto en el cardinal octavo de la Disposición Transitoria Cuarta de la Constitución"[62].

Respecto a la reforma del artículo 10 de la Ley, conforme al cual entra dentro de las funciones del Presidente del Banco comparecer para rendir cuentas de su gestión ante la AN, la SC/TSJ estimó que ello contraviene el criterio establecido en la sentencia N° 9 de fecha 1 de marzo del 2016, mediante la cual se desaplicaron por control difuso de la constitucionalidad, determinados artículos de la *Ley Sobre el Régimen de Comparecencia de Funcionarios y Funcionarias Públicos ante la Asamblea Nacional y sus Comisiones*, así como del *Reglamento AN*, relacionados con la comparecencia de funcionarios ajenos al Poder Ejecutivo.

---

62 Disposición Transitoria Cuarta de la *CRBV*. Dentro del primer año, contado a partir de su instalación, la Asamblea Nacional aprobará: [...]

8. La ley a la cual se ajustará el Banco Central de Venezuela. Dicha ley fijará, entre otros aspectos, el alcance de las funciones y forma de organización del instituto; el funcionamiento, período, forma de elección, remoción, régimen de incompatibilidades y requisitos para la designación de su Presidente o Presidenta y Directores o Directoras; las reglas contables para la constitución de sus reservas y el destino de sus utilidades; la auditoria externa anual de las cuentas y balances, a cargo de firmas especializadas, seleccionadas por el Ejecutivo Nacional; y el control posterior por parte de la Contraloría General de la República en lo que se refiere a la legalidad, sinceridad, oportunidad, eficacia y eficiencia de la gestión administrativa del Banco Central de Venezuela.

La ley establecerá que el Presidente o Presidenta y demás integrantes del Directorio del Banco Central de Venezuela representarán exclusivamente el interés de la Nación, a cuyo efecto fijará un procedimiento público de evaluación de los méritos y credenciales de las personas postuladas a dichos cargos.

La ley establecerá que al Poder Ejecutivo corresponderá, la designación del Presidente o Presidenta del Banco Central de Venezuela y, al menos, de la mitad de sus Directores o Directoras; y establecerá los términos de participación del poder legislativo nacional en la designación y ratificación de estas autoridades.

De esta forma, concluyó la SC/TSJ que le corresponde al Ejecutivo Nacional la designación de los directores del BCV, pudiendo inclusive designarlos a todos. Considera incluso que las funciones de evaluar los méritos y credenciales de los candidatos al Directorio, tampoco le corresponden a la AN porque "tal competencia no se encuentra señalada en el cardinal octavo de la Disposición Transitoria Cuarta del Texto Fundamental".

Por medio de esta sentencia, la SC/TSJ también le quitó a la AN la potestad contemplada en el artículo 26 de la Ley reformada, de remover a los miembros del Directorio del Banco con el voto favorable de sus dos terceras partes.

Consideró la SC/TSJ que se pone en riesgo la seguridad de la Nación y el funcionamiento del Banco, "habida cuenta de la existencia de las circunstancias excepcionales que así lo justifican", en la medida en que la Ley reformada suprimió la disposición contenida en el artículo 40, que otorgaba al Banco la potestad de suspender la publicación de información durante el tiempo en que se mantengan "situaciones internas o externas que representen una amenaza a la Seguridad Nacional y a la estabilidad económica".

En el mismo sentido, la SC/TSJ consideró que suprimir la competencia del BCV para regular el ingreso y la salida del territorio de la República de especies monetarias representativas del Bolívar, "resultaría lesivo de la soberanía del Estado venezolano".

Para la SC/TSJ, "resulta evidente que el propósito de la Ley [...] es la de asegurar, por parte de la mayoría parlamentaria de la Asamblea Nacional, el control político del Instituto Emisor", lo que considera una violación de los artículos 318 y 319, y de la Disposición Transitoria Cuarta de la *Constitución*. En razón de ello, considera que la reforma de la Ley "está incursa en el vicio de desviación de poder".

La Sala invocó incluso el Estado de Emergencia Económico "válidamente declarado" y señaló que los actos legislativos "pueden hacer nugatorias intencionalmente las funciones del Ejecutivo Nacional" en el marco de ese estado de excepción, lo que a su juicio constituye una desviación de poder.

Así, la Sala declaró la inconstitucionalidad de la *Ley de Reforma Parcial del Decreto N° 2.179* y sentenció que se preserva entonces la vigencia del *Decreto con Rango, Valor y Fuerza de Ley de Reforma del Decreto con Rango, Valor y Fuerza de Ley del Banco Central de Venezuela* del 30 de diciembre de 2015[63]. En consecuencia, reiteró que el Presidente de la República "está plenamente facultado para designar o ratificar al Presidente y los directores del Banco Central de Venezuela".

COMENTARIOS[64]:

Es de notar que la AN lo que hizo fue modificar el Decreto Ley del año 2015, con la finalidad de adoptar la misma redacción del Decreto del año inmediatamente anterior, dictado por el propio Presidente Nicolás Maduro sin que se cuestionara nunca su constitucionalidad. Lo que conduce a pensar que se ha cuestionado la reforma de la Ley, no por su contenido, sino por el hecho de que ahora la AN pasó a estar controlada por las

---

63   *Decreto con Rango, Valor y Fuerza de Ley de Reforma del Decreto con Rango, Valor y Fuerza de Ley del Banco Central de Venezuela*. Publicado en la *Gaceta Oficial Extraordinario* N° 6.211, de fecha 30 de diciembre de 2015.

64   Sobre esta sentencia, véase además los comentarios de: BREWER-CARÍAS, Allan R., *"El desconocimiento judicial del poder de la Asamblea Nacional para legislar"*, en *Revista de Derecho Público*, N° 145-146, Enero-Julio 2016, Caracas 2016, pp. 377 ss. Publicado también en BREWER-CARÍAS, Allan R., *La dictadura judicial y la perversión del Estado de derecho. El juez constitucional y la destrucción de la democracia en Venezuela* (Prólogo de Santiago Muñoz Machado), Ediciones El Cronista, Fundación Alfonso Martín Escudero, Editorial IUSTEL, Madrid 2017, pp. 269-362.

fuerzas políticas de oposición, lo cual sometía los nombramientos de los Directores del BCV a la aprobación parlamentaria.

La sentencia constituye una nueva y clara limitación a las facultades de control parlamentario, toda vez que impide la posibilidad de que la AN pueda evaluar las credenciales de los postulados, lo que constituye un claro ejemplo de control legislativo; así como destituir, por causas graves, a los directores del BCV.

5. **SC/TSJ: Sentencia N° 478 de fecha 14 de junio del 2016, caso *PGR (Reinaldo Muñoz y otros) vs actuaciones varias de la AN*. Expediente N° 16-0524. Ponencia Conjunta.**

En fecha 3 de junio del 2016, tres abogados en representación del Procurador General de la República, interpusieron una *acción de amparo constitucional* "en contra de las ACTUACIONES, VÍAS DE DAÑO INMINENTE EMANADA DEL PRESIDENTE, DE LA JUNTA DIRECTIVA Y DE LA MAYORÍA DE DIPUTADOS QUE CIRCUNSTANCIALMENTE CONFORMAN LA ASAMBLEA NACIONAL [...]". Los abogados del Poder Ejecutivo Nacional solicitaron que se admitiera y declarara procedente la acción de amparo y que, en consecuencia, se dictaran aquellos actos necesarios para restablecer la situación jurídica infringida y se exhortara al Poder Legislativo Nacional "para que cese en la usurpación de funciones del resto de los Poderes Públicos, cese en su intento de desestabilizar al Gobierno Nacional y en sus acciones contra la paz y la constitucionalidad de la República".

Se trataba de una ininteligible acción que buscaba desconocer una serie de actos de la AN, donde con la simple lectura de la acción era prácticamente imposible determinar el verdadero objeto de la misma. Pero a diferencia de lo que normalmente hace la SC/TSJ con este tipo de demandas confusas, ella misma la reformuló y la utilizó para dictar unas medidas cautelares destinadas a suspender varios Acuerdos Parlamentarios dictados por la AN.

DERECHOS QUE VIOLA:

Derecho a que se establezca un orden social en el que los derechos humanos se hagan plenamente efectivos (art. 28 DUDH), derecho a la participación política (art. 62 CRBV, art. 25 PIDCP, art. 21 DUDH, art. 20 DADDH), derecho a la libertad de expresión (art. 57 CRBV, art. 19 PIDCP, art. 19 DUDH, art. 4 DADDH), y derecho a ser juzgado por un tribunal independiente (art. 49.3 CRBV, art. 14.1 PIDCP, art. 10 DUDH, art. 26 DADDH).

DECISIÓN:

En primer lugar, respecto a la competencia de la SC/TSJ para conocer de la acción sui generis de amparo planteada, esta Sala modificó la acción por considerar –en atención a lo dispuesto en el artículo 336 (9) de la *Constitución*[65] que:

> ...aun cuando la demanda de autos es calificada de amparo constitucional, del contenido del escrito de autos se observa que el mismo no se sustenta de forma directa en la violación de derechos constitucionales, sino en la presunta vulneración de competencias y atribuciones constitucionales inherentes al Poder Ejecutivo Nacional ("usurpación de funciones"), por parte del Presidente, de la Junta Directiva y de la mayoría de diputados que integran la Asamblea Nacional, circunstancia que, más allá de las implicaciones que ello pudiera tener en la esfera de los derechos subjetivos, identifica la presente acción con una demanda de controversia constitucional, a la cual se reconduce la presente acción...

---

65   Artículo 336 de la *CRBV*. Son atribuciones de la Sala Constitucional del Tribunal Supremo de Justicia: [...]

    9. Dirimir las controversias constitucionales que se susciten entre cualesquiera de los órganos del Poder Público.

Luego de modificar y corregir de oficio la pretensión de los actores, la SC/TSJ procedió a desarrollar el contenido de sus potestades cautelares innominadas, señalando que las mismas consisten en que "el poder de resguardo que tienen los jueces y, concretamente esta Sala, sobre las situaciones llevadas a juicio se extiende a cualquier medida positiva o negativa para la protección efectiva de los justiciables". En razón de ello, es posible que los tribunales adopten las medidas cautelares establecidas expresamente en la Ley, así como "dictar alguna providencia que, sin estar expresamente mencionada en la ley, permita la protección de los intereses y derechos ventilados en juicio".

Luego, la SC/TSJ pasó a analizar los actos legislativos de fechas 10 y 31 de mayo del 2016, por medio de los cuales la AN aprobó dos acuerdos; a saber: "Acuerdo exhortando al cumplimiento de la Constitución, y sobre la responsabilidad el Poder Ejecutivo Nacional, del TSJ y del Consejo Nacional Electoral para la Preservación de la Paz y ante el Cambio Democrático en Venezuela" y "Acuerdo que respalda el interés de la Comunidad Internacional acerca del G-7, OEA, UNASUR, MERCOSUR y Vaticano en la crisis venezolana", respectivamente.

Sobre estos actos parlamentarios, la SC/TSJ observó que "a simple vista se denota una acción desde la Asamblea Nacional, dirigida a actuar ante instancias internacionales en ejercicio de atribuciones que no le serían propias", pues considera que la solicitud de "intervención de organismos e instancias internacionales en asuntos internos de la República" podría estar en contradicción con la disposición constitucional que le atribuye al Presidente de la República la dirección de las relaciones exteriores de la República[66]. De modo que, la SC/TSJ:

---

66 Artículo 236 de la *CRBV*. Son atribuciones y obligaciones del Presidente o Presidenta de la República: [...]

    4. Dirigir las relaciones exteriores de la República y celebrar y ratificar los tratados, convenios o acuerdos internacionales.

[...] con el propósito de asegurar que los actos que hasta ahora han sido emanados desde la Asamblea Nacional y sus actos futuros no impliquen probables usurpaciones de funciones atribuidas al Ejecutivo Nacional, dicta medida cautelar, en ejercicio de su prudente arbitrio, razón por la que se suspenden los efectos de los actos parlamentarios de fechas 10 y 31 de mayo de 2016, respectivamente [...]

En razón de ello, le *ordenó:*

[...] a la Asamblea Nacional, a su Presidente, a su Junta Directiva y a sus miembros en general, abstenerse de pretender dirigir las relaciones exteriores de la República y, en general, desplegar actuaciones que [...] constituyen competencias exclusivas y excluyentes de otras ramas del Poder Público; so pena de incurrir en las responsabilidades constitucionales a que haya lugar, todo ello con especial sujeción a las disposiciones previstas en los artículos 137[67] y 138[68] de la Constitución.

---

67 Artículo 137 de la *CRBV*. La Constitución y la ley definen las atribuciones de los órganos que ejercen el Poder Público, a las cuales deben sujetarse las actividades que realicen.

68 Artículo 138 de la *CRBV*. Toda autoridad usurpada es ineficaz y sus actos son nulos.

COMENTARIOS[69]:

Lo primero que debe decirse sobre esta "sentencia", es que la SC/TSJ confunde la atribución legítima y constitucional que tiene el Presidente de la República de "dirigir las relaciones internacionales" en virtud del artículo 236 (4) del texto fundamental, con la competencia de otras ramas del Poder Público para actuar en el plano internacional. Más aún, de la lectura conjunta de los artículo 156 (1) de la *Constitución*, que establece que es de la competencia del Poder Público Nacional "[l]a política y la actuación internacional de la República", y del artículo 187 (1), que señala que corresponde a la Asamblea Nacional "[l]egislar en las materias de la competencia nacional y sobre el funcionamiento de las distintas ramas del Poder Nacional", se desprende que la AN tiene competencia para legislar y adoptar acuerdos en asuntos relativos a la política internacional de la República. Al punto que desde hace muchos años ha existido una Comisión Permanente de Política Exterior en el seno del Legislativo.

La *Constitución* señala, además, que "[s]e prohíbe la censura a los funcionarios públicos o funcionarias públicas para dar cuenta de los asuntos bajo sus responsabilidades"[70], y fue esto

---

69 Sobre esta sentencia, véase además los comentarios de: BREWER-CARÍAS, Allan R., *"El desconocimiento judicial del poder de la Asamblea Nacional para expresar opiniones política sobre asuntos de interés nacional"*, en *Revista de Derecho Público*, N° 145-146, Enero-Julio 2016, Caracas 2016, pp. 469 ss. Publicado también en BREWER-CARÍAS, Allan R., *La dictadura judicial y la perversión del Estado de derecho. El juez constitucional y la destrucción de la democracia en Venezuela* (Prólogo de Santiago Muñoz Machado), Ediciones El Cronista, Fundación Alfonso Martín Escudero, Editorial IUSTEL, Madrid 2017, pp. 427-434.

70 Artículo 57 de la *CRBV*. Toda persona tiene derecho a expresar libremente sus pensamientos, sus ideas u opiniones de viva voz, por escrito o mediante cualquier otra forma de expresión y de hacer uso para ello de cualquier medio de comunicación y difusión, sin que pueda establecerse censura. Quien haga uso de este derecho asume plena res-

justamente lo que los diputados democráticamente electos hicieron en el ejercicio de su derecho a la libertad de expresión y de sus competencias en materia de política exterior. En el mismo sentido y frente a las arbitrariedades cometidas por los demás Poderes Públicos en Venezuela, la *Constitución* protege los acuerdos emitidos por la AN, en la medida en que ésta:

> [...] no perderá su vigencia si dejare de observarse por acto de fuerza o porque fuere derogada por cualquier otro medio distinto al previsto en ella.
>
> En tal eventualidad, todo ciudadano investido o ciudadana investida o no de autoridad, tendrá el deber de colaborar en el restablecimiento de su efectiva vigencia[71].

Cabe destacar el contexto en que esta sentencia fue emitida en fecha 14 de junio de 2016, pues estaba planteado que para el día 23 de junio del mismo año, el Presidente de la AN participara en la sesión del Consejo Permanente de la OEA[72], en la que se discutió la activación de la *Carta Democrática Interamericana;*

---

ponsabilidad por todo lo expresado. No se permite el anonimato, ni la propaganda de guerra, ni los mensajes discriminatorios, ni los que promuevan la intolerancia religiosa. Se prohíbe la censura a los funcionarios públicos o funcionarias públicas para dar cuenta de los asuntos bajo sus responsabilidades.

71 Artículo 333 de la *CRBV*. Esta Constitución no perderá su vigencia si dejare de observarse por acto de fuerza o porque fuere derogada por cualquier otro medio distinto al previsto en ella. En tal eventualidad, todo ciudadano investido o ciudadana investida o no de autoridad, tendrá el deber de colaborar en el restablecimiento de su efectiva vigencia.

72 *Prensa AN* (22 de junio de 2016) *Henry Ramos Allup rumbo a la OEA.* Disponible en:
    http://www.asambleanacional.gob.ve/noticia/show/id/15572

sin embargo, en esa oportunidad sólo tuvo lugar una reunión privada con el Secretario General de la OEA[73].

6. **SC/TSJ. Sentencia N° 614 de fecha 19 de julio del 2016, caso *diputados Gabriela Flores Ynserny, Daniel Augusto Flores Ynserny, Andrea Carolina Flores Ynserny vs Informe revisión de designación magistrados del TSJ.* Expediente N° 16-0153. Magistrado Ponente: Gladys Gutiérrez Alvarado.**

Sentencia de la SC/TSJ que declaró la inconstitucionalidad del acto legislativo mediante el cual la AN aprobó el *Informe Final de la Comisión Especial para el Rescate de la Institucionalidad del Tribunal Supremo de Justicia.* Por medio de esta sentencia, la SC/TSJ bloqueó toda iniciativa, incluso a futuro, que pudiese tomar la AN para garantizar revisar los nombramientos inconstitucionales, apresurados y políticos de magistrados del TSJ, a fin de rescatar la independencia y autonomía del TSJ.

DERECHOS QUE VIOLA:

Derecho a que se establezca un orden social en el que los derechos humanos se hagan plenamente efectivos (art. 28 DUDH), derecho a la participación política (art. 62 CRBV, art. 25 PIDCP, art. 21 DUDH, art. 20 DADDH), y derecho a ser juzgado por un tribunal independiente (art. 49.3 CRBV, art. 14.1 PIDCP, art. 10 DUDH, art. 26 DADDH).

DECISIÓN:

El 15 de julio del 2016, unos diputados a la AN de la bancada del PSUV introdujeron ante la SC un recurso en el que solicitaron la nulidad del acto de aprobación del *Informe Final de la Co-*

---

73   *El Nacional* (23 de junio de 2016) *Ramos Allup sostiene encuentro previo a la sesión de la OEA con Luis Almagro.* Disponible en: http://www.el-nacional.com/politica/Ramos-Allup-OEA-Luis-Almagro_0_871712857.html

misión Especial para el Rescate de la Institucionalidad del Tribunal Supremo de Justicia, por considerar simplemente que la AN entraba en "*desacato*" con la sentencia N° 9 de fecha 1 de marzo del 2016 de la misma Sala[74].

En palabras de los accionantes, el acto de aprobación de ese informe era "írrito y nulo, debido a los insalvables vicios de nulidad e inconstitucionalidad [...] al pretender desaplicar y violar descaradamente el artículo 265 de la Constitución", el cual establece:

> Los magistrados o magistradas del Tribunal Supremo de Justicia podrán ser removidos o removidas por la Asamblea Nacional mediante una mayoría calificada de las dos terceras partes de sus integrantes, previa audiencia concedida al interesado o interesada, en caso de faltas graves ya calificadas por el Poder Ciudadano, en los términos que la ley establezca.

En criterio de los demandantes, la AN habría incurrido en "usurpación de funciones [...] dejando sin efecto designaciones firmes efectuadas por el Poder Legislativo cumpliendo con el procedimiento constitucional y legal estatuido para ello", ya que la AN no tiene la competencia para remover Magistrados sin que el Poder Ciudadano haya previamente calificado una falta grave.

De igual forma, la AN también habría desacatado la sentencia N° 269 de fecha 21 de abril de la misma Sala, ya que el punto de presentación del informe final de la Comisión había sido introducido luego de que el Orden del Día de la sesión del 24 de mayo[75] había sido introducido en el sistema.

---

74 Sentencia revisada en el punto anterior.

75 Pareciera haber un error material en este punto, ya que la sesión en la cual se discutió y aprobó el informe final de la Comisión es la del 14 de julio, no la del 24 de mayo.

De esta forma, afirmaron los accionantes, "un pequeño grupo" estaría buscando "de manera ilegal hacerse de los espacios institucionales que han sido rescatados en estos 17 años por y para el pueblo."

En las consideraciones para decidir, la SC/TSJ indicó que:

> [...] Es público, notorio y comunicacional que la Asamblea Nacional creó una primera Comisión denominada "Comisión Especial para el Estudio y Análisis del Proceso de Selección de Magistrados Principales y Suplentes del Tribunal Supremo de Justicia", la cual inició sus actividades el 27 de enero de 2016 y entregó su informe final el 27 de marzo de 2016[76].

Sobre esa primera Comisión, la SC/TSJ citó *in extenso* la sentencia N° 09/2016, aseverando que a través de ella se declaró "la nulidad de los actos futuros que se sustentasen en esa Comisión y en los actos y fines que la fundamentan, así como en los documentos emanados de la misma".

En concordancia con la decisión que tomó en marzo, la Sala enfatizó que la remoción de los Magistrados, como sería la intención de ambas comisiones, debe realizarse con base en el artículo 265 de la *Constitución*, considerando que las faltas graves que deben ser previamente calificadas por el Poder Ciudadano se encuentran establecidas en el artículo 62 de la LOTSJ[77],

---

76   En realidad, el informe fue presentado en plenaria el 1 de marzo del 2016 y aprobado el 24 de marzo del mismo año.

77   El artículo 62 de la *LOTSJ* establece los 17 supuestos que constituyen faltas graves y por los cuales se puede proceder a la remoción de los magistrados: Los Magistrados o Magistradas del Tribunal Supremo de Justicia podrán ser removidos de sus cargos en los términos que establece el artículo 265 de la Constitución de la República, y serán causas graves para ello las siguientes:

    1.   Las que establecen la Ley Orgánica del Poder Ciudadano y el Código de Ética del Juez Venezolano y la Jueza Venezolana.

2. Manifiesta incapacidad física o mental permanente, certificada por una junta médica que designe el Tribunal Supremo de Justicia previa autorización de la Asamblea Nacional.

3. No ser imparcial o independiente en el ejercicio de sus funciones.

4. Eximirse del ejercicio de sus funciones, salvo en los casos de inhibición o recusación.

5. Llevar a cabo activismo político partidista, gremial, sindical o de índole semejante.

6. Realizar actividades incompatibles con sus funciones, por sí o por interpuestas personas.

7. Ejercer simultáneamente otro cargo público remunerado, salvo lo que se dispone para cargos académicos o docentes a que se refiere esta Ley.

8. Abandonar el cargo y así lo declare el Tribunal Supremo de Justicia.

9. Incumplir o incurrir en negligencia manifiesta en el ejercicio de sus atribuciones y deberes.

10. Que sus actos públicos atenten contra la respetabilidad del Poder Judicial y de los órganos que represente.

11. Cometer hechos graves que, constitutivos o no de delito, pongan en peligro su credibilidad e imparcialidad y comprometan la dignidad del cargo.

12. Cuando ejerzan influencia directa en la designación de quienes cumplan funciones públicas.

13. Cuando incurran en abuso o exceso de autoridad.

14. Cuando incurran en grave e inexcusable error de derecho, cohecho, prevaricación, dolo o denegación de justicia.

15. Cuando hubiere suministrado datos falsos con motivo de su postulación como Magistrado o Magistrada a la fecha de la misma, que impida conocer o tergiverse el cumplimiento de los requisitos exigidos en la presente ley y en la Constitución de la República Bolivariana de Venezuela.

16. Cuando la actitud pública de los Magistrados o Magistradas atente contra el funcionamiento del Tribunal Supremo de Justicia, de alguna de sus salas o del Poder Judicial.

17. Cuando infrinjan algunas de las prohibiciones que están establecidas en la Constitución de la República Bolivariana de Venezuela y en las leyes.

y que de ninguna forma se puede entender este acto como de naturaleza administrativa.

Por su parte, la SC/TSJ señaló que, de consumarse la declaratoria de dejar sin efectos el proceso de selección y designación de los Magistrados de diciembre de 2015, se estaría incurriendo en la parálisis del Poder Judicial en Venezuela, acto que tampoco está contemplado en la *Constitución*.

Seguidamente, la SC/TSJ ratificó:

> [...] Es nula de toda nulidad la "Comisión Especial para el Rescate de la Institucionalidad del Tribunal Supremo de Justicia", así como el acto de su creación, acciones desplegadas por la misma e informes y demás instrumentos por ella producidos, los cuales carecen de validez, existencia y eficacia jurídica.

A lo cual agregó que:

> Es nulo el acto parlamentario por medio del cual la mayoría de los diputados y diputadas de la Asamblea Nacional aprobaron el informe presentado por la "Comisión Especial para el Rescate de la Institucionalidad del Tribunal Supremo de Justicia", en la sesión ordinaria de fecha 14 de julio de 2016.

> También debe declarar esta Sala que cualquier comisión u otro artificio o acción que tenga el objeto de anular la designación de magistrados y magistradas, subvirtiendo el procedimiento constitucional para la remoción de magistrados y magistradas del Tribunal Supremo de Justicia y, en fin, contraviniendo el ordenamiento jurídico, sería írrito y nulo de toda nulidad, por ende, carente de validez, existencia y eficacia jurídica, y quienes participen en ellos están sujetos a la responsabilidad penal, civil y administrativa que corresponda.

Por último, la SC/TSJ indicó que era un hecho "público notorio y comunicacional" que el Orden del Día para la sesión del

14 de julio había sido modificado el mismo día, por lo cual la Junta Directiva y Secretaría de la AN, así como "los diputados que respaldaron a través de sus votos semejante afrenta al orden constitucional y a la sentencia de esta Sala N° 269" habían incurrido en una flagrante violación.

Por las razones expresadas anteriormente, la SC/TSJ determinó que era su deber:

> Anular la convocatoria y la sesión ordinaria de la Asamblea Nacional del 14 de julio de 2016, junto a los actos producidos en ella, y ordenar a la Junta Directiva, al resto de los diputados incursos en las irregularidades señaladas en esta sentencia y, en fin, a esa institución en general, que respete cabalmente el orden dispuesto en la Constitución [...]

Adicionalmente, remitió copia certificada de la sentencia al Ministerio Público ante la posibilidad de que se hubiesen cometido delitos "contra los Poderes Nacionales y contra la Administración de Justicia, entre otros bienes jurídicos tutelados y otras formas de responsabilidad jurídica".

COMENTARIOS[78]:

Lo primero que llama la atención, es que los diputados oficialistas solicitaron la nulidad de un Informe de una Comisión Especial, con miras a evitar un pronunciamiento del pleno de la

---

[78] Sobre esta sentencia, véase además los comentarios de: BREWER-CARÍAS, Allan R., *"La ratificación por la Sala Constitucional del Tribunal Supremo de su decisión de desconocimiento de la potestad de la Asamblea Nacional para revisar y revocar sus propios actos"*, en *Revista de Derecho Público*, N° 147-148 (julio- diciembre 2016), Caracas 2017, pp. 305-311; HERNÁNDEZ G., José Ignacio, *"Comentarios a la sentencia de la Sala Constitucional N° 614/2016 (19-7-2016). A propósito de la inconstitucional designación de magistrados del Tribunal Supremo de Justicia"*, en *Revista de Derecho Público*, N° 147-148 (julio- diciembre 2016), Caracas 2017, pp. 312- 314.

AN, lo que sin duda constituye un ejercicio abusivo de las potestades judiciales de la SC/TSJ, pues ni siquiera dejó que la plenaria analizara las resultas de la Comisión Especial designada al efecto. La posibilidad de cuestionar judicialmente informes preparatorios o actuaciones de comisiones parlamentarias ha sido bastante controversial, al punto que buena parte de la doctrina entiende que se trata de actos inimpugnables, al no ser actos definitivos sino más bien preparatorios, a menos de que causen un gravamen irreparable. Sin embargo, vemos como la SC/TSJ, sin ningún tipo de análisis, declaró la nulidad de este Informe, evidenciando el temor de que la AN discutiese la legalidad y regularidad del procedimiento de designación de los magistrados del TSJ, electos en forma irregular en diciembre de 2015.

Nuevamente la SC/TSJ incurre en la violación del derecho a la defensa de una de las partes, al no permitirle presentar a los integrantes de la Comisión Especial, ni a la AN ni a cualquier otro interesado, presentar sus argumentos a favor de la constitucionalidad del acto legislativo.

El nombramiento y remoción de magistrados al TSJ es, efectivamente, un acto en ejecución directa de la *Constitución*, que está sometido al cumplimiento de una serie de procedimientos legales y constitucionales para asegurar la idoneidad, independencia y autonomía del máximo representante del Poder Judicial. En ese sentido, mal podría considerarse la remoción de los magistrados un simple acto administrativo de la AN, pues, en la teoría, podría dar espacio a acciones del Legislativo que harían peligrar esa misma independencia y autonomía, como puede ser el nombramiento de jueces que no cumplan con los requisitos o la destitución de magistrados de forma arbitraria, por tomar decisiones adversas al partido o bancada mayoritaria.

Sin embargo, tal como quedó documentado por las dos comisiones especiales nombradas por la AN y por diversos actores de la sociedad civil, el proceso que culminó en el nombramiento en diciembre de 2015 de los 13 magistrados principales y 21 suplentes fue abiertamente inconstitucional e ilegal por todas las razones expuestas en el informe parlamentario, haciendo ineludible la tarea de retomar la institucionalidad del TSJ, en un contexto en que las ramas del Poder Público no actúan de forma independiente, sino dependientes del Ejecutivo Nacional.

Considerando esto, la decisión de la SC/TSJ se presenta como una forma de blindarse a sí misma contra los intentos de reinstitucionalización por la AN, y no como una protección a la normativa legal y la constitucional, bloqueando incluso cualquier acción o iniciativa futura que la AN pudiese tomar para restablecer la independencia del Poder Judicial.

7. **SC/TSJ: Sentencia N° 618 de fecha 20 de julio del 2016, caso *Brigitte Acosta Isasis (Recurso de Interpretación de la CRBV)*. Expediente N° 16-0683. Ponencia Conjunta.**

El 8 de julio de 2016, la ciudadana Brigitte Acosta Isasis, actuando en su propio nombre y representación, interpuso ante la SC/TSJ una demanda de interpretación constitucional de los artículos 150[79], 187 (9)[80], 236 (14)[81] y 247[82] de la *Constitución*, "a

---

79 Artículo 150 de la *CRBV*. La celebración de los contratos de interés público nacional requerirá la aprobación de la Asamblea Nacional en los casos que determine la ley.

No podrá celebrarse contrato alguno de interés público municipal, estadal o nacional con Estados o entidades oficiales extranjeras o con sociedades no domiciliadas en Venezuela, ni traspasarse a ellos sin la aprobación de la Asamblea Nacional.

La ley podrá exigir en los contratos de interés público determinadas condiciones de nacionalidad, domicilio o de otro orden, o requerir especiales garantías.

80 Artículo 187 de la *CRBV*. Corresponde a la Asamblea Nacional: [...]

fin de que se determine el contenido y alcance de los mismos". Ello, en virtud de que el 29 de junio de 2016 fue difundida la noticia en medios de comunicación sobre la solicitud que hizo el BCV al Fondo Latinoamericano de Reservas (FLAR) de un préstamo de un millardo de dólares y:

> [E]l punto central del recurso de interpretación constitucional no es otro que aclarar la duda sobre si el potencial contrato de préstamo a ser suscrito [...] pudiera considerarse como un contrato de interés público nacional, y por ende sujeto a la aprobación de la Asamblea Nacional y que requiera la consulta a la Procuraduría General de la República [...]

Considera la actora que "el supeditar a la Asamblea Nacional el control previo de las operaciones propias del Banco Central de Venezuela [...] implicaría el cese de la autonomía del Banco Central que el constituyente decidió otorgarle" y que "politizaría" su actuación.

Posteriormente, el representante judicial del BCV presentó un escrito de adhesión en el que alegó la inaplicabilidad del

---

9. Autorizar al Ejecutivo Nacional para celebrar contratos de interés nacional, en los casos establecidos en la ley. Autorizar los contratos de interés público nacional, estadal o municipal con Estados o entidades oficiales extranjeros o con sociedades no domiciliadas en Venezuela.

81 Artículo 236: Son atribuciones y obligaciones del Presidente o Presidenta de la República: [...]

14. Celebrar los contratos de interés nacional conforme a esta Constitución y la ley.

82 Artículo 247 de la *CRBV*. La Procuraduría General de la República asesora, defiende y representa judicial y extrajudicialmente los intereses patrimoniales de la República, y será consultada para la aprobación de los contratos de interés público nacional.

La ley orgánica determinará su organización, competencia y funcionamiento.

artículo 150 de la *Constitución* al BCV, por considerar que el préstamo del FLAR es una operación de crédito público y no un contrato de interés social; que el pasivo "es asumido directamente por éste en su condición de autoridad monetaria" y que por lo tanto es el BCV y no la República quien asume la condición de deudor de la obligación.

DERECHO QUE VIOLA:

Derecho a la participación política (art. 62 CRBV, art. 25 PIDCP, art. 21 DUDH, art. 20 DADDH).

DECISIÓN:

Luego de que la SC/TSJ declarara su competencia para conocer del recurso, procedió a analizar la admisibilidad del mismo, advirtiendo que "la recurrente [Brigitte Acosta Isasis] no acompañó su escrito con los documentos indispensables", por lo que no se desprende de autos su legitimación activa, pues "no se observa que se encuentre en una situación de hecho que manifieste su interés particular en la interpretación". De manera que, considerando que "el recurso de interpretación no es una acción popular", sino que debe constatarse un interés jurídico personal y directo, la Sala declaró inadmisible el recurso interpuesto por la ciudadana.

Sin embargo, a pesar de que declaró que la actora no tenía legitimación activa y por tanto su recurso era inadmisible, decidió pronunciarse sobre el fondo del asunto, en virtud de que admitió la participación del apoderado judicial del BCV, como tercero adhesivo.

A los fines de establecer el alcance de los artículos sobre los que se ha solicitado la interpretación, la Sala citó su propio precedente N° 2.241 del 24 de septiembre del año 2002, que "precisó los elementos esenciales que imprimen a los contratos, el carácter de interés nacional", los cuales deben ser concurrentes;

a saber: (i) que sean celebrados por la República, a través de los órganos que componen al Ejecutivo Nacional competentes en esta materia; (ii) que su objeto sea determinante o esencial para la realización de los fines y cometidos del Estado Venezolano; (iii) que satisfagan los intereses individuales y coincidentes de la comunidad nacional; y (iv) que impliquen la asunción de obligaciones cuyo pago total o parcial se estipule realizar en el transcurso de varios ejercicios fiscales posteriores a aquel en que se haya causado el objeto del contrato.

A los fines de determinar si el potencial contrato de préstamo en cuestión puede ser calificado como de interés público nacional, a la Sala le bastó con el análisis del primer elemento únicamente.

a. *Que sean celebrados por la República, a través de los órganos que componen al Ejecutivo Nacional competentes en esta materia*

Habiendo citado los artículos 136 y 138 de la *Constitución*, así como las disposiciones contenidas en los artículos 1, 2, 3 y 7 del *Decreto con Rango, Valor y Fuerza de Ley del Banco Central de Venezuela*, y lo establecido en la sentencia N° 2.241 de fecha 24 de septiembre del 2002, la Sala concluyó que:

> [...] el Banco Central de Venezuela es una persona jurídica de Derecho Público, de rango constitucional, dotado de autonomía para el ejercicio de las políticas de su competencia, que no forma parte ni de la Administración Central ni de la Administración Descentralizada funcionalmente, sino que, atendiendo a las disposiciones de la Constitución de la República Bolivariana de Venezuela que lo regulan y que han sido desarrolladas por la Ley Especial que lo rige, forma parte de la llamada Administración con autonomía funcional, la cual constituye un elemento fundamental para el cumplimiento de los fines que la ley le asigna; por lo que, requiere de un ordenamiento y organización especiales, propio y diferente del común aplicable a las demás entidades públicas o privadas. Así se declara.

Luego, citando nuevamente ese precedente, la SC/TSJ concluyó que "la relación entre la Asamblea Nacional y el Banco Central de Venezuela es la de un órgano contralor con un órgano controlado", pero que "la relación de control no supone poder de inmiscuirse en las operaciones que realice el Banco Central de Venezuela". Así, argumentando que un control a doble nivel de sus operaciones atentaría contra la eficacia que debe caracterizarlas, la Sala concluyó que el potencial contrato de préstamo bajo análisis "no debe considerarse como un contrato de interés público nacional y, por ende, no está sujeto a la autorización de la Asamblea Nacional, ni requiere la consulta a la Procuraduría General de la República".

COMENTARIOS

Lo primero que hay que destacar es que, a pesar que se desestimó la legitimación activa de la actora, la Sala pasó a pronunciarse sobre el fondo del asunto al considerar suficiente la intervención de un tercero, quien en principio sigue la suerte del actor principal. Como vemos, la SC/TSJ actúa prácticamente de oficio para resolver el asunto y fijar su posición sobre el caso concreto.

Nuevamente, la SC/TSJ declaró que se trataba de un asunto de "mero derecho" y, por tanto, pasó a pronunciarse sobre el fondo del asunto, sin procedimiento alguno de sustanciación y por tanto sin garantizarle el derecho a la defensa a la AN, órgano que dictó la norma objeto de interpretación. Insistimos, ello en franca violación a lo dispuesto en los artículos 128 y siguientes de la LOTSJ.

En relación al fondo del asunto, resulta evidente que la solicitud de un préstamo de un millardo de dólares (US$ 1.000.000.000) por parte del BCV constituye un contrato de interés público nacional, conforme al ordenamiento jurídico.

En ese sentido, debemos comenzar señalando que el artículo 312 de la *Constitución* dispone que "las operaciones de crédito público requerirán, para su validez, una ley especial que las autorice, salvo las excepciones que establezca la ley orgánica". Y más adelante la misma norma señala que, "[e]l Estado no reconocerá otras obligaciones que las contraídas por órganos legítimos del Poder Nacional, de acuerdo con la ley". Como vemos, la norma constitucional no releva de la aprobación parlamentaria, incluso mediante ley, por el hecho de que el endeudamiento sea realizado por el BCV.

Por su parte, el artículo 80 (2) del *Decreto con Rango, Valor y Fuerza de Ley Orgánica de la Administración Financiera* vigente[83] dispone que son operaciones de crédito público, entre otras, "la apertura de créditos de cualquier naturaleza". Por su parte, el artículo 97 *eiusdem* dispone que "[e]n todo caso, será necesaria la autorización de cada operación de crédito público por la Comisión Permanente de Finanzas de la Asamblea Nacional, acompañando la opinión del Banco Central de Venezuela" y el artículo 6 (4), define como deuda pública "el endeudamiento que resulte de las operaciones de crédito público".

De manera que, un contrato por medio del cual un ente que forma parte del Poder Público Nacional adquiere una cuantiosa deuda frente a una organización financiera internacional como el FLAR, evidentemente constituye un crédito público que se enmarca dentro de esas disposiciones y que, por formar parte de la deuda pública, es un contrato de interés público nacional. En tal sentido y en virtud del artículo 150 de la *Constitución*, la celebración del contrato requiere la aprobación de la AN y, siendo que el texto fundamental no establece excepción alguna

---

83   *Decreto Nº 1.402 con Rango, Valor y Fuerza de Ley Orgánica de la Administración Financiera emitido por la Presidencia de la República.* Publicado en la Gaceta Oficial Nº 6.154 de fecha 19 de noviembre de 2014.

a esa norma, no podía la SC/TSJ excluir el control parlamentario de este endeudamiento[84].

Habiendo probado que el potencial contrato en cuestión es, efectivamente, un contrato de interés público nacional, puede concluirse que la SC/TSJ contradijo y tergiversó el precedente que empleó como fundamento, toda vez que la sentencia N° 2241 de fecha 24 de septiembre del 2002 decidió de forma contraria a la conclusión a la que llegó la Sala en este caso, en estos términos:

> [...] esta Sala declara con lugar el recurso de nulidad por razones de inconstitucionalidad interpuesto y anula el último aparte del artículo 80 de la Ley Orgánica de la Administración Financiera del Sector Público[85], por contrariar en forma directa y manifiesta lo establecido en los artículos 150, primer aparte, y 187, numeral 9, segunda parte, de la Constitución, al no consagrar la obligación constitucional del Ejecutivo Nacional de requerir la autorización de la Asamblea Nacional para la celebración de contratos de interés público nacional, en el marco de operaciones de crédito público, cuando dichos contratos sean celebrados con Estados, entidades oficiales extranjeras o sociedades no domiciliadas en Venezuela. Así se decide.

---

84   Acceso a la Justicia (28 de julio de 2016) *El cheque en blanco del TSJ*. Disponible en:
http://www.accesoalajusticia.org/wp/infojusticia/noticias/el-cheque-en-blanco-del-tsj/

85   *Ley Orgánica de la Administración Financiera del Sector Público*. Publicada en la *Gaceta Oficial* N° 37.029, de fecha 5 de septiembre de 2000 (derogada); Artículo 80 (último aparte). Una vez sancionada la ley de endeudamiento anual, el Ejecutivo Nacional procederá a celebrar las operaciones de crédito público en las mejores condiciones financieras que puedan obtenerse e informará periódicamente a la Asamblea Nacional.

Con esta decisión, nuevamente el TSJ socavó las funciones de la AN, al impedir someter a los demás poderes a los pesos y contrapesos constitucionales propios del Estado de derecho, debilitando en la práctica a los principios que rigen a las sociedades democráticas.

8. **SC/TSJ. Sentencia N° 797 de fecha 19 de agosto del 2016,** *caso diputados Pedro Carreño, Víctor Clark y otros vs sesiones de la AN.* **Expediente N° 16-0449. Magistrado Ponente: Juan José Mendoza Jover.**

Sentencia mediante la cual la SC/TSJ se declaró competente para conocer sobre los recursos de nulidad de las sesiones de la AN de los días 26 y 28 de abril, 03, 05, 10, 12 y 17 de mayo del 2016, así como declara la "suspensión" de dichas sesiones y de sus efectos por medio de un "amparo cautelar" que no cumple con ninguna de las características de un amparo. Además de ello, en este fallo la SC/TSJ ordenó a los diputados de la AN a probar su propia inocencia, violando el derecho a la presunción de inocencia.

DERECHOS QUE VIOLA:

derecho a la participación política (art. 62 CRBV, art. 25 PIDCP, art. 21 DUDH, art. 20 DADDH), derecho a la libertad de expresión (art. 57 CRBV, art. 19 PIDCP, art. 19 DUDH, art. 4 DADDH), y derecho al debido proceso, particularmente, a la presunción de inocencia (art. 49.2 CRBV, art. 14.2 PIDCP, arts. 10 y 11.1 DUDH, art. 26 DADDH).

DECISIÓN:

Mediante la presente sentencia, la SC/TSJ decidió sobre un recurso de nulidad por inconstitucionalidad, en conjunto con una solicitud de amparo cautelar presentado por los diputados del partido de gobierno (Pedro Carreño, Víctor Clark y otros) contra las sesiones de la AN celebradas los días 26 y 28 de abril del 2016, así como la solicitud de "alcance del recurso de nulidad con amparo cautelar" contra las sesiones de la AN de los días 03, 05, 10, 12 y 17 de mayo del 2016, ambas presentadas por un conjunto de diputados de la AN pertenecientes al "Bloque de la Patria" del partido de gobierno.

Dichos diputados solicitaron la nulidad de las sesiones y un amparo cautelar para suspender esas sesiones con base en el presunto *"desacato"* en el que habría incurrido la Junta Directiva de la AN y la "mayoría relativa" de diputados por haber "desacatado" la sentencia Nº 269 de fecha 26 de abril del 2016, mediante la cual se modificaron "de manera cautelar" dos artículos del *Reglamento AN*. Los accionantes señalaron que, contrario a la orden impuesta por la SC/TSJ, los diputados convocaron a las sesiones sin haber cumplido las 48 horas de anticipación y que habrían modificado el Orden del Día de manera sobrevenida, luego de publicado, afectando así la seguridad jurídica. Por tanto, la solicitud del amparo cautelar estaría fundamentada sobre la presunción de buen derecho de "la vulneración de la Constitución y la jurisprudencia de esta Sala Constitucional" y el peligro de violación de un derecho constitucional, la posibilidad de que "la estabilidad democrática e institucional del país" pudiera verse menoscabada por la celebración de dichas sesiones.

Asimismo, señalaron que la AN habría violado la *Constitución* al aprobar una moción de censura contra el Ministro de Alimentación, General Rodolfo Marco Torres, ya que la convocatoria para su comparecencia debió haber sido realizada por medio del Comandante en Jefe de la Fuerza Armada Nacional – es decir, el Presidente – dado que el Ministro era un General activo de las Fuerzas Armadas. Además, señalaron que con esta acción de la AN se estaría violando igualmente el criterio de la Sala adoptado en la referida sentencia Nº 269.

Así mismo, los accionantes calificaron como inconstitucional la sesión celebrada el día 17 de mayo, ya que durante ella se discutió el Decreto N° 2.323 sobre el Estado de Excepción y Emergencia Económica, en Gaceta Oficial N° 6.227 Extraordinario del 13 de mayo del 2016, sin haber sido sometido formalmente a su consideración por el Presidente de la República.

Finalmente, los accionantes requirieron "que se evaluara iniciar el procedimiento que por "*desacato*" se estableció en las sentencias de los ex alcaldes Enzo Scarano y Daniel Ceballos".

Por medio de la sentencia, la SC/TSJ declaró su competencia para conocer de la causa de inconstitucionalidad y la admisibilidad de la demanda. Para dictar el amparo cautelar, la Sala se fundamentó en el "hecho notorio y constitucional" que la Junta Directiva de la AN había calificado la sentencia N° 269 como "absolutamente nula" y que, por tanto, no la cumpliría. Ante ello, acordó el amparo cautelar solicitado, por lo que declaró como suspendidos "los efectos de las sesiones celebradas los días 26 y 28 de abril, y 03, 05, 10,12 y 17 de mayo del 2016, junto a los actos producidos en ellas"; así como también ordenó "de manera cautelar" a la AN, por medio de su Presidente, a que remitiera documentación donde evidenciara "el cumplimiento de las medidas cautelares decretadas en el fallo N° 269 del 21 de abril del 2016"; ello, en función de:

> [...] Preservar los derechos a la tutela judicial efectiva, al debido proceso, a la defensa y los principios de seguridad jurídica y postulados de orden constitucional atinentes al equilibrio en las instituciones que conforman el Poder Público Nacional para la preservación del orden democrático, atendiendo a la presunta violación de lo dispuesto en la sentencia de esta Sala Constitucional N° 269 [...]

COMENTARIOS[86]:

Al igual que la SE/TSJ, la SC/TSJ desvirtúa completamente el concepto, objeto, fin y alcance de la institución del amparo, que en la legislación venezolana tiene como fin la protección y/o restablecimiento inmediato de los derechos constitucionales de personas, sean naturales o jurídicas. En el presente caso, la Sala no determinó quién sería el beneficiado por la medida de amparo, quién debería, en tal caso, cumplirlo, ni cuáles son las acciones que tendrían que llevarse a cabo para ello. En este sentido, la SC/TSJ ni siquiera se molestó en determinar si existía la presunción de buen derecho o quién sería el titular de dicho derecho. Por el contrario, la decisión de la Sala de dictar un "amparo cautelar" pareciera, más bien, que es la adopción del recurso más expedito para poder ejercer una nueva acción destinada a arrebatar a la AN de sus funciones más básicas, como lo son convocar y celebrar sesiones, decidir el Orden del Día, legislar y ejercer funciones de control.

A ello se suma un nuevo elemento de gravedad: el desconocimiento de la presunción de inocencia de los diputados de la AN, que pasa, más bien, a convertirse en una presunción de culpabilidad, al obligarlos a presentar documentación para demostrar su inocencia, lo cual es contrario al artículo 49 de la *Constitución* referido al debido proceso.

Por otra parte, de forma insólita la SC/TSJ niega la posibilidad de interpelar o censurar a un Ministro, por el sólo hecho de

---

86   Sobre esta sentencia, véase además los comentarios de: CORREA MARTÍN, María Alejandra, *"La Constitución no pierde vigencia por las decisiones de la Sala Constitucional. (Comentario con motivo de las sentencias número 795 y 797 dictadas por la Sala Constitucional el 19/08/2016)"*, en *Revista de Derecho Público*, N° 147-148 (julio- diciembre 2016), Caracas 2017, pp. 318- 321; BREWER-CARÍAS, Allan R., *"La paralización de la Asamblea Nacional: la suspensión de sus sesiones y la amenaza del enjuiciar a los diputados por 'desacato'*, en *Revista de Derecho Público*, N° 147-148 (julio- diciembre 2016), Caracas 2017, pp. 322.

que pertenezca a la Fuerza Armada Nacional. Es decir, según la SC/TSJ, los militares activos están exentos de control parlamentario, pues sólo su Comandante en Jefe (Presidente de la República) es quien podría ser objeto de control parlamentario.

9. **SC/TSJ: Sentencia N° 814 de fecha 11 de octubre del 2016, caso *Presidente de la República (Ampliación de sentencia)*. Expediente N° 2016-0897. Ponencia Conjunta**

El Presidente de la República, Nicolás Maduro, solicitó la ampliación de la decisión N° 810, dictada por esta Sala el 21 de septiembre de 2016, a través de la cual la SC/TSJ había declarado la constitucionalidad del Decreto N° 2.452 que establecía el Estado de Excepción y Emergencia Económica en todo el Territorio Nacional.

La solicitud se circunscribe a determinar la supuesta imposibilidad de la AN de recibir y aprobar el presupuesto nacional, el cual debe ser presentado por el Ejecutivo Nacional antes del 15 de octubre de cada año. En criterio del Presidente de la República, esa presentación del presupuesto ante la AN no podría llevarse a cabo "debido a la situación irregular en que se encuentra ese órgano legislativo".

En tal virtud, el Presidente de la República solicitó a la SC/TSJ una interpretación sobre la factibilidad de que se pueda "decretar el Presupuesto de la República y normativa excepcional para la asignación de recursos presupuestarios, los límites máximos de autorizaciones para gastar, la distribución de los egresos y las operaciones de financiamiento, que regirán para el ejercicio económico financiero 2017", en el marco del Decreto de Emergencia Económica vigente para el momento.

DERECHOS QUE VIOLA:

Derecho de los electores a que sus representantes rindan cuentas públicas, transparentes y periódicas sobre su gestión (art. 66 CRBV), derecho a que se establezca un orden social en el que los derechos humanos se hagan plenamente efectivos (art. 28 DUDH), derecho a la participación política (art. 62 CRBV, art. 25 PIDCP, art. 21 DUDH, art. 20 DADDH), derecho a la libertad de expresión (art. 57 CRBV, art. 19 PIDCP, art. 19 DUDH, art. 4 DADDH), y derecho a ser juzgado por un tribunal independiente (art. 49.3 CRBV, art. 14.1 PIDCP, art. 10 DUDH, art. 26 DADDH).

DECISIÓN:

Sin ningún tipo de procedimiento o incidencia procesal, la SC/TSJ consideró que le correspondía al Presidente de la República, como Jefe de Estado y del Ejecutivo Nacional, la elaboración del presupuesto nacional (además de las otras atribuciones constitucionales, inclusive, en materia de régimen de excepción), y, a su vez, a la Asamblea Nacional: *Discutir y aprobar el presupuesto nacional y todo proyecto de ley concerniente al régimen tributario y al crédito público.*

Sin embargo, para la aprobación del presupuesto nacional que regirá durante el año 2017, se "advierte las consecuencias jurídicas que le acarrearía presentar el presupuesto ante un órgano que actualmente está al margen de la Constitución en razón del desacato en el que se encuentra frente a decisiones de este alto tribunal y a la Constitución (*que conlleva a que todas sus actuaciones carezcan de validez y eficacia por inconstitucionales, tal como esta Sala lo declaró en sentencia n.° 808 del 2 de septiembre de 2016 y lo reiteró en el fallo objeto de la presente ampliación*); circunstancias que exigen que esta Sala, en ejercicio del control innominado de la constitucionalidad, determine la solución de esa situación, en tutela del sistema constitucional".

De allí, que al considerar que la AN se encontraba en "*desacato*", y por ende todos sus actos debían considerarse como nulos, se "declara que en esta oportunidad el Presidente la República deberá presentar el presupuesto nacional ante esta máxima instancia de la jurisdicción constitucional, bajo la forma de decreto, la cual ejercerá el control de ese acto del Poder Ejecutivo Nacional, conforme a lo previsto en el Texto Fundamental, todo ello en garantía de los principios constitucionales que rigen la materia presupuestaria".

COMENTARIOS[87]:

Lo primero que debe advertirse es que la SC/TSJ desconoce toda su jurisprudencia sobre la materia de ampliaciones y correcciones de errores materiales, conforme a lo dispuesto en el artículo 252 del CPC, al aceptar conocer de un asunto que no fue debatido en el proceso que dio lugar a la sentencia cuya ampliación se solicita. En efecto, la pretensión de evadir la presentación y aprobación de la *Ley de Presupuesto* por parte de la AN era un asunto nuevo que no fue ni tangencialmente tratado en el proceso que derivó en el fallo del 21 de septiembre de 2016.

Por otra parte, resulta evidente que la SC/TSJ modificó ilegítimamente la *Constitución*, para permitir la aprobación de la *Ley de Presupuesto* por vía de Decreto-Ley, invadiendo una competencia exclusiva de la AN, pues al Ejecutivo Nacional sólo le corresponde presentar el proyecto de Ley de Presupuesto, pero la AN tiene la potestad de aprobar, improbar o modificar ese proyecto de ley. Con ello, se elimina el principio de legalidad presupuestaria previsto en el artículo 313 de la *Constitución*, así

---

87   Sobre esta sentencia, véase además los comentarios de: BREWER-CARÍAS, Allan R., *"La cremación de la Asamblea Nacional y la usurpación de sus funciones presupuestarias por parte del Juez Constitucional"*, en *Revista de Derecho Público*, N° 147-148 (julio- diciembre 2016), Caracas 2017, pp. 334-348. Publicado también en BREWER-CARÍAS, Allan R., *La dictadura judicial y la perversión del Estado de derecho. El juez constitucional y la destrucción de la democracia en Venezuela* (Prólogo de Santiago Muñoz Machado), Ediciones El Cronista, Fundación Alfonso Martín Escudero, Editorial IUSTEL, Madrid 2017, pp. 435-460.

como la esencia misma del sistema económico y financiero previsto en el texto fundamental.

En definitiva, la SC/TSJ se sustituye en el parlamento para fingir una aprobación parlamentaria y con esto eliminar una de las principales competencias de control político del parlamento.

10. SC/TSJ: Sentencia N° 893 de fecha 25 de octubre del 2016, caso *Rafael Ramírez*. Expediente N° 16-0940. Magistrada Ponente: Gladys María Gutiérrez Alvarado.

Rafael Darío Ramírez Carreño, quien se desempeñó como presidente de la empresa Petróleos de Venezuela Sociedad Anónima (PDVSA) en el período comprendido entre 2004 y 2014, interpuso una demanda de nulidad por razones de inconstitucionalidad, conjuntamente con solicitud de medida cautelar innominada, contra los actos realizados por la Comisión Permanente de Contraloría de la AN, en fecha 17 de febrero de 2016, en el marco de la investigación aprobada por la plenaria, con ocasión de graves irregularidades ocurridas en la referida empresa en el período en el que el accionante desempeñó su cargo[88]. Entre estas irregularidades, se encuentran el manejo de los recursos destinados al mantenimiento de la refinería Amuay, las irregularidades en la administración de fondos públicos que ingresaron en las cuentas de la Banca Privada D'Andorra, perjuicios pecuniarios por la adquisición de títulos y otros instrumentos financieros con fondos de PDVSA en el Banco Espirito Santo de Portugal, e irregularidades en la celebración de contratos[89].

---

88   AN, Comisión Permanente de Contraloría, *Informe Expediente N° 1648,* de octubre 2016. Disponible en: https://transparencia.org.ve/wp-content/uploads/2016/10/Informe-Final-Expediente-1648-PDVSA.pdf

89   Panorama (20 de octubre de 2016) *Diputado Freddy Guevara: Informe de Rafael Ramírez y PDVSA tiene 105 páginas.* Disponible en:

La SC/TSJ suspendió cautelarmente los efectos de la investigación y reiteró el *"desacato"* del órgano legislativo respecto a la SE/TSJ, socavando la atribución constitucional de la AN para ejercer funciones de control sobre el Gobierno y la Administración Pública Nacional.

DERECHOS QUE VIOLA:

Derecho de los electores a que sus representantes rindan cuentas públicas, transparentes y periódicas sobre su gestión (art. 66 CRBV), derecho a la participación política (art. 62 y 125 CRBV, art. 25 PIDCP, art. 21 DUDH, art. 20 DADDH), y derecho a la libertad de expresión (art. 57 CRBV, art. 19 PIDCP, art. 19 DUDH, art. 4 DADDH).

DECISIÓN:

La SC/TSJ, tras declararse competente para conocer de la demanda de nulidad y admitir la acción, ordenó citar al Presi-

---

http://www.panorama.com.ve/politicayeconomia/Diputado-Freddy-Guevara-Informe-de-Rafael-Ramirez-y-PDVSA-tiene-105-paginas-20161020-0003.html; ABC (21 de octubre de 2016) *El Parlamento acusa de corrupción al expresidente de Petróleos de Venezuela*. Disponible en:
http://www.abc.es/internacional/abci-parlamento-acusa-corrupcion-expresidente-petroleos-venezuela-201610210040_noticia.html; El Universal (16 de noviembre de 2016) *Aprueban responsabilidad política de Rafael Ramírez por corrupción de Pdvsa*. Disponible en: http://www.eluniversal.com/noticias/politica/aprueban-responsabilidad-politica-rafael-ramirez-por-corrupcion-pdvsa_627454; RunRun.es (17 de noviembre de 2016) *Asamblea Nacional declaró responsabilidad política a Rafael Ramírez*. Disponible en:
http://runrun.es/nacional/287236/asamblea-nacional-declaro-responsabilidad-politica-a-rafael-ramirez.html; El Nacional (1 de marzo de 2017) *"Corrupción de Pdvsa seguirá saliendo"*. Disponible en: http://www.el-nacional.com/noticias/oposicion/corrupcion-pdvsa-seguira-saliendo_83060

dente de la AN, notificar al Procurador General de la República, a la Fiscal General de la República y al Defensor del Pueblo, y remitió el expediente al Juzgado de Sustanciación para que realice las notificaciones, acuerde el emplazamiento de los interesados y continúe el procedimiento de Ley.

De seguidas, la Sala pasó a conocer de la solicitud de medida cautelar consistente en:

> [L]a suspensión inmediata de los efectos de los actos impugnados, así como del procedimiento que les diera lugar y en el mismo sentido de cualquier otro acto de naturaleza análoga que por motivos ajenos al Derecho (razones partidistas o de índole semejante) pudiesen determinar la iniciación de procedimientos en contra de [su] representado, fundados en la supuesta existencia de una facultad de control político o jurídico de las actuaciones que al mismo efectuara en el ámbito de los poderes públicos [...].

En tal sentido, en cuanto al *fumus boni iuris* o presunción de buen derecho, la SC/TSJ se limitó a citar el párrafo de la demanda relativo a este requisito para dictar la medida cautelar y establecer que "estima que se encuentra satisfecha la presunción de buen derecho". El accionante, en el referido párrafo, establecía que "la gestión de PDVSA se encuentra monitoreada permanentemente por todos los órganos de control del Estado", refiriéndose a las revisiones y auditorías de sus estados financieros, informes de gestión y reportes de información financiera y operativa; así como al presunto control que ejercen la Contraloría, el Ministerio del Poder Popular de Petróleo, el SENIAT, entre otros.

Por su parte, en cuanto al *periculum in mora*, la SC/TSJ señaló que "su verificación no se limita a la mera hipótesis o suposición, sino a la presunción grave del temor al daño por violación o desconocimiento del derecho". Así, citando sus recientes precedentes analizados en el presente estudio, estimó que:

[D]e la revisión efectuada a los recaudos acompañados al presente expediente y de la verificación por notoriedad judicial y comunicacional de diversas actuaciones censurables de la actual Asamblea Nacional en contra de la estabilidad de la institucionalidad y, en definitiva, en perjuicio de la República (ver, entre otras, las sentencias de esta Sala nros. 9, 259, 274 y 478 de 2016), la Sala estima que existen elementos que sirven de convicción acerca de las lesiones graves o de difícil reparación que se estarían ocasionando a la empresa Petróleos de Venezuela Sociedad Anónima (PDVSA) e, incluso, contra la República directamente, además de la posible vulneración en los derechos del accionante de autos, ciudadano Rafael Darío Ramírez Carreño; lo que podría desencadenar una reacción adversa en los procedimientos arbitrales que cursan en la actualidad, en los inversionistas, en todos aquellos países a los cuales puede acudir la República para el intercambio de crédito y, en fin, en los diversos actos relacionados con esta materia que interesan a la Nación, a diversos Estados y a la Región, tomando en cuenta la trascendencia de PDVSA en el orden económico, social y constitucional.

De esta forma, la SC/TSJ declaró procedente la medida cautelar solicitada y determinó que:

[S]e suspenden los efectos de la investigación abierta e impulsada desde principios del presente año por la Comisión Permanente de Contraloría de la Asamblea Nacional con relación a supuestas irregularidades ocurridas en la empresa Petróleos de Venezuela, S.A. durante el período comprendido entre los años 2004-2014, Expediente N° 1648, incluyendo las actuaciones que al respecto desplegó en la misma los días 17 de febrero y 5 y 21 de abril de 2016; así como también de todos los actos derivados de esa o de cualquier otra investigación relacionada con los pretendidos hechos que haya iniciado durante el presente año o que pretenda comenzar la Asamblea Nacional hasta que culmine el proceso adelantado en razón de la presente demanda; sin menoscabo de la nulidad por inconstitucionalidad de los respectivos actos de la Asamblea Nacional, en razón del desacato que mantiene a la Sala Electoral del Tribunal Supremo de Justicia, declarada por esta Sala en sentencia n.° 808/2016, reiterada en la sentencia n.° 810 del mismo año. Así se decide.

COMENTARIOS[90]:

Una vez más, la SC/TSJ procede a suspender las funciones de control e investigación de las comisiones parlamentarias de la AN, para evitar la continuación de una investigación y un pronunciamiento de la plenaria de la AN. Se trata del uso arbitrario de las competencias constitucionales para anular las competencias constitucionales del Poder Legislativo. Se trata de una sentencia que premia la impunidad y sacrifica nuestros valores fundamentales de transparencia, rendición de cuentas y responsabilidad en el ejercicio de la función pública.

La SC/TSJ básicamente prohibió a la AN ejercer las atribuciones de control e investigación que le confieren los artículos 187 (3), 222 y 223 de la *Constitución* y que se vincula fundamentalmente a los principios de transparencia y acceso a la información que deben regir en todo Estado de Derecho que se debe a sus constituyentes y electores.

Dos elementos de la decisión son particularmente preocupantes: (i) por un lado, que para el Poder Judicial resulte pri-

---

90 Sobre esta sentencia, véase además los comentarios de: BREWER-CARÍAS, Allan R., *"El intento fallido de la Asamblea Nacional de ejercer el control político sobre la administración Pública investigando la actuación de PDVSA, y su anulación por la Sala Constitucional"*, en *Revista de Derecho Público*, N° 147-148 (julio- diciembre 2016), Caracas 2017, pp. 358-359.

mordial el hecho de que la investigación fue realizada por la AN con la participación de los diputados del estado Amazonas y, por tanto, se encuentre bajo el presunto supuesto de *"desacato"* de las decisiones de la SE/TSJ, por encima del fondo del asunto que tiene que ver con graves denuncias de corrupción por parte de quien para ese momento estaba ejerciendo el cargo de embajador ante las Naciones Unidas y cuya investigación se enmarca dentro de las atribuciones constitucionales del órgano legislativo; y (ii) el hecho de que el argumento de la SC/TSJ para suspender los efectos de la investigación no haya sido el cuestionamiento del informe final de la Comisión Permanente de Contraloría de la AN, sino que sea el *riesgo* de una "reacción adversa" que la misma pudiese desencadenar en:

> [L]os procedimientos arbitrales que cursan en la actualidad, en los inversionistas, en todos aquellos países a los cuales puede acudir la República para el intercambio de crédito y, en fin, en los diversos actos relacionados con esta materia que interesan a la Nación, a diversos Estados y a la Región, tomando en cuenta la trascendencia de PDVSA en el orden económico, social y constitucional.

Sobre ello debe decirse, además, que los procedimientos arbitrales no buscan determinar este tipo de responsabilidades por hechos de corrupción, sino determinar el cumplimiento o no de los acuerdos o contratos suscritos. De forma que "no existe relación de causalidad entre la investigación de la Asamblea Nacional y el supuesto daño que esta causaría con su investigación, por lo que el argumento del TSJ para justificar la medida cautelar es falso, además de inconstitucional"[91].

---

91 *La Patilla* (23 de noviembre de 2016) *Otro caso de justicia al revés: TSJ decide que investigar la corrupción no le conviene al país.* (Por: Acceso a la Justicia) Disponible en:

De esta manera, la SC/TSJ violó el principio constitucional de rendición de cuentas que debe regir a la Administración Pública de conformidad con el artículo 141 de la *Constitución* y consideró erróneamente que la presunción del buen derecho para declarar la medida cautelar provenía del monitoreo que ejercen la Contraloría General de la República, el SENIAT y otros entes a la estatal petrolera. A ello se sumó la violación al principio de legalidad consagrado en el artículo 137 constitucional que dispone que las actividades de los órganos que ejercen el Poder Público deben estar sujetas a la *Constitución* y la ley que definen sus atribuciones y que, en este caso, están contenidas en los artículos 187 (3), 222 y 223 *eiusdem*.

Sorprende la ligereza con que se analizan los requisitos de procedencia de la medida cautelar acordada, lo que contrasta sustancialmente con casos similares donde se investigan, judicial o administrativamente, funcionarios o personas ajenas al Gobierno.

En definitiva, esta sentencia que impide a la AN continuar una investigación sobre graves hechos de corrupción, y cuyo resultado tiene una amplia incidencia nacional e internacional, fomenta la opacidad de la información y atenta contra la independencia del Poder Judicial, cuyo estandarte habría de ser la búsqueda de la verdad y la justicia.

11. **SC/TSJ: Sentencia N° 907 de fecha 28 de octubre del 2016, caso *Nacionalidad del Presidente de la República: Nicolás Maduro Moros*. Expediente N° 16-1017. Magistrada Ponente: Gladys María Gutiérrez Alvarado.**

Sentencia de la SC/TSJ que declaró con lugar la "acción innominada de control de la constitucionalidad" que interpuso

_____

https://www.lapatilla.com/site/2016/11/23/otro-caso-de-justicia-al-reves-tsj-decide-que-investigar-la-corrupcion-no-le-conviene-al-pais/

Nicolás Maduro Moros en su carácter de Presidente de la República, mediante la cual declaró que éste es un "ciudadano venezolano por nacimiento que no posee otra nacionalidad". Asimismo, ordena remitir la decisión a otros órganos del Poder Público, entre ellos al Ministerio Público, advirtiendo que se hará valer "la responsabilidad constitucional, penal, civil y administrativa" de quienes afirmaren lo contrario.

DERECHOS QUE VIOLA:

Derecho a la participación política (arts. 62 y 125 CRBV, art. 25 PIDCP, art. 21 DUDH, art. 20 DADDH), derechos al acceso a la información y a la libertad de expresión (arts. 57 y 58 CRBV, art. 19 PIDCP, art. 19 DUDH, art. 4 DADDH), y derecho al debido proceso (art. 49 CRBV, art. 14 PIDCP, art. 10 DUDH, art. 26 DADDH).

DECISIÓN:

A pesar de tratarse de una "acción innominada de control de la constitucionalidad", que no se encuentra prevista en el ordenamiento jurídico interno venezolano, la SC/TSJ determinó su competencia para conocerla, considerando que la "interpretación y aplicación uniforme [de los artículos 41 y 227 del Texto Fundamental[92]] interesa al orden público [que] debe garantizar esta Sala".

Asimismo, respecto a la admisibilidad, la SC/TSJ se limitó a señalar en un breve párrafo que la acción:

---

92 Artículo 41 de la *CRBV*. Sólo los venezolanos y venezolanas por nacimiento y sin otra nacionalidad podrán ejercer los cargos de Presidente o Presidenta de la República (…);

Artículo 227 de la *CRBV*. Para ser elegido Presidente de la República o elegida Presidenta de la República se requiere ser venezolano o venezolana por nacimiento, no poseer otra nacionalidad, (…)

[...] cumple con los extremos jurisprudenciales para la admisión de este tipo de recursos y, en fin, no se encuentra incursa en ninguna de las causales de inadmisibilidad que preceptúa el artículo 133 de la Ley Orgánica del Tribunal Supremo de Justicia, razón por lo que se admite en cuanto ha lugar en derecho.

Luego, sin subsumir el supuesto en una norma jurídica que así lo indicara, la SC/TSJ determinó que "[a]l constituir la esencia de lo planteado una cuestión de mero derecho que atañe al orden constitucional, [...] la presente causa no requiere sustanciación, razón por la cual entra a decidir el fondo del presente asunto".

En cuanto al fondo, la SC/TSJ consideró que los documentos presentados por el accionante (el acta de nacimiento remitida por el Consejo Nacional Electoral y la tarjeta alfabética que reposa en el Servicio Administrativo de Identificación, Migración y Extranjería) son documentos oficiales y declaró la veracidad de los mismos, por lo que indicó que se evidencia "de manera indubitada e incontrovertible que el mismo nació, en efecto, en la ciudad de Caracas-Venezuela, el 23 de noviembre de 1962, con lo cual se demuestra que el referido ciudadano tiene de manera irrefutable la nacionalidad venezolana por nacimiento".

En razón de ello, se refirió a las dudas que han surgido en la opinión pública como un "cuestionamiento infundado que algunos voceros políticos han realizado [...] a pesar de que se encuentra ampliamente acreditada la nacionalidad venezolana por nacimiento del ciudadano Nicolás Maduro".

La SC/TSJ estableció que el Presidente Maduro ha ejercido otros cargos que también exigen ser venezolano por nacimiento y no poseer otra nacionalidad, de manera que el cumplimiento de esos requisitos ha estado "bajo el escrutinio y control del Estado y del pueblo venezolano en las oportunidades correspondientes". En tal sentido, Nicolás Maduro ha ejercido los cargos de Diputado al Congreso de la República de Venezuela, Constituyente de la Asamblea Nacional Constituyente de 1999, Diputado a la AN, Presidente de la AN, Canciller de la República y Vicepresidente Ejecutivo de la República. De seguidas indicó que:

> En razón de lo antes expuesto, los referidos señalamientos infundados y temerarios respecto de la nacionalidad del Presidente Constitucional de la República Bolivariana de Venezuela, ciudadano Nicolás Maduro Moros, los cuales no sólo vulneran su honor y reputación, sino que también quebrantan el Poder Público y el Estado en general, con la consiguiente afectación de la estabilidad económica y social de la nación, en perjuicio de todo el pueblo venezolano, podrán acarrear las correspondientes consecuencias penales, civiles, administrativas y, de ser el caso, disciplinarías, mediante la activación de los procesos respectivos por parte de las autoridades competentes, en correspondencia con los postulados de supremacía constitucional, legalidad y autonomía de los órganos del Poder Público (arts. 7, 136 y 137 de la Constitución de la República Bolivariana de Venezuela).

En cuanto a las solicitudes de información que la Junta Directiva de la AN en el marco de una investigación parlamentaria envió a las autoridades colombianas a los efectos de que remitieran información relativa a la nacionalidad de Nicolás Maduro, la SC/TSJ consideró que esta actuación de la Junta Directiva "es evidentemente infundada y temeraria", que "manifiesta un pretendido efecto de carácter político, más que de carácter constitucional" y que lo que busca es:

> [...] generar en la opinión pública dudas infundadas de su veracidad, por lo que evidencia este cuerpo juzgador que la referida comunicación es falaz y representa una actitud poco acorde con la magnitud social y ética del asunto que plantean, así como también con los fines del Estado, plasmados en el artículo 3 Constitucional.

Asimismo, en reiteradas oportunidades la Sala se refirió al *"desacato"* en el que supuestamente se mantiene la AN "y, en fin, del quebrantamiento de normas constitucionales y jurídicas en general", citando los precedentes analizados en el presente estudio.

De seguidas, la SC/TSJ citó las disposiciones del Derecho colombiano sobre la nacionalidad, resaltando en cada una de ellas que son considerados nacionales colombianos por nacimiento "los hijos de padre o madre colombianos que hubieren nacido en tierra extranjera y luego se domiciliaren en territorio colombiano o registraren en una oficina consular de la República". En ese sentido, también citó el reciente criterio de la propia SC/TSJ establecido en la sentencia N° 300 de fecha 27 de abril del 2016, conforme al cual:

> *'es importante distinguir la situación de una persona nacional con opción a otras u otras nacionalidades, que no la haya solicitado o adquirido',* de aquel que tenga otra u otras nacionalidades; es importante distinguir entre el derecho a optar o recobrar otra nacionalidad, de la tenencia o mantenimiento de otra u otras nacionalidades (ámbito en el que resulta cardinal la voluntad del sujeto), y, en fin, es cardinal tener en cuenta que no existe el deber de adoptar otra u otras nacionalidades, todo ello a los efectos de las normas contenidas en los artículos 41 y 227 del Texto Fundamental.

Por último, la SC/TSJ concluyó declarando la nacionalidad por nacimiento y sin otra nacionalidad del ciudadano Nicolás Maduro Moros, Presidente de la República Bolivariana de Venezuela:

> [E]sta Sala Constitucional declara con lugar la presente solicitud de control de constitucionalidad y confirma que el Presidente Constitucional de la República Bolivariana de Venezuela, ciudadano Nicolás Maduro Moros, es, en efecto, ciudadano venezolano por nacimiento que no po-

see otra nacionalidad, tal como ha sido ampliamente acreditado a través de documentos oficiales e incontrovertibles expedidos por las máximas autoridades del registro civil venezolano (Consejo Nacional Electoral y Servicio Administrativo de Identificación), en los cuales se acredita con absoluta certeza que el prenombrado Jefe del Estado Venezolano, nació en la Ciudad de Caracas, para entonces, Departamento Libertador del Distrito Federal, Parroquia la Candelaria, el 23 de noviembre de 1962; y que, en fin, ha cumplido y cumple con los requisitos señalados en los artículos 41 y 227 de la Constitución de la República Bolivariana de Venezuela, para ejercer el cargo de Presidente Constitucional de la República Bolivariana de Venezuela; quedando a salvo las acciones que correspondan en ejercicio de los derechos, deberes, principios y normas previstas en el ordenamiento jurídico, para hacer valer la responsabilidad constitucional, penal, civil y administrativa por los temerarios hechos señalados en la presente sentencia, junto a las declaratorias correspondientes. Así se decide.

En tal sentido, ordenó que se remitiera copia certificada de la decisión al Presidente de la República, al Consejo Moral Republicano, a la Contraloría General de la República, al Ministerio Público, al Consejo Nacional Electoral y a la Procuraduría General de la República, y *advirtió* que las sentencias de esta SC/TSJ tienen carácter vinculante y efectos *erga omnes*, "inclusive para todos los órganos del Poder Público Nacional".

COMENTARIOS[93]:

Las irregularidades de esta decisión son abundantes e insólitas. Lo primero que debe señalarse es que no existe en el ordenamiento jurídico venezolano la figura de "acción innominada de control de la constitucionalidad" y que fue empleada por primera vez por el Procurador General de la República en el año 2011, dando pie a la inconstitucional decisión de la SC/TSJ que declaró *inejecutable* el fallo de la CorteIDH en el *Caso López Mendoza vs. Venezuela*[94].

Por otra parte, la SC/TSJ no solo incurrió en un grave vicio de inmotivación al declarar su competencia y la admisibilidad de la demanda en brevísimas líneas de las que no se desprende un análisis ajustado a Derecho, sino que además adoptó una decisión inconstitucional. En tal sentido, la Sala es competente para interpretar las normas aplicables sobre la nacionalidad del Presidente de conformidad con lo dispuesto en el artículo 25 (17) de la LOTSJ, pero de ninguna manera es competente para declarar la nacionalidad del Presidente, que fue precisamente lo que hizo en la sentencia en cuestión. En todo caso, eso sería competencia de la SE/TSJ en el supuesto, por ejemplo, que se demandara la nulidad de la elección de Nicolás Maduro como

---

93   Sobre esta sentencia, véase además los comentarios de: BREWER-CARÍAS, Allan R., *"El intento fallido de la Asamblea Nacional de ejercer el control político sobre el tema de la nacionalidad del Presidente de la República, y su anulación por parte de la Sala Constitucional"*, en Revista de Derecho Público, N° 147-148 (julio- diciembre 2017), Caracas 2017, pp. 360 366.

94   TSJ/SC. Sentencia N° 1.547 de fecha 17 de octubre del 2011, caso *Carlos Escarrá Malavé. Recurso de Interpretación.* Expediente N° 11-1130. Magistrado Ponente Arcadio de Jesús Delgado Rosales; Véase: BREWER CARÍAS, Allan, *El Ilegítimo "Control de Constitucionalidad" de las sentencias de la Corte Interamericana de Derechos Humanos por parte la Sala Constitucional del Tribunal Supremo de Justicia de Venezuela: El caso Leopoldo López vs. Venezuela, septiembre 2011,* Estudios Constitucionales, Año 10, N° 2, 2012, pp. 575 - 608.

Presidente de la República por no haber cumplido con los requisitos que establece la ley[95].

Tampoco puede pasarse por alto el hecho de que la acción fuese interpuesta el 19 de octubre del 2016, y tan solo nueve (9) días después fuese emitido el fallo en cuestión. Sobre ello, la reconocida organización Acceso a la Justicia, ha indicado que "Lo más interesante es que al revisar todas las solicitudes hechas por el Presidente de la República a esa sala en el año 2016, encontramos que el promedio de respuesta es, precisamente, nueve días"[96]. Asimismo, es necesario indicar que en las *cuentas en Sala* que se publican en la página web del TSJ, curiosamente no apareció esta acción ejercida por el Presidente de la República, impidiendo que fuese de conocimiento público y que terceros pudiesen hacerse parte en el caso.

También resulta grave que la SC/TSJ haya decidido el presente caso como "de mero derecho", cuando la propia demanda indica que "no es una demanda de nulidad de las normas invocadas. Menos se trata de una colisión de leyes". La demanda versa justamente sobre una cuestión de hechos y el mismo libelo lo confirma al señalar que "lo que se persigue es controlar, a la luz de los preceptos constitucionales invocados, la actuación de un grupo de ciudadanos [...], dirigida a distorsionar parte del contenido normativo de los artículos 41 y 227 Constitucionales". En tal sentido, el propio Tribunal analizó presuntos elementos probatorios que denominó "documentos oficiales",

---

95   Véase también: Prodavinci (28 de octubre de 2016) *Sobre la nacionalidad de Nicolás Maduro y la declaración de la Sala Constitucional; por José Ignacio Hernández.* Disponible en: http://prodavinci.com/blogs/sobre-la-nacionalidad-de-nicolas-maduro-y-la-declaracion-de-la-sala-constitucional-por-jose-ignacio-hernandez/

96   *RunRun.es* (17 de enero de 2017) *Para Acceso a la Justicia, la peor sentencia del TSJ en 2016 fue la de la nacionalidad de Maduro.* Disponible en: http://runrun.es/nacional/293621/para-acceso-a-la-justicia-la-peor-sentencia-del-tsj-en-2016-fue-la-de-la-nacionalidad-de-maduro.html

sin que se sustanciara un juicio en el que se citara a quienes afirman que Nicolás Maduro es colombiano y se llevara a cabo un contradictorio que permitiera esclarecer la verdad. En este punto es necesario resaltar que la SC/TSJ no sería competente para ello, sino que lo sería, en todo caso, la SE/TSJ.

Sobre este tema, es necesario indicar también que la SC/TSJ, contradictoriamente, en un caso supuestamente de mero derecho en el que no hay hechos que probar sino en el que solo se interpretan normas constitucionales, *dio certeza de la veracidad de los documentos* que presuntamente prueban la nacionalidad del Presidente. Sin embargo, no hizo referencia en ningún momento a los datos que permitirían ubicar un documento que en principio es público y que disiparían toda duda sobre la nacionalidad del Presidente. Esto es, la SC/TSJ no citó la totalidad de su contenido, ni indicó el tomo, fecha o lugar en el que se encuentra inserta la partida de nacimiento de Nicolás Maduro. Incluso, el Consultor Jurídico de la AN ha denunciado que le fue negado el acceso al expediente, donde supuestamente debe estar la partida de nacimiento[97].

Además, la SC/TSJ empleó los términos que han sido resaltados en este análisis como *irrefutable, indubitable* e *incontrovertible* para referirse a las supuestas pruebas que dan cuenta de la

---

97   *El Universal* (17 de noviembre de 2016) *TSJ impidió a diputados revidar expediente sobre nacionalidad de Maduro.* Disponible en:

http://www.eluniversal.com/noticias/politica/tsj-impidio-diputados-revisar-expediente-sobre-nacionalidad-maduro_627584; Unidad Venezuela (17 de noviembre de 2016) *TSJ vuelve a negar a la AN acceso a sentencia sobre nacionalidad de Maduro.* Disponible en: http://www.unidadvenezuela.org/2016/11/tsj-vuelve-a-negar-a-la-an-acceso-a-sentencia-sobre-nacionalidad-de-maduro/; RunRun.es (17 de enero de 2017) *Para Acceso a la Justicia, la peor sentencia del TSJ en 2016 fue la de la nacionalidad de Maduro.* Disponible en: http://runrun.es/nacional/293621/para-acceso-a-la-justicia-la-peor-sentencia-del-tsj-en-2016-fue-la-de-la-nacionalidad-de-maduro.html nacionalidad venezolana. Así, la Sala no solo dejó sentado que no admite prueba en contrario a pesar de que en nuestro ordenamiento jurídico existen mecanismos para impugnar judicialmente documentos públicos, sino que además advirtió sobre la responsabilidad constitucional, penal, civil y administrativa en la que incurren quienes cuestionen la nacionalidad del Presidente.

Asimismo, cabe preguntarse ¿por qué la Sala citó las disposiciones de derecho interno colombiano conforme a las cuales son colombianos por nacimiento "los hijos de padre o madre colombianos que hubieren nacido en tierra extranjera y luego se domiciliaren en territorio colombiano o registraren en una oficina consular de la República", si luego no estableció una relación de causalidad entre la nacionalidad de los padres de Nicolás Maduro y el posible domicilio o registro en una oficina consular colombiana del Presidente, hechos a los que no hizo referencia en la sentencia?

Esta sentencia representa una contribución a la opacidad de la información con la que opera el Poder Judicial en Venezuela y demuestra la estrecha relación que existe entre el Poder Judicial y el Ejecutivo. De hecho, cualquier cuestionamiento al Ejecutivo es considerado por el TSJ como "una afectación a la estabilidad económica y social de la nación".

Además, resulta insólita la amenaza que profiere la sentencia contra todo aquél que pretenda cuestionar la verdadera nacionalidad del Presidente de la República, como si ese no fuese un asunto de trascendencia nacional, donde debe reinar la más absoluta libertad de expresión.

En conclusión, una vez más la SC/TSJ, sin ningún tipo de juicio contradictorio, cercena abiertamente las facultades de investigación de la AN en asuntos de claro interés público y general.

10. SC/TSJ: Sentencia N° 948 de fecha 15 de noviembre del 2016, *caso PGR (Reinaldo Muñoz y otros) vs Acto Parlamentario sobre la responsabilidad política del Presidente de la República. Expediente N° 16-1085.* Ponencia Conjunta.

Sentencia que decide sobre una acción de amparo constitucional interpuesta por un grupo de abogados funcionarios del Gobierno, entre los que se encuentra el Procurador General de la República, en contra de, entre otras cosas, "las actuaciones de hecho y amenazas contenidas en el Acto Parlamentario de fecha 25 de octubre de 2016", que consiste en el "Acuerdo para Iniciar el Procedimiento de Declaratoria de Responsabilidad Política del Presidente de la República ante la grave ruptura del orden constitucional y democrático y la devastación de las bases económicas y sociales de la Nación". Por medio de esta decisión se reiteró el *"desacato"* de la AN y se dictó amparo cautelar consistente en ordenar a los diputados abstenerse de continuar con el juicio político al Presidente y prohibir la convocatoria o realización de actos que alteren el orden público o instiguen a las autoridades.

DERECHOS QUE VIOLA:

Derecho de los electores a que sus representantes rindan cuentas públicas, transparentes y periódicas sobre su gestión (art. 66 CRBV), derecho a la participación política (art. 62 y 125 CRBV, art. 25 PIDCP, art. 21 DUDH, art. 20 DADDH), derecho a la libertad de expresión (art. 57 CRBV, art. 19 PIDCP, art. 19 DUDH, art. 4 DADDH), y derecho al debido proceso (art. 49 CRBV, art. 14 PIDCP, art. 10 DUDH, art. 26 DADDH).

DECISIÓN:

En cuanto a la competencia de la SC/TSJ para conocer del caso, la misma expuso que esta acción "se compagina, ante todo, con una pretensión de nulidad de actos emanados de la AN, conjuntamente con una solicitud de tutela constitucional dirigida a evitar que ese órgano legislativo reincida en actuaciones contrarias al orden constitucional". Luego, reconoció que quienes tienen legitimación activa para ejercer la acción de amparo "son las personas físicas naturales y las personas jurídicas o morales particulares no estatales" y, a pesar de ello, señaló que:

> [...] el Estado y sus personas jurídicas, a través de los órganos que las representan, pueden ejercer la acción con base en sus potestades y atribuciones cuando estén en grave riesgo derechos y principios de eminente orden público constitucional, que puedan afectar a la colectividad que están obligados a defender y proteger.

En razón de ello, la Sala declaró su competencia para conocer del caso.

a. Del "desacato" de la AN

La motivación para la decisión, inició con un apartado titulado "Del desacato de la AN", en el que citó sus decisiones Nº 808 de la SC/TSJ y Nº 260 de la SE/TSJ. La Sala determinó que:

> En efecto, en una acción sin precedentes en la historia republicana, la Asamblea Nacional, representada por un grupo de diputados y diputadas, en perjuicio del Derecho, del orden público, del interés general y de la paz social, dictó el acuerdo objeto de la pretensión de autos, en el cual se evidencia su desacato a decisiones de este Tribunal Supremo de Justicia, obviando los vicios de nulidad absoluta por inconstitucionalidad que llevan en su seno todas sus actuaciones desplegadas durante el desacato.
>
> [...]
>
> [E]sta Sala estima necesario advertir que el referido acto que dictó la Asamblea Nacional el 25 de octubre de 2016 [...] fue dictado en franco desacato de decisiones judiciales emanadas de este Máximo Tribunal de la República.

Conforme a lo antes expuesto, este Máximo Tribunal de la República debe reiterar que la participación o intervención directa o indirecta en las actuaciones desplegadas por la mayoría parlamentaria de la Asamblea Nacional, en contravención al ordenamiento constitucional y en contumacia a las decisiones emanadas por los órganos jurisdiccionales del país, generará las correspondientes responsabilidades y sanciones constitucionales, penales, civiles, administrativas, disciplinarias, éticas, políticas y sociales en general necesarias para salvaguardar la eficacia del Texto Fundamental que se ha dado democráticamente el pueblo venezolano, a través del proceso constituyente, para procurar su convivencia pacífica y promover su bienestar.

b. *Presuntas amenazas y hechos lesivos denunciados*

En este apartado, la SC/TSJ reiteró una vez más que los actos emanados de la AN, mientras mantenga el *"desacato"* de las decisiones del TSJ, son "absolutamente nulos y carentes de efectos jurídicos".

Adicionalmente, señaló que "existen manifestaciones y declaraciones de la parte accionada que evidencian que la amenaza denunciada es real e inminente" y citó algunas notas de prensa sobre las convocatorias hechas por líderes opositores para determinar que "es un hecho notorio comunicacional el llamado que han efectuado diputados y diputadas del bloque de la mayoría del Parlamento y actores políticos [...] a distintas acciones de calle". Avaló el argumento del accionante conforme al cual dichas convocatorias tienen una "clara intención de despojar al actual Gobierno Constitucional del Poder" y *perturbar* el diálogo convocado desde el Poder Ejecutivo.

Por tal razón, la Sala "dicta un mandamiento de amparo cautelar para garantizar la paz del pueblo y la estabilidad democrática de las instituciones frente a los presuntos hechos y amenazas denunciados por el accionante". Como consecuencia del referido amparo, la Sala:

i. Ordenó a los diputados de la Asamblea Nacional ABSTENERSE de continuar con el pretendido juicio político y, en definitiva, de dictar cualquier tipo de acto, sea en forma de acuerdo o de cualquier otro tipo, que se encuentre al margen de sus atribuciones constitucionales y que, en fin, contraríe el Texto Fundamental, de conformidad con la jurisprudencia de esta Sala Constitucional.

ii. Prohibió convocar y realizar actos que alteren el orden público; instigaciones contra autoridades y Poderes Públicos, así como otras actuaciones al margen de los derechos constitucionales y del orden jurídico.

Asimismo, ordenó al Presidente de la AN y a la Junta Directiva de la AN, que "deberán desplegar las acciones necesarias para dar fiel cumplimiento a lo ordenado en la presente sentencia".

COMENTARIOS[98]:

Resulta imposible obviar los graves vicios en los que incurrió la SC/TSJ al admitir una acción de amparo constitucional, en la medida en que ésta solo tiene por objeto proteger derechos y no para declarar la nulidad de un acto legislativo o para defender las competencias y facultades de los funcionarios públicos. Al respecto, es fundamental señalar también que el Procurador carece de legitimación activa para interponer acciones de amparo para la defensa de los funcionarios del Ejecutivo Nacional, por lo que la acción debió ser declarada inadmisible.

---

98 Sobre esta sentencia, véase además los comentarios de: BREWER-CARÍAS, Allan R., *"El acoso por parte de la "Justicia" Constitucional contra la Asamblea Nacional como órgano de representación popular,"* en *Revista de Derecho Público*, N° 147-148 (julio- diciembre 2017), Caracas 2017, pp. 367 379.

Asimismo, llama la atención que el recurso haya sido interpuesto el 9 de noviembre de 2016 y la decisión haya sido dictada menos de una semana después. Ello denota también la falta de independencia del Poder Judicial en Venezuela, puesto que, de cara a los recursos interpuestos por disidentes del gobierno, el TSJ nunca se despliega con semejante eficiencia. Un ejemplo de ello es el caso del recurso de nulidad ejercido por un grupo importante de abogados y defensores de derechos humanos en contra del acto por medio del cual se denunció la *Convención Americana sobre Derechos Humanos*, recurso que a la fecha – cinco (5) años después – no ha sido siquiera admitido a trámite.

Una vez más, la SC/TSJ empleó el argumento del *"desacato"* para anular las atribuciones constitucionales de la AN, pues al suspender de facto el procedimiento iniciado por el Legislativo para declarar la responsabilidad política del Presidente de la República, le impidió ejercer el control que le es propio sobre el Gobierno, tal y como lo consagra el artículo 187 (3) Constitucional:

> **Artículo 187.** Corresponde a la Asamblea Nacional:
>
> 3. Ejercer funciones de control sobre el Gobierno y la Administración Pública Nacional, en los términos consagrados en esta Constitución y la ley. Los elementos comprobatorios obtenidos en el ejercicio de esta función, tendrán valor probatorio, en las condiciones que la ley establezca.

Asimismo, al dictar la ambigua orden a la Junta Directiva de la AN que consiste en "desplegar las acciones necesarias para dar fiel cumplimiento a lo ordenado en la presente sentencia" y advertir sobre las "responsabilidades y sanciones constitucionales, penales, civiles, administrativas, disciplinarias, éticas, políticas y sociales" en las que podrían incurrir sus miembros, se pretende intimidar a los diputados y violar el derecho a la participación política tanto de ellos, como de sus representados.

Ello a la luz del desconocimiento de la inmunidad parlamentaria consagrada en el artículo 200 de la *Constitución*, lo cual ya ha sido previamente analizada en este estudio.

13. SC/TSJ: Sentencia N° 1086 de fecha 13 de diciembre del 2016, caso *diputado Héctor Rodríguez Castro vs Omisión legislativa de la Designación de Rectores CNE*. Expediente N° 16-1191. Magistrado Ponente: Ponencia Conjunta.

Ante el vencimiento del período constitucional de siete años de los miembros ("rectores") del CNE: Socorro Elizabeth Hernández Hernández y Tania D' Amelio Cardiet, el diputado Héctor Rodríguez del partido de gobierno (PSUV) introdujo un "recurso de omisión constitucional" sobre la actuación de la AN para nombrar los nuevos rectores. El recurso solicitado, aunque no aplicaba a la conducta denunciada, se encuentra previsto en el artículo 336.7 de la *Constitución*[99], y ha sido desarrollado por la jurisprudencia[100] como una especie del recurso de inconstitucionalidad, por lo que sigue las mismas regulaciones adjetivas, conforme a lo previsto en los artículos 128 y siguientes de la LOTSJ.

---

99 Artículo 336 de la *CRBV*. Son atribuciones de la Sala Constitucional del Tribunal Supremo de Justicia:

    7. Declarar la inconstitucionalidad de las omisiones del poder legislativo municipal, estadal o nacional cuando haya dejado de dictar las normas o medidas indispensables para garantizar el cumplimiento de esta Constitución, o las haya dictado en forma incompleta; y establecer el plazo y, de ser necesario, los lineamientos de su corrección.

100 SC/TSJ. Sentencia N° 1.556 de fecha 9 de julio del 2002, caso *Alfonso Albornoz Niño y otro*. *Acción de amparo*. Expediente N° 01-2337. Magistrado Ponente Jesús E. Cabrera Romero; Sentencia N° 819 de fecha 16 de julio del 2014, caso *Gilberto Rúa*. *Omisión legislativa*. Expediente N° 14.0199. Magistrada Ponente Gladys María Gutiérrez Alvarado.

La AN, en el momento de esta decisión, ya había nombrado una Comisión de Postulaciones de acuerdo con lo establecido en la *Constitución*[101] y la *Ley Orgánica del Poder Electoral*[102] y estaba en proceso de la elección de los próximos rectores del órgano electoral.

Al momento de introducirse este recurso, la SC/TSJ ya había declarado repetidas veces a la AN en *"desacato"*, por lo que todos los actos que de ella derivarían serían inválidos, inexistentes e jurídicamente ineficaces.

---

101   Artículo 296 de la *CRBV*. El Consejo Nacional Electoral estará integrado por cinco personas no vinculadas a organizaciones con fines políticos; tres de ellos o ellas serán postulados o postuladas por la sociedad civil, uno o una por las facultades de ciencias jurídicas y políticas de las universidades nacionales y uno o una por el Poder Ciudadano.

     Los o las tres integrantes postulados o postuladas por la sociedad civil tendrán seis suplentes en secuencia ordinal y cada designado o designada por las universidades y el Poder Ciudadano tendrá dos suplentes, respectivamente. La Junta Nacional Electoral, la Comisión de Registro Civil y Electoral y la Comisión de Participación Política y Financiamiento, serán presididas cada una por un o una integrante postulado o postulada por la sociedad civil. Los o las integrantes del Consejo Nacional Electoral durarán siete años en sus funciones y serán elegidos o elegidas por separado: los tres postulados o postuladas por la sociedad civil al inicio de cada período de la Asamblea Nacional, y los otros dos a la mitad del mismo.

     Los o las integrantes del Consejo Nacional Electoral serán designados o designadas por la Asamblea Nacional con el voto de las dos terceras partes de sus integrantes. Los o las integrantes del Consejo Nacional Electoral escogerán de su seno a su Presidente o Presidenta, de conformidad con la ley.

102   Artículo 17 de la *Ley Orgánica del Poder Electoral*. El Comité de Postulaciones Electorales tiene por objeto convocar, recibir, evaluar, seleccionar y presentar ante la plenaria de la Asamblea Nacional las listas de las candidatas calificadas o los candidatos calificados a integrar el ente rector del Poder Electoral, de conformidad con lo establecido en la Constitución y esta Ley.

DERECHOS QUE VIOLA:

Derecho a la participación política (art. 62 y 125 CRBV, art. 25 PIDCP, art. 21 DUDH, art. 20 DADDH) y derecho al debido proceso (art. 49 CRBV, art. 14 PIDCP, art. 10 DUDH, art. 26 DADDH).

DECISIÓN:

La SC/TSJ, en sentencia con ponencia "conjunta", establece que existe: primero, una *omisión legislativa* por falta de actividad de la AN; segundo, un poder de la misma para suplir las omisiones legislativas; y tercero, que toda actuación de la AN en la materia será de nulidad absoluta por el "*desacato*" que había sido declarado por esta misma Sala.

En cuanto al primer argumento, la Sala expone que la AN deberá, por mandato constitucional, nombrar a los rectores del CNE de la manera más célere posible y, según se logra entender, antes de que el período actual expire. Esto por "la urgencia y necesidad de tales nombramientos para preservar el normal funcionamiento del Poder Electoral, quien tiene bajo su responsabilidad mantener vivo en los ciudadanos y ciudadanas, el afecto por la democracia"[103]. De acuerdo con esta argumentación, existe un deber de la AN de nombrar a los rectores antes del vencimiento de su período para asegurar un funcionamiento normal del Estado.

Hay que recordar que en virtud de la suspensión por la SE/TSJ de los tres diputados de la oposición por el estado Amazonas y la Región Indígena Sur, estaba en cuestión si la oposición (MUD) contaba con la mayoría constitucional exigida para ese nombramiento: 2/3 partes de los integrantes de la AN.

Siendo esto así, a pesar de que solo habían pasado nueve días desde el vencimiento del cargo, la SC/TSJ argumenta que

---

103   *Ibíd., supra* nota.

la urgencia del nombramiento es tal que debe ser el TSJ quien actúe en nombre de la AN, ya que, de otra manera, el funcionamiento del Estado se podía ver gravemente afectado.

En cuanto al segundo argumento, la SC/TSJ analizó el artículo 336 de la *Constitución* en el cual se establece que la misma tendrá la competencia para conocer de las omisiones inconstitucionales del Poder Legislativo Nacional, estatal o municipal. Determina así, que esta acción consiste en la evaluación de una conducta negativa y no de un acto en sí, y por lo tanto el resultado de la evaluación deberá buscar la corrección de esta acción negativa.

La SC/TSJ prosigue su análisis determinando el alcance de las actuaciones que ella misma podrá hacer para corregir la omisión de acuerdo con el mandato constitucional. La *Constitución* establece claramente que el órgano deberá establecer un plazo para que este mandato se cumpla y unos lineamientos para que sea cumplido de acuerdo con lo establecido en el Texto Fundamental. En este análisis la Sala considera que de ello se puede concluir que:

No aparece limitada en la norma constitucional, la iniciativa para activar el control de constitucionalidad que significa la declaratoria de inconstitucionalidad a que nos referimos, tampoco aparece determinada la legitimación activa para la interposición de la acción, ni señala la norma el alcance de los lineamientos para la corrección de la omisión, los que parecen quedar al arbitrio de la Sala Constitucional, ajustados a derecho[104].

Concluye la SC/TSJ que los "lineamientos de su corrección" dependerán de lo que considere ésta como necesario para que el mandato constitucional sea cumplido, aunque eso signifique tomar la competencia para sí.

---

104   *Ibíd., supra* nota.

En cuanto al tercer argumento, declara la SC/TSJ que cualquier acto de la AN que tenga que ver con el nombramiento de rectores será inválido, inexistente y jurídicamente ineficaz, ya que esta se encuentra en *"desacato"*. Más aún, dependiendo este proceso de la participación de una serie de órganos constitucionales, la Sala establece:

> La participación o intervención directa o indirecta en las actuaciones desplegadas por la mayoría parlamentaria de la Asamblea Nacional, en contravención al ordenamiento constitucional y en contumacia a las decisiones emanadas por los órganos jurisdiccionales del país, generará las correspondientes responsabilidades y sanciones constitucionales, penales, civiles, administrativas, disciplinarias, éticas, políticas y sociales [...][105].

Buscó así condenar la SC/TSJ a cualquier otro órgano que busque desarrollar el proceso establecido en la *Constitución* y trabajar en conjunto con la AN, estableciendo que de esto pueden derivar sanciones de todo tipo.

COMENTARIOS:

La decisión de la SC/TSJ en este caso niega el principio de representación parlamentaria de la AN, muestra por excelencia del parlamento, al impedir que la AN ejerza sus facultades constitucionales de nombramiento de altas autoridades y sustituyéndose dicha SC/TSJ en el nombramiento parlamentario de tres rectores del CNE, desde un órgano judicial sin competencia para ello. En tal sentido, ello ocasiona además una evidente violación al derecho a la representación política de los ciudadanos que busca ser reflejado, de acuerdo al diseño constitucional, -

---

105 SC/TSJ. Sentencia N° 808 de fecha 2 de septiembre del 2016, caso *Constitucionalidad de la Ley de Reforma Parcial del Decreto N° 2165 con Rango y Fuera de Ley Orgánica que Reserva al Estado las actividades de Exploración y Explotación de Oro, así como las conexas y auxiliares a éstas.* Expediente N° 16-0831. Ponencia conjunta.

con el voto de las 2/3 partes de los representantes en el órgano parlamentario.

Antes de comentar el fondo, consideramos que es importante denotar el hecho de que, en materia de prueba, el nombramiento de las tres rectoras Socorro Elizabeth Hernández Hernández y Tania D' Amelio Cardiet el 4 de diciembre de 2009 no es considerada como un hecho público y comunicacional, ya que no cumple con los requisitos que han sido establecidos por esta misma SC/TSJ en la sentencia del 15 de marzo del año 2000[106], en la que establece claramente como requisito del mismo que debe ser actual. En este caso, se hace referencia a un hecho que ocurrió hace 7 años.

Es importante hacer referencia a la interpretación que había hecho la SC/TSJ del artículo 336 numeral 7 de la *Constitución*, dando cabida para que dicho Tribunal pueda actuar en sustitución de las competencias constitucionales expresas de los demás órganos constitucionales: primero, mediante un mandato directo de actuación. Contrario a esta interpretación, una lectura constitucional correcta expresa el deber de la SC/TSJ de ciertamente constatar la omisión legislativa y no un simple retardo o una votación aislada; luego establecer un plazo, dentro del cual la obligación de actuar se mantiene en el órgano mandado, y unos lineamientos de actuación, que deben buscar que el órgano obligado actúe de acuerdo a la *Constitución* y no fuera de ella. Es importante así acotar, que la *Constitución* en ningún momento da cabida a la SC/TSJ para que actúe en nombre o en sustitución del órgano con la competencia constitucional expresa, como fue en este caso designar a los tres rectores del CNE, lo cual le corresponde a la AN.

---

106 SC/TSJ. Sentencia N° 98 de fecha 15 de marzo del 2000, caso *Oscar Silva Hernández, Acción de amparo contra auto de detención dictado por el Tribunal Instructor de la Corte Marcial, el 15/04/99*. Expediente 00-0146. Magistrado Ponente Jesús E. Cabrera.

Con este fallo, se desnaturaliza por completo la figura de la acción de inconstitucionalidad por omisión, la cual está destinada a lograr que el órgano competente, y sólo éste, cumpla con el mandamiento omitido. La actuación de la SC/TSJ debe estar dirigida a garantizar que sea el parlamento quien nombre a los rectores del CNE y no la de impedir que lo hagan.

La sentencia desconoce el procedimiento que debía seguirse para la designación de los altos cargos vacantes, pues según la *Constitución*, estos dos cargos debían ser postulados por las facultades de ciencias jurídicas y políticas de las universidades nacionales y por el Poder Ciudadano. La sentencia omite esa competencia para realizar las postulaciones, al punto que sencillamente se interrumpe las consultas que ya había iniciado el parlamento.

Este grave fallo pone en evidencia la utilización del Poder Judicial para fines políticos, o más bien partidistas, pues lo que busca en definitiva es evitar que los legítimos representantes del pueblo sean los que elijan en este caso las autoridades electorales. Pero la SC/TSJ lo que hace es, en su lugar, ratificar en el cargo a quienes habían sido designadas en el período anterior por una mayoría oficialista y quienes habían demostrado ser fieles a los intereses políticos del partido de Gobierno. La SC/TSJ obstruye aquí uno de los principales poderes constitucionales del parlamento, usurpando claramente sus funciones, apartándose del cauce constitucional.

Por otro lado, la figura del *"desacato"* se utiliza nuevamente, pero en esta sentencia para limitar una posible actuación de cualquier otro órgano del Estado en conjunto con la AN para el nombramiento de rectores, ya que esta puede ser sancionada según la SC/TSJ.

14. SC/TSJ: Sentencia N° 1190 de fecha 15 de diciembre del 2016, caso *Presidente de la República: aprobación judicial del Presupuesto 2017*. Expediente N° 16-0897. Magistrado Ponente: Ponencia Conjunta.

En el marco del Estado de Emergencia Económica dictado por el Presidente de la República, Nicolás Maduro y aprobado por la SC/TSJ en la sentencia N° 810, a pesar del voto negativo de la AN en el ejercicio de su facultad de control de los estados de excepción, el Ejecutivo Nacional procedió a la entrega de la *Ley de Presupuesto*, la *Ley de Endeudamiento* y el *Plan Operativo Anual* para el periodo fiscal 2017, no ante la AN, sino ante el TSJ. Esto, en violación a lo establecido a los artículos 187.6 y 311 de la *Constitución*[107], fue autorizado en la sentencia N° 814 de esa Sala, como parte de las atribuciones auto-otorgadas al ejecutivo por el Decreto N° 2.452 (en el cual se declara Estado de Emergencia Económica en todo el territorio nacional).

Ahora, la declaración de *"desacato"* de la AN por parte de la SE/TSJ le niega, de acuerdo con la sentencia N° 814 de la SC/TSJ, toda competencia constitucional a la AN ya que sus actuaciones serán inválidas, inexistentes y jurídicamente inefi-

---

107 Artículo 187 de la *CRBV*. Corresponde a la Asamblea Nacional:

6. Discutir y aprobar el presupuesto nacional y todo proyecto de ley concerniente al régimen tributario y al crédito público.

Artículo 311 de la *CRBV*. La gestión fiscal estará regida y será ejecutada con base en principios de eficiencia, solvencia, transparencia, responsabilidad y equilibrio fiscal. Esta debe equilibrarse en el marco plurianual del presupuesto, de manera que los ingresos ordinarios deben ser suficientes para cubrir los gastos ordinarios.

El Ejecutivo Nacional presentará a la Asamblea Nacional para su sanción legal un marco plurianual para la formulación presupuestaria que establezca los límites máximos de gasto y endeudamiento que hayan de contemplarse en los presupuestos nacionales. La ley establecerá las características de este marco, los requisitos para su modificación y los términos de su cumplimiento.

caces hasta que el órgano jurisdiccional declare el fin de tal "*desacato*".

Así, procedió la SC/TSJ a evaluar la validez de los decretos de endeudamiento y presupuesto entregados por el Ejecutivo.

DERECHO QUE VIOLA:

Derecho a la participación política (art. 62 y 125 CRBV, art. 25 PIDCP, art. 21 DUDH, art. 20 DADDH).

DECISIÓN:

En cuanto a la competencia de la SC/TSJ para decidir sobre la materia, el órgano jurisdiccional argumenta que la *Constitución* la acredita como el encargado para decidir sobre la inconstitucionalidad de los actos emanados del Poder Público[108] y, por tanto, tiene la competencia para hacer control sobre las leyes presupuestarias. Además, sustenta su competencia en la anterior decisión[109] en la que declara que el presupuesto debe ser presentado solo ante ella; esto sin hacer referencia a un mecanismo de control político.

Luego la Sala evalúa el procedimiento que es aplicable y determina que en este caso el artículo 7 del CPC aplica supleto-

---

108   Artículo 336 de la *CRBV*. Son atribuciones de la Sala Constitucional del Tribunal Supremo de Justicia:[...]

    3.   Declarar la nulidad total o parcial de los actos con rango de ley dictados por el Ejecutivo Nacional que colidan con esta Constitución.

    4.   Declarar la nulidad total o parcial de los actos en ejecución directa e inmediata de la Constitución, dictados por cualquier otro órgano estatal en ejercicio del Poder Público.

109   SC/TSJ. Sentencia N° 814 de fecha 11 de octubre del 2016, caso *Presidente de la República (Ampliación de sentencia)*. Expediente N° 2016-0897. Ponencia Conjunta.

riamente[110], a pesar que el procedimiento de la SC/TSJ está claramente establecido a partir del artículo 128 de la LOTSJ[111], negando así la posibilidad de intervención de terceros y otras medidas que permite el procedimiento ordinario para proteger derechos de terceros.

a. *Sobre la ampliación de la sentencia N° 810*

La SC/TSJ evaluó el diseño constitucional en materia de Hacienda Pública señalando que, si bien es el Ejecutivo quien representa la máxima autoridad en el Poder Público Nacional, el Texto Fundamental busca que exista un equilibrio entre poderes mediante el control político del Presidente. Así, la Sala expresa que el procedimiento de aprobación en materia presupuestaria:

> [R]esulta claro que corresponde al Presidente de la República, como Jefe de Estado y del Ejecutivo Nacional, la elaboración del presupuesto nacional (además de las otras atribuciones constitucionales, inclusive, en materia de régimen de excepción), y, a su vez, a la Asamblea Nacional: Discutir y aprobar el presupuesto nacional y todo proyecto de ley concerniente al régimen tributario y al crédito público[112].

---

110   Artículo 7 del *CPC*. Los actos procesales se realizarán en la forma prevista en este Código y en las leyes especiales. Cuando la ley no señale la forma par a la realización de algún acto, serán admitidas todas aquellas que el Juez considere idóneas para lograr los fines del mismo.

111   Artículo 128 de la *LOTSJ*. Hasta tanto se dicten las leyes que regulan las competencias Constitucional y Contencioso Electoral, la tramitación de los recursos y solicitudes que se intenten ante la Sala Constitucional y Electoral, se regirán por los procedimientos que se establecen en el presente título y demás normativas especiales en cuanto sean aplicables.

112   *Ibíd., supra* nota

Tras este análisis, la SC/TSJ justifica la competencia excepcional del Presidente de ejecutar el presupuesto sin control político del órgano parlamentario, sustituyéndolo con el control de constitucionalidad de la SC/TSJ. Para ello utiliza dos argumentos: primero, el Estado de Emergencia Económica como justificación para entregar poderes de reserva legal al Ejecutivo, y segundo, el *"desacato"* como una "imposibilidad jurídica de presentar el proyecto de ley de presupuesto".

En cuanto al argumento del Estado de Excepción, la Sala expresa que es evidente, y así ha sido verificado por el Poder Legislativo, que existe una crisis económica y deben tomarse medidas que aseguren la protección de la seguridad de la nación ante esta situación. Así, la SC/TSJ concluye que, al tener el Presidente competencias directas sobre materia de hacienda pública y encontrarse en vigencia un Estado de Excepción[113], existe la necesidad de que el procedimiento para la aprobación presupuestaria sea distinto al establecido en la *Constitución* y el Presidente tenga la posibilidad de aprobar por decreto materias de reserva legal.

Sobre el segundo argumento, la SC/TSJ establece que ante el *"desacato"* de la AN a la SE/TSJ, todos los actos que esta realice serán inválidos, inexistentes y jurídicamente ineficaces, por lo que la normativa constitucional es inaplicable al caso. Esto ya que del análisis de la *Constitución* que se realiza, se concluye que "del Diario de Debates de la Asamblea Nacional Constituyente, se observa que el Texto Fundamental no prevé expresa-

---

113 Es importante resaltar que el Estado de Emergencia Económica fue improbado por la Asamblea Nacional al momento de ser presentado ante ésta de acuerdo con el Texto Fundamental que busca asegurar una instancia de control político. Ante la negativa del órgano legislativo, la SC/TSJ realizó una interpretación constitucional de la que concluyó que no es necesaria tal aprobación, sino solo la del órgano jurisdiccional.

mente ese supuesto de imposibilidad jurídica de presentar el proyecto de ley de presupuesto a la Asamblea Nacional"[114].

Como conclusión, establece la decisión que no será posible el desarrollo del proceso de aprobación del presupuesto establecido en la *Constitución*, sino que "el Presidente de la República está constitucionalmente relevado de presentar el presupuesto nacional ante la Asamblea Nacional, así como de cualquier otro pretendido control político que ejerza ese órgano legislativo"[115] y solo deberá presentarlo ante la SC/TSJ para su control jurídico.

b. *Del control jurídico de la Ley de Presupuesto, Ley de Endeudamiento y Plan Operativo Anual*

Sin mayor razonamiento, la SC/TSJ consideró que ambos decretos resultan conformes con las normas, principios y valores previstos en la *Constitución*, "por cuanto, en ellos se respetan las disposiciones establecidas para la formulación del presupuesto anual y de la ley que limita el endeudamiento público para el ejercicio económico financiero, en cuanto a su contenido esencial y ámbito procedimental".

En tal virtud, declaró la constitucionalidad de Proyecto de *Ley de Presupuesto para el Ejercicio Económico Financiero 2017* en el marco del Estado de Excepción y Emergencia Económica; así como la constitucionalidad del Proyecto de *Ley de Endeudamiento para el Ejercicio Económico Financiero 2017*.

COMENTARIOS:

Una vez más la SC/TSJ utiliza manipulativamente la figura del *"desacato"* de la AN para usurpar una de las competencias constitucionales más naturales de la AN, aprobando mediante una sentencia la ley de presupuesto y endeudamiento de 2017. Esto a pesar de que la *Constitución* establece tal materia como de

---

114   *Ibíd., supra* nota

115   *Ibíd., supra* nota

reserva legal y, por ende, está prohibido que su regulación sea realizada por el Poder Ejecutivo, al ser una potestad exclusiva del Parlamento.

Más aún, si bien el Presidente tiene un rol importante en el manejo de la hacienda pública nacional, éste no es exclusivo y excluyente, toda vez que el diseño constitucional le otorga al órgano legislativo facultades de autorización, aprobación, supervisión y control en materia de presupuestaria.

Se trata, pura y simplemente, de una decisión judicial arbitraria que modifica la *Constitución*, usurpando las facultades de la AN al permitirle al Presidente de la República aprobar mediante un decreto, el presupuesto anual. Con ello se desconoce la existencia misma del parlamento.

15. SC/TSJ: Sentencia N° 3 de fecha 11 de enero del 2017, caso Presidente *de la República: Presentación de Memoria y Cuenta ante el TSJ*. Expediente N° 17-0002. Magistrado Ponente: Magistrado Gladys María Gutiérrez Alvarado.

De acuerdo con el artículo 237 de la *Constitución*, el Presidente deberá presentar su Memoria y Cuenta Anual ante la AN, para que ésta ejerza un control político sobre la gestión de éste y, así, se haga efectivo el sistema de contrapesos de poderes allí establecido[116]. Con este tipo de disposiciones nuestra *Constitución* permite que todas las fuerzas políticas representadas en el parlamento puedan expresar sus puntos de vista, debatir, criticar o defender las políticas públicas llevadas a cabo por el Eje-

---

116   Artículo 237 de la *CRBV*. Dentro de los diez primeros días siguientes a la instalación de la Asamblea Nacional, en sesiones ordinarias, el Presidente o Presidenta de la República personalmente presentará, cada año, a la Asamblea un mensaje en que dará cuenta de los aspectos políticos, económicos, sociales y administrativos de su gestión durante el año inmediatamente anterior.

cutivo Nacional. Se trata, en definitiva, de una obligación que busca garantizar el principio de responsabilidad y rendición de cuentas, previsto en el artículo 141 de la *Constitución*.

El Presidente de la República, Nicolás Maduro, solicitó a la SC/TSJ una interpretación constitucional, de acuerdo con lo establecido en el artículo 335 de la *Constitución*[117], para que ésta determinara si esta obligación constitucional se aplicaba en ese momento de acuerdo a la tesis del *"desacato"*. Así, el Presidente sostuvo que, al haber desobedecido la decisión de la SE/TSJ, cualquier decisión de la AN es nula, y por lo tanto, el mandato constitucional es inaplicable.

DERECHOS QUE VIOLA:

Derecho de los electores a que sus representantes rindan cuentas públicas, transparentes y periódicas sobre su gestión (art. 66 CRBV), derecho a la participación política (art. 62 y 125 CRBV, art. 25 PIDCP, art. 21 DUDH, art. 20 DADDH), y derecho al debido proceso (art. 49 CRBV, art. 14 PIDCP, art. 10 DUDH, art. 26 DADDH).

DECISIÓN:

La SC/TSJ citó sus precedentes sobre la materia, en el marco de sus decisiones relativas al *"desacato"* de la AN. Declaró, de esta manera, la imposibilidad de que la AN participe en ningún acto de control de otros poderes ya que, más allá de la nulidad del acto, la colaboración de cualquier poder con el Legislativo

---

117 Artículo 335 de la *CRBV*. El Tribunal Supremo de Justicia garantizará la supremacía y efectividad de las normas y principios constitucionales; será el máximo y último intérprete de la Constitución y velará por su uniforme interpretación y aplicación. Las interpretaciones que establezca la Sala Constitucional sobre el contenido o alcance de las normas y principios constitucionales son vinculantes para las otras Salas del Tribunal Supremo de Justicia y demás tribunales de la República.

podría derivar en "responsabilidades y sanciones constitucionales, penales, civiles, administrativas, disciplinarias, éticas, políticas y sociales en general necesarias para salvaguardar la eficacia del Texto Fundamental"[118], negando así no solo las competencias constitucionales de la AN, sino también impidiendo que
el régimen de controles establecido en la *Constitución* sea aplicado.

La SC/TSJ procedió a establecer que la *Constitución* no conci-
be casos como éste, en el que la AN se encuentra en *"desacato"*
y, por tanto, el mandato constitucional es inaplicable en este
caso y debe ser la interpretación de la jurisdicción constitucional la que sea aplicada. Tras esto, analizó el derecho constitucional de la tutela judicial efectiva, argumentando que la nulidad de los actos de la AN está fundamentada en la protección
de tal derecho, siendo la inejecución de la sentencia de la
SE/TSJ una violación a las garantías constitucionales y, por ello,
se deben buscar todos los mecanismos posibles para que el
órgano parlamentario cumpla con las decisiones de los distintos
órganos jurisdiccionales.

Por último, la SC/TSJ concluyó que, al estar la AN en *"desacato"* y al residir la soberanía en el pueblo, el Presidente puede
presentar su Memoria y Cuenta ante el TSJ (y no ante la AN), y
ésta se transmitirá mediante cadena nacional de radio y televisión. De esta manera –en palabras de la SC/TSJ-, el control político de la AN no puede ser ejercido en este momento.

---

118 SC/TSJ. Sentencia N° 808 de fecha 2 de septiembre del 2016, ca-
so *Constitucionalidad de la Ley de Reforma Parcial del Decreto N° 2165 con
Rango y Fuera de Ley Orgánica que Reserva al Estado las Actividades de
Exploración y Explotación de Oro, así como las conexas y auxiliares a éstas.*
Expediente N° 16-0831. Ponencia conjunta.

COMENTARIOS:

Es importante establecer que, si bien la *Constitución* prevé que la SC/TSJ será la última intérprete de la Carta Magna, ésta en ningún momento le atribuye poderes normativos para desconocer ni modificar ni violar la *Constitución*. Así, el fallo asume, erradamente y de mala fe, que la *Constitución* le atribuye a la SC/TSJ todos los poderes para decidir establecer supuestos y darles una solución distinta a la dispuesta por la *Constitución*. De esta forma, se convierte a la SC/TSJ en un órgano no de administración de justicia, sino en un ente supraestatal y supra-constitucional, capaz de regular todos los supuestos incluso de manera contraria a la propia *Constitución*.

La SC/TSJ utiliza de manera falaz el argumento de la tutela judicial efectiva para justificar la ejecución de sus fallos de la manera que considere más adecuada, incluso vaciando el contenido de la *Constitución*. Es decir, en nombre de un derecho constitucional, se destruye la propia *Constitución*.

Con esta sentencia se desconoce, de plano, la existencia misma del parlamento, al impedir ejercer el control político de la gestión del Presidente de la República y el resto del Ejecutivo Nacional, vulnerando los principios de transparencia, rendición de cuentas y responsabilidad en el ejercicio de las funciones públicas. Se nota, en definitiva, la clara intención de evitar que el Presidente fuese cuestionado por los legítimos representantes del pueblo en la AN, como si se tratase de un rey sin corona intocable por sus súbditos.

16. **SC/TSJ: Sentencia N°05 de fecha 19 de enero del 2017, caso Empleados *de la AN (Juan Humberto Roa y otros) vs impago de sus salarios*. Expediente N° 17-0086. Magistrado Ponente: Luis Fernando Damiani Bustillos.**

Desde la declaratoria del *"desacato"* de la AN por parte de la SE/TSJ, el Ejecutivo Nacional dejó de transferir los fondos necesarios para el funcionamiento de dicho órgano legislativo. Esto, a pesar de que es la misma AN la que establece y aprueba su presupuesto; y que el Ejecutivo está en la obligación de cumplir con la *Ley Anual de Presupuestos*[119].

De esta manera, la Junta Directiva de la AN se veía imposibilitada de pagar los salarios de los empleados, aunque estos hubiesen cumplido con sus deberes laborales. Así, un grupo de trabajadores del órgano legislativo interpusieron un amparo constitucional para solicitar que el Ejecutivo Nacional asumiera el pago de los salarios de la AN.

DERECHOS QUE VIOLA:

Derecho a la participación política (art. 62 y 125 CRBV, art. 25 PIDCP, art. 21 DUDH, art. 20 DADDH), derecho al debido proceso (art. 49 CRBV, art. 14 PIDCP, art. 10 DUDH, art. 26 DADDH), y derecho al salario (art. 91 CRBV, art. 23.3 DUDH, art. 14 DADDH).

DECISIÓN:

La sentencia de este amparo se inicia evaluando la posibilidad de decidir el caso sin necesidad que exista contradicción. Al decidir que la materia es urgente, acepta la procedencia in *limine litis* del fondo del asunto, sin necesidad de audiencia o procedimiento alguno. Más aún, en materia probatoria, no solo establece que ni el *fumus boni iuris* ni el *periculum in mora* deben alegarse o probarse, sino que, además, establece que la falta de pago de los empleados de la AN es un hecho público y notorio y al ser así, puede ser valorado sin necesidad de prueba.

---

119 Artículo 187 de la *CRBV*. Corresponde a la Asamblea Nacional: [...]

22. Acordar y ejecutar su presupuesto de gastos, tomando en cuenta las limitaciones financieras del país.

La SC determinó que el incumplimiento de las sentencias de la SE/TSJ y la SC/TSJ deriva en que se esté en un *"desacato"* y que el responsable de los pagos sigue siendo el diputado Henry Ramos Allup, entonces Presidente del órgano parlamentario y en ese momento, ex Presidente de la AN.

Así, para proteger el bien jurídico en cuestión, que es el salario de los trabajadores, la SC/TSJ solicitó al Presidente de la República, como administrador de la Hacienda Pública, que asumiese el pago de estos salarios para así proteger a estos funcionarios públicos y a sus familias.

COMENTARIOS:

Nuevamente, la SC/TSJ violó la *Constitución*, las leyes vigentes y sus propios precedentes, para evitar abrir a trámite el caso sin el procedimiento debido, vulnerando claramente el derecho al debido proceso de la AN. Esta vez utiliza por primera vez la figura de la procedencia *"in limine"* para declarar con lugar un amparo constitucional, sin necesidad de citar al presunto agraviante. Hasta este momento, nunca antes se había admitido la posibilidad de otorgar un mandamiento de amparo definitivo, sin tramitar el procedimiento establecido por la propia SC/TSJ[120].

Si bien es evidente que la protección al salario del trabajador es un bien jurídico que debe ser protegido, en este caso el daño es originado por la falta de cumplimiento de la *Ley Anual del Presupuesto* por parte del Ejecutivo Nacional. Resulta evidente que la forma correcta de haber decidido el amparo solicitado era exigiéndole al propio Ejecutivo Nacional el cumplimiento

---

120 SC/TSJ. Sentencia N° 7 de fecha 1 de febrero del 2000, caso *José Amado Mejía.* Expediente N° 00-0010. Magistrado Ponente Jesús Eduardo Cabrera: se modificó el procedimiento para tramitar las acciones de amparo constitucional.

de los aportes presupuestarios, de modo que sea la propia AN la que gestione el pago de sus trabajadores.

Este fallo desconoce claramente la existencia misma del parlamento, al impedir que sea éste el encargado de administrar su propio personal, lo que constituye una garantía mínima de la autonomía e independencia de la AN.

17. SC/TSJ: Sentencia N° 06 de fecha 20 de enero del 2017, caso Presidente *de la República: Interpretación de las facultades de la AN sobre los honores en el Panteón Nacional*, Expediente N° 17-0080. Magistrado Ponente: Lourdes Benicia Suárez Anderson.

El Director General de Consultoría Jurídica del Despacho de la Presidencia de la República, en nombre del Presidente de la República, Nicolás Maduro, interpuso un "recurso de interpretación" del artículo 187, numeral 15, de la *Constitución* que le otorga a la *AN* la facultad de acordar los honores del Panteón Nacional a los venezolanos y venezolanas ilustres por recomendación del Presidente de la República (de las 2/3 partes de los Gobernadores de estado o de los rectores de las Universidades Nacionales). El caso se inicia tras la recomendación del Presidente de trasladar los restos del político y guerrillero venezolano Fabricio Ojeda[121] al Panteón Nacional. En este sentido, la *Constitución* establece claramente que la decisión de a quien se le harán honores en el panteón nacional será exclusivamente de la AN[122] -a solicitud en todo caso del Presidente de la República-.

---

121   Véase: *Tal Cual* (23 de enero de 2017) *¿Quién fue Fabricio Ojeda?* Disponible en:
http://www.talcualdigital.com/Nota/136670/quien-fue-fabricio-ojeda; Centro Gumilla (24 de enero de 2017) *Fabricio Ojeda en el Panteón Nacional.* Disponible en:
http://revistasic.gumilla.org/2017/fabricio-ojeda-en-el-panteon-nacional/

122   Artículo 187 de la *CRBV*. Corresponde a la Asamblea Nacional: [...]

Así, el Presidente solicitó una interpretación constitucional ante la SC/TSJ para que ésta determine si, dentro del marco del *"desacato"*, la AN sigue teniendo la competencia de aprobar los honores del Panteón Nacional.

DERECHO QUE VIOLA:

Derecho a la participación política (art. 62 CRBV, art. 25 PIDCP, art. 21 DUDH, art. 20 DADDH).

DECISIÓN:

La SC/TSJ considera que para que el Estado de Justicia sea protegido, los derechos humanos deben promoverse de manera efectiva, y por tanto, ya que Fabricio Ojeda es muestra de un luchador de los derechos humanos debe acordársele el honor del Panteón Nacional.

Luego, al analizar el *"desacato"*, establece que

> [L]a situación de hecho en la que se encuentra el Poder Legislativo Nacional en la actualidad genera una situación *sui generis* desde la perspectiva constitucional, toda vez que el constituyente nunca previó que la Asamblea Nacional se colocara a sí misma en una situación de continuado desacato a las decisiones del máximo órgano del Poder Judicial, lo que la inhabilita para realizar todas las competencias señaladas en el artículo 187[123].

Así, establece que, si bien el constituyente no regula la figura del *"desacato"*, esta conlleva a la pérdida de todas las competencias y atribuciones constitucionales del órgano constitucional.

---

15. Acordar los honores del Panteón Nacional a venezolanos y venezolanas ilustres, que hayan prestado servicios eminentes a la República, después de transcurridos veinticinco años de su fallecimiento. Esta decisión podrá tomarse por recomendación del Presidente o Presidenta de la República.

123 *Ibíd., supra* nota

En este sentido, el funcionamiento del Estado se debe proteger de tales circunstancias y el Ejecutivo debe asumir las funciones del poder legislativo para evitar que esto derive en un daño al Estado Social y Democrático de Derecho y de Justicia.

Sin más razonamiento, la SC/TSJ faculta, entonces, al Presidente para decidir los honores en el Panteón Nacional, sin que el Poder Legislativo pueda ejercer esta competencia constitucional que le es exclusiva y excluyente.

COMENTARIOS:

Nuevamente, se utiliza la figura del recurso de interpretación para resolver un problema concreto, lo que desconoce los precedentes de la propia SC/TSJ. De igual forma, se decide este recurso sin ningún tipo de trámite o juicio, donde pueda intervenir la AN o cualquier otro interesado.

Y una vez más, con el argumento del "*desacato*" se ignora la *Constitución* y la SC/TSJ pasa a usurpar las competencias exclusivas del parlamento, para otorgarle al Presidente de la República la competencia para acordar los honores en el Panteón Nacional, cuando la *Constitución* es muy clara al señalar que se trata de una competencia exclusiva de la AN. Conforme al numeral 15 del artículo 187 del texto fundamental, el Presidente de la República lo único que pueda hacer ese "recomendar" a la AN el otorgamiento de este tipo de reconocimiento a determinados próceres o ciudadanos ilustres, pero dejando claro que la decisión es sólo de la AN.

18. SC/TSJ: Sentencia N° 07 de fecha 26 de enero del 2017, caso *diputado Héctor Rodríguez Castro vs Acuerdo Parlamentario sobre el Abandono del cargo del Presidente de la República*. Expediente N° 17-0010. Magistrado Ponente: Juan José Mendoza Jover.

En este caso, el diputado del partido de gobierno (PSUV), Héctor Rodríguez, presenta una acción de inconstitucionalidad contra el acto dictado por la AN el día 9 de enero del 2017, mediante el cual se declaró el abandono del cargo del Presidente de la República por la "ruptura del orden constitucional y democrático, la violación de derechos humanos y la devastación de las bases económicas y sociales de la nación".

Vale la pena recordar que la SC/TSJ, en su sentencia N° 2 de fecha 11 de enero del 2017, ya había declarado la nulidad de todos los actos derivados de la AN ese día.

DERECHOS QUE VIOLA:

Derecho de los electores a que sus representantes rindan cuentas públicas, transparentes y periódicas sobre su gestión (art. 66 CRBV), derecho a la participación política (art. 62 CRBV, art. 25 PIDCP, art. 21 DUDH, art. 20 DADDH), y derecho a la libertad de expresión (art. 57 CRBV, art. 19 PIDCP, art. 19 DUDH, art. 4 DADDH).

DECISIÓN:

La SC/TSJ inició la argumentación refiriéndose a la sentencia del 11 de enero de 2017 en la que declaró la nulidad de todos los actos de la AN acordados el día 9 de enero del mismo año. En esta sentencia, como se señaló anteriormente, se estableció que ante la negativa de la AN de cumplir con la sentencia de la SE/TSJ, ésta se encuentra en "*desacato*" y todos sus actos son nulos, inexistentes e ineficaces jurídicamente. Así, declaró inadmisible la causa por considerar que existía cosa juzgada.

Sin embargo, luego de haber declarado la inadmisibilidad del recurso, en un claro *obiter dictum* se refirió nuevamente a la figura del abandono del cargo y como ésta se encuentra prevista en la *Constitución*, estableciendo que, al no encontrarnos en un sistema parlamentario, el órgano legislativo no puede declarar la responsabilidad política del Presidente ni el abandono de su cargo. Más aún, con respecto a la normativa constitucional y la interpretación hecha por la AN, la SC/TSJ estableció que "no le está atribuida a la Asamblea Nacional como Poder Legislativo Nacional la interpretación de la normativa constitucional, pues ello corresponde en forma exclusiva y excluyente a esta Sala Constitucional"[124].

Luego procedió a evaluar la figura del abandono del puesto de trabajo y la figura del despido justificado, bajo la óptica del Derecho laboral. Al respecto, enunció las actividades que el Presidente ha realizado en el ejercicio de sus funciones, estableciendo que no se puede declarar el abandono del cargo ya que éste se ha mantenido en su puesto de trabajo.

Por último, la SC/TSJ reafirmó que la AN se encuentra en *"desacato"* y todo acto derivado de ésta será nulo, inexistente e irrelevante jurídicamente. Así, cualquier competencia que tenga el Poder Legislativo no podrá ser utilizada hasta que el órgano jurisdiccional así lo decida.

---

124 SC/TSJ. Sentencia N° 9 de fecha 1 de marzo del 2016, caso: *Gabriela Flores Ynserny* y otros. Expediente 16-0153, Ponencia: Magistrado Arcadio de Jesús Delgado Rosales.

COMENTARIOS[125]:

Independientemente de las observaciones de fondo y la constitucionalidad sobre el acto adoptado por la AN, es importante verificar como se abusa del *obiter dictum* para hacer una serie de pronunciamientos sobre el fondo del asunto, una vez declarada la inadmisibilidad de la acción. Con ello, se obvia el procedimiento legalmente establecido y se vulnera el derecho a la defensa de los posibles interesados en la controversia.

También llama la atención la impertinencia argumentativa de la SC/TSJ que el abandono del cargo del Presidente alegado por la AN, se enmarque dentro del ámbito del Derecho laboral, en vez de buscar una argumentación constitucional que, en esta materia, es la aplicable.

Se trata de un asunto delicado y al mismo tiempo polémico, por su alcance y el precedente que establece. Al respecto, la AN fundamentó su proceder en el artículo 233 de la *Constitución*[126],

---

125 Sobre esta sentencia, véase además los comentarios de: BREWER-CARÍAS, Allan R., *"La estocada final a la asamblea nacional y la decisión de la sala constitucional de proceder a enjuiciar a los diputados, revocarles el mandato y encarcelarlos"*, en Cuarta parte: del libro: *La consolidación de la tiranía judicial El Juez Constitucional controlado por el Poder Ejecutivo asumiendo el Poder Absoluto*, Colección Estudios Políticos N° 15. Editorial Jurídica Venezolana International, Caracas / New York 2017, pp. 131-144.

126 Artículo 233 de la *CRBV*. Serán faltas absolutas del Presidente o Presidenta de la República: la muerte, su renuncia, la destitución decretada por sentencia del Tribunal Supremo de Justicia, la incapacidad física o mental permanente certificada por una junta médica designada por el Tribunal Supremo de Justicia y con aprobación de la Asamblea Nacional, el abandono del cargo, declarado éste por la Asamblea Nacional, así como la revocatoria popular de su mandato.

Cuando se produzca la falta absoluta del Presidente electo o Presidenta electa antes de tomar posesión, se procederá a una nueva elección universal, directa y secreto dentro de los treinta días consecutivos siguientes. Mientras se elige y toma posesión el nuevo Presidente o Preel cual establece que le compete exclusivamente a ella "declarar el abandono del cargo" del Presidente de la República, dando lugar en ese caso a una de las causales de falta absoluta y, en consecuencia, a la activación de la convocatoria a elecciones presidenciales dentro de los 30 días consecutivos siguientes, por encontrarse en ese momento el Presidente en sus primeros cuatro años de mandato.

Cabe destacar que esa declaratoria del abandono del cargo no respondía a una separación "física" del cargo –único argumento en el que insiste el TSJ– sino que la AN se fundamentó en "reiteradas omisiones del Presidente de la República al cumplimiento de los deberes inherentes a su cargo"[127], toda vez que su gestión no se enmarcaba dentro de las atribuciones que le confiere la *Constitución*, y en ese sentido la AN acordó en fecha 9 de enero de 2017[128]:

---

sidenta, se encargará de la Presidencia de la República el Presidente o Presidenta de la Asamblea Nacional.

Cuando se produzca la falta absoluta del Presidente o Presidenta de la República durante los primeros cuatro años del período constitucional, se procederá a una nueva elección universal y directa dentro de los treinta días consecutivos siguientes. Mientras se elige y toma posesión el nuevo Presidente o Presidenta, se encargará de la Presidencia de la República el Vicepresidente Ejecutivo o Vicepresidenta Ejecutiva.

En los casos anteriores, el nuevo Presidente o Presidenta completará el período constitucional correspondiente.

Si la falta absoluta se produce durante los últimos dos años del período constitucional, el Vicepresidente Ejecutivo o Vicepresidenta Ejecutiva asumirá la Presidencia de la República hasta completar el mismo.

127　Prodavinci (9 de enero de 2017) *Declarado el abandono del cargo: ¿y ahora qué?; por José Ignacio Hernández G.* Disponible en:
http://prodavinci.com/blogs/declarado-el-abandono-del-cargo-y-ahora-que-por-jose-ignacio-hernandez/

128　Prensa AN (9 de enero de 2017) *Acuerdo sobre el abandono de las funciones constitucionales de la Presidencia de la República en que ha incurrido el ciudadano Nicolás Maduro Moros.* Disponible en:

Primero. Declarar que Nicolás Maduro Moros, invocando el cargo de Presidente de la República, ha incurrido en acciones y omisiones que sitúan su desempeño completamente al margen del diseño y funciones constitucionales de la Presidencia de la República, en virtud de la grave ruptura del orden constitucional y democrático, la violación de derechos humanos, la devastación de las bases económicas y sociales de la Nación y los atentados a la integridad de la República que ha llevado a cabo.

Segundo. Declarar, en consecuencia, y de conformidad con los artículos 232 y 233 de la Constitución, que Nicolás Maduro Moros ha abandonado el principio de la supremacía constitucional establecido en el artículo 7 del texto fundamental, el principio del Estado Democrático de Derecho y de Justicia establecido en el artículo 2 de la Constitución, así como las funciones constitucionales inherentes al cargo de Presidente de la República, especialmente la referida a la obligación de cumplir y hacer cumplir el ordenamiento constitucional y las leyes, establecida en el numeral 1 del artículo 236 de la Constitución [...]

19. SC/TSJ: Sentencia N° 88 de fecha 24 de febrero del 2017, caso *Rafael Ramírez vs notificación Comisión de Investigación* Parlamentaria. Expediente N° 16-0940. Magistrado Ponente: Gladys María Gutiérrez Alvarado.

En el presente caso, se decidió el fondo del asunto citado en la sentencia anterior, donde se había dictado una medida cautelar,[129] conforme a la cual se suspendió el proceso de investiga-

---

http://www.asambleanacional.gob.ve/actos/_acuerdo-sobre-el-abandono-de-las-funciones-constitucionales-de-la-presidencia-de-la-republica

129 SC/TSJ. Sentencia N° 893 de fecha 25 de octubre del 2016, caso *Rafael Darío Ramírez Carreño*. Expediente N° 16-0940. Ponencia: Magistrada Gladys María Gutiérrez Alvarado.

ción de la AN en contra del ex Presidente de PDVSA, Rafael Ramírez.

En vista de la existencia de oficios por parte de la AN, y de la citación por parte del diputado Freddy Guevara (Presidente de la Comisión Parlamentaria de Investigación) al investigado, en la sede de la Misión de Venezuela ante la ONU, la SC/TSJ decidió pronunciarse en este caso sobre el fondo del asunto.

DERECHOS QUE VIOLA:

Derecho de los electores a que sus representantes rindan cuentas públicas, transparentes y periódicas sobre su gestión (art. 66 CRBV), derecho a la participación política (art. 62 y 125 CRBV, art. 25 PIDCP, art. 21 DUDH, art. 20 DADDH), derecho a la libertad de expresión (art. 57 CRBV, art. 19 PIDCP, art. 19 DUDH, art. 4 DADDH), y derecho al debido proceso (art. 49 CRBV, art. 14 PIDCP, art. 10 DUDH, art. 26 DADDH).

DECISIÓN:

La SC/TSJ inició su argumentación sobre los mecanismos de control que estaban siendo aplicados y los que el Poder Legislativo, de acuerdo con la *Constitución*[130], puede supuestamente aplicar en materia de contraloría. En este sentido, estableció la Sala que la AN solo podrá hacer uso de un control político, y no jurídico, que en este caso es el que tendrá que ser aplicado. Así, de acuerdo a la SC/TSJ, el procedimiento de la AN solo podría

---

130   Artículo *187*. Corresponde a la Asamblea Nacional: [...]

    10. Dar voto de censura al Vicepresidente Ejecutivo o Vicepresidenta Ejecutiva y a los Ministros o Ministras. La moción de censura sólo podrá ser discutida dos días después de presentada a la Asamblea, la cual podrá decidir, por las tres quintas partes de los diputados o diputadas, que el voto de censura implica la destitución del Vicepresidente Ejecutivo o Vicepresidenta Ejecutiva o del Ministro o Ministra.

tener un carácter simbólico para que luego se le solicite la investigación *a otro órgano* competente.

Procedió así a establecer que la SC/TSJ ha estado comprometida en fortalecer el régimen normativo en materia de transparencia y de sanciones en casos de corrupción y así se ha visto demostrado en sus decisiones. Continuó la misma señalando que, al no existir una competencia efectiva de la AN para realizar estas investigaciones, se está realizando un desvío de poder para buscar *desestabilizar al Estado* y cumplir así objetivos individuales. Así, concluyó que el poder de control político de la AN no funcionará como vinculante ni sancionatorio.

Antes de hacer un repaso sobre la jurisprudencia que la SC/TSJ ha desarrollado en materia de soberanía, supremacía constitucional y protección jurisdiccional de la *Constitución*, se revocó la medida cautelar tomada anteriormente y se procedió a dictar la parte dispositiva del fondo del asunto:

> 2.- Que CARECEN DE VALIDEZ Y EFICACIA JURÍDICA los actos realizados en el marco de la investigación aprobada por la plenaria de la Comisión Permanente de Contraloría de la Asamblea Nacional, el 17 de febrero de 2016, que se reflejan en las comunicaciones suscritas los días 5 y 21 de abril de 2016 por el Presidente de la referida Comisión, con ocasión de supuestas irregularidades ocurridas en la empresa Petróleos de Venezuela Sociedad Anónima (PDVSA), durante el periodo comprendido entre los años 2004-2014, en el que el accionante se desempeñó como presidente de la mencionada persona jurídica; así como también carecen de validez y eficacia jurídica los actos derivados de aquellos, incluyendo las referidas notificaciones.

Por último, la SC/TSJ insistiendo en el argumento del "*desacato*" de la AN, a los fines de declarar sus actuaciones nulas e ineficaces jurídicamente, decidió que la notificación que realizó el Presidente de la Comisión Parlamentaria, diputado Freddy Guevara, resultaba completamente nula y, entendiendo que la misma se realizó en el exterior, la considera ilegal por buscar representar a la República en otro Estado sin autorización del Poder Ejecutivo.

COMENTARIOS:

Resulta de extrema gravedad la decisión y la argumentación de la SC/TSJ sobre el rol del control político en el sistema republicano venezolano, al punto que lo califica de "simbólico". Entiende la Sala, además, que esas investigaciones están viciadas de desviación de poder, pero sin dar al menos algún indicio o prueba de tan severa afirmación. Sencillamente, se banaliza las facultades de investigación y control político de la AN, a los fines de proteger a un funcionario clave del Ejecutivo Nacional.

Por otra parte, la SC/TSJ amenaza con posibles sanciones a los diputados encargados de practicar las notificaciones de la investigación al funcionario involucrado, pero dichas sanciones no se encuentran previstas en nuestro ordenamiento jurídico. La Sala asume, además, que notificar a un funcionario público en el exterior de una investigación que se le sigue en la AN constituye una usurpación de funciones, toda vez que, en su criterio, solo el Poder Ejecutivo puede representar a Venezuela en el exterior. Es decir, según esta sentencia, el parlamento no puede llevar a cabo sus investigaciones sin la aprobación del Poder Ejecutivo, con la cual se hace nugatoria sus competencias previstas en esta materia en la *Constitución*.

Pareciera entender la SC/TSJ, en forma indebida e ilegítima, que la competencia de actuaciones internacionales de la República le corresponde sólo al Poder Ejecutivo, cuando se trata de una competencia de todos los órganos que ejercen el poder público nacional, incluyendo a la AN.

Todo este despliegue jurisdiccional para, en definitiva, evitar una investigación parlamentaria sobre presuntos actos de corrupción.

20. **SC/TSJ: Sentencia N° 90 de fecha 24 de febrero del 2017, caso Vicepresidente** *Ejecutivo: no Presentación de Memoria y Cuenta ante la AN.* **Expediente N° 17-0239. Magistrado Ponente: Gladys María Gutiérrez Alvarado.**

Con este recurso de interpretación interpuesto por el Vicepresidente Ejecutivo, Tarek El Aissami, este funcionario le pregunta a la SC/TSJ si, conforme a lo que dispone la *Constitución* debe presentar su Memoria y Cuenta ante la AN, en vista del *"desacato"* mantenido por la AN. Concretamente, se pide la interpretación del artículo 244 de la *Constitución*[131].

DERECHOS QUE VIOLA:

Derecho de los electores a que sus representantes rindan cuentas públicas, transparentes y periódicas sobre su gestión (art. 66 CRBV), y derecho a la participación política (art. 62 y 125 CRBV, art. 25 PIDCP, art. 21 DUDH, art. 20 DADDH).

DECISIÓN:

La SC/TSJ inició su argumentación estableciendo que tras entender que el poder del Vicepresidente Ejecutivo es derivado el Presidente Ejecutivo de la República, el primero deberá llevar

---

131   Artículo 244 de la *CRBV*. Para ser Ministro o Ministra se requiere poseer la nacionalidad venezolana y ser mayor de veinticinco años, con las excepciones establecidas en esta Constitución.

Los Ministros o Ministras son responsables de sus actos de conformidad con esta Constitución y la ley, y presentarán ante la Asamblea Nacional, dentro de los primeros sesenta días de cada año, una memoria razonada y suficiente sobre la gestión del despacho en el año inmediatamente anterior, de conformidad con la ley.

la gestión de los diferentes ministros, y así, deberá presentar memoria y cuenta en la oportunidad que estos lo hagan.

Prosiguió la SC/TSJ su argumentación, estableciendo que la AN se encuentra en "*desacato*" y, por esto, todos los actos derivados de ella serán nulos, inexistentes y de ineficacia jurídica. Así, para "fortalecer" su argumento, la Sala citó toda su jurisprudencia en materia de "*desacato*" de la AN y establece que la AN no podrá ejercer sus funciones hasta que no salga de tal situación: "no dejan las más mínima duda en torno a que todos los actos de cualquier índole, que sean dictados por la AN, mientras se mantenga la incorporación de los [...] Diputados [...], resultan absolutamente nulos por la usurpación de autoridad"[132].

Más aún, estableció la SC/TSJ que, para asegurar la protección de los derechos humanos, ésta debe fortalecer la tutela judicial efectiva, la cual consistirá, en este caso, en el cumplimiento de la sentencia de la SE/TSJ.

Procedió luego la SC/TSJ a establecer que mediante la sentencia del 14 de enero del año 2016 se dispuso claramente que se "incapacita al Poder Legislativo para ejercer sus atribuciones constitucionales de control político de gestión"[133], negando expresamente a la AN a ejercer las competencias que le atribuye la *Constitución*. Ahora, esto lo justifica estableciendo que existe un supuesto no regulado en la *Constitución* ("*desacato*" de un órgano constitucional al Poder Judicial), y de esta manera, se debe asegurar el cumplimiento de la tutela judicial efectiva.

Por último, estableció la SC/TSJ que de la *Constitución* se deriva la obligación del Vicepresidente Ejecutivo de rendir cuentas, en desarrollo de la democracia participativa y protagónica,

---

132   *Ibíd., supra* nota.

133   SC/TSJ. Sentencia N° 3 de fecha 14 de enero del 2016, caso *PGR. Omisión Legislativa*. Expediente N° 16-0003, Ponencia conjunta.

de manera que para lograr esto no es necesario el control político y no vinculante de la AN, pues entiende que es suficiente con *publicar* el informe en Gaceta Oficial.

COMENTARIOS:

Una vez más, se utiliza la figura del recurso abstracto de interpretación constitucional para resolver un caso concreto, lo que había sido rechazado en infinidad de oportunidades por la SC/TSJ. También se reitera el uso de esta herramienta judicial sin juicio o contradictorio, en contravención a lo dispuesto en los artículos 128 y siguientes de la LOTSJ. Es decir, a espaldas de la AN y cualquier otro interesado.

Con la misma excusa del *"desacato"*, se exonera de manera inconstitucional al Vicepresidente Ejecutivo de cumplir con su función de rendir cuentas ante el parlamento, lo que en modo alguno puede sustituirse con una simple publicación en Gaceta Oficial, pues la esencia de esta rendición de cuentas es escuchar los cuestionamientos de las distintas fuerzas políticas representadas en la AN.

La SC/TSJ sencillamente impide que la AN ejerza una de sus funciones principales, para de esta forma evitar cualquier cuestionamiento o crítica a las políticas públicas del Ejecutivo Nacional. Otra sentencia que impide que se cumplan los principios constitucionales de transparencia, rendición de cuentas y responsabilidad en el ejercicio de la función pública.

21. **SC/TSJ: Sentencia N° 156 de fecha 29 de marzo del 2017, caso *Corporación Venezolana del Petróleo, S.A. (CVP) (Interpretación de la Ley Orgánica de Hidrocarburos vs AN)*. Expediente N° 17-0325. Ponencia Conjunta**

La sentencia N° 156 se refiere a una solicitud de interpretación del artículo 33 de la *Ley Orgánica de Hidrocarburos*, presentada por la Corporación Venezolana de Petróleo, con el propósito de eliminar el requisito de la autorización de la AN para la constitución de empresas mixtas en materia de hidrocarburos, exigido por esa norma de la Ley.

DERECHOS QUE VIOLA:

Derecho al debido proceso (art. 49 CRBV, art. 14 PIDCP, art. 10 DUDH, art. 26 DADDH), derecho a la soberanía popular representativa y derecho a la participación política y al voto (arts. 5, 62, 63 y 125 CRBV, art. 25 PIDCP, art. 21 DUDH, art. 20 DADDH)) y autonomía funcional del Poder Legislativo (art.156 numeral 32 y art. 187 CRBV).

DECISIÓN:

Con este fallo, el TSJ dio la estocada final al Estado de Derecho al resolver no sólo el tema particular de que en lo adelante ya no hacía falta la autorización de la AN exigida por la Ley para la constitución de empresas mixtas en materia de hidrocarburos, sino al vaciar por completo las facultades constitucionales de la AN, al señalar que:

> "[...] mientras persista la situación de desacato y de invalidez de las actuaciones de la Asamblea Nacional, **esta Sala Constitucional garantizará que las competencias parlamentarias sean ejercidas directamente por esta Sala o por el órgano que ella disponga, para velar por el Estado de Derecho"**. (Resaltados añadidos).

COMENTARIOS:

Como se reseñó *supra (I.12)*, esta insólita decisión puso en clara y patente evidencia la grosera falta de independencia del Poder Judicial (TSJ) y su instrumentalización política para desmantelar la soberanía popular representada en la AN, configurando una ruptura del orden constitucional y un grave riesgo para la libertad personal de los diputados de la AN cuya inmunidad había sido desconocida, y para todo disidente del régimen venezolano. Esta sentencia fue reconocida por la Fiscal General de la República, Luisa Ortega Díaz, así como por la mayoría parlamentaria de la AN, como un "golpe de estado". Así mismo reaccionó la comunidad internacional, incluido el Consejo Permanente de la OEA quien adoptó una resolución condenatoria de la ruptura del orden constitucional bajo la Carta Democrática Interamericana, así como otros órganos y organizaciones internacionales y gobiernos democráticos[134].

Como se reseñó *supra (I.12)*, frente a la fuerte reacción nacional e internacional, y sobre todo ante el rechazo de la Fiscal General de la República (FGR) de las sentencias Nos. 155 y 156, el Presidente de la República, Nicolás Maduro, aseguró no tener conocimiento de las sentencias ni de las declaraciones de la Fis-

---

134 Consejo Permanente de la OEA, *Resolución sobre los sucesos recientes de Venezuela*, CP/RES. 1078 (2108/17), de fecha 3 de abril de 2017, párr. 1; CIDH. Comunicado de Prensa N° 041/17, *CIDH condena decisiones del Tribunal Supremo de Justicia y la alteración del orden constitucional y democrático en Venezuela*, de fecha 31 de marzo de 2017; Oficina del Alto Comisionado de Derechos Humanos (OHCHR). Comunicado de Prensa, *Zeid insta a Venezuela a mantener la separación de poderes*, de fecha 31 de marzo de 2017; Ver, *inter alia*, los informes de la Comisión Internacional de Juristas (CIJ), *Venezuela: el ocaso del Estado de Derecho*, 2015 Disponible en: Venezuela-OcasoEstadoDerecho-Publications-Reports-2015-SPA; y *Fortaleciendo el Estado de Derecho en Venezuela*, 2014. Disponible en: https://www.icj.org/strengthening-the-rule-of-law-in-venezuela/; Asimismo ver: *Informe alternativo conjunto del Instituto de Derechos Humanos de la International Bar Association, la Unión Internacional de Magistrados Grupo Ibero-Americano y la Comisión Internacional de Juristas. Examen del cuarto informe periódico de la República Bolivariana de Venezuela presentado al Comité de Derechos Humanos* (114 Sesión de la Comité de Derechos Humanos de las Naciones Unidas, 29 de junio a 24 de julio de 2015); y *Venezuela (República Bolivariana de). Examen Periódico Universal de las Naciones Unidas, Segundo ciclo, Consejo de Derechos Humanos: Informe alternativo conjunto presentado por el Instituto de Derechos Humanos de la International Bar Association, la Unión Internacional de Magistrados / Grupo Ibero-Americano y la Comisión Internacional de Juristas*, 2016.

cal, y decidió convocar al *Consejo de Defensa de la Nación* para resolver lo que denominó un "impasse" entre el Ministerio Público y el TSJ.

No se explica cómo el *Consejo de Defensa de la Nación* – máximo órgano de consulta para la planificación y asesoramiento del Poder Público en materia de "defensa integral de la Nación"212- sería el competente para dirimir una supuesta "controversia" entre el TSJ y la FGR, ni cómo podría tener atribuciones para ello.

Así, en la mañana del 1° de abril de 2017, se supo que el *Consejo de la Defensa*, al que no fue convocado el Presidente de la AN como lo dispone la *Constitución*, se reunió la noche anterior y el Presidente de la República anunció: "Hemos llegado a un acuerdo de solución de esta controversia y puedo decir que con la lectura de este comunicado y la publicación de la aclaratoria y las correcciones respectivas de las sentencias 155 y 156 queda superado esta controversia, demostrando las capacidades de diálogo y resolución que se pueden activar por nuestra Constitución".

Efectivamente, el TSJ siguiendo instrucciones de un órgano del Estado sin competencia para ello, emitió el mismo 1° de abril las sentencias Nos. 157 y 158, como "aclaratorias de oficio" de las sentencias Nos. 155 y 156, respectivamente.

La sentencia N° 157, que "aclara" el contenido de la sentencia N° 155, suprimió o revocó la medida cautelar mediante la cual se hacía un llamado al uso de la justicia militar, así como lo referido a la eliminación de la inmunidad parlamentaria. A su vez, la sentencia N° 158 revocó de oficio la autorización dada al Presidente de la República para modificar una norma de la *Ley Orgánica de Hidrocarburos* y lo referente a la posibilidad de que la propia SC/TSJ ejerciese directamente las competencias de la AN.

Estos fallos ponen en total evidencia que el TSJ está al servicio del Poder Ejecutivo, al punto que mediante una orden del Presidente de la República, la SC/TSJ decidió aclarar de oficio y modificar sus propias decisiones, en flagrante violación a los principios de separación de poderes y de independencia del Poder Judicial, establecidos por la *Constitución*.

Si bien la SC/TSJ decidió aclarar o modificar "de oficio" las sentencias Nos. 155 y 156, y sobre todo, su decisión de asumir las competencias de la AN, el resto de las decisiones del TSJ en esos casos siguen vigentes y, por tanto, todas las competencias y facultades de la AN siguen siendo impedidas por las decenas de sentencias dictadas por el TSJ a partir de enero de 2016

De igual forma, y luego del fuerte rechazo de estos fallos por parte de la FGR, la arremetida del TSJ no ha sido sólo contra la AN, sino también ahora contra la propia FGR. Así, el TSJ ha dictado decisiones impidiendo el ejercicio de las funciones inherentes al Ministerio Público; ha designado directamente a la Vicefiscal del Ministerio Público, a pesar de ser una competencia exclusiva de la propia FGR, con autorización de la AN; e inició un procedimiento administrativo para destituir la FGR de su cargo[135]. En suma, frente al cuestionamiento realizado por la

---

[135] En fecha 5 de agosto de 2017, la ANC destituyó a la FGR de su cargo y fue sustituida por Tarek Williams Saab, a través del Decreto Constituyente publicado en la Gaceta Oficial Extraordinario N° 6.322. Al respecto: SC/TSJ. Sentencia N° 65 de fecha 4 de agosto del 2017, caso *Antejuicio de mérito de la FGR*. Expediente N° 2017-000073. Magistrada Ponente Marjorie Calderón Guerrero; Globovisión (4 de julio de 2017). *Fiscal general: Antejuicio de mérito en mi contra está amañado y confuso.* Disponible en: http://globovision.com/article/fiscal-general-estoy-en-la-defensa-de-la-institucionalidad-del-ministerio-publico; El Universal (5 de agosto de 2017). *ANC destituye a Ortega Díaz y designa a Saab como fiscal general.* Disponible en:
http://www.eluniversal.com/noticias/politica/anc-destituye-ortega-diaz-designa-saab-como-fiscal-general_664462; El Impulso (5 de agosto de 2017). *TSJ destituyó a Fiscal General Luisa Ortega Díaz.* Disponible:

FGR a las decisiones del TSJ, éste ha decidido aniquilar también a esta institución del Estado venezolano.

Conclusiones relacionadas con la facultad de control parlamentario

Los fallos contenidos en el presente capítulo ponen en evidencia la clara decisión premeditada del TSJ de secuestrar y anular de raíz una de las facultades esenciales del parlamento: la facultad de control e investigación. A través de este grupo de fallos, se impide esa función de un parlamento democrático: controlar e investigar al Poder Ejecutivo y al resto de los poderes públicos.

En toda democracia resulta indispensable que exista un sistema de pesos y contrapesos, de chequeo y balance, de forma tal que los distintos órganos del poder público se controlen entre sí. Al impedirse esas funciones parlamentarias de investigación y revisión, se atenta contra los principios constitucionales de honestidad, participación, transparencia, rendición de cuentas y responsabilidad en el ejercicio de la función pública.

El TSJ llegó al extremo de desconocer las facultades de control político del parlamento para aprobar o improbar sobre la declaratoria y vigencia de los estados de excepción. Se trata de una competencia expresa que la *Constitución* ha distribuido entre el Ejecutivo y el Legislativo, para que en conjunto decidieran si estaban dadas las condiciones para declarar el estado de excepción, y en su caso, la restricción de garantías constitucionales y la consecuente habilitación del poder normativo del Gobierno. Sin embargo, el TSJ sacó del arreglo constitucional a la AN, al considerar que sus decisiones en esta área eran irrelevantes e innecesarias. Sencillamente, se modificó la letra y espí-

---

http://www.elimpulso.com/noticias/nacionales/tsj-destituyo-a-fiscal-general-luisa-ortega-diaz.

ritu de la *Constitución* para favorecer los caprichos del Gobierno y deshacerse de este importante control parlamentario.

Insólito también es que la SC/TSJ haya violado la *Constitución*, para permitir que la *Ley de Presupuesto de 2017* pudiese ser elaborada vía Decreto-Ley y "aprobada" por la propia SC/TSJ, sustrayendo así un elemento esencial del control del gasto público, y del sistema económico y presupuestario previsto en la *Constitución*.

Para evitar todas las facultades de interpelaciones, citaciones y comparecencias de funcionarios públicos, el TSJ realizó otra no menos insólita interpretación restrictiva de la *Constitución*, para de esta forma limitar las facultades de investigación sólo frente a funcionarios del Ejecutivo Nacional, dejando por fuera al resto de los funcionarios de los otros poderes del Estado. Y, adicionalmente, esa facultad de investigación la condiciona a una ilegítima "coordinación" con el Vicepresidente de la República, de modo que las investigaciones parlamentarias dependen del propio sujeto a investigar. Incluso, se impiden las investigaciones sobre las actuaciones militares, al considerar que éstas están sometidas al control del Comandante en Jefe, esto es, el Presidente de la República.

De igual forma, estos fallos eliminaron la obligación constitucional del Presidente y Vicepresidente de la República de presentar anualmente ante la Asamblea Nacional su informe de gestión con su Memoria y Cuenta ante el país. La posibilidad de un debate abierto sobre las políticas públicas del Ejecutivo y sus resultados es un ejercicio fundamental para el sistema democrático. Sin embargo, el TSJ decidió inconstitucionalmente eximir al Ejecutivo de esa obligación y sustituirse en el parlamento para recibir estos informes de rendición de cuentas.

Con medidas cautelares incongruentes y sin argumentaciones serias, el TSJ ordenó la paralización de importantes investigaciones parlamentarias, destinadas a revisar posibles actos de corrupción que fueron objeto de denuncias públicas. Al mismo tiempo, el propio TSJ impidió una investigación parlamentaria sobre la nacionalidad del Presidente de la República, lo que sin duda requería de un debate desinhibido, plural y serio.

Como era de esperarse también, el TSJ impidió que la AN cumpliera con su competencia exclusiva de designar a los rectores del CNE, pasando el propio TSJ a sustituirse inconstitucional y arbitrariamente en el parlamento, para designarlos.

Finalmente, en otro acto ilegítimo de violación y pretendida modificación constitucional, el TSJ elimina la competencia exclusiva de la AN para acordar los honores del Panteón Nacional, asignando esta facultad a manos del Ejecutivo Nacional.

IV. FACULTAD DE REFORMA Y ENMIENDA CONSTITUCIONAL

La AN tiene también la atribución de proponer enmiendas y reformas a la *Constitución* de conformidad con el artículo 187 (2) y de tramitarlas a la luz de lo dispuesto en los artículos 340 y siguientes *eiusdem*. De hecho, es el órgano natural para realizar modificaciones constitucionales dentro de un sistema democrático de gobierno. Sobre esta facultad se ha establecido que es quizá la de mayor trascendencia del órgano parlamentario y que la misma:

> [...] se le otorga o bien de manera exclusiva o compartiéndola con otros órganos del Estado o con el pueblo mismo, es decir, combinándola con los procedimientos de la democracia directa. Cuando los parlamentarios o congresistas abocan una reforma constitucional actúan no como legisladores sino como *constituyentes*[1].

De conformidad con el artículo 340 constitucional, la enmienda tiene por objeto la adición o modificación de uno o varios artículos de esta *Constitución*, sin alterar su estructura fundamental.

---

1   NARANJO MESA, Vladimiro, *Teoría Constitucional e Instituciones Políticas* (Ed. 11), *op. cit.*, pág. 276.

1. **SC/TSJ. Sentencia N° 274 de fecha 21 de abril del 2016, caso *Johnny Leonidas Jiménez y otra vs Proyecto de Enmienda Constitucional N° 2 (Interpretación de la CRBV sobre los períodos de los cargos electos)*. Expediente N° 2016-0271. Magistrado Ponente: Arcadio Delgado Rosales.**

El 20 de abril del 2016, la AN aprobó en primera discusión el *Proyecto de Enmienda Constitucional* N° 2[2]; mediante el cual se revierte la enmienda realizada en el 2009 que permitía la reelección indefinida de todos los cargos de elección popular, para permitir una sola reelección inmediata, se recorta el período presidencial de seis a cuatro años, y se modifica el artículo 233 de la Constitución, el cual versa sobre la ausencia absoluta del Presidente de la República.[3]

---

2   *Proyecto de Enmienda Constitucional N° 2*. Aprobado en Primera Discusión por la AN, en fecha 20 de abril de 2016. Disponible en: http://www.asambleanacional.gob.ve/uploads/documentos/doc_92 0943d206a96e26f7dd3855bb91dfdb1feff890.pdf

3   Artículo 233 de la *CRBV*. Serán faltas absolutas del Presidente o Presidenta de la República: su muerte, su renuncia, o su destitución decretada por sentencia del Tribunal Supremo de Justicia, su incapacidad física o mental permanente certificada por una junta médica designada por el Tribunal Supremo de Justicia y con aprobación de la Asamblea Nacional, el abandono del cargo, declarado como tal por la Asamblea Nacional, así como la revocación popular de su mandato.

Cuando se produzca la falta absoluta del Presidente electo o Presidenta electa antes de tomar posesión, se procederá a una nueva elección universal, directa y secreta dentro de los treinta días consecutivos siguientes. Mientras se elige y toma posesión el nuevo Presidente o la nueva Presidenta, se encargará de la Presidencia de la República el Presidente o Presidenta de la Asamblea Nacional.

Si la falta absoluta del Presidente o Presidenta de la República se produce durante los primeros cuatro años del período constitucional, se procederá a una nueva elección universal, directa y secreta dentro de los treinta días consecutivos siguientes. Mientras se elige y toma posesión el nuevo Presidente o la nueva Presidenta, se encargará de la Presidencia de la República el Vicepresidente Ejecutivo o la Vicepresidenta Ejecutiva.

En los casos anteriores, el nuevo Presidente o Presidenta completará el período constitucional correspondiente.

Si la falta absoluta se produce durante los últimos dos años del período constitucional, el Vicepresidente Ejecutivo o Vicepresidenta Ejecutiva asumirá la Presidencia de la República hasta completar dicho período.

En el proyecto de enmienda aprobado por la Asamblea Nacional, el mismo artículo quedaría redactado de la siguiente manera: Serán faltas absolutas del Presidente o Presidenta de la República: la muerte, su renuncia, la destitución decretada por sentencia del Tribunal Supremo de Justicia, la incapacidad física o mental permanente certificada por una junta médica designada por el Tribunal Supremo de Justicia y con aprobación de la Asamblea Nacional, el abandono del cargo, declarado éste por la Asamblea Nacional, así como la revocatoria popular de su mandato.

Cuando se produzca la falta absoluta del Presidente electo o Presidenta electa antes de tomar posesión, se procederá a una nueva elección universal, directa y secreta dentro de los treinta días consecutivos siguientes, para el mismo periodo constitucional. Mientras se elige y toma posesión el nuevo Presidente o Presidenta, se encargará de la Presidencia de la República el Presidente o Presidenta de la Asamblea Nacional.

Cuando se produzca la falta absoluta del Presidente o Presidenta de la República después de la toma de posesión, se procederá a una nueva elección universal, directa y secreta dentro de los treinta días consecutivos siguientes, para completar el periodo constitucional, a menos que la falta absoluta se produzca en el último año del período constitucional. Si la falta absoluta ocurre en este último año, a causa de la muerte o de la incapacidad física o mental permanente del Presidente o Presidenta de la República, la ausencia será suplida por el Vicepresidente Ejecutivo o Vicepresidente Ejecutiva, por el resto del periodo constitucional, mientras que si la falta absoluta es consecuencia de la renuncia, de la revocatoria popular del mandato, del abandono del cargo o de la destitución del Presidente o Presidenta de la República, la Asamblea Nacional procederá, dentro de los treinta días siguientes, a elegir, entre sus integrantes, a quien ejercerá la Presidencia de la República para completar el periodo constitucional, en sesión especial-

Mediante una sentencia de "interpretación constitucional", la SC/TSJ declaró que una enmienda para reducir el período constitucional de los cargos electos para votación popular no podía tener efectos retroactivos ni inmediatos, desestimando así el *Proyecto de Enmienda* N° 2 de la AN al día siguiente de haber sido aprobado.

DERECHOS QUE VIOLA:

Derecho a la participación política y al sufragio (arts. 62 y 63 CRBV) y derecho al debido proceso (art. 49 CRBV, art. 14 PIDCP, art. 10 DUDH, art. XXVI DADDH).

DECISIÓN:

El 15 de marzo del 2016, dos ciudadanos introdujeron ante la SC/TSJ una solicitud de interpretación del artículo 340 de la *Constitución*[4]. En palabras de los accionantes, a través de los medios de comunicación se había conocido la intención de la nueva mayoría legislativa de promover la salida del Presidente de la República, utilizando el mecanismo de la enmienda cons-

---

mente convocada con este objeto y por el voto de las dos terceras partes de sus miembros presentes. Quien resulte elegido o elegida por la Asamblea Nacional no podrá ser elegido o elegida Presidente o Presidenta de la República para el periodo constitucional inmediato posterior.

Mientras se elige y toma posesión el nuevo Presidente o Presidenta, se encargará de la Presidencia de la República el Vicepresidente Ejecutivo o Vicepresidente Ejecutiva, salvo cuando la falta absoluta se haya originado en la renuncia, la revocatoria popular del mandato, el abandono del cargo o la destitución del Presidente o Presidenta de la República, casos en los cuales el Presidente o Presidenta de la Asamblea Nacional se encargará de la Presidencia de la República hasta la toma de posesión de quien resulte elegido para ejercerla.

4   Artículo 340 de la *CRBV*. La enmienda tiene por objeto la adición o modificación de uno o varios artículos de esta Constitución, sin alterar su estructura fundamental.

titucional, consagrado en dicho artículo, por medio del cual se buscaría reducir el período presidencial, establecido en el artículo 230 constitucional (que lo establece en seis años). Tal acción la describieron como "un solapamiento de la institución popular y soberana del Referéndum Revocatorio, consagrado en el artículo 72"[5], por lo cual representaría un "fraude constitucional" contra los derechos de los electores que eligieron a Nicolás Maduro como presidente de la República por seis años, lo cual constituiría, incluso, un "rompimiento del hilo constitucional".

La Sala se declaró competente para conocer de la solicitud y pasó a pronunciarse sobre su admisibilidad. La SC/TSJ aceptó la legitimación de los dos accionantes y seguidamente consideró el asunto "de mero derecho" y pasó a decidir sobre la interpretación, reduciendo las seis preguntas presentadas en la solicitud a las dos que consideró "fundamentales": si se podía enmendar la *Constitución* para reducir el período constitucional

---

5   Artículo 72 de la *CRBV*. Todos los cargos y magistraturas de elección popular son revocables.

Transcurrida la mitad del período para el cual fue elegido el funcionario o funcionaria, un número no menor del veinte por ciento de los electores o electoras inscritos en la correspondiente circunscripción podrá solicitar la convocatoria de un referendo para revocar su mandato.

Cuando igual o mayor número de electores y electoras que eligieron al funcionario o funcionaria hubieren votado a favor de la revocatoria, siempre que haya concurrido al referendo un número de electores y electoras igual o superior al veinticinco por ciento de los electores y electoras inscritos, se considerará revocado su mandato y se procederá de inmediato a cubrir la falta absoluta conforme a lo dispuesto en esta Constitución y en la ley.

La revocación del mandato para los cuerpos colegiados se realizará de acuerdo con lo que establezca la ley.

Durante el período para el cual fue elegido el funcionario o funcionaria no podrá hacerse más de una solicitud de revocación de su mandato.

del Presidente sin que ello significara menoscabar el ejercicio de la soberanía y si, al emplear el mecanismo de enmienda para reducir el período constitucional, no se estaría ante un solapamiento del artículo 72 de la *Constitución*.

Al respecto, la SC/TSJ determinó que "la modificación del período constitucional es perfectamente viable a través del mecanismo de la enmienda", siempre y cuando se cumpliera con el procedimiento establecido para ello y se sometiera a referendo aprobatorio. Sin embargo, afirmó la Sala que la enmienda "no puede ser de efectos retroactivos ni de aplicación inmediata", ya que ello estaría quebrantando el principio del ejercicio de la soberanía y quebrantando la voluntad del pueblo, constituyéndose en una acción inconstitucional.

Para fundamentar su argumento, la SC/TSJ hizo alusión a la Enmienda XXII de la Constitución de Estados Unidos de América (1951), que establece lo siguiente:

> Ninguna persona podrá ser elegida más de dos veces para el cargo de Presidente, y nadie que haya ocupado el cargo de Presidente, o que haya actuado como Presidente por más de dos años de un periodo para el cual fue elegida otra persona, podrá ser elegido más de una vez para el cargo de Presidente. Empero, este artículo no se aplicará a ninguna persona que ocupe el cargo de Presidente cuando dicho artículo fue propuesto por el Congreso, y no impediría que la persona que esté ocupando el cargo de Presidente, o que haga las veces de Presidente, durante el periodo en que este artículo entre en vigor, ocupe el cargo de Presidente o haga las veces de Presidente por el resto de dicho periodo.

Por las razones expuestas, la Sala consideró que tratar de usar la figura de la enmienda constitucional para acortar el ejercicio de un cargo de elección popular "constituye a todas luces un fraude a la Constitución".

Comentarios y conclusiones sobre la facultad de modificación constitucional de la AN

Una vez más la SC/TSJ tomó una decisión trascendente sin ningún tipo de procedimiento y sin garantizarle el derecho a la defensa a la AN. Ello, a pesar de que los recursos de interpretación deben tramitarse en juicio contradictorio, conforme a lo dispuesto en los artículos 128 y siguientes de la LOTSJ.

Además, la SC/TSJ desconoció varios de sus precedentes en materia de recursos de interpretación, toda vez que en repetidas ocasiones ha considerado que este remedio procesal no puede ejercerse para cuestionar un acto o controversia ya existente, y en el presente caso era evidente que ya existía un proyecto de enmienda, al punto que la sentencia hace referencia concreta a ese proyecto de enmienda.

De hecho, cuando en el año 2009 se presentó un proyecto de enmienda constitucional para incluir la reelección indefinida, se ejerció un recurso de interpretación constitucional y la SC/TSJ declaró la inadmisibilidad de ese recurso señalando que "resulta patente la finalidad impugnativa que quiso dársele a esta vía de interpretación, lo cual se enfrenta con la naturaleza que le es propia y, en tal virtud, deber ser declarada inadmisible"[6].

Es de notar que la Sala declaró que el mecanismo de la enmienda constitucional podía aplicarse para recortar los períodos de los cargos de elección popular, pero que no podía ser aplicada en forma retroactiva ni inmediata pues ello "violaría el principio de soberanía" de aquellas personas que habían participado en esas votaciones, aun cuando la enmienda tiene que pasar en todo caso por un referendo aprobatorio, mediante el

---

6   SC/TSJ. Sentencia N° 148 de fecha 20 de febrero del 2009, caso *Recurso de interpretación (Reelección indefinida)*. Expediente 08-1583. Magistrado Ponente Arcadio de Jesús Delgado Rosales. Disponible en: http://historico.tsj.gob.ve/decisiones/scon/febrero/148-20209-2009-08-1583.HTML

cual los ciudadanos podrían ejercer su derecho soberano de elegir aprobar la enmienda como fue presentada o no.

Para tratar de justificar ese supuesto efecto retroactivo de la enmienda propuesta, la SC/TSJ utilizó el ejemplo de la Constitución de 1961, sin embargo, obvió el hecho de que bajo esa Constitución la enmienda aprobada el año 1982 que recortaba los períodos de los poderes públicos incluido el del Presidente, se aplicó a los períodos en curso. Lo mismo ocurrió con la reforma constitucional de 1936 que resultó en la reducción en un año del período del Presidente López Contreras.

La Sala determinó que el proyecto de enmienda representaba un fraude constitucional, por considerar que el fin perseguido era revocar el mandato del Presidente de la República, para lo cual existe el mecanismo de referendo revocatorio, previsto en el artículo 72 de la *Constitución*. Se trata de una clara confusión deliberada, pues es evidente que se trata de dos cosas distintas, pues la intención de la enmienda era reducir el período presidencial y eliminar la reelección indefinida, lo que es perfectamente legítimo y nada tiene que ver con la revocatoria del mandato del Presidente.

Por último, la sentencia N° 156 de la SC/TSJ de fecha 29 de marzo de 2017, cuyos comentarios han sido reproducidos en cada uno de los apartados del presente trabajo, también tuvo incidencia sobre la facultad de la AN en materia de reforma y enmienda constitucional, ya que en dicha sentencia la Sala no hizo distinción entre cuáles competencias "garantizaría" que fueran ejercidas directamente por ella o por otro órgano que dispusiera para ello, sino que pretendía anular absolutamente todo el campo de actuación que la Asamblea Nacional tuviere conforme a la *Constitución*.

En todo caso, la Sentencia N° 274 no fue la primera en evitar una posible salida electoral a la crisis política del país. Más tarde, en el año 2016 siguió la suspensión indefinida del referendo revocatorio que había sido activado por las fuerzas políticas de oposición, mediante unas "medidas preventivas" dictadas por varios tribunales penales estadales de primera instancia en funciones de control[7], sin tener ningún tipo de competencia sobre asuntos electorales. Esas decisiones fueron "acatadas" por el CNE[8], lo que implicó la suspensión general del proceso del referendo revocatorio de forma irregular.

Y en contraste con estas decisiones que impidieron procesos electorales organizados por las fuerzas políticas de oposición, la SC/TSJ avaló la convocatoria inmediata realizada el 1 de mayo de 20017 por el Presidente de la República para las elecciones irregulares del 30 de julio de ese mismo año de una Asamblea Nacional Constituyente, sin cumplir con el referendo necesario para realizar la convocatoria, conforme a lo dispuesto en los

---

7   CNN (20 de octubre de 2016) *Proceso del revocatorio, suspendido tras anulación de firmas de primera fase*. Disponible en:
     http://cnnespanol.cnn.com/2016/10/20/anulan-firmas-de-la-primera-fase-del-revocatorio-en-varios-estados-de-venezuela/;   BBC (21 de octubre de 2016) *Venezuela: el CNE paraliza el referendo revocatorio a Nicolás Maduro*. Disponible en:
     http://www.bbc.com/mundo/noticias-america-latina-37723172;   El Nacional (21 de octubre de 2016) *CNE ordena suspender recolección del 20% "hasta nueva orden judicial"*. Disponible en: http://www.el-nacional.com/noticias/politica/cne-ordena-suspender-recoleccion-del-hasta-nueva-orden-judicial_4752; Prodavinci (21 de octubre de 2016) *Suspendido el Revocatorio: ¿y ahora qué?; por José Ignacio Hernández*. Disponible   en: http://prodavinci.com/blogs/suspendido-el-revocatorio-y-ahora-que-por-jose-ignacio-hernandez-1/;   Globovisión (20 de octubre 2016) *Tribunales penales anularon recolección del 1% de firmas en cinco estados del país*. Disponible en:
     http://globovision.com/article/tribunal-penal-anulo-recoleccion-del-1-de-firmas-en-aragua.

8   CNE. Sala de Prensa. Noticias (20 de octubre 2016) *Poder Electoral acata medidas cautelares ordenadas por tribunales de la República*. Disponible en: http://www.cne.gob.ve/web/sala_prensa/noticia_detallada.php?id=348

artículos 347, 71 y 62 de la *Constitución*. De igual forma se declaró la constitucionalidad de las "Bases Comiciales" de esa convocatoria, a pesar de ser contrarias a la universalidad del sufragio y el derecho a la participación política[9].

---

9   Venezolana de Televisión (15 de junio de 2017) *TSJ declara constitucional Bases Comiciales de la Asamblea Nacional Constituyente*. Disponible en: http://vtv.gob.ve/tsj-declara-constitucional-bases-comiciales-de-la-asamblea-nacional-constituyente/.

V. LA TESIS DEL SUPUESTO "DESACATO" DEL PARLAMENTO

Como hemos visto a lo largo de este estudio, gran parte de la jurisprudencia destinada a secuestrar y aniquilar las competencias de la AN se fundamenta en el supuesto *"desacato"* en que habría incurrido la AN al no ejecutar las decisiones cautelares de la SE/TSJ de suspender a los parlamentarios electos por el estado Amazonas y por la Región Indígena Sur. Con este argumento, el TSJ ha anulado la gran mayoría de los actos parlamentarios de la AN, llegando al punto de desconocer sus competencias constitucionales y hasta su existencia misma. Con sentencias írritas que han declarado la nulidad presente y futura de todos los actos de la AN, se ha desconocido no solo la *Constitución* sino la voluntad popular expresada por el pueblo venezolano en las elecciones parlamentarias de diciembre de 2015.

Ahora bien, este insólito e inédito argumento del *"desacato"*, como ha sido utilizado por el TSJ, no existe ni se encuentra regulado en el Derecho venezolano, sino que ha sido inventado y moldeado por el TSJ, para impedir el funcionamiento de una AN conformada en su mayoría por diputados de partidos de oposición al Gobierno. Como afirma el Decano Jesús María Casal, el llamado *"desacato"* que ha utilizado el TSJ para anular gran parte de los actos parlamentarios no es "sino una construcción judicial artificial, perversa constitucionalmente y lesiva del principio democrático, pensada para derribar funcionalmente a la Asamblea Nacional...". Y más adelante concluye el mismo autor señalando que la "situación de inhabilitación funcional impuesta por el Tribunal Supremo de Justicia es, pues, de alguna manera, un desenlace previsible del ataque político-institucional contra la Asamblea Nacional ejecutado por un gobierno que no acepta el control ni la división de poderes, frente a una mayoría parlamentaria que no se ha rendido ante la arbitrariedad"[1].

En efecto, los artículos 122 y 123 de la LOTSJ lo único que señalan es que quien incumpla una decisión del TSJ podrá ser objeto de una multa de 200 unidades tributarias o de 300 unidades tributarias, en caso de reincidencia. Es decir, frente al incumplimiento de una decisión del TSJ, lo único que está previsto legalmente es la posibilidad de imponer *multas*, más no *anular* actos presentes y futuros de un órgano constitucional, pues en un Estado de Derecho no hay penas accesorias que permitan desconocer todas las actuaciones de un órgano del poder público, y mucho menos del órgano más representativo del sistema democrático.

También, el incumplimiento de una decisión podría ser objeto de ciertas figuras penales con una sanción penal, pero es obvio que en este caso los responsables serían las personas naturales que se nieguen a acatar el fallo judicial, y nunca una institución o el órgano del poder público.

Pero como hemos visto, el TSJ ha considerado que al no darse cumplimiento a unos fallos cautelares que ordenaron desincorporar a unos diputados de la AN, deben entonces considerarse *todos* sus actos como nulos, sin que exista ni una sola disposición constitucional ni legal que consagre tan absurda y desproporcionada sanción.

---

1   CASAL, Jesús María, en el *Discurso de Incorporación como Individuo de Número, en el Sillón Número 8 de la Academia de Ciencias Políticas y Sociales*, Caracas, 2017.

Nótese que las decisiones del TSJ no toman en consideración si los tres diputados de Amazonas y de la Región Indígena Sur han participado efectivamente en los debates y procesos de aprobación de las leyes o actos parlamentarios anulados; y mucho menos ha verificado si sus votaciones fueron determinantes para la aprobación de dichas leyes o actos.

Por tanto, es evidente la clara desproporcionalidad de la "sanción" del "*desacato*", cuando en muchos casos los tres diputados ni siquiera han asistido a los debates sobre determinados actos parlamentarios, así como sus votos nunca han sido determinantes para inclinar una posición u otra. Sencillamente, se obvia uno de los principios básicos del sistema parlamentario, el cual se refiere a la necesidad de conservar los actos que sean expresión de los procesos deliberativos del órgano legislativo.

Así, por ejemplo, no tiene ningún sentido lógico ni jurídico que la SC/TSJ ordene al Presidente de la República a presentar su informe anual y Memoria y Cuenta ante ella misma, o que disponga que el Presidente de la República es quien debe imponer los honores del Panteón Nacional, por el sólo hecho de que la AN no ha desincorporado a tres diputados de Amazonas y de la Región Indígena Sur. Cuando, en el peor de los casos ya que se trata de una decisión judicial absurda, lo más acertado, proporcional y respetuoso de la voluntad popular conduciría, a lo sumo, a que la Sala disponga a que en esas deliberaciones sobre la discusión de la Memoria y Cuenta o del otorgamiento de los honores del Panteón Nacional no participen los tres diputados cuya proclamación ha sido suspendida – arbitrariamente- por una medida cautelar de la SE/TSJ.

Resulta claramente evidente que la tesis del "*desacato*" no es más que la excusa utilizada por el TSJ para impedir que la AN pueda ejercer sus funciones constitucionales, y poder incluso frenar cualquier arbitrariedad de otras ramas del poder público. No es más que una fórmula arbitraria de despachar cualquier acto parlamentario, sin necesidad de argumentar cualquier barbaridad jurídica en un fallo judicial inconstitucional y antidemocrático.

De hecho, la utilización de esta descabellada figura del "*desacato*" no ha sido la única herramienta del TSJ para anular arbitraria y desproporcionadamente los actos parlamentarios, pues como vimos, en la sentencia de la SC/TSJ N° 614, del 19 de julio de 2016, se anularon todos los actos parlamentarios resueltos en el orden del día, por considerar que la sesión había sido convocada en contra de las modificaciones del *Reglamento AN* impuestas por el mismo TSJ. Con ello, se pone de manifiesto que el TSJ estuvo siempre destinado a anular cualquier ley, acto, acuerdo del parlamento que, en su criterio, fuese en contra de las políticas o directrices del Ejecutivo Nacional; y para ello, secuestró la voluntad popular, y destruyó la *Constitución* y la AN.

Es de hacer notar que la AN procedió durante el año 2016, en varias oportunidades, a desincorporar a los diputados de Amazonas y de la Región Indígena Sur, dando cumplimiento a la polémica decisión que suspendió el acto de proclamación de estos parlamentarios, a los fines de apostar a que el TSJ respetase sus competencias constitucionales. Sin embargo, el TSJ rechazó esas desincorporaciones con simples argumentos formales, con el objeto precisamente de impedir que la AN pudiese desempeñar sus funciones parlamentarias.

En efecto, en la sentencia N° 113 de fecha 20 de marzo del 2017, dictada por la SC/TSJ, se señaló que la desincorporación de los diputados del estado Amazonas y de la Región Indígena Sur no podía realizarse en cualquier sesión parlamentaria, sino que debía efectuarse en una especialmente convocada para ello. Pero lo más grave es que, además, consideró que la actual Junta Directiva de la AN no podía desincorporar a estos diputados, toda vez que esta Junta Directiva había sido elegida en "*desaca-*

to", desconociendo incluso la existencia de la actual (2017) Junta Directiva de la AN.

Como puede observarse, con esta argumentación el TSJ ha eliminado el parlamento y con ello la *Constitución*, la voluntad popular y la democracia, toda vez que impide que el supuesto *"desacato"* pueda corregirse, pretendiendo incluso desconocer la nueva Junta Directiva que tomó posesión en enero de 2017. Es decir, el TSJ considera que debe ser la primera Junta Directiva de la AN (2016) la que ordene la desincorporación de los diputados de Amazonas y de la Región Indígena Sur, en una sesión especial convocada para ello, lo que resulta materialmente imposible de cumplir, al haberse elegido en enero de 2017 una nueva Junta Directiva de la AN, conforme al mandato constitucional previsto en el artículo 194 de la *Constitución*, el cual dispone que las autoridades de la AN se eligen por un período de un año.

Ello ocasionó que el supuesto fenómeno del *"desacato"* se hiciera incluso materialmente insuperable, insalvable por la AN, al impedirle su saneamiento.

Para el momento de la finalización de este trabajo, la AN se mantiene funcionando, pero sin ningún tipo de posibilidad real de dictar actos parlamentarios, pues cualquier decisión de relevancia que asuma será anulada de inmediato por el TSJ, con cualquier excusa incluido el mismo rayado argumento del *"desacato"*.

VI. LA MANIPULACIÓN Y SUBVERSIÓN DEL DERECHO PROCESAL CONSTITUCIONAL

Tal y como ha sido expuesto en el presente trabajo, el TSJ dictó varias decenas de sentencias destinadas a aniquilar todas y cada una de las atribuciones constitucionales de la AN, para de esta forma desconocer la voluntad popular que había sido expresada en las elecciones parlamentarias de diciembre de 2015, anulando con ello la soberanía popular, la democracia y la misma *Constitución*. Para lograr su cometido, el TSJ no sólo se recurrió a claras (e ilegítimas) violaciones constitucionales y legales graves, a través de insostenibles interpretaciones judiciales, sino que además subvirtió gran parte de las normas procesales que regulan los procedimientos constitucionales, así como la jurisprudencia previa de las distintas Salas del TSJ.

A continuación, resumimos brevemente algunas de las tantas manipulaciones procesales utilizadas por el TSJ para desconocer la soberanía popular y aniquilar la AN, con esta jurisprudencia complaciente a los intereses gubernamentales.

1. *El desconocimiento de los procesos judiciales establecidos en la LOTSJ*

Lamentablemente, luego de 17 años de la entrada en vigencia de la *Constitución* y de la creación de la SC/TSJ, seguimos sin una Ley Orgánica de la Jurisdicción Constitucional, la cual es de suma importancia, toda vez que la SC/TSJ tiene más de una decena de competencias de altísima trascendencia en el sistema procesal y en el ordenamiento jurídico en general.

Esta ausencia legislativa ha sido aprovechada libremente por la propia SC/TSJ para manejar a su antojo muchos de los procedimientos judiciales que le competen, generando una gran incertidumbre en los usuarios del sistema de justicia y hasta claras violaciones a las garantías más esenciales del debido proceso.

Así, por ejemplo, en el caso del *recurso extraordinario de revisión de sentencias definitivamente firmes*[1], la SC/TSJ ha considerado utilizar el procedimiento que se le ocurra en cada caso concreto; siendo la opción más frecuente la de obviar todo tipo de procedimiento de partes, con lo cual una sentencia definitivamente firme, dictada por cualquier tribunal o Sala del país puede ser cuestionada, en cualquier momento, a instancia de parte o de oficio, sin que el resto de los sujetos procesales que participaron en el juicio que originó el fallo a revisar, tengan oportunidad de presentar alegatos y ejercer su derecho al debido proceso.

Sin embargo, ante el reconocimiento de esta ausencia legislativa, en la LOTSJ se establecieron unas disposiciones transitorias donde se regularon, provisionalmente, algunos procedimientos judiciales que se tramitan ante la SC/TSJ.

De allí, que conforme a lo dispuesto en los artículos 128 y 25, numeral 17 de la LOTSJ, los *recursos de interpretación* de normas constitucionales deben tramitarse por el procedimiento previsto

---

1   Esta competencia está referida en el numeral 10° del artículo 336 de la *CRBV*, a pesar de que el texto constitucional solamente atribuye la competencia al TSJ de manera limitada, para las *sentencias de amparo y control de constitucionalidad*: "10. Revisar las sentencias definitivamente firmes de amparo constitucional y de control de constitucionalidad de leyes o normas jurídicas dictadas por los Tribunales de la República, en los términos establecidos por la ley orgánica respectiva."

en los artículos 129 y siguientes de la misma LOTSJ. En este procedimiento se prevé la posibilidad de presentar alegatos y pruebas, tanto en forma escrita como en una audiencia pública. Se prevé hasta la necesidad de publicar un cartel de emplazamiento para que todas las personas interesadas en argumentar sobre la correcta forma de interpretar una norma constitucional, tengan oportunidad de hacerlo.

Sin embargo, como hemos visto en el presente trabajo, la SC/TSJ ha considerado, al menos en estos casos de naturaleza política y donde se requiere complacer los intereses gubernamentales en forma rápida y expedita, que no es necesario tramitar ningún procedimiento para decidir los recursos de interpretación. Basta la solicitud presentada por cualquier persona (legitimación bastante amplia), para que la SC/TSJ dicte su fallo (muchas veces a escasos días de la interposición, si quien lo interpone responde a los intereses del Gobierno), exponiendo la forma de cómo debe entenderse una o varias normas constitucionales. Todo ello, sin darle oportunidad a la AN o a cualquier otro sujeto interesado, de presentar sus argumentos, pruebas y demás consideraciones.

La jurisprudencia que hemos analizado en este trabajo pone en evidencia que los recursos de interpretación han sido utilizados como una perversa herramienta de modificación –en realidad violación- constitucional, pues las sentencias de la SC/TSJ han distorsionado completamente la letra y espíritu del texto fundamental. Así, por ejemplo, con la interposición de recursos de interpretación, la SC/TSJ dictó decisiones, sin ningún tipo de trámite procedimental, donde se estableció en clara violación al texto de la *Constitución*, que no era necesario que el Presidente de la República y el Vicepresidente de la República presentaran su Memoria y Cuenta ante la AN; o donde consideró que el Presidente de la República era quien podía otorgar el honor del traslado de los restos de un ciudadano al Panteón Nacional.

Insistimos, en ninguno de estos casos se siguió el *iter* procedimental previsto en la LOTSJ, para de esta forma permitirle a la SC/TSJ imponer su arbitraria modificación inconstitucional, sin ningún tipo de oportunidad para la AN de expresar sus consideraciones.

De igual forma, la SC/TSJ también obvió la aplicación del procedimiento legalmente establecido en los artículos 129 y siguientes de la LOTSJ, para tramitar los recursos contra las omisiones legislativas, impidiendo la defensa judicial de la AN, en tan importantes procesos judiciales.

2. *El artificio de la declaratoria de "mero derecho" para impedir la presentación de alegatos de parte*

Otro de los artificios procesales de la SC/TSJ para evitar la presentación de alegatos por parte de la AN y cualquier otro sujeto interesado, ha sido la declaratoria de los procesos judiciales como de "mero derecho", derivando de allí la supuesta no necesidad de presentar alegatos y proceder a dictar sentencia sin ningún tipo de incidencia procesal.

Sobre este particular debemos destacar, en primer lugar, que esa potestad de declarar una causa como de "mero derecho" no está prevista actualmente en la *LOTSJ*[2], de allí que se trate de una invención judicial que le ha permitido al TSJ imponer sus decisiones en pocos días y sin oportunidad de defensa para los interesados. Es una manera de evitar que se deje constancia de los argumentos jurídicos que deslegitiman los fallos del TSJ.

Ahora bien, aun cuando se admita la potestad tácita de decretar un determinado proceso judicial como de "mero derecho", ello implicaría, a lo sumo, la no necesidad de tramitar la

---

2   Debe destacarse que en el pasado, la antigua *Ley Orgánica de la Corte Suprema de Justicia* consagraba la posibilidad de declarar ciertas causas como de mero derecho, con lo cual se podía suprimir la fase probatoria de los procedimientos judiciales previstos en dicha ley.

etapa probatoria, por considerar que se trata de asuntos donde no es necesario determinar o precisar "hechos". Pero en forma alguna ello justificaría la eliminación de al menos una oportunidad para que los afectados o interesados presenten alegatos de derecho. Sin embargo, el TSJ ha entendido que al tener un asunto como de "mero derecho" puede proceder directamente a dictar sentencia, sin necesidad de abrir a trámite el juicio y sin escuchar a nadie.

Con ello, se ha impedido que la AN y el resto de los sujetos interesados puedan participar en los juicios donde se han desconocido las principales competencias de la AN. Ello, en contra de las más esenciales garantías mínimas del debido proceso.

3. *La llamada procedencia "in limine litis" y otras manipulaciones en las acciones de amparo constitucional*

Otra de las herramientas predilectas del TSJ para manipular el ordenamiento jurídico ha sido la utilización creada del amparo constitucional, remedio procesal que ha estado casi en desuso para los asuntos que no están relacionados con Gobierno o la política.

En efecto, la SC/TSJ suele desechar con múltiples argumentos cualquier acción de amparo constitucional que busque cuestionar actos, hechos u omisiones del Gobierno. Sin embargo, ha admitido el uso de esta pretensión procesal breve y expedita para conocer de asuntos de naturaleza política, donde no están en juego derechos fundamentales del ciudadano, sino más bien temas relacionados con potestades y atribuciones de la AN.

Y lo peor es que, a pesar de que se trata de un proceso bastante expedito, la SC/TSJ ha omitido su tramitación cuando se trata de darle la razón al Gobierno. Así, ha llegado a declarar, por primera vez en su jurisprudencia, una acción como procedente *"in limine litis"*, lo que implica darle la razón al actor, sin escuchar a la otra parte. Es decir, pareciera que la SC/TSJ ha rescatado una norma de la *Ley Orgánica de Amparo sobre Derechos y Garantías Constitucionales* que había sido anulada por ser contraria al derecho a la defensa[3].

De esta forma, la SC/TSJ ha permitido dictar fallos controversiales sin ningún tipo de trámite o juicio, evitando la participación de la AN en asuntos de extrema relevancia para la delimitación del alcance de sus competencias y facultades.

Resalta igualmente el uso que ha hecho el TSJ de la figura del amparo cautelar, sobre todo para dictar decisiones fuera de las horas de despacho de las salas del TSJ. Con medidas cautelares de amparo se han impuestos mandatos "provisionales" en cuestión de horas, para de esta forma imponer la voluntad del Gobierno frente a asuntos de interés general. Incluso, el TSJ ha llegado a considerar que el incumplimiento de estas medidas cautelares puede implicar penas privativas de libertad, las cuales impone directa e inmediatamente la propia SC/TSJ, sin cumplir con el procedimiento penal legalmente establecido. Sencillamente, se reduce todo el proceso penal y las garantías procesales a una sola audiencia[4].

---

3   Nos referimos al artículo 22 de la *Ley Orgánica de Amparo sobre Derechos y Garantías Constitucionales*, la cual permitía dictar una sentencia definitiva sin ningún tipo de trámite o procedimiento. Esta norma fue declarada inconstitucional por una sentencia del 21 de mayo de 1996 de la Sala Plena de la antigua Corte Suprema de Justicia. Al respecto, puede verse CHAVERO G., Rafael J. "*El Nuevo Régimen del Amparo Constitucional en Venezuela*", Editorial Sherwood, Caracas, 2001, pp. 210 y ss.

4   Ver precedente sentado en los casos de los alcaldes Vicencio Scarano y Daniel Ceballos: SC/TSJ. Sentencia Nos. 245 y 263 de fechas 9 y 10 de abril de 2014, respectivamente. Disponibles en:
     http://histo-rico.tsj.gob.ve/decisiones/scon/abril/162860-245-9414-2014-14-0205.HTML   y
     http://historico.tsj.gob.ve/decisiones/scon/abril/162992-263-10414-2014-14-0194.HTML; Continuación y profundización de esta práctica en los casos de los alcaldes Gustavo Marcano, Alfredo Ramos, Carlos

4. Otras manipulaciones procesales

Igualmente, el conjunto de fallos que han sido analizados, evidencian otro tipo de manipulaciones procesales, destinadas a disminuir las garantías del debido proceso de la AN.

Así, el TSJ llegó a desconocer la posibilidad de que la AN nombrara su propio representante judicial en los procesos de su incumbencia. El TSJ consideró que la defensa en juicio de la AN correspondía a la Procuraduría General de la República, el cual es un órgano (abogado) del Poder Ejecutivo.

También es notoria la manipulación procesal frente a algunas demandas incomprensibles, donde el TSJ, en lugar de pedir que se corrijan o aclaren las pretensiones del solicitante, pasa de una vez a cambiar el objeto mismo del recurso, ordenando una tramitación de un proceso distinto. Así, el TSJ ha creado las llamadas "acciones innominadas" para tramitar cualquier asunto incomprensible, pero que el TSJ requiera para imponer la voluntad gubernamental.

Destaca también la imposición de medidas cautelares contra la AN o poderes locales (gobernaciones y alcaldías) en manos de la oposición, sin cumplir con los requisitos de procedencia de toda medida preventiva. Básicamente el TSJ impone este tipo de medidas, sin considerar la presunción de buen derecho y el posible daño por la espera de la sentencia definitiva. Se trata de sentencias inmotivadas, que disminuyen considerablemente las garantías de defensa de los afectados.

García, Ramón Muchacho y David Smolansky: SC/TSJ. Cuentas Nos. 138, 141, 145, 150 y 151, de fechas 25 de julio de 2017, 28 de julio de 2017, 2 de agosto de 2017, 8 de agosto de 2017 y 9 de agosto de 2017, respectivamente. Disponibles en:
http://www.tsj.gob.ve/es/web/tsj/cuentas. (A la fecha, las sentencias aún no han sido publicadas).

Por último, es claro el contraste de la rigurosidad formalista con que el TSJ suele responder a las demandas o pretensiones de los actores contrarios a los intereses gubernamentales, con la flexibilidad que exhibe el TSJ en los casos donde busca desconocer las competencias de la AN.

Gran parte de las decisiones que han desconocido la esencia misma de la AN fueron dictadas a pocas horas o días de la interposición de las demandas, sin ningún tipo de trámite o juicio, tal y como lo demuestra el caso de la *Ley de Amnistía*, donde a pocas horas de interpuesta la demanda se publicó una sentencia de más de 100 páginas.

En suma, el conjunto de decisiones estudiadas en este trabajo, demuestran cómo el derecho procesal constitucional ha perdido su rigurosidad y contenido material, para ponerlo groseramente al servicio de los intereses políticos del Gobierno. El TSJ ha desconocido buena parte de las normas procesales vigentes y su propia jurisprudencia cuando le conviene políticamente, y sin ni siquiera advertir del cambio de criterio.

La jurisprudencia que aquí se ha analizado demuestra que las sentencias dictadas por el TSJ se asimilan más a una especie de bandos, actos o decretos políticos con apariencia de sentencias, toda vez que no resuelven controversias luego de un proceso contradictorio, sino más bien imponen una opinión directa del TSJ. Lo grave es que con estas decisiones se desmanteló la AN, y con ello se destruyó la soberanía popular, el Estado de derecho y la *Constitución* misma.

VII. EPÍLOGO

Luego de vaciar las competencias constitucionales de la AN, la SC/TSJ prosiguió con su mandato político para cohonestar la estocada final a la *Constitución*, a la democracia, al Estado de Derecho y a los derechos humanos.

A pesar de la claridad de los principios y las normas constitucionales sobre la necesidad de que el pueblo, como titular del poder constituyente originario, sea el único que puede convocar a una ANC (arts. 347 y 348), el Presidente Maduro mediante el Decreto N° 2.830 de fecha 1 de mayo de 2017 decidió directamente convocar ("convoco") la ANC en lugar de convocar al pueblo a una consulta popular para que decidiera si convocaba una ANC. Y el CNE, en lugar de observar la inconstitucionalidad de estos decretos y plantear el conflicto ante el TSJ, procedió el 7 de junio de 2017, de forma inmediata y autómata mediante la Resolución N° 170607-119, a convocar directamente la elección de los Constituyentes para la ANC[1].

Así mismo, primero el Presidente Maduro mediante los Decretos N° 2.878 de fecha 23 de mayo de 2017 y el N° 2.889 de

---

[1]   Ver lo expuesto en AYALA CORAO, Carlos Manuel, *"La Asamblea Nacional Constituyente de Maduro-2017: Fraude constitucional y usurpación de la soberanía popular (Inconstitucionalidad e inconvencionalidad de la Convocatoria y las Bases Comiciales)"*, en *Estudios sobre la Asamblea Nacional Constituyente y su inconstitucional convocatoria en 2017* (Allan R. Brewer-Carías y Carlos García Soto, Compiladores), Colección de Estudios Jurídicos N° 119, Caracas, Editorial Jurídica Venezolana, 2017.

fecha 4 de junio de 2017, dictó las *"Bases Comiciales"* para la ANC, las cuales fueron igualmente de forma inmediata y autómata el 7 de junio de 2017 aprobadas por el CNE mediante la Resolución N° 170607-118.

De tal manera que esta conspiración para usurpar la soberanía popular y cometer un fraude a la *Constitución* la comenzó el Presidente de la República y fue consumada finalmente por el CNE. Pero como era previsible, en la jugada entró de inmediato y también de manera autómata el TSJ a través de su SC/TSJ para imprimirle el *úkase* o blanqueo anticipado de estos actos irregulares mediante la "sentencia" N° 378 de fecha 31 de mayo de 2017. Así, en pocos días, veintidós (22) para ser exactos, la SC/TSJ resolvió interpretar que el Presidente sí podía convocar, él sólo y directamente, una ANC sin consultar al pueblo; es decir, que quien convoca la ANC no es el pueblo sino directamente el Presidente. Este fallo textualmente dispuso lo siguiente:

> [...] la Sala considera que no es necesario ni constitucionalmente obligante, un referendo consultivo previo para la convocatoria de una Asamblea Nacional Constituyente, porque ello no está expresamente contemplado en ninguna de las disposiciones del Capítulo III del Título IX.[2]

En el mismo sentido, con una rapidez de tan solo doce (12) días, la SC/TSJ -tomando de oficio conocimiento del segundo decreto presidencial y de la aprobación de las *Bases Comiciales* por el CNE- citando su anterior fallo N° 378, declaró la constitucionalidad del decreto presidencial fijando las *Bases Comiciales* para la elección de la ANC. De esta manera, la SC/TSJ también validó la no aprobación de las Bases mediante un referendo o consulta popular así como su mecanismo eleccionario insólito mediante sectores y distribución territorial (municipios) sin

---

2   Consultar este fallo en la página web o sitio oficial del TSJ: www.tsj.gob.ve

ninguna referencia a la base poblacional. Para ello, el fallo no dio ningún fundamento serio más que recurrir a distorsionar y manipular a la propia *Constitución* en sus conceptos de democracia directa y Estado federal descentralizado. Así, la SC/TSJ en su "sentencia" N° 455 de fecha 12 de junio de 2017 concluyó señalando lo siguiente:

> El proyecto "Bases Comiciales" respeta, en criterio de esta Sala, el concepto de la democracia participativa y el sufragio universal, directo y secreto. En efecto, sobre el concepto de democracia plasmado en el texto fundamental de 1999, ya hemos advertido que tiene mecanismos de democracia directa que facultan la presencia privilegiada de sectores sociales cuyo protagonismo ha sido destacado por el legislador, en particular a través de las leyes del poder popular.
>
> Por otra parte, es digno de destacar que la escogencia de los constituyentistas deberá hacerse en el ámbito territorial y sectorial, mediante voto universal, directo y secreto" (artículo Primero del Decreto. Extracto y subrayado del fallo). En consecuencia, esta Sala no advierte violación alguna del principio constitucional del sufragio. Así se declara.

La burla argumental y los errores jurídicos manifiestos e inexcusables de este fallo no tendrían explicación, a no ser porque se trata del mismo "Tribunal" groseramente sumiso al Poder Ejecutivo que, entre muchas otras barbaridades, desmanteló las competencias constitucionales de la AN una vez que la oposición ganó la mayoría y se instaló en enero del año 2016. A partir de esa fecha, la SC/TSJ, luego de más de 50 fallos, llegó a vaciar por completo a la AN de todas sus competencias hasta el zarpazo de sus fallos Nos. 155 y 156 de marzo de 2017, los cuales fueron denunciadas como una "ruptura del orden constitucional".

La convocatoria a la ANC y las *Bases Comiciales* para su elección dictadas por los decretos presidenciales, aceptadas por las resoluciones del CNE y avaladas por los fallos de la SC/TSJ, configuran así una evidente usurpación de la soberanía popular y un fraude constitucional.

Electa la ANC el 30 de julio de 2017 y una vez instalada, sus primeras decisiones consistieron en desconocer la *Constitución* al declararse supraconstitucional, remover arbitrariamente a la Fiscal General de la República y nombrar también inconstitucionalmente al nuevo Fiscal, y supeditar a todos los poderes constitucionales, incluida a la AN.

El TSJ no independiente ni imparcial, al servicio incondicional del Poder Ejecutivo, terminó convirtiéndose en el Herodes no solo de la AN, sino de la democracia, del Estado de Derecho, la soberanía popular y los derechos humanos. Es decir, el TSJ venezolano comenzó por secuestrar la democracia y la soberanía popular, y luego pasó a consumar su tarea, con la ruptura del orden constitucional.

ÍNDICE DE SENTENCIAS

I. Sala Constitucional

1. SC/TSJ: Sentencia N° 4 de fecha 20 de enero del 2016, caso *Constitucionalidad del Primer Decreto de Emergencia Económica.* Expediente N° 16-0038. Ponencia Conjunta 223

2. SC/TSJ: Sentencia N° 7 de fecha 11 de febrero del 2016, caso *Hernán Toro, Norcy Álvarez y otros (Interpretación de la Ley Orgánica sobre Estados de Excepción)* Expediente N° 16-0117. Ponencia Conjunta 229

3. SC/TSJ: Sentencia N° 9 de fecha 1 de marzo del 2016, caso *Gabriela Flores Ynserny, Daniel Augusto Flores Ynserny y Andrea Carolina Flores Ynserny (Recurso de Interpretación sobre funciones de revisión de la AN).* Expediente N° 2016-000153. Magistrado Ponente: Arcadio Delgado Rosales 246

4. SC/TSJ: Sentencia N° 184 de fecha 17 de marzo del 2016, caso Constitucionalidad del Decreto N° 2.270 del 11 de marzo de 2016, mediante el cual se prorroga por sesenta (60) días el plazo establecido en el Decreto 2.184, del 14 de enero de 2016. Expediente N° 16-0038, Ponencia Conjunta 238

5. SC/TSJ: Sentencia N° 225 de fecha 29 de marzo del 2016, *caso Robert Noriega vs Acuerdo AN de Designación de Magistrados TSJ.* Expediente N° 16-0042. Magistrada Ponente: Gladys María Gutiérrez Alvarado... 258

6. SC/TSJ: Sentencia N° 259 de fecha 31 de marzo del 2016, caso *Presidente de la República vs Ley de Reforma Parcial del Decreto N° 2.179 con Rango, Valor y Fuerza de la Ley de Reforma Parcial de la Ley del BCV.* Expediente 2016-000279. Magistrado Ponente: Calixto Ortega Ríos... 264

7. SC/TSJ: Sentencia N° 264 de fecha 11 de abril del 2016, caso *Presidente de la República vs la Ley de Amnistía y Reconciliación Nacional.* Expediente N° 16-0343. Ponencia Conjunta 107

8. SC/TSJ: Sentencia N° 269 de fecha 21 de abril del 2016, caso *Juan Carlos Caldera y otros vs Reglamento AN.* Expediente N° 2011-000373. Magistrado Ponente: Juan José Mendoza Jover 119

9. SC/TSJ: Sentencia N° 274 de fecha 21 de abril del 2016, caso Johnny Leonidas Jiménez y otra vs Proyecto de Enmienda Constitucional N° 2 (Interpretación de la CRBV sobre los períodos de los cargos electos). Expediente N° 2016-0271. Magistrado Ponente: Arcadio Delgado Rosales.............................. 358

10. SC/TSJ: Sentencia N° 327 de fecha 28 de abril del 2016, caso *Presidente de la República vs Ley de Bono para Alimentos y Medicinas.* Expediente N° 16-363. Ponencia conjunta 127

11. SC/TSJ: Sentencia N° 341 de fecha 5 de mayo del 2016, caso *Presidente de la República vs Ley de Reforma Parcial de la LOTSJ.* Expediente N° 2016-000396. Ponencia conjunta 143

12. SC/TSJ: Sentencia N° 343 de fecha 6 de mayo del 2016, caso *Presidente de la República vs Ley de Otorgamiento de Títulos de Propiedad a Beneficiarios de la Gran Misión Vivienda Venezuela y otros Programas Habitacionales del Sector Público.* Expediente N° 2016-000397. Magistrada Ponente: Lourdes Benicia Suárez Anderson 153

13. SC/TSJ. Sentencia N° 460 de fecha 9 de junio del 2016, caso *Presidente de la República vs Ley Especial para Atender la Crisis Nacional en Salud.* Expediente N° 16-0500. Magistrado Ponente: Calixto Ortega Ríos 161

14. SC/TSJ: Sentencia N° 473 de fecha 14 de junio del 2016, caso *Juan Carlos Caldera, Eduardo Gómez Sigala, María Corina Machado y otros vs proceso y medidas cautelares del caso Reglamento de la AN.* Expediente N° 11-0373. Magistrado Ponente: Juan José Mendoza Jover 134

15. SC/TSJ: Sentencia N° 478 de fecha 14 de junio del 2016, caso *PGR (Reinaldo Muñoz y otros) vs actuaciones varias de la AN.* Expediente N° 16-0524. Ponencia Conjunta 270

16. SC/TSJ: Sentencia N° 612 de fecha 15 de julio del 2016, caso *Gaby Arellano y Sergio Vergara vs detención arbitraria de los diputados Renzo Prieto, Rosmit Mantilla y Gilberto Sojo.* Expediente N° 16-0465. Magistrada Ponente: Gladys María Gutiérrez Alvarado 67

17. SC/TSJ: Sentencia N° 614 de fecha 19 de julio del 2016, caso *diputados Gabriela Flores Ynserny, Daniel Augusto Flores Ynserny, Andrea Carolina Flores Ynserny vs Informe revisión de designación magistrados del TSJ.* Expediente N° 16-0153. Magistrado Ponente: Gladys Gutiérrez Alvarado… 276

18. SC/TSJ: Sentencia N° 615 de fecha 19 de julio del 2016, caso *Constitucionalidad del Decreto N°2.323 mediante el cual se declara el Estado de Excepción y de la Emergencia Económica...* Expediente N° 16-0470. Ponencia Conjunta 239

19. SC/TSJ: Sentencia N° 618 de fecha 20 de julio del 2016, caso *Brigitte Acosta Isasis (Recurso de Interpretación de la CRBV).* Expediente N° 16-0683. Ponencia Conjunta. 283

20. SC/TSJ: Sentencia N° 797 de fecha 19 de agosto del 2016, caso *diputados Pedro Carreño, Víctor Clark y otros vs sesiones de la AN.* Expediente N° 16-0449. Magistrado Ponente: Juan José Mendoza Jover 290

21. SC/TSJ: Sentencia N° 808 de fecha 4 de septiembre del 2016, caso *Presidente de la República vs Ley de Reforma Parcial del Decreto N° 2165 con Rango y Fuerza de Ley Orgánica que Reserva al Estado las Actividades de Exploración y Explotación de Oro, así como las Conexas y Auxiliares a Éstas.* Expediente N° 16-0831. Ponencia Conjunta 175

22. SC/TSJ: Sentencia N° 810 de fecha 21 de septiembre del 2016, caso Constitucionalidad del Decreto N° 2.452 que declara el Estado de Excepción y de la Emergencia Económica en todo el Territorio Nacional. Expediente N° 16-0897. Ponencia Conjunta 240

23. SC/TSJ: Sentencia N° 814 de fecha 11 de octubre del 2016, caso *Presidente de la República (Ampliación de sentencia).* Expediente N° 2016-0897. Ponencia Conjunta 294

24. SC/TSJ: Sentencia N° 893 de fecha 25 de octubre del 2016, caso *Rafael Ramírez.* Expediente N° 16-0940. Magistrada Ponente: Gladys María Gutiérrez Alvarado 297

25. SC/TSJ: Sentencia N° 907 de fecha 28 de octubre del 2016, caso *Nacionalidad del Presidente de la República: Nicolás Maduro Moros.* Expediente N° 16-1017. Magistrada Ponente: Gladys María Gutiérrez Alvarado 303

26. SC/TSJ: Sentencia N° 938 de fecha 4 de noviembre del 2016, caso *Presidente de la República vs Ley de Reforma Parcial de la Ley Orgánica de Telecomunicaciones.* Expediente N° 16-1027. Magistrado Ponente: Luis Fernando Damiani Bustillos 180

27. SC/TSJ: Sentencia N° 939 de fecha 4 de noviembre del 2016, caso *Presidente de la República vs Ley de Reforma Parcial de la Ley Orgánica de la Contraloría General de la República y del Sistema Nacional de Control Fiscal.* Expediente N° 16-1026. Magistrada Ponente: Lourdes Benicia Suárez Anderson 191

28. SC/TSJ: Sentencia N° 948 de fecha 15 de noviembre del 2016, caso *PGR (Reinaldo Muñoz y otros) vs Acto Parlamentario sobre la responsabilidad política del Presidente de la República.* Expediente N° 16-1085. Ponencia Conjunta 313

29. SC/TSJ: Sentencia N° 952 de fecha 21 de noviembre del 2016, caso *Constitucionalidad del Decreto N° 2.548 mediante el cual se prorroga por 60 días el Estado de Excepción y Emergencia Económica.* Expediente N° 16-0897. Ponencia Conjunta 241

30. SC/TSJ: Sentencia N° 1012 de fecha 25 de noviembre del 2016, caso *Presidente de la República vs Ley para la Protección de la Remuneración y Defensa del Salario del Docente al Servicio de las Instituciones Oficiales Dependientes del Ejecutivo Nacional, Estadal y Municipal.* Expediente N° 16-1113. Magistrado Ponente: Juan José Mendoza Jover 199

31. SC/TSJ: Sentencia N° 1013 de fecha 25 de noviembre del 2016, caso *Presidente de la República vs Ley de Educación Intercultural Bilingüe Indígena*. Expediente N° 16-1114. Magistrado Ponente: Carmen Zuleta de Merchán... 203

32. SC/TSJ: Sentencia N° 1014 de fecha 25 de noviembre del 2016, caso *Presidente de la República vs Ley de Reforma Parcial de la Ley Orgánica de Servicio de Policía y del Cuerpo de Policía Nacional Bolivariana*. Expediente N° 16-1112. Magistrado Ponente: Calixto Ortega Ríos   206

33. SC/TSJ: Sentencia N° 1086 de fecha 13 de diciembre del 2016, caso *diputado Héctor Rodríguez Castro vs Omisión legislativa de la Designación de Rectores CNE*. Expediente N° 16-1191. Magistrado Ponente: Ponencia Conjunta 318

34. SC/TSJ: Sentencia N° 1190 de fecha 15 de diciembre del 2016, *caso Presidente de la República: aprobación judicial del Presupuesto 2017*. Expediente N° 16-0897. Magistrado Ponente: Ponencia Conjunta 325

35. SC/TSJ: Sentencia N° 1 de fecha 6 de enero del 2017, caso *Presidente de la República vs Reforma de la Ley Orgánica del Ambiente*. Expediente N° 16-1261. Magistrado Ponente: Magistrado Arcadio de Jesús Delgado Rosales 209

36. SC/TSJ: Sentencia N° 2 de fecha 11 de enero del 2017, caso *Héctor Rodríguez Castro (Nulidad de nombramiento de Junta Directiva AN)*. Expediente N° 17-0001. Magistrado Ponente: Magistrado Juan José Mendoza Jover 85

37. SC/TSJ: Sentencia N° 3 de fecha 11 de enero del 2017, caso *Presidente de la República: Presentación de Memoria y Cuenta ante el TSJ*. Expediente N° 17-0002. Magistrado Ponente: Magistrado Gladys María Gutiérrez Alvarado... 330

38. SC/TSJ. Sentencia N° 4 de fecha 19 de enero del 2017, caso *Constitucionalidad del Decreto N° 2.667 que declara el Estado de Excepción y Emergencia Económica en todo el Territorio Nacional.* Expediente N° 2017-0069. Ponencia Conjunta 242

39. SC/TSJ: Sentencia N° 5 de fecha 19 de enero del 2017, caso *Empleados de la AN (Juan Humberto Roa y otros) vs impago de sus salarios.* Expediente N° 17-0086. Magistrado Ponente: Luis Fernando Damiani Bustillos 90

40. SC/TSJ: Sentencia N° 6 de fecha 20 de enero del 2017, caso *Presidente de la República: Interpretación de las facultades de la AN sobre los honores en el Panteón Nacional,* Expediente N° 17-0080. Magistrado Ponente: Lourdes Benicia Suárez Anderson 336

41. SC/TSJ: Sentencia N° 7 de fecha 26 de enero del 2017, caso *diputado Héctor Rodríguez Castro vs Acuerdo Parlamentario sobre el Abandono del cargo del Presidente de la República.* Expediente N° 17-0010. Magistrado Ponente: Juan José Mendoza Jover 339

42. SC/TSJ: Sentencia N° 87 de fecha 24 de febrero del 2017, caso *Juan Humberto Roa, Dikson Orlando Escalante, Michael Martínez y otros vs la retención del Ejecutivo del presupuesto y el impago de salarios a los empleados de la AN.* Expediente N° 17-0086. Magistrado Ponente: Luis Fernando Damiani Bustillos. 92

43. SC/TSJ: Sentencia N° 88 de fecha 24 de febrero del 2017, caso *Rafael Ramírez vs notificación Comisión de Investigación Parlamentaria.* Expediente N° 16-0940. Magistrado Ponente: Gladys María Gutiérrez Alvarado 343

44. SC/TSJ: Sentencia N° 90 de fecha 24 de febrero del 2017, caso *Vicepresidente Ejecutivo: no Presentación de Memoria y Cuenta ante la AN*. Expediente N° 17-0239. Magistrado Ponente: Gladys María Gutiérrez Alvarado 347

45. SC/TSJ: Sentencia N° 113 de fecha 20 de marzo del 2017, caso Constitucionalidad del Decreto N° 2.742 del 13 de marzo de 2017 que prorroga por 60 días el plazo establecido en el Decreto N° 2.667 del 13 de enero de 2017 que declaró el Estado de Excepción y Emergencia Económica en todo el Territorio Nacional. Expediente N° 17-0069. Ponencia Conjunta

....88, 242

46. SC/TSJ: Sentencia N° 155 de fecha 28 de marzo del 2017, caso *diputado Héctor Rodríguez Castro vs Acuerdo AN sobre reactivación de la Carta Democrática Interamericana*. Expediente N° 17-0323. Ponencia Conjunta 94

47. SC/TSJ: Sentencia N° 156 de fecha 29 de marzo del 2017, caso *Corporación Venezolana del Petróleo, S.A. (CVP) (Interpretación de la Ley Orgánica de Hidrocarburos vs AN)*. Expediente N° 17-0325. Ponencia Conjunta

....97, 211, 349

48. SC/TSJ: Sentencia N° 364 de fecha 24 de mayo del 2017, caso Constitucionalidad del Decreto N° 2.849 que declara el Estado de Excepción y Emergencia Económica en todo el Territorio Nacional. Expediente N° 17-0536. Ponencia Conjunta 244

II. Sala Electoral

49. SE/TSJ: Sentencia N° 260 de fecha 30 de diciembre del 2015, caso *Nicia Maldonado vs elecciones parlamentarias en el estado Amazonas y Región Indígena Sur (Suspensión de efectos de Elecciones Parlamentarias 2015).* Expediente N° AA70-E-2015-000146. Magistrada Ponente: Indira M. Alfonzo Izaguirre 42

50. SE/TSJ: Sentencia N° 1 de fecha 11 de enero del 2016, caso *Nicia Maldonado (Declaratoria de Desacato por juramentación de diputados de Amazonas y Región Indígena Sur).* Expediente N° AA70-X-2016-000001. Ponencia Conjunta 48

51. SE/TSJ: Sentencia N° 108 de fecha 1 de agosto del 2016, caso *Nicia Maldonado (Continuidad del desacato por incorporación de diputados de Amazonas y Región Indígena Sur).* Expediente N° AA70-X-2016-000007. Ponencia Conjunta 72

52. SE/TSJ: Sentencia N° 126 de fecha 11 de agosto del 2016, caso *Julio Ygarza, Romel Guzamana, Nirma Guarulla y otros vs medida cautelar de suspensión de los diputados de Amazonas.* Expediente N° AA70-X-2016-000003. Magistrado Ponente: Indira M. Alfonzo Izaguirre 85